博学而笃志，切问而近思。

（《论语·子张》）

博晓古今，可立一家之说；
学贯中西，或成经国之才。

1905

复旦博学·复旦博学·复旦博学·复旦博学·复旦博学·复旦博学

政治学系列
Politics Series

新政治学概要

（第二版）

王邦佐　孙关宏　王沪宁　李惠康　主编

复旦大學 出版社

内容提要

　　本书全面、系统地阐述了政治学的一些最基本的概念、原理与相关的基础知识，比较准确地阐释了马克思主义政治学关于阶级、革命、国家、政府和政党等政治学基本范畴的经典表述，并结合时代和理论的发展，对政治参与、政治文化、政治发展以及民族与宗教等政治学领域的一些重大问题作了富有新意而又切合实际的论述。

　　全书立论严谨，条理清楚，表述规范，尤其第二版根据实际教学需要精心设计了"本章提要"和"思考题"等内容，非常适合各类院校政治学、行政学和国际政治等相关专业师生教与学的需求，是一本政治学领域比较规范的入门教材。

第二版说明

《新政治学概要》自 1998 年出版以来,被教育部许多直属高校和地方高等院校采用为教材或教学参考书,迄今已印刷了 14 次,销售 85 000 册,但仍供不应求。为此,复旦大学出版社邬红伟等同志多次建议修订再版。

本书阐述的是政治学的基本概念、基本原理和基本知识,对某些相关问题的探讨也多为宏观的,所以有相对的稳定性。这次再版,我们没有作实质性的修改。与原书相比较,稍有变化的是:不再按"目"统一编序(全书共155 目),改为按"节"编序;增加了"本章提要"和思考题;对少量数据、资料作了调整或更新;对个别字句作了技术性处理等。在这一过程中,刘虹、□雨春两位同志认真负责地做了许多工作。全书最后由王邦佐、孙关宏共□审定。

编　者

2006 年 7 月 1 日

目　　录

绪　　论

╭────────────────────────────────────╮

本 章 提 要

　　作为当代社会科学研究的一个主题领域，政治学是一门研究一定经济基础之上的公共权力的活动、形式和关系及其发展规律的学科。由于不同区域和处于不同发展阶段的人们对政治本身的理解并不完全一致，政治学在不同的时空背景下所提供的政治知识和研究方法也就随着政治内涵本身的变化而不断变化。因此，我们在学习和研究政治学的知识框架、研究方法以及各主体领域之前，必须先了解政治内涵本身的变迁，进而才能研究政治学在中国、西方的发展状况。

╰────────────────────────────────────╯

　　邓小平同志 1979 年 3 月 30 日在党的理论工作务虚会上指出："政治学、法学、社会学以及世界政治的研究，我们过去多年忽视了，现在也需要赶快补课。"[①]遵循这一指示和要求，中国政治学界的老中青三代人团结进取，认真补课，取得了众多的研究成果。相继出版了数十种具有教材性质的政治学原理、政治学概论类的书籍，复旦大学出版社 1986 年出版的《政治学概要》是其中之一。它被国家教委(现为教育部)评为"全国优秀教材"，多次印刷，受到许多大学和众多读者的普遍欢迎。该书使用 10 多年后，现因社会

───────────────

① 《邓小平选集》第 2 卷，第 180—181 页。

需求,有必要更新内容,重新编写。为使读者准确把握政治学的重要概念和相关知识,我们把张友渔、石啸冲、王邦佐、王沪宁四位教授为中国大百科全书政治学卷撰写的"政治学"总条目作为本书的绪论①。我们相信这样安排,有助于提高这本教材的学术水平,且使读者高屋建瓴地理解和掌握这门学科的有关知识。

一、政治学学科的一般性问题

(一)政治学的对象

一般而论,政治学是研究社会政治现象的一门科学。由于人们对政治现象的理解不同,观察的角度和分析的重点不同,对政治学研究对象的看法也不相同。20世纪80年代,中国政治学界对这个问题曾有过热烈的讨论,较有代表性的观点有以下几种:① 国家学说、政府的具体机构以及实行革命与专政的理论策略等;② 以国家为主体的政治关系、政治形式、政治活动及其发展规律;③ 国家,包括国家的一般理论、国家的政治制度、国家的活动以及与国家有关的一切政治力量、政治活动、政治关系等;④ 以国家政治权力为中心的一切政治关系的总和;⑤ 不限于国家问题,举凡一切政治现象都是政治学的研究对象。

概括以上几种观点,可把政治学研究对象分为狭义和广义两种。就**狭义而言,国家的活动、形式和关系及其发展规律,是政治学的研究对象;就广义而言,在一定经济基础之上的社会公共权力的活动、形式和关系及其发展规律,是政治学的研究对象**。无论是狭义的内容还是广义的内容,都具有二维的涵义。从时间上看,狭义的对象涉及阶级社会的政治现象,广义的对象则包括人类历史发展的各个阶段;从空间上看,狭义的对象涉及国家的政治现象及活动的一般理论,而广义的对象则包含国家的活动、形式与关系,以及与社会公共权力相关联的各种权力现象和社会政治关系、行为与活动。当然,在阶级社会中,社会公共权力主要表现为国家,政治学研究的主要方

---

① 《中国大百科全书·政治学》,中国大百科全书出版社1992年版。引用时略有删节和调整。

向是国家的活动、形式和关系及其发展规律。因此,广义的对象和狭义的对象之间并没有内在的矛盾,而是相辅相成的。广义对象的研究可以为狭义对象的研究奠定深厚的基础,而狭义对象的研究则为广义对象的研究确定核心的领域。

(二) 政治学的范围

政治学的研究范围应当围绕社会公共权力的理论和实践展开。但是,政治学的范围究竟有多大,按照什么标准去划分研究范围内的各个领域,人们的观点却不尽相同。在第二次世界大战以前,人们大致把政治学的范围划分为政治学原理、本国政治、比较政治和国际政治四大领域,战后关于政治学研究的范围则众说纷纭。《不列颠百科全书》第15版把政治学的研究领域主要归结为政治理论、政治机构、政治过程、国际关系研究等方面。1973年美国政治学会提出的政治学研究范围是:① 外国、国际政治制度和行为;② 国际法、组织和政治;③ 方法论;④ 政治稳定、不稳定和变迁;⑤ 政治理论;⑥ 公共政策的形成和内容;⑦ 公共行政;⑧ 美国政治制度、程序和行为。

中国学者对政治学的范围和分支学科的认识也不完全相同,但比较共同的认识大致有以下几个主要方面:① **政治理论**,包括马克思主义政治学说、中国和外国政治思想史、当代政治学理论和政治哲学、政治学的基本概念和范畴、社会的意识形态体系等;② **中国政治**,包括中国政治史、社会主义中国的政治结构、政治制度、政府体制、党的领导和建设、干部与人事、地方政府、民族问题、统一战线问题、人民与政治家问题、政治心理、政治参与、政治过程、政治文化、政治发展等;③ **比较政治**,包括各国的政治制度的模式、政治形式,一些主要国家的政治制度史和现行政府体制、政党制度、政治过程、政治文化、精英人物,一些国家特别是第三世界国家的政治发展、政治稳定、政治变迁及其各种模式以及地区研究和国家研究等;④ **公共政策**,包括公共政策理论、决策科学、政策分析、决策的模型研究,以及福利政策、就业政策、教育政策、科学政策、民族政策、都市政策、外交政策、军事政策的研究等;⑤ **公共行政**,包括行政管理、市政学、行政法学、官员体制、比较行政、组织和管理分析、组织理论和行为、人事行政等;⑥ **国际政治**,包括国际政治理论、国际关系、国际组织、国际政治格局、国际法、世界性和地区性冲突与战争研究、国际战略研究等；⑦ **政治学方法论**，包括政治学研究的基本方法和具体方法，如调查研究、定量分析、经验设计、个案研究以及政治系统分析、结构功能分析、政治行为分析、政治沟通分析、政治精英分析、政治团体分析、政治决策分析等。

（三）政治学的结构

政治学的结构依现实社会政治生活的发展而发展。传统政治学的结构比较单一，当代政治学的结构比较复杂，深度和广度不断拓展。概括地讲，当代政治学的结构可区分为理论研究与应用研究、宏观研究与微观研究、静态研究与动态研究几大层面：① **理论研究与应用研究**。政治学的理论研究涉及政治和政治学的一般概念、原则、理论和范畴，包括规范的理论和经验的理论两类。它是政治学研究的基础部分，具有抽象性、一般性和原则性的特点。如政治学原理，有关阶级、国家、政府、权力、革命、政党、民族、战略、策略的一般理论，政治思想史，政治学研究方法等。政治学的应用研究是政治学与政治实践相结合的部分。它直接用以指导和规范具体的政治活动和关系，具有实用性、操作性和技术性的特点，如行政管理学、组织行为学、市政学、决策科学、行政文书学等。政治学的许多研究领域往往既有理论层面，也有应用层面，只是侧重点有所不同。② **宏观研究与微观研究**。宏观研究是从总体上对政治现象的研究，具有全局性、整体性的特点。这方面的研究内容有社会政治结构、政府体制、政治文化、政治发展、政治稳定与不稳定、政治变迁、政治环境等。微观研究是从个体政治行为的角度研究政治现象，如政治心理、政治人格、政治社会化、政治录用、政治团体分析等。政治学研究的宏观层面与微观层面是相互渗透、相辅相成、互为条件的。③ **静态研究与动态研究**。静态研究主要是对政治现象的法律和结构层面的研究，特别是对政府体制的研究。它具有规范性和确定性的特点。这方面的内容包括政治制度，政府的立法、行政、司法部门，政府的模式，政府机构，国体与政体等。动态研究主要是指政治过程的研究和文化、心理层面的研究，具有经验性和可变性的特点。这方面主要涉及政治权力的运用、政治变化、政策分析、政治参与、政治心理、政治文化、社会意识形态、民意与投票行为、利益集团、政治斗争和政党行为等。静态研究与动态研究是相互补充、相互说明的，它们从不同侧面和角度揭示政治现象。**传统政治学偏重于静态研**

究，当代政治学则向动态化拓展。

（四）政治学的学科地位

政治学作为社会科学中一门独立的基础学科，它与其他各门社会科学之间既存在某些联系，又有明显的区别。① 政治学与科学社会主义。科学社会主义是马克思主义理论体系的重要组成部分。它具体研究无产阶级解放运动的发展规律，涉及政治、经济、社会、历史等各个方面，并不单以政治问题为研究对象。而政治学对于历史上各种社会形态中的政治现象的研究，对于政治心理、政治行为、政治人格等方面的研究，也超出了科学社会主义的研究范畴。两者的研究对象既不完全相同，又有部分交叉。科学社会主义的一些内容是政治规范理论的组成部分，它的许多具体研究内容可以为政治学的研究奠定理论基础。② 政治学与哲学。政治学需要一定的哲学理论作为其理论基础，以帮助人们把握认识规律，促进对政治这一具体社会现象的研究。马克思主义哲学（辩证唯物主义与历史唯物主义）对政治学的指导作用是不言而喻的。就政治学的内容而言，政治哲学在政治理论中占有重要地位。纵观人类思想史，许多政治理论家同时也是哲学家。③ 政治学与法学。法学是以法为研究对象的，而法又与国家这一政治学的主要研究对象有广泛的共同性：都是产生于和决定于一定的社会上层建筑，并为相应的经济基础服务。法是由国家制定和认可的，其效力要靠国家的强制力来保障，同时法又是体现国家意志的主要形式，是国家机器组织和运作的准则。国家和法既然紧密相连，政治学和法学就必然存在许多相互渗透和交叉之处，如宪法、组织法、行政法与政治学研究的关系密切。然而，政治学和法学毕竟有各自的研究对象，政治学的大部分研究内容，尤其是微观领域、动态领域和软件领域，都与法学不同。④ 政治学与社会学。社会学是以社会现象为研究对象的，随着社会的发展、社会现象日益复杂化，社会学的许多领域已独立为专门的学科或被其他学科所涉及，形成许多边缘学科和交叉学科。政治学与社会学研究范围的交叉尤为突出。社会学的兴起较政治学晚，广义的社会学的范围比政治学的范围要大，但政治学的研究领域如政治理论、政治制度、国际政治等，则不属于社会学的研究范畴。由于当代政治学的研究从国家领域向社会领域的拓展，社会学的许多领域已为政治学所渗透，并产生了政治社会学这一边缘学科。同时，社会政治团体、民

5

意、公共舆论、政治参与,以及诸如社会福利政策、劳工政策之类的社会政策问题,亦构成了当代政治学研究的重点。⑤ 政治学与历史学。历史学是一门综合性科学,政治学所研究的古今一切政治现象,都是历史的重要组成部分。有人把历史称为过去的政治,把今天的政治叫做未来的历史,因此政治学与历史学水乳交融。在政治学研究中,一方面,按照历史唯物主义的要求,一切政治现象都要置于一定的历史环境中加以考察和分析;另一方面,政治学的一些研究领域,本身就是历史的一部分,如政治制度史、政治思想史、政治发展史等。⑥ 政治学与经济学。经济基础决定上层建筑,而上层建筑最重要的部分——社会公共权力,则是政治学的主要研究对象。一方面,政治是经济的集中表现,政治现象必须从经济根源上进行分析,才能揭示其深刻的内在动因。另一方面,政治与经济相比又不能不占首位,因为政治是大局,不能把政治学湮没于经济学之中。经济学的一些理论可以为政治学所借鉴,如当代政治学中的政治经济学、公共选择学等,都是利用经济学的概念和原理分析政治现象。马克思主义的政治经济学,更是人们分析各种政治现象的根本出发点之一。

总之,政治学是社会科学的基础学科,其他学科的发展对政治学的发展大有裨益,同样,政治学的发展对其他学科也具有促进作用。

(五)政治学研究的方法

辩证唯物主义和历史唯物主义的世界观和方法论是政治学研究的根本方法。它要求辩证地客观地认识和分析政治现象,从一定的历史条件出发考察政治,尤其从社会经济生活中去探究政治发展的动因,指出政治活动与社会物质存在的内在矛盾,透过现象看本质,揭示政治现象的客观性和规律性。辩证唯物主义和历史唯物主义的方法论包含以下重要涵义:① 具体问题具体分析。即研究任何政治问题,都必须把它们置于一定的历史、社会、文化范围内进行考察,联系它们产生和发展所处的特定历史条件和环境进行分析。② 从具体到一般,又从一般到具体。即研究政治现象,不能凭主观设定的模式去套,必须从具体的问题入手,逐步得出普遍的结论,然后再用普遍的理论来分析具体的问题。③ 理论联系实际。即政治学研究要紧密联系活生生的政治现象,尤其是结合中国社会主义建设的实际,使政治理论能够指导政治实践,并在实践中不断丰富和完善。④ 阶级分析。即考察阶级社会的任何政治现象都应找出它所体现的阶级关系,从本质上深刻揭示政治现象。⑤ 经济分析。即注意从政治归根结底是经济的反映、物质生活的生产方式制约着政治生活这一基本观点出发,分析和理解政治现象。

在辩证唯物主义和历史唯物主义这一根本的方法指导下,政治学研究的具体方法有规范研究和经验研究两大类。规范研究强调政治研究的价值标准,并用以判断各种政治现象、政治活动、政治形式的价值,其分析手段主要是定性分析;经验研究则强调以实证的数据来验证一般的理论和原则,经过验证得出具有相当普遍性的命题,其分析手段主要是定量分析和实证主义的方法,如观察法、调查研究法、实验研究法、模拟研究法、分类和测量等。辩证唯物主义的世界观和方法论要求政治学研究把规范研究和经验研究有机地结合起来,即对各种政治现象既要用马克思主义的立场、观点和方法作定性分析,也要运用现代科学手段,求得大量的经验材料,进行定量分析,在经验研究的基础上进行规范分析,在规范分析的指导下进行经验研究。

当代政治学研究有条件采取多学科综合研究的方法,从各个方面和各种角度分析和考察政治现象。当代政治学与许多其他社会科学和自然科学相交叉,产生了一系列边缘学科,如政治社会学、政治心理学、政治经济学、政治地理学、地缘政治学、生物政治学、政治人类学、计量政治学等。目前跨学科的交叉研究方法虽然还不够成熟,但这一趋向标志着政治学研究在向深度和广度拓展,它对政治学方法论的革新具有重要意义。

二、马克思主义对政治学的贡献

(一)马克思主义政治学的形成

建立在辩证唯物主义和历史唯物主义基础上的马克思主义政治学,从现实社会的生产方式和交换方式出发,科学地揭示了社会政治现象的本质特征,提出了实现全人类解放的理想。马克思主义政治学的根本目的,在于通过对社会政治现象本质特征的揭示,寻求改造世界、实现人类最终解放的途径与方法。马克思主义政治学的出现,开创了政治学发展的新时代。

马克思主义政治学产生于19世纪40年代。19世纪初期,由于英国工业革命的推动,资本主义在欧洲各国迅速发展,从工场手工业向机器大工业过渡成为当时欧洲社会发展的大趋势。这种趋势使欧洲各国的社会结构发生了巨大变化。伴随现代大工业,出现了工业资产阶级和工业无产阶级,阶级对立更加激烈。资本主义的发展,使生产社会化和生产资料的资本主义私人占有制的矛盾日益激化,经济危机不断发生,社会矛盾日益尖锐,无产阶级反对资产阶级的斗争日益广泛展开。欧洲社会的这种变化以及伴随出现的一系列新现象、新问题,为马克思主义政治学的产生提供了丰富的现实资料。在这种历史背景和社会环境下产生的马克思主义政治学,以无产阶级为其阶级基础,具有很强的革命性和阶级性。因此,马克思主义政治学的产生,为无产阶级认识世界和改造世界提供了理论武器。

马克思主义政治学的产生,不仅基于19世纪欧洲社会的变化与发展,而且还基于欧洲社会思想发展所取得的重大成果。马克思主义在产生时,充分吸收了当时理论思想的三大成就:① 德国古典哲学。主要是黑格尔的辩证法和L·费尔巴哈的唯物主义。马克思和恩格斯在吸取黑格尔辩证法"合理内核"时,并对黑格尔唯心主义国家学说作了批判,充分揭示了资本主义国家的本质特征;马克思和恩格斯对费尔巴哈的唯物主义的批判,则抛弃了其形而上学和历史唯心主义,吸收了其唯物主义的基本思想。马克思和恩格斯经过批判的改造,把唯物主义同辩证法有机地结合起来,并彻底地贯彻到历史领域,从而找到了揭示人类社会发展规律的科学方法和现实基础。② 英国古典政治经济学。英国经济学家威廉·配第、亚当·斯密和大卫·李嘉图关于劳动是财富和价值的源泉、劳动分工和生产法则的研究,提出了对于资本主义经济结构和职能的重要认识。这些古典经济学家的理论,为马克思科学地分析资本主义生产关系和阶级关系,揭示资本主义社会必然要灭亡提供了论据。③ 法国启蒙思想家和唯物主义者以及空想社会主义者的思想。18世纪法国启蒙思想家和唯物主义者的思想,如卢梭的"人民主权"思想等都具有革命的内容,这些思想是当时欧洲最激进的思想,为马克思主义政治学的产生提供了理论基石。法国的空想社会主义为改造资本主义社会所提出的社会批判理论和社会理想,对马克思主义政治学的形成产生了直接的影响。

唯物史观和剩余价值理论的形成,使马克思主义政治学走向成熟。这两大理论,一方面使马克思主义政治学获得了科学的基础;另一方面使马克思主义通过剩余价值理论,揭示资本主义社会的阶级关系、国家本质,为无产阶级革命指明了道路。

马克思主义创始人写下了许多重要的政治论著,其中《1844 年经济学哲学手稿》、《黑格尔法哲学批判》、《论犹太人问题》和《英国工人阶级状况》是马克思和恩格斯早期比较集中论述政治学基本问题的著作。虽然其中有些思想还不很成熟,却已包含许多天才的思想。《德意志意识形态》是马克思主义政治学走向成熟的一个重要标志。此后,马克思和恩格斯在革命实践和理论总结中又写了许多重要的著作,如《共产党宣言》、《1848 至 1850 年的法兰西阶级斗争》、《路易·波拿巴的雾月十八日》、《法兰西内战》、《哥达纲领批判》、《家庭、私有制和国家的起源》、《资本论》、马克思关于古代社会历史的四篇笔记等,其中《共产党宣言》是马克思主义政治学的纲领性文献,标志着马克思主义政治学的正式形成。马克思的巨著《资本论》也蕴含着丰富的政治学理论,它从分析资本主义制度的内在动力和经济结构着手,深刻论述了国家、政治、法、政治观念等问题。

马克思和恩格斯逝世后,列宁继承和发展了马克思主义政治学,为丰富和发展马克思主义政治学作出了宝贵的贡献。列宁的《帝国主义是资本主义发展的最高阶段》、《国家与革命》等著作,尤其是他晚年的一些著作,创立了关于社会主义国家的系统理论,研究了现代国际关系的格局,具体论述了社会主义国家政权和行政管理的关系、无产阶级政党的历史作用、人民群众参加国家管理与社会主义民主关系、民族自决权、社会主义政治体制的建设与完善等一系列政治学课题。列宁的理论贡献对社会主义国家政权与民主建设具有重要指导意义。

以毛泽东、邓小平为代表的中国共产党人,在革命和建设实践中,结合中国的实际,创造性地运用马克思列宁主义,把马克思主义政治学发展到毛泽东思想阶段和邓小平理论阶段。他们以对半殖民地、半封建的国家进行新民主主义革命和社会主义革命的理论阐述,以及对在社会主义制度建立后,坚持共产党领导,坚持无产阶级专政,大力发展社会生产,不断加强社会主义民主和法制,不断自我改革和完善社会主义的政治体制,以及一国两制构想等重要思想,为马克思主义政治学理论宝库增添了新的丰富内容。

（二）马克思主义政治学原理

马克思主义政治学建立在辩证唯物主义和历史唯物主义的基础上,它

9

的原理基于对人类社会生活中的生产关系和交换关系的分析和总结,来自对由一定生产关系和交换关系所决定的社会结构和政治结构中的阶级斗争和阶级关系的科学考察。马克思主义政治学原理的基本观点有:① **关于政治关系的性质**。马克思主义认为,人类历史的第一个前提是有生命的个人存在。这些个人使自己区别于动物的第一个行为,是他们开始生产自己所必需的物质生活资料。人们在自己生活和社会生产中必然形成同他们生产力的一定发展阶段相适应的生产关系。一个社会的生产关系的总和所构成的社会经济结构,决定着该社会的政治关系、政治生活方式和政治观念。社会生产力的发展必将同它们一直在其中活动的现存生产关系发生矛盾。一旦生产关系变成生产力发展的桎梏,社会就面临变革或革命。随着社会经济基础的变更,社会的整个上层建筑也将或快或慢地发生变化。② **关于阶级的观点**。生产力和生产关系的矛盾、经济基础和上层建筑的矛盾是一切社会的基本矛盾。在阶级社会,社会的基本矛盾集中表现为阶级矛盾和阶级斗争。在马克思主义看来,阶级产生的原因是人类历史上出现了私有制。阶级斗争是阶级社会的必然现象,它根源于阶级利益的根本对立。马克思主义认为,自有文字以来的一切社会历史,都是阶级斗争的历史。阶级斗争不仅是阶级社会历史发展的主题,而且是这种历史发展的伟大动力。③ **关于国家的观点**。马克思主义认为阶级的产生必然伴随着国家的出现。国家绝不是外部强加于社会的一种力量,它是随阶级的产生而出现的。国家是表示"这个社会陷入了不可解决的自我矛盾,分裂为不可调和的对立面而又无力摆脱这些对立面。而为了使这些对立面,这些经济利益相互冲突的阶级,不致在无谓的斗争中把自己和社会消灭,就需要有一种表面上凌驾于社会之上的力量,这种力量应当缓和冲突,把冲突保持在'秩序'的范围以内,这种从社会中产生但又自居于社会之上并且日益同社会脱离的力量,就是国家"①。就国家产生的社会内在要求来看,在一个分裂的社会中,国家是共同体的代表;但就国家本质特征来看,国家是经济上占统治地位的阶级的国家,是维护一个阶级统治另一个阶级的机器。国家随着阶级的产生而产生,也必将随着阶级的消亡而消亡。④ **关于政治体制的观点**。马克思主义认为,国家是一定的社会经济形态的政治上层建筑,是适合于一定的生产关系的。随着生产方式的更迭,人类历史上曾先后出现奴隶制、封建制、资本

---

① 《马克思恩格斯选集》第 4 卷,第 166 页。

主义制的社会形态。与这些社会形态相适应,则形成了奴隶主阶级专政的、封建主阶级专政的和资产阶级专政的国家。无产阶级专政的国家则是完全新型的国家。马克思主义认为,无产阶级掌握政权的国家,只能采用共和政体。共和国是无产阶级进行统治的政治形式,是无产阶级专政的特殊形式。马克思称这种"以社会解放"为自己目标的共和国为"社会共和国"。无产阶级专政是"一个由若干齿轮组成的复杂体系"①。在这个体系中,无产阶级政党是领导力量,工农联盟是阶级基础。只有通过无产阶级政党的领导作用,无产阶级专政才能实现。无产阶级专政的国家是新型民主和新型专政相结合的国家。无产阶级专政的国家本质上都是一样的,但其形式可以因各国不同的历史条件和不同的民族特点有所不同。⑤ **关于未来社会的观点**。马克思主义认为,社会历史的发展必然导致共产主义社会。共产主义是人类的最高理想,它的根本目的是实现全人类的彻底解放。共产主义不是一种空想,它是人类社会的生产力和生产关系矛盾运动的必然结果。资本主义社会生产关系代替封建社会生产关系之后,社会生产力得到飞速发展。然而,飞速发展的生产力却与以生产资料资本家私人占有为基础的生产关系形成尖锐的矛盾。这种矛盾使资本主义社会不断陷入危机,它充分预示由联合起来的个人支配社会生产资料代替资本主义的私人占有是历史发展的必然。共产主义是人类社会发展内在的必然要求,它通过革命推翻一切旧的生产关系和交换关系的基础,实现人类的彻底解放。从资本主义到共产主义,必须经历一个过渡阶段。这个过渡阶段必须实行无产阶级专政,实现生产资料的公有制,迅速地发展社会生产力。共产主义实现的过程除了需要社会生活的变化外,还需要人们自身普遍的变化,包括意识形态的变化。⑥ **关于社会革命的观点**。革命是由生产力和生产关系之间的矛盾引发的,是生产力和生产关系矛盾的必然结果。资本主义社会生产力和生产关系的严重矛盾,只能通过革命的手段来解决。这种革命将由资本主义社会的掘墓人——无产阶级来完成。"一般的革命——推翻现政权和破坏旧关系——是政治行为。而社会主义不通过革命是不可能实现的。社会主义需要这种政治行为,因为它需要消灭和破坏旧的东西。"②无产阶级革命的根本目的是彻底消灭私有制,实行无产阶级专政,最终实现共产主义。

---

① 《列宁选集》第 4 卷,第 404 页。
② 《马克思恩格斯全集》第 1 卷,第 488—489 页。

（三）马克思主义政治学的地位及其特点

在政治学发展史上，马克思主义政治学的诞生导致了一场革命性的变革，它开创了人类认识和掌握政治现象的科学时代。马克思主义政治学对政治学的发展作出了两个伟大的贡献：① 马克思主义政治学为政治学的研究提供了科学的方法论，即辩证唯物主义和历史唯物主义，从而使政治学研究具备了科学的基础。② 马克思主义政治学把实现人类的最终解放作为政治学研究的最高目标，第一次使政治学的研究与实现人类的彻底解放密切地结合起来。

马克思主义政治学是无产阶级认识世界和改造世界的革命理论的一个重要组成部分。对人类社会各种政治现象所作的科学分析，使马克思主义政治学成为历史上最系统、最全面、最深刻的政治学。马克思主义政治学具有以下五方面的特点：① **科学性**。马克思主义政治学把政治现象理解为一种客观的、按一定规律发展的社会现象，同时又把它看成是一种受各种物质条件制约的，反映一定经济基础状况的相对独立的现象。因此，马克思主义政治学不是从现象到现象，而是从决定政治现象的社会生活内在规律和社会经济基础，来研究和把握政治现象的本质，从而科学地揭示人类社会政治活动的基本规律。② **阶级性**。马克思主义政治学把对政治现象的研究与人类的彻底解放密切结合起来，完全是为无产阶级和全人类的解放利益服务的。在马克思主义看来，人类的彻底解放只有通过在资本主义社会下失去"自主活动"的无产阶级和无产阶级的革命才能实现。③ **革命性**。马克思主义是一种改造世界的学说。马克思指出："哲学家们只是用不同的方式解释世界，而问题在于改造世界。"①这种改造世界的思想赋予马克思主义政治学革命性的特点。马克思主义政治学公开宣布废除私有制，消灭人剥削人的现象。④ **实践性**。体现在理论和实践统一的原则上。马克思主义政治学不是抽象的教条，而是科学考察历史和社会的结果，是无产阶级革命斗争实践的理论总结。马克思主义政治学对无产阶级的政治实践具有巨大的指导意义。它的实践性还体现在通过具体的实践来检验和完善自己的理论与学说。⑤ **发展性**。马克思主义政治学的历史使命决定了它不是从静

---

① 《马克思恩格斯选集》第 1 卷，第 19 页。

态层面上研究各种政治现象。而是从人类社会发展的必然规律来透视和把握政治现象,用发展的观点分析和判断一切政治现象。马克思主义政治学的实践性决定了它的内容必将在不同的时代、社会和文化背景下,不断得到丰富和发展,从而使它更好地指导实践活动,并在指导实践活动中不断地丰富和发展自身。

三、现代以前的政治研究

(一)中国历史上的政治研究

自人类社会建立最初形态的社会公共权力以后,就有了对这种权力本身及其运用的最初认识,这可以说是最原始的政治研究。随着社会生产力与生产关系的逐步演进,以及社会公共权力的渐次分化、扩展、变革,人们对政治的研究不断深化,进而使这种研究登上了科学的殿堂,发展成为社会科学的基础学科。政治研究的这一发展和进步经历了漫长的历史过程。

中国历史上对于政治问题的研究源远流长。大致可划分为五个阶段: ① **夏、商、西周时期**。这是中国历史上政治研究的萌芽时期。由于年代久远,史料散失,后人根据史书记载及出土的文物史料判断,神权政治观在当时的政治研究中占统治地位。当时的人们将政治看作是按上帝、天或神的旨意行事,从神权的角度来探讨和论证政治问题。如史书记载"有夏服天命",表明夏代统治者是从宗教神权的角度来论证其政治统治的合理性。又如,殷墟出土的甲骨文中有不少关于社会政治问题的卜辞,表明商代的政治研究和占卜活动联系在一起,统治者和筮、祝、卜是根据对卜筮中甲骨裂纹的理解来分析、判断政治问题。西周时期,虽然出现了"以德辅天"的思想,开始从人事的角度探讨政治,然而,宗教神权政治观依然占据着主导地位,"命哲、命吉凶、命历年"的上天仍然是人间事务的主宰。 ② **春秋战国时期**。这是中国历史上政治研究的形成时期。随着奴隶制生产关系的日趋解体和封建制生产关系的逐步建立,社会政治实行大变革,政治研究出现了大转折。政治研究在很大程度上摆脱了神权政治观的束缚,转而将"人事"作为研究、论证的基本出发点,出现了众多的学派和思想家。其中较为重要的有：以孔丘、孟轲、荀况为代表的儒家；以商鞅、韩非为代表的法家；以老聃、庄周为代表的道家；以墨翟为代表的墨家；以及阴阳家、名家、纵横家、兵家等。这些学派和思想家就当时的社会政治问题进行了广泛探讨。他们各抒己见，展开争论，形成了"百家争鸣"的繁荣局面。这一阶段的研究从题材和范式两大方面奠定了中国封建社会政治研究的基础。③ **从秦汉到明代中叶**，是政治研究的缓慢发展时期。在这一漫长的历史阶段中，封建主义的经济基础及其上层建筑牢固地统治着社会经济、政治、文化各个方面，社会政治生活被局限在封建君主专制主义中央集权的总体框架内，政治研究主要是在前人研究的基础上，对某些方面或问题作部分改造，缺乏进展。秦汉时期，随着统一的封建君主专制主义中央集权国家的建立与巩固，论证这种政治形式的合理性及运作原则成为政治研究的主题。围绕着这一主题，在政治研究中出现了以儒法道三家为主的各学派融合过程。到董仲舒时，建立了以儒家为主体，糅合法家、道家、阴阳家、五行家及其他学派的封建专制主义政治研究体系，其影响一直延续到封建社会后期。魏晋时期，封建社会的政治动荡以及董仲舒政治研究体系中的神学思想受到批判，使得政治研究中自然主义的倾向加强。一些研究者从自然主义的角度分析政治，认为人类政治乃是自然变化的结果，或者其本身就是自然的一个组成部分，理想的政治应是"自然无为"。还有人进一步引出无统治压迫、无赋税徭役的社会政治思想。隋唐时期，中国封建大一统的格局重新建立和加强，封建社会走向空前繁荣。以儒学为主体的政治研究体系经过一番改造之后，重新占据了政治研究的中心地位。王通的"儒、佛、道"三教合一论，韩愈的"道统"论，以及柳宗元革新除弊的主张，对这一体系的改造和政治研究起了重要作用。宋、元至明代中叶，中国封建社会一方面缓慢发展，另一方面危机四伏。专制主义中央集权进一步强化和宋明理学的兴起，使儒学研究体系强化了其垄断地位。同时，政治研究与政治统治、伦理道德的关系也被进一步强化。朱熹等理学思想家认为，三纲五常不仅是天理的体现，而且是人的道德善心的体现。他们继承传统儒家的方法，提出了由格物、致知、诚意、正心，一直到修身、齐家、治国、平天下的完整的内圣外王的政治学说。这一时期，也出现过一些政治改革理论和功利主义政治观，但这两者只是在传统政治研究的总体框架内有所侧重，缺少发挥，未能跳出框架本身。④ **从明代中叶至清代期间**是中国社会发生剧变时期，政治研究也出现了具有划时代意义的转变迹象。李贽等人开始对儒学体系的垄断地位提出挑战，黄宗羲、唐甄等对君主专制制进行激烈抨击,王夫之、顾炎武都对君主专制制持否定态度,传统的民为邦本思想得到张扬。然而,由于明、清实行绝对君权的统治,在专制主义钳制整个思想政治文化领域的条件下,即使是最激进的挑战者,其研究仍未能摆脱传统政治研究的束缚。中国政治研究的突破性进展,是在19世纪中后期,在先进的中国人接受西方进步思想,反对封建统治和外来侵略的斗争中开始取得的。⑤ **从鸦片战争到五四运动时期**,中国政治研究出现了重大转变。在此阶段,外国资本主义的入侵和中国封建制度的腐朽,酿成了中华民族的深重危机,中国由封建社会沦为半殖民地、半封建社会。先进的中国人为了挽救民族危亡,历尽艰难,多方求索,寻找救国之道。爱国、变革、民主、科学等逐渐地成为政治研究的主题。在此时期,政治研究除了从传统中发掘革故鼎新的思想外,更多地转向西学,试图从西方资产阶级政治研究中寻找民族振兴的道路,出现了向西方学习的热潮。西方的政治制度和政治学说开始被大量地介绍进来。从早期改良主义思想家开始,到康有为、梁启超、谭嗣同、严复,再到章炳麟、孙中山等人,在这方面作了极大的努力。严复翻译赫胥黎的《天演论》、斯宾塞的《群学肄言》、甄克斯的《社会通诠》、孟德斯鸠的《法意》等西方政治学说著作,对近代中国政治研究产生了很大影响。政治研究大量引入近代西方政治学说,力图取法近代西方资产阶级国家的一般模式,在中国建立资本主义的君主立宪政体或民主共和政体,并为此设计了各种程序、方案,展开了政治改造运动。以康有为、梁启超为代表的资产阶级改良派和以孙中山为代表的资产阶级民主革命派,是这两种思想的典型代表。中国近代政治研究是围绕救亡这一核心主题,紧密结合政治改造运动展开的,带有强烈的实践理性色彩,这就影响到研究的系统、全面和完整,使这一阶段的政治研究未能建立起完整的学科框架,未能确立起独立的学科地位。直到五四运动时期,树起了"民主"与"科学"两面旗帜,中国现代意义上的政治学研究的帷幕才正式揭开。

中国历史上的政治研究主题具有两个明显的特征:**一是综合性**。它涉及政治制度、政治历史、政治哲学、理想模式、治国战略、施政方案、权力运用等。**二是主题稳定**。自春秋战国直到明清之际两千多年间,历代研究者长期使用固定的概念、范畴、范式等,尽管含义有所不同。中国历史上的政治研究主要涉及下述主题:① **政治哲学**。包括仁、礼、法、道、势等范畴,天与人、义与利、君与臣、君与民等关系,以及人性论、历史观等理论。② **理想社会政治模式**。如孔丘的"天下归仁"的"有道"之世,孟轲的"足衣足食"的"王道"世界,墨翟的"兼爱"、"尚同"的政治思想,老聃的"小国寡民"的理想社会,荀况的"王制"天下,韩非的法治社会,鲍敬言的无君无臣的理想社会,陶渊明的"世外桃源",洪秀全的乌托邦,康有为的"大同世界",等等。③ **治国战略**。为了达到理想的社会政治状态,治国战略也是中国历来政治研究的重要课题。在这方面,历代研究者提出了诸如:仁爱、礼治、峻法、尚同、无为而治、孝治、刑德而治,通过格、致、诚、正,达到修齐治平,以及改良、革命等各式各样的治国战略。同时还研究各种治国战略间的协调、配置等等。④ **施政方策**。对各个历史时期的决策研究,也是中国历来政治研究的课题。这种研究可分为两个层面:一是总体层面,如经济发展中的重农抑商、唯农除商、农商协调发展、重商等等;外交领域的远交近攻、合纵连横、和亲、羁縻、以夷制夷等等。二是具体层面,即各个历史时期统治中面临的政治问题的决策研究。⑤ **权力运用**。封建君主专制主义中央集权的政治统治,要求统治者具有一套行之有效的总揽全局的统治术。因此,有关谏议、兼听、独断、考课、监察、防奸等统治术的研究,在近代以前的政治研究中一直受到重视。⑥ **政治制度**。国家的统一和政治的有效运作,离不开制度、规范的研究与建设。数千年来的中国政治研究对在封建体制框架内如何建立和完善各项具体制度和规范、保障政治的有效运行,进行了大量研究。在诸如地方与中央的关系、官吏的选拔与任用、政权机构的组织、监察制度等方面都有一系列的研究成果,这些研究成果在维护和发展封建政治统治方面发挥过重要作用。近代以后,研究重点开始转向制度改造。⑦ **政治史**。中国历代的政治研究者,特别重视政治史的研究,在政治沿革史、制度史、思想史等方面留下了大量著述。他们的研究目的,主要是为了总结前代的政治经验、教训,"以史为鉴"。

数千年来的中国政治研究,在中国历史、社会、文化的背景下,在自身的发展历程中,形成了自己的特点。这些特点可归纳为:① **范式单一**。尽管中国历史漫长、曲折,但从西周、春秋战国起对封建社会的政治研究,到秦、汉时期确立了以儒家为主体的,糅合法、道及其他各家的思想与方法的研究范式。这一研究范式在中国政治研究中长期处于统治地位,直到为近代新的政治研究范式所替代。② **注重世事**。中国历代政治研究较为注重对人与现实政治的研究,如人性、人与社会、君臣关系、君民关系、施政方略等,在研究中有泛政治化倾向和浓厚的"经世致用"倾向,而疏于对国家、权力、体制等政治形式的研究。③ **强调布政**。在对人与现实政治的研究中,中国历代政治研究者注重的是对治国之道及其合理性的研究,包括治国战略、施政方策、权力运用、选才用人以及它们与政治哲学范畴的关系等,而不注重研究政治体制的合理性问题,这一状况到近代才有所改变。④ **侧重伦理**。受到单一范式的影响,中国历代政治研究者在研究治国之道时,侧重于对伦理调控手段的研究。从孔丘的"导之以德、齐之以礼",到荀况的"导之以礼、齐之以刑",以至董仲舒的"德经刑权"、朱熹的"为政以德",无不体现着政治道德化的浓重色彩。虽然政治运作中的"阳儒阴法",使法理调控在政治研究中仍占有一定地位。但与伦理调控相比,法理调控长期被置于次要地位。⑤ **学科界线模糊**。由于中国历代学科分化不明显,由于单一范式的影响和偏重伦理研究,历代政治研究一直与哲学、伦理学、历史学合为一体,学科界线极不明确,未能确立独立的学科地位。

(二)西方历史上的政治研究

世界上几个文明发源地,如古埃及、古巴比伦、古印度等,它们的政治研究各有特色,其中发源于古希腊的西方政治研究则较为系统和全面。西方在现代政治学之前的政治研究(约公元前 500 年至 19 世纪末),前后 2 400 余年,大致经历了如下三个时期:① **古希腊、罗马时期**。**政治研究的中心内容是城邦政治,主导范式是伦理世界观**。政治学者把国家存在的目的说成是追求至善,实现正义。认为"人是天生的政治动物","人类自然是趋向于城邦生活的动物",个人只有在城邦中才能过善的生活。所以,柏拉图的《理想国》、亚里士多德的《政治学》,都力图找到一种可以实现正义、达到至善的理想的城邦制度。古罗马的政治研究把古希腊政治理论推到一个应用阶段。古希腊、罗马时期出现了伯里克利、苏格拉底、柏拉图、亚里士多德、西塞罗等人,他们对政治研究都有系统的论述。当时的政治研究虽常把伦理学的原则和目标渗透于政治论述中,但亚里士多德已开始把政治学与伦理学分科,使政治研究在概念上趋于系统,开西方政治研究体系之先河。在方法论上,以柏拉图为代表的哲学思辨方法和以亚里士多德为代表的实证比较方法,奠定了西方传统政治研究方法两大倾向的基础。② **中世纪**(约 5—15 世纪)。这是基督教神学思想占统治地位的时期,**政治研究为神学世界观所笼罩,政治学成为神学的一个科目**,隶属于神学体系。政治研究以《圣经》为出发点,信仰的绝对权威成为判断是非的唯一标准。从奥古斯丁的教父哲学到托马斯·阿奎那的经院哲学都未超越神学的范围,即使是反对教会统治的异端,仍须把《圣经》作为信仰的依据。《圣经》、上帝、教权成为政治研究极力维护和尊崇的对象。教会与国家、教权与王权成为政治研究的中心内容。而中世纪神学政治研究中关于个人与社会、教会与俗权、国家权力性质的研究,则构成近代西方政治研究继承和发展的基本范畴。③ **近代（文艺复兴至 19 世纪末）**。随着商品经济的发展和繁荣,市民阶级的兴起和壮大,资产阶级政治学开始形成。资产阶级各派学说层出不穷,各种理论大都受到法学世界观的影响,即认为经济关系和社会关系不由教会和教条创造,而由国家权力制约。近代伊始,文艺复兴运动、宗教改革兴起,使政治研究摆脱了神学的枷锁,具有世俗的特征。意大利的马基雅维利、法国的 J·布丹已经从"人"出发,用"人"的眼光观察、解释社会政治问题,以理性和经验为依据,提出政治要求。权力代替神意成为国家与法律的基础。政治理想从敬神轻人转为尊人重世,认为个人的权利须受到重视。自然法、自然权利、主权、社会契约、自由、民主、平等、幸福成为资产阶级政治学的主要概念框架。至 19 世纪中期,西方社会的矛盾和冲突日趋激烈,社会学世界观开始出现。社会学的政治研究,是资产阶级确立统治后,为了进一步稳定社会秩序,解决错综复杂的社会问题,保证社会的协调发展而确定的。孔德、斯宾塞等人在社会学世界观主导下的政治研究,着重探索社会运动的法则,从而协调和适应它们以达成社会和谐。受社会学世界观影响的圣西门、傅立叶和欧文则剖析社会现实弊端,企望通过改造和变革达成社会进步。**法学世界观与社会学世界观指引着近现代西方政治研究。**

西方政治研究绵延两千余年,其研究主题存在某种内在的继承性和延续性,这就是人与社会的关系。西方文明发轫之时,古希腊的苏格拉底、柏拉图和亚里士多德就对人与城邦进行研究,开创了这一传统。中世纪宗教神学笼罩着一切学科,政治研究中人与社会这一主题为人与上帝(教会)的关系所取代,这是原有主题的神学化形式。近代以来,人与社会的主题重新提出。马基雅维利、布丹、H·格劳秀斯、霍布斯、斯宾诺莎、J·伯克、孟德斯鸠、卢梭、康德、黑格尔、T·潘恩、T·杰斐逊等人都着力研究这一主题。E·伯克、边沁、J·S·密尔、孔德、斯宾塞也没有超越人与社会这一主题。虽然在不同的政治研究中,人与社会这一主题在具体内容和思想倾向上大相径庭,但其基本框架则相差甚微。西方学者就人类组成社会,共同营生后产生的基本的政治问题:人是什么? 人为何组成社会?

社会是什么？社会如何组成与如何活动？社会的管理与控制怎样进行？权力是什么？如何统治？为什么服从？怎样统治最好？对诸如此类等等问题的研究，大致可以归纳为这样几个部分：① **人论**。包括对人的本性、人的异化及人的社会化的研究。② **社会论**。包括社会（国家）的起源、本质、活动内容与表现形态的研究。③ **政治理论论**。包括政治生活的原则、政治理想的形态及实现政治理想的途径。

西方政治研究的基本特点，是在西方特定的历史、社会、文化背景中长期演化孕育而成。古希腊形成了西方式样的城市文明、商业文明与海洋文明，它们促使原始氏族部落社会血缘关系、宗法关系较早地瓦解，代之以人与人之间的权利关系和契约关系。在中世纪，古代文明渐渐向近代文明转化。文艺复兴、宗教改革之后，商品经济的发展、市民阶级的壮大和科学的发展，推动了西方政治研究的进步。在这种背景下，西方政治研究表现出如下特点：① **范式多样**。西方社会在两千多年的历史变迁中，既有爱琴海上古希腊文明的曙光，又有中世纪的漫漫长夜；既有封建统治的腐败专制，又有资产阶级革命的疾风暴雨。社会政治面貌不断地变化，促进了政治研究范式的革故鼎新，出现了伦理学世界观、神学世界观、法学世界观、社会学世界观等研究范式。② **注重逻辑**。西方政治研究受到自然科学、哲学、逻辑学的影响，表现出强烈的理论色彩，对各种政治现象有较抽象、完整、系统的理论分析，重视探讨政治中的一般抽象原则。③ **强调建制**。西方政治研究注意对国家的起源、性质与作用的研究，由此便注重对政体的探讨。自古希腊始，就注重分析当时各城邦的不同政体，以后注重对最佳政体的探求形成了传统。对政体的研究构成西方政治学研究学科体系的基本内容。④ **侧重法理**。西方政治研究认为，人性多变，特别强调通过一定的政治制度、权力关系、权力运用和法律规范等外部机制调节人的行为，维持和巩固某种特定的政治秩序。如柏拉图从一等理想国向二等理想国的转变，亚里士多德对政体和对法治的分析，洛克、孟德斯鸠的分权学说，卢梭的社会契约，J·S·密尔的代议制政府等，都倾向于以体制和规范调控人类社会的各种关系。西方政治研究把解决这一问题作为自己的主要任务。⑤ **学科界线清晰**。早在古希腊，亚里士多德就把政治学与哲学、伦理学加以区分，使政治研究初步取得独立的地位。此后，研究者们基本上都把政治研究看作一个专门领域，写出了许多有影响的政治学著作，如马基雅维利的《君主论》、布丹的《论共和国》、斯宾诺莎的《神学政治论》、霍布斯的《利维坦》、洛克的

《政府论》、卢梭的《社会契约论》、密尔的《代议制政府》等论著,为政治学奠定了独立的学科地位。

四、现代的西方政治学

(一)历史发展

西方政治学在现代出现了重大的嬗变,政治研究随着实证研究方法的兴起开始背离了传统的研究风格和结构,转向学科发展,主要体现为研究对象和研究方法的转变,出现了新的方法论格局。原来广义上的政治学一分为二:**一是从传统政治研究中分化出行为主义政治学,即所谓的"政治科学";二是由传统政治研究承续和深化而来的当代西方政治思潮**。政治科学后来居上,在当代西方政治学中占据了主导地位。

现代西方政治学从 **1880** 年作为一门学科在**美国**获得独立地位开始,已经过了一百多年。其发展可分为两个时期:① 现代西方政治学的形成与发展。1880 年以前的西方政治学,主要是以一般政治原理和政治规律为内容,如国家、政体、主权、公民、制度和统治等,当时政治学术中心在欧洲,政治研究中的法学和社会学观念对后来的政治学影响深远。1880 年 10 月,在美国学者 J·W·柏吉斯的倡导下,美国成立了**"哥伦比亚大学政治研究院"**,开始培养政治学博士和进行具有学科意义的政治学研究。一般学者都以此作为现代政治学学科独立的标志。此后政治学课程开始在美国普遍开设,许多大学成立了政治系和研究院。1886 年第一种定期出版的政治学刊物——《政治学季刊》,在哥伦比亚政治学院创刊。1903 年,美国政治学会成立。不久,《美国政治学评论》创刊。至此,现代意义的政治学大体上形成。美国政治学会成立之前,德国国家学传统一直在美国政治学中居主导地位。欧洲其他国家如法国和英国的政治学对美国政治学也有重大影响,美国当时流行的历史—比较研究方法就是从欧洲学来的。随着政治学在美国的发展,它逐渐美国化了。第一次世界大战前后,**现实主义研究方法向以历史—比较研究方法为代表的历史主义研究方法挑战**。接着,出现了**"新政治学运动"**提倡科学主义的政治研究方法,主张采用社会学、心理学和统计学的方法来改革政治研究,认为价值判断有碍科学的政治分析,应当摒除。"新政治学运动"为第二次世界大战后行为主义政治学的发展开辟了道路。这时芝加哥大学继哥伦比亚大学之后,成为美国又一个政治学术中心,形成了**芝加哥学派**。同期的欧洲政治研究仍基本上承袭传统的研究方法,虽然在政治理论和政治社会学方面发展较快,但对科学主义的研究方法持不赞成态度,在学科专业设置、研究内容、研究方法上颇为保守。② 现代西方政治学的兴盛。第二次世界大战后,西方国家的政治学研究获得了巨额资金援助,研究机构和教育机构普遍设立,学者和学生队伍扩大,刊物、专著大量问世。**行为主义政治学**的迅速崛起是战后政治学在西方国家尤其是美国发展的最显著特征。行为主义政治学反对传统的制度研究方法,注重创立经验方法。它认为政治学应该成为一门能对政治现象进行解释和预测的科学,而要达到这一目的就必须对实际政治行为进行观察和进行资料搜集,并在此基础上进行学科分工合作,运用纯经验的定量分析等技术手段。行为主义政治学重视理论框架和模式的确立以及从宏观角度对政治行为进行理论概括,这使系统论、控制论和信息论在政治研究中得到广泛运用,并由此产生了政治学中的一般系统理论、结构—功能理论、沟通理论。它强调运用技术手段和借用其他学科的方法和成果,使政治学与其他传统学科之间大量互相渗透和融合,由此产生了政治社会学、政治心理学、政治人类学、生物政治学等边缘和交叉学科。由于它强调研究问题,使政治学在培养实际业务和构筑技术性知识体系方面有很大发展。行为主义政治学也推动了当代政治学一些综合性理论的发展,如比较政治、政治文化和政治发展等理论。70 年代以后,行为主义政治学进入了相对萧条的时期,它过分强调技术手段、忽视价值因素的倾向受到批判。人们反省行为主义政治学因专注纯粹学术而丧失了价值方向的缺点,提出"政治学的新革命"的口号,即主张政治学的再理论化、再意识形态化。在这种情况下,一些传统的研究方法重新得到承认,政治理论重新抬头,当代政治学进入了**后行为主义政治学**时期。

（二）研究方法

当代西方政治学,体系林立,学派众多,研究方法多样。如历史—比较、现实主义、制度研究、心理分析、团体理论、要素分析、实地调查、定量分析、政策分析、权力分析、角色理论、精英分析、博弈论、政治场论、理性选择论、行为分析、沟通理论等。主要的有如下几种：① **历史—比较方法**。早期的政治科学从传统政治研究转化而来,深受德国国家学中历史主义的影响,注重研究文献资料和史实,认为政治是历史的结果。由于文献资料和历史纪录具有明显的法律、规章性质,这种方法主要是对制度进行研究,当历史—比较方法把眼光放在真实的人和现实政治上时,它就转变成了现实主义方法。历史—比较方法注重逻辑实证和收集资料,这也为科学主义埋下了伏笔。② **心理分析**。这也是较早为现代政治学所采用的研究方法之一,源于欧洲的社会学观念,尤其是 S·弗洛伊德的精神分析方法和欧洲学术界关于群众心理的研究成果。心理分析方法注重对社会动荡和政治事变中领袖人物以及一般群众政治行为心理因素的分析。其中讨论领袖人物的个性和行为模式的部分发展成为政治学中的精英理论和权力论,有关群众政治心理的部分发展成团体理论。③ **行为分析**。这是当代西方政治学的主流研究方法,包括一系列相关的研究方法。它一方面反对传统的对国家和政治制度的演绎的、宏观的研究;另一方面又把研究对象放在政治过程和政治行为上面,强调所谓系统的和纯科学的研究方法。行为分析的方法对当代西方政治科学各主要领域均有程度不等的影响,它表现了当代政治学与传统主义政治学最显著的不同。④ **系统分析**。这是将一般系统论运用于政治研究的方法,着重对政治现象、政治行为作整体性的宏观分析,企图建立所谓"统一的理论",即对政治体系及其活动进行系统分析,使政治学理论能够普遍适用于各层次和各区域的政治。政治的系统分析与行为分析有密切关系,都主张政治的动态化研究。⑤ **结构—功能主义**。这是当代西方政治学普遍采用的一种研究方法,以政治系统及其中存在的政治现象和政治行为模式为研究对象,将政治角色的特定组合,即特定的政治行为模式当作政治结构,而将政治结构之间的关系当作政治功能来分析。⑥ **政策分析**。这是晚近才流行的一种政治研究方法。它认为政策是当代政治的一个基本环节,对政策的制定、实施和评估中表现出来的政治行为和政治规范进行分析,从中揭示整个政治系统的运行规律。政策分析把政治过程视为主要分析对象,具有很强的实用性和应用价值。同时,它的技术性与发展行政学,以及理性选择、博弈论、场论等关系密切。

（三）学科领域

现代西方政治学大大拓展了政治学的研究领域。它除了传统方法研究的政治理论之外,尚有政治学与其他社会科学学科互相渗透、交叉的边缘学科,如政治社会学、政治心理学、政治人类学、生物政治学及比较行政学等;有各种学科融合的综合理论,如比较政治学、政治文化理论、政治发展理论和国际关系理论等;有以特定的研究方法和社会层次为核心而展开的政治理论,如权力论、精英理论、团体理论、政治社会化理论、全球政治学、未来政治等;还有以某种政治主张或目的为中轴的政治理论,如多元政治论、和平政治学等。

从学科上看,现代西方政治学各分支学科有一个共同的特征,即受社会学影响很大,而受法学、经济学和史学的影响居次。同时,政治学产生了许多分支以及独立的学科,这体现了当代政治研究学术化和学院化的倾向;各分支学科十分注重把政治现象与人的本性特征,包括社会性和生物性因素结合起来,希冀从中找出有关政治学的基本原理和根本要素。而各种综合理论则是把政治学知识用于解释和指导政治实践。至于政治文化理论和政治发展理论则属于比较政治的范畴,它们分享了当代学科综合的成果,有着共同的社会历史背景和大致相同的研究对象、概念和方法。另外,以稳定的研究方法和社会层面为核心展开的政治理论,有的源远流长,直接脱胎于传统政治研究,有的则是为适应当代世界政治的特殊性而产生的。其中一部分具有学科基本建设的性质,可以用来记录现代政治研究成果并把它传递下去,另一部分则直接与现实政治联系起来。

现代西方政治学开辟了一些传统研究不曾涉及的领域。传统政治研究总的来说表现为一种集约性的研究,现代政治学则采取了一种发散性的方式,它不再仅仅研究几条原理、规律,几种体制、制度,而是一方面把传统研究的内容分解开来,加以精细化和复杂化,另一方面又努力把握现代社会的特点,从具体的社会活动方面去分析政治现象。从这一点上说,现代政治学很难总结出一个统一的范围、立场、观点和方法,它是一种范围或界线十分模糊的政治研究。

（四）政治理论

政治理论是西方政治研究的传统项目。虽然它在现代相对科学主义的急剧膨胀而言地位衰落,但与过去相比,现代西方政治理论,无论是方法、体系还是观点、内容,都大大超过以往各个时代。依照它对现存政治体系、政治观念和公共权威的态度倾向,可以把现代西方政治理论主要派别分为三大类:保守的政治理论、自由的政治理论以及激进的政治理论。① **保守的政治理论**有一个共同点,都**认为人性恶**,无理智,缺乏责任心,而且欲壑难填。它们都倾向于向后看,推崇过去的时尚、道德观念和体制制度;轻视物质进步而强调精神生活具有永恒的价值。现代保守的政治理论中突出的有两个:新保守主义和新经院主义。新保守主义反对放任主义、极端自由主义和个人主义,重视权威和政治安定,主张尊重财产权和技术,认为财产与有产阶级是社会的中坚,而掌握技术(包括科学技术和管理方法)的人员应该持有政治权力。新经院主义多从宗教的观点阐述其政治理论,它们继承了托马斯·阿奎那的政治哲学。现代经院政治理论兼有神学和伦理两种政治观。新经院主义认为权力不是自在的,而是源于上帝,因此应对它负责,向它提供服务。新经院主义认为,单靠人的努力,无法完善政治体制,而政治体制的自行发展亦无法十全十美。② **自由的政治理论**倾向于**肯定人性**,认为人是有理性、通情达理的。它们倾向于向前看,相信人类社会在日趋完美;对国家、政府、体制制度以及法律规范持保留的态度,认为它们建筑在个人自由的基础上才是合理的。自由的政治理论中以新自由主义的多元主义最有代表性。新自由主义源出 J·S·密尔、边沁等人的古典自由主义政治哲学,政治倾向和理论主张都较古典自由主义更加保守和折中。新自由主义倾向于缓和个人与国家的对立,认为国家的权力和作用应限制在适当的范围内,个人自由也不是无限的,必须受到其他人对自由需求的制约。多元主义的理论来源分散,到 20 世纪初它才兴盛起来。它对现代国家权力急剧膨胀的现象深感忧虑,反对国家至上论,反对主权论,反对极端民族主义,主张把国家置于社会之内,认为国家不过是社会多元组织中的一员。多元主义认为社会既是多元的,因此政治权力也应当是多元的、分权的,受社会各方面的限制。③ **激进的政治理论**的共同点是,在人与国家的关系上,他们**所关注的主要是人**,人的自由、意志、权利、义务,人的异化、痛苦与解放。有代表性的激进的政治理论是存在主义、法兰克福学派、无政府主义和西方马克思主义。存在主义确认人是绝对自由的,自由是人的本质,如果自由受到限制,就等于人被异化了,成了非人。同时,存在主义反对集体和国家过分强大,认为它们是异化于个人之外的力量。法兰克福学派认为,现代社会使人失去了创造性,失去了理性、自由、美和生活的欢乐而成为"单面人",提出"本能革命"的主张,并把这一革命的主体规定为知识分子和学生。无政府主义是激进政治理论中最极端的一种。它是 P·J·蒲鲁东、M·A·巴枯宁和 Д·A·克鲁泡特金等人的无政府主义在现代的翻版。它不满足于国家和社会制度形式上的变革,要求废除国家,把自由意志、个性发展和个人行动视为使一个社会充满生机和获得进步的力量源泉。无政府主义鼓吹建立"无命令、无服从、无制裁"的无政府状态社会。西方马克思主义是各种自称继承马克思主义理论传统的资产阶级政治理论的统称,它由当代西方社会中的各种新老左派政治思潮组成,对资本主义持批判的态度,但却找不到解决问题的根本方法。总的来讲,它是把具有战斗力和实践性的马克思主义理论学院化和庸俗化。西方马克思主义的理论主要包括:G·卢卡奇、A·葛兰西等人对社会主义实践遗留下的理论问题再探索;赖希、H·马尔库塞把政治与社会心理结合起来的尝试;J-P·萨特的"存在主义马克思主义";L·阿尔杜塞的"结构主义马克思主义";列斐伏尔的"日常生活批判理论";E·布洛赫的"希望哲学"等。

(五)发展趋势

现代西方政治学从传统政治学中分离出来,介入了当代学科发展的分化和综合,然后又对这种分离进行了批判和扬弃。前者导致了政治理论衰微,后者却使政治理论复兴。但实际上,一方面在追求政治科学独立存在和发展的同时,传统的政治研究并没有中断,它在欧洲、美国,在其他社会科学领域都继续存在并得到发展。另一方面,后行为主义政治学对行为主义政治学并未全盘否定,而是反省前个时期政治科学研究中的一些不足,后行为主义政治学是行为主义政治学的继续。总结一个多世纪以来的西方政治学,可以发现它的发展趋势有三大特点:① 理论和体系的多样性。由于存在知识总量和学科渗透方面的障碍,传统政治研究只能把自己的理论体系限制在几个概念和原理上。现代政治学由于有充分的知识和其他相关学科研究成果的依托,因此在各方面确立各自独立的理论和体系。在政治学这个大学科之内,不仅有许多分支学科,而且在各分支学科内还存在许多理论体系和范式,在各分支学科间还存在跨学科的各种综合理论。② 研究重点从传统的国家、主权、制度、政治观念、政体、法规等转移到政治社会因素方面、过程方面,如政治行为、政治文化、政治环境、政策等。另外,研究政治学自身的方法论也成为现代西方政治学的研究对象。导致出现上述特征的社会历史原因,主要在于资本主义政治体制经过 18、19 世纪的动荡以后得到了确立和稳固,资本主义国家的政体问题已经解决,以政治价值判断为主的传统政治理论对资本主义政治体制的稳固不仅没有必要,反而有害。现代西方政治学研究重点是以探讨资本主义政治体制内在要素、运转规律和完善途径为转移的。③ 研究方法的微观化、动态化和纯科学化。现代西方政治学研究方法的历史发展是沿着历史主义、现实主义、科学主义、行为主义(包括结构—功能主义等)这样一条线索进行的,发展总的方向是使政治学成为一门具有经验性的纯理论。注重材料的搜集整理和定量分析,注重多层次、多角度地观察政治现象,这些使当代西方政治学主要研究投票行为、预算程序以及压力集团等政治的微观领域。同时,反对政治研究中那种一成不变的形式、法则、政体制度、历史文献和道德观念,提出了传统政治研究中所没有的政治参与、政治沟通、政治社会化、政治发展、政治心理和政策制定等课题。另外,它们系统分析研究政治输出、输入和反馈,结构—功能主义,研究利益表达、聚合,政策制定、实施与评估等。这一切都表明现代西方政治学放弃了政治性质的静态研究,追求对政治过程的动态研究。最后,科学主义对现代西方政治学的发展一直有着决定性的影响。现代西方政治学的价值中立、政治学学术化、定量分析以及系统论、信息论和控制论在现代西方政治学的应用,都是受到了科学主义的影响,行为主义政治学基本上是用科学主义支撑起来的。导致现代西方政治学研究方法发生变化的原因是多方面的:① 19 世纪实证主义对现代社会科学有深刻影响,社会学政治观成为现代西方政治学的主流,现代自然科学的丰硕成果对现代政治学有巨大的吸引力。② 现代知识学科的发展具有分化、综合、专化和互相渗透的特点。③ 现代科技手段发达,如电子计算机的应用,使政治学可以采用一些从前无法使用的研究方法。

虽然西方政治研究在研究对象和研究方法上取得一些进展,在政治学的学科建设方面取得不少成就。但总的来讲,现代西方政治研究还没有突破性的进步,主要表现在:① 现代西方政治研究缺乏开阔的远景、透彻的大思路和重大的理论成果。一方面,它的政治思想总体上眼界狭窄,难以洞察社会发展和政治现象的本质问题;另一方面,它的纯理论部分囿于纯学术,以及由于政治科学是当代理论相互交叉融合的产物,缺乏严整性。② 现代西方政治研究带有浓厚的保守色彩。无论在政治理论方面,还是政治科学方面,都因拒绝探讨新社会的性质,从而堕入掇拾旧思想、旧理论牙慧的境地。它所鼓吹的"价值中立"等,实际上是在现有资本主义政治价值观范围内的"中立",这样就使现代西方政治研究只能用来维护现有的资本主义社会制度。

五、政治学在中国的确立和发展

(一)政治学在中国的形成和发展

现代政治学在中国可以追溯到辛亥革命前后,以孙中山的民权主义、五权宪法为核心的资产阶级政治学说,成为设计资产阶级共和国方案的理论依据。民权主义是孙中山的三民主义政治理论的核心,是"政治革命的根本"。民权主义的基本问题是想将中国持续数千年的君主政治改造为民主政治,这就是后来《中华民国临时约法》所规定的"中华民国主权属全体国民"的思想。五权宪法是民权主义理论的实政化和制度化,是孙中山吸收西方权力分立学说和中国的科举及监察制度的精髓而提出的。孙中山的政治学说对辛亥革命后国家的政治建设起了指导作用。《中华民国临时约法》就是依据民权主义和五权宪法而设计的,这对中国政治学说与国家政治建设实践相结合具有重要意义,也是将西方政治学说中国化的一次尝试。在政治学研究方面,中国最早开设政治学课程的是北京大学的前身——京师大学堂(1903),第一本政治学教材是一位德国教授讲演录的翻译本(1898)。辛亥革命后,中国现代教育发展迅速,知识界对政治学的研究也日益重视起来。国内各大学如北京大学、清华大学、复旦大学、南开大学等校都相继成立了政治学系或政治学专业,讲授政治学课程。国内学者编著的政治学教材也相继问世,如张慰慈的《政治学大纲》对介绍西方主要政治学说颇有影响;高一涵的《政治学纲要》,对中国政治制度论述甚详。此外,30年代李剑农的《政治学概论》、邓初民的《政治科学大纲》、萧公权的《中国政治思想史》等,都是当时颇具影响的政治学教材。学者们还对政治学进行了分科研究,涉及的领域有政治思想史、政治制度史、中国行政、中国宪政等方面。在对西方政治学的翻译介绍方面,也著述甚丰。其中有对名著的翻译,也有对近代新思潮的介绍,如 J·杜威的实用主义,康德的《实用主义法学》,E·伯恩斯坦的改良主义思想,B·A·W·罗素的政治学说和英国工党理论家 H·J·拉基斯的政治学说等。这些著述和译作,使中国政治学学科体系日臻齐备。在此基础上,1932 年 9 月 1 日,中国政治学会在南京成立,会员 80 余人。1935 年 6 月 23 日,在南京召开第一届年会,中心议题三个:外交策略、改进吏治、大学政治学课程的标准。1936 年 7 月 3 日,召开了第二届年会,议题有四个:宪法草案、地方行政、外交策略、非常时期国民的政治教育。1942 年 11 月 6 日,在重庆召开了第三届年会,主要议题有两个:战后重建世界和平问题、政治建设机构问题。至 1949 年,全国 200 所高校中,约有 40 所设有政治学系。这一时期,中国学术界对政治学的研究,无论在理论、方法还是研究对象方面,都未能脱离传统政治学的窠臼。

(二)马克思主义政治学在中国的形成和发展

俄国十月革命以后,马克思主义政治学的观点在中国得到传播,使中国政治学研究发生了深刻的变革。陈独秀、李大钊等率先在《新青年》杂志上介绍马克思主义政治观,如李大钊的《俄法革命之比较观》,不仅区别了无产阶级革命和资产阶级革命,还指出未来的文明必定依赖社会主义革命。他发表的《我的马克思主义观》,阐述了马克思主义政治观的基本原理。1920年《共产党宣言》翻译出版,在一些初步具有共产主义思想的知识分子中产生了强烈影响,有些学者便以马克思主义观点讲授政治学。如瞿秋白和张太雷在上海大学曾分别主讲《社会科学概论》和《政治学》,恽代英在中央军事政治学校和广州农民运动讲习所主讲《政治学概论》,他们的讲授都贯穿着马克思主义阶级斗争和无产阶级革命的思想。在 30 年代,运用马克思主义观点讲授与研究政治学,较突出的有邓初民。他在 1929 年出版的《政治科学大纲》和 1939 年出版的《新政治学大纲》中,都以马克思主义的世界观和方法论为指导,较全面、系统地阐述了政治学的性质、概念、研究方法,以及阶级、国家、政府、政党、革命等政治范畴的基本原理。与此同时,中国共产党在革命斗争实践中把马克思主义普遍原理与中国革命的具体实践相结合,逐步发展起具有中国特色的马克思主义政治学,如毛泽东的《湖南农民运动考察报告》、《中国社会各阶级的分析》,就贯穿着马克思主义阶级分析的观点。抗日战争时期,马克思主义政治学在抗日根据地的传播更为迅速,《共产党宣言》、《国家与革命》、《共产主义运动中的"左派"幼稚病》等马列主义经典被列入抗日根据地干部必读书目。毛泽东的《新民主主义论》、《论人民民主专政》,对政治学中诸如阶级和阶级斗争、国家、政权、革命、政党、爱国主义和国际主义、革命的战略策略等一系列基本问题都作了深刻论述和发挥。刘少奇等对共产党和国家建设问题也作了系统的论述。这些有中国特色的政治学理论,丰富了马克思主义的理论宝库。

　　1949 年中华人民共和国的建立,为马克思主义政治学在中国的发展开辟了广阔的天地。中国共产党在长期革命斗争中根据马克思主义原理概括出来的政治理论,成为新中国政治建设的指导方针,其中一些最突出的思想,如人民民主专政的国家性质,人民代表大会制度,共产党领导的多党合作、民主协商制度,民族区域自治制度等,被吸收进中华人民共和国第一部宪法,成为国家的根本政治制度。中华人民共和国建立以后,毛泽东撰写了《关于正确处理人民内部矛盾的问题》、《论十大关系》等重要著作,论证了中国社会主义时期的国家任务和阶级关系的新变化,推进了马克思主义政治学的中国化。但从学术研究来说,这一时期政治学研究因受"左"的思想影响而被忽视了。1952 年全国进行院系调整,取消了大学政治系,教学和研究工作也基本停止了。政治学受忽视主要有三个原因:① 中华人民共和国建立后,马克思主义的理论和思想体系成为国家政治生活的指导思想,同时也成为教学和科研的主导思想,而建国前那种西化的政治学内容与这一历史转变已不相适应,难以为社会主义政治提供分析框架。② 政治学一度被认为是西方资产阶级的伪科学,它所研究的是权力关系和统治之道,而社会主义国家是人民当家作主,无须研究这些课题,社会主义制度本身可以解决一切矛盾。③ 建国初期,照搬苏联的经验和模式,用"国家与法"代替了政治学。政治学系的教师和研究人员改行从事其他工作。尽管在 1964 年,北京大学、复旦大学、中国人民大学三所学校设立政治学系,但为时不久,又都改为国际政治系,其主要研究方向分别为民族解放运动、西欧北美政治和国际共产主义运动,并未涉及政治学学科的其他广泛内容。

　　中国共产党十一届三中全会以后,中国社会科学进入复兴发展的新时期,政治学重新引起人们的重视。1979 年 3 月,邓小平在理论工作务虚会议上的讲话中指出:"政治学、法学、社会学以及世界政治的研究,我们过去多年忽视了,现在也需要赶快补课。"①中国社会的政治发展也向政治学研究提出了迫切的要求。在此背景下,中国政治学研究得到迅速的恢复和发展。1980 年 12 月,150 名学者在北京聚会,成立于全国性的中国政治学会。1985 年 3 月,中国政治学会在济南举行中华人民共和国成立后第二次代表大会,会员发展到 1 075 人,一些省市也成立了地方政治学会。1985 年 7 月,中国社会科学院政治学研究所正式成立。中国政治学界还积极与国际政治学界联系,扩大交流。1984 年,中国政治学会加入了国际政治学会,成为它的集体会员。1985 年 7 月,中国政治学会的成员参加在巴黎召开的国际政治学会第十三届世界大会,并与外国学者共同举行了题为《中华人民共和国国家体制的最新变化》的专题报告会。1988 年 7 月,中国政治学会派代表参加国际政治学会第十四届世界大会。在队伍建设方面,北京大学、复旦大学、吉林大学三校 1981 年起相继设置政治学专业,招收本科生,随后又招收了研究生。1985 年底,国家教育委员会召开政治学教学研讨会,确定了加强发展政治学科建设的方针。到 1991 年,已有十余所大学先后设立了政治学专业和行政管理专业;设立政治学教研室及开设政治学课程的学校更多。一批政治学专业的本科生、硕士和博士研究生走上工作岗位,初步改变了政治学队伍青黄不接的局面。各校开设的政治学教学课程大体上有政治学概论、中外政治思想、中外政治制度、行政管理、政策分析、国际政治几大类。自赵宝煦教授主编的《政治学概论》出版以后,同类著作出版已达数十种之多。每年有多种政治学专著出版,已有几套政治学丛书问世,一批国外政治学著作出版了中文版。中国政治学研究开始出现繁荣的局面。恢复发展的中国政治学界面向实际,坚持在马列主义、毛泽东思想和邓小平理论原则指导下发展有中国特色的政治学,在理论建设和对现实政治生活的推动方面,都取得了重大进展。在理论方面,重新探讨了政治、政治学、国家、阶级、国体、政体、人民、政党权力、权威、政治过程、政治文化、政治决策、政治发展等政治学基本概念,使对这些概念的理解更符合中国国情。在实践方面,政治学界密切配合中国的改革过程,研究了政治体制改革所涉及的广泛问题,如政治体制改革的含义和目标、政治职能的转换、政府工作机构的改革、党政分开、发展和完善人民代表大会制度、社会主义政党体制、干部人事制度的改革、行政决策的科学化和民主化、利益分化和利益协调问题、政

---

① 《邓小平选集》第 2 卷,第 180—181 页。

治稳定和政治发展问题、社会主义民主政治的发展目标和模式、廉政建设和反腐败问题等。此外,政治学界还开展了"一国两制"政治构想的研究,提出在主权统一的前提下主权与治权可适当分离的观点,为港、澳回归祖国以及台湾与大陆的统一问题提供了理论依据。

纵观这一时期中国政治学的发展趋势,大致为:① 从观念论证走向观念建设。政治学研究改变了过去单纯论证性的研究方法,注意克服从概念到概念、从原则到原则、脱离实际生活的弊病。邓小平倡导政治体制改革并提出建设社会主义民主政治的战略目标,带动了理论工作者解放思想,将目光转向社会政治生活中出现的新问题和新现象。80年代以来,中国政治学者在体制改革、机构改革、公共行政、社会主义民主、社会主义社会的阶级关系、国际关系等领域都提出了一些新见解,大大丰富了政治学研究的内容。② 从理论研究走向现实研究。政治学研究改变了过去单纯重视书本,从理论到理论的状况,注意与如火如荼的社会生活密切结合。中国改革事业的推进越来越需要学者们从理论上说明和解决改革所遇到的问题,为国家领导决策发挥智囊作用。中国政治学学会多次召开全国性会议,讨论与政治体制改革和政权建设有关的问题,如1983年1月召开政府机构改革与干部制度改革讨论会;1985年3月召开中国地方政权建设讨论会;1985年7月召开"80年代后半期与我国四化建设的国际环境"讨论会;1986年6月召开政府职能讨论会等。这些讨论会的论题涉及中国政治生活的各个方面,为推动政治体制改革和促进中国民主政治的发展起了积极作用。这种对实际政治的研究已成为中国政治学研究的最重要的组成部分。③ 从单学科研究走向多学科研究。中国政治学恢复研究后,开始时一度带有单学科性,随着学科研究的发展,已逐步与其他学科融会贯通。中国政治学研究队伍的构成已形成一个政治学、法学、社会学、行政学、历史学、经济学和哲学等多学科交叉的跨学科局面。政治哲学、政治社会学、政治心理学、政治人类学、政治文化学、政治生态学、政治经济学、政治传播学等边缘学科均有所发展。还有一些自然科学家开始涉足政治学领域,把统计学、数学、计算机科学等先进手段运用到政治学研究之中,这成为中国政治学研究文理科相通的良好开端。④ 从单一方法研究走向多种方法的研究。在历史唯物主义和辩证唯物主义的指导下,中国政治学者在研究中借用当代科学研究的各种新方法和其他学科的成果,系统论、信息论和控制论已被引入政治学研究领域。有的学者借助信息论分析政治过程,将国家机器的运转视为信息传递和转换的过程;有的学者用系统论的观点研究政治体制,强调政治体系的整体性、联系性、复杂性及内部结构的有序性;有的学者则主张用生态的观点看待政治活动和政治关系,即对政治作历史—社会—文化的透视;还有的学者从人类学的角度来研究政治现象。这些新的方法大大拓宽了政治学研究的领域。⑤ 从封闭式研究走向开放式研究。随着中国改革开放政策的实行,政治学研究也打破了封闭自守的状态,日益加强了与世界各国的交流。80 年代以来,中国政治学界和世界许多国家的政治学研究机构和学者建立了联系,外国政治学研究的许多成果已被陆续介绍到中国。国外政治学流派,如行为主义、系统分析理论、结构—功能主义、博弈论、中层理论、政治发展、政治文化、政治社会化、政治决策、政治心理学、生物政治学、政治人类学、政治地理学等,已开始为中国政治学者们所熟悉,这些流派的代表作有很多被译成中文出版。中外政治学者的互访也日益普遍,世界上许多有影响的政治学者应邀来中国访问;中国学者也应邀到国外访问和讲学,还有不少年轻的中国政治学者在国外攻读硕士和博士学位。许多外国青年也到中国来攻读政治学硕士、博士学位。在邓小平理论指导下的具有特色的中国政治学正面向世界,前景无限光明。

思考题

1. 如何理解政治的内涵?
2. 政治学的研究对象包括哪些方面?
3. 政治学的研究方法有哪些?
4. 中国和西方政治研究的发展脉络大体上是怎样的?
5. 马克思主义政治学对政治学研究的主要贡献是什么?

第一章 阶级与革命

本章提要

近代以来,政治权利越来越依赖于组织化的力量,社会组织取代个人力量成为产生和维持政治权利的最重要基础,而在一切发挥作用的社会组织中,阶级无疑是最核心也是最强大的力量,对政治权力具有决定性的影响。在马克思主义政治学说中,阶级理论是基础。阶级的存在仅仅同生产发展的一定历史阶段相联系,阶级斗争的发展必然导致推翻旧政权、摧毁旧的生产关系、解放生产力的革命,而革命正是政治学的基本问题之一。

马克思在揭示社会基本矛盾运动基础上提出的阶级理论,为我们分析社会政治现象提供了一条指导性线索。**阶级理论是马克思主义政治学说的基础**。阶级的存在仅仅同生产发展的一定历史阶段相联系。在阶级社会中,政治具有阶级的属性,任何一种阶级统治都基于一定的生产关系。阶级斗争的发展必然要导致推翻旧政权、摧毁旧的生产关系、解放生产力的革命。革命是历史的火车头,是人类社会历史发展不可避免的政治行动。历史上各种国家历史形态的更替、各种政治方式的演变,都是经过激烈的阶级斗争和革命来实现的。革命是政治学的基本问题之一。

阶级斗争必然要导致无产阶级专政。无产阶级通过革命和改革确立政治统治,解放和发展生产力,最终消灭一切剥削制度和一切阶级、阶级差别,实现共产主义。

一、阶级与革命的基本概念

（一）阶级的含义

阶级是马克思主义政治学最基本的范畴，是政治学研究的最初出发点。马克思主义政治学的一大贡献就是透过纷繁复杂的现象，抓住政治关系的本质，从经济社会的深层本质去透视政治，而实现这种衔接和转换的基本概念就是阶级。虽然17世纪英国的亚当·斯密、大卫·李嘉图等人，就曾对资本主义阶级关系作过经济剖析；19世纪20年代法国的梯叶里、米涅、基佐等人，也曾认为阶级斗争是考察英法资产阶级革命的钥匙。特别是19世纪上半期的三大空想社会主义者，曾猛烈地抨击资产者，深切地同情无产者，提出了许多卓越的见解。然而，由于时代和阶级的局限性，资产阶级学者和空想社会主义者不可能对阶级作出科学的说明。

马克思和恩格斯曾经从不同角度对阶级作过阐述。他们在《德意志意识形态》中就已指出，要从物质生产条件来区分阶级。在《共产主义原理》和《共产党宣言》中，把阶级同所有制关系联系起来。在其他一系列著述中详尽地分析了不同阶级的特点。在《马克思致约·魏德迈》中指出："至于讲到我，无论是发现现代社会中有阶级存在或发现各阶级间的斗争，都不是我的功劳。在我以前很久，资产阶级的历史学家就已叙述过阶级斗争的历史发展，资产阶级的经济学家也已对各个阶级作过经济上的分析。我的新贡献就是证明了下列几点：① 阶级的存在仅仅同生产发展的一定历史阶段相联系；② 阶级斗争必然要导致无产阶级专政；③ 这个专政不过是达到消灭一切阶级和进入无阶级社会的过渡……"①这一概括揭示了在阶级和阶级斗争问题上马克思同前人的联系和区别，同时科学地表述了马克思的阶级理论。在《资本论》中，马克思从生产、消费、交换、分配等各个方面具体地剖析了资本主义社会中的阶级关系，并把《资本论》第3卷第52章定名为"阶

---

① 《马克思恩格斯选集》第4卷，第332—333页。

级",提出了"什么事情形成阶级?"的问题,打算详细论证,阐明阶级的实质,给阶级下一个完整的定义。然而他写了不到一千字就与世长辞了。这个任务后来由列宁完成了。

列宁 1919 年在《伟大的创举》中给阶级下了一个定义:"所谓阶级,就是这样一些大的集团,这些集团在历史上一定社会生产体系中所处的地位不同,对生产资料的关系(这种关系大部分是在法律上明文规定了的)不同,在社会劳动组织中所起的作用不同,因而领得自己所支配的那份社会财富的方式和多寡也不同。所谓阶级,就是这样一些集团,由于他们在一定社会经济结构中所处的地位不同,其中一个集团能够占有另一个集团的劳动。"这是一个完整的、经典性的定义。它所包含的层次,既有泛指性,又有特指性。这个定义由两部分组成:前一部分是对阶级概念的一般表述,后一部分是对私有制占统治地位时期两大基本对立阶级的表述。

从一般表述看,定义概括了阶级概念的四个基本特征。第一,"在历史上一定社会生产体系中所处的地位不同",这是说明阶级的历史规定性,阶级同历史上的生产方式相联系;第二,"对生产资料的关系不同",这说明生产资料的占有关系是区分阶级的主要标志;第三,"在社会劳动组织中所起的作用不同",这说明阶级地位是由生产资料占有状况决定的,掌握生产资料的阶级一般以管理者的身份出现而在生产领域中处于统治的地位;第四,"领得自己所支配的那份社会财富的方式和多寡也不同",这是前面三个特征的必然结果,分配方式是由生产资料占有方式决定的。

四个"不同"的表述,具有严密的逻辑性和科学性:第一个"不同"是指运用历史唯物主义观点来观察阶级,这是给阶级下定义的前提和阶级区分的总的出发点;第二个"不同"是指生产资料占有关系是阶级产生的根源,是区分阶级主要的具有决定意义的依据,是列宁所下定义的核心和关键;第三个"不同"和第四个"不同"是由于第二个"不同"带来的表现形式和后果。如果撇开生产资料的占有关系,仅仅从"作用"和"收入"领域来谈论阶级,无论运用多少统计资料,都是不能揭示阶级的本质的。

定义的后一部分,指明了在一定的社会经济结构中处于对抗地位的两大基本阶级在利益上的根本对立。揭示了阶级对立的根源在于生产资料占有关系不同,其中一个阶级能够占有另一个阶级的劳动。这是产生阶级矛盾和阶级斗争的根本原因。总之,社会阶级划分的根本原因应该从经济方面去寻找,首先从生产资料所有制关系方面寻找。

35

在社会主义时期,列宁关于阶级的定义是否仍然适用呢? 在社会主义社会,剥削阶级作为阶级虽然消灭了,但阶级并没有消亡。异质多元的生产资料占有关系上的差异,仍然是各阶级、阶层利益差别存在的根本因素。因此对社会主义社会的阶级仍然必须运用历史唯物主义来观察,对生产资料占有状况的分析仍然是关键所在。定义中对阶级一般表述的基本精神仍然是适用的。然而社会主义社会一个集团占有另一个集团的劳动的现象已不存在了,阶级和阶级的整体对抗关系已经发生了变化,所以定义中针对对抗阶级社会特征的表述也必然随之变化,但不能因为这种变化而认为列宁的整个定义都不适用了。

(二) 阶级的起源和消亡

阶级不是从来就有的,也不是永远存在的,**阶级是一个历史范畴**。马克思指出:"阶级的存在仅仅同生产发展的一定历史阶段相联系。"[①]1884 年恩格斯写了《家庭、私有制和国家的起源》,使马克思主义关于阶级起源的理论臻于非常完整和系统了。马克思主义认为,阶级是社会生产力有了一定发展,但又不十分发达时产生和形成的。生产力的一定发展是阶级产生的前提条件,而生产力的不够充分发展又使得阶级能持续存在。因此,只能从社会生产发展过程中去考察阶级的起源。

阶级产生的前提条件是生产力的发展,这是相对于原始社会说的。原始社会的生产力水平极其低下,人们只有共同劳动、平均分配才能免于饥饿和死亡。因而没有剩余产品,没有私有制,没有剥削,也就没有阶级。原始社会末期,由于生产力的发展,出现了产生阶级的条件:① 剩余产品的出现。一旦有了剩余产品,就为一部分人占有另一部分人的财富,为阶级形成提供了可能性。② 生产资料私有制的出现。这就引起财产占有关系的不平等,随着这种不平等的扩大,一部分人能够利用自己所占有的生产资料,对另一部分人进行剥削,使阶级的产生有可能变为现实。③ 社会分工和交换的发展。这使商品生产发展,生产规模扩大,加速了财产的积聚和集中,从而推动了私有制和阶级的产生和发展。这三个前提条件是同一生产力发展的不同方面,是相互联系的。

---

① 《马克思恩格斯选集》第 4 卷,第 332—333 页。

原始社会解体的过程中,出现了奴隶主和奴隶两大对抗阶级,作为剥削者、统治者的奴隶主阶级,最初是由两部分人形成的。一部分是氏族首领、军事酋长、祭司、公断人等担任公职者,在出现剩余产品的前提下,他们凭借其权利和地位侵占公产,并利用交换和战争的机会发财致富,占有奴隶。另一部分是随着生产和交换的发展而出现的富裕氏族成员,他们凭借占有较多生产资料,剥削他人的剩余劳动。而战争俘虏和氏族内部负债的穷人则沦为奴隶。恩格斯指出:"社会阶级在任何时候都是生产关系和交换关系的产物。一句话,都是自己时代的经济关系的产物。"①

人类社会自分裂为阶级之后,经历了奴隶社会、封建社会、资本主义社会和社会主义社会。前三个是对抗性的阶级社会。社会主义社会是新型的社会制度,它与以往的阶级社会有着本质的区别,是走向无阶级社会的过渡。社会主义就是消灭阶级,社会主义社会中,随着生产力的发展和无产阶级历史使命的完成,阶级将走向消亡。

阶级的"划分是以生产的不足为基础的,它将被现代生产力的充分发展所消灭"②。生产力的一定发展产生了阶级,生产力的不够充分发展又使阶级之间的对抗与斗争成为一定时期内社会现象的基本内容,生产力的高度发展必将使阶级和阶级斗争现象成为人类历史的陈迹,这就是历史发展的辩证法。

阶级的消亡是一个漫长而复杂的历史过程。列宁在《伟大的创举》中指出:"为了完全消灭阶级,不仅要推翻剥削者即地主和资本家,不仅要废除他们的所有制,而且要废除任何生产资料私有制,要消灭城乡之间、体力劳动者和脑力劳动者之间的差别。这是很长时期才能实现的事业,必须大大发展生产力,必须克服无数小生产残余的反抗⋯⋯必须克服与这些残余相联系的巨大的习惯势力和保守势力。"③以上阐述了阶级消亡所需的条件:第一,消灭剥削阶级和剥削制度;第二,废除任何私有制;第三,大力发展生产力;第四,在大力发展生产力的同时,彻底改造小生产,克服剥削阶级的意识形态,提高人们的思想觉悟。

总之,阶级的消亡是个长期的、艰巨的任务。无产阶级专政的国家是由阶级对抗走向阶级消亡的过渡。阶级消亡首先必须消灭剥削阶级和剥削制

① 《马克思恩格斯选集》第3卷,第66页。
② 同上书,第4页。
③ 《列宁选集》第4卷,第11页。

度,但最终起决定作用的条件是生产力的高度发展。社会主义的根本任务是发展生产力,"尽可能快地增加生产力的总量",逐步消灭城乡之间、工农之间、体力劳动者与脑力劳动者之间的差别,消除旧的社会分工强加于人的种种束缚,为向无阶级的共产主义社会过渡创造条件。

(三)政治革命和社会革命

"革命"一词自古有之,我国古代就有"汤武革命,顺乎天而应乎人"的说法。革命是多义词。长期以来,人们曾赋予它各种不同的内容。从一般意义上来说,**革命是指事物的根本性变革,是事物从旧质向新质的飞跃**。从革命的本义来看,主要是指政治革命和社会革命。在广泛意义上使用的科技革命、产业革命等,则是革命的转义。

马克思主义经典作家对革命这一概念作过深刻的阐述。马克思指出:"每一次革命都破坏旧社会,所以它是社会的;每一次革命都推翻旧政权,所以它具有政治性。"[1]由此看出,马克思所说的革命,既包括社会革命,又包括政治革命。列宁对革命有过非常明确的解释,他指出:"从马克思主义观点来看,革命究竟是什么意思呢? 这就是用暴力打碎陈旧的政治上层建筑,即打碎那由于和新生产关系发生矛盾而到一定的时机就要瓦解的上层建筑。"[2]"国家政权从一个阶级手里转到另一个阶级手里,都是革命首要的基本的标志。"[3]从马克思主义经典作家的论述中可以看出:① 革命的实质是先进阶级推翻反动阶级的统治,打碎旧的政治上层建筑,用先进的社会制度代替腐朽的社会制度,实现经济、政治制度的根本变革,解放生产力,促进社会的发展。② 革命的根本问题是政权问题。国家政权从反动阶级手中转到革命阶级手里,它对于确立新的生产关系和解放生产力起着决定性作用。③ 革命一般是通过暴力手段来实现的,因为反动统治阶级一般不会自愿让出政权。生产力与生产关系的矛盾运动是革命的根本原因,在阶级社会中,这种矛盾集中表现为阶级斗争,所以革命也是阶级斗争发展的必然结果,是阶级斗争的最高形式,革命的最终目的是解放生产力。

---

① 《马克思恩格斯全集》第1卷,第488页。
② 《列宁选集》第1卷,第616页。
③ 《列宁选集》第3卷,第25页。

政治革命和社会革命既有区别,又有联系。**政治革命是政治制度的根本变革**,是顺应历史潮流的阶级推翻反动阶级的政治统治,以一种政治制度代替另一种政治制度的激烈变革。**政治革命主要解决政权问题,这是一切革命的根本问题。社会革命主要是社会形态、社会制度的根本变革,即由一种先进的社会制度代替另一种腐朽的社会制度。**在阶级社会中,一种政治运动同时又是社会运动,政治革命归根到底是为了社会革命,即为了变革旧的生产关系、确立和发展新的生产关系而进行的。正是在这个意义上,可以说,任何真正的革命都是社会革命。

政治革命和社会革命的关系还表现为:一方面,政治革命是社会革命产生和发展的必然结果。当生产力发展到一定阶段,并与它一直在其中活动的现存生产关系发生深刻矛盾时,社会革命的时代就到来了。这种矛盾日趋尖锐化的结果必然导致政治革命。如资产阶级社会革命在封建社会内部就发生了。这种情况客观上要求资产阶级的政治革命与之相适应。资产阶级经济力量的增长必然要求在政治上占统治地位。另一方面,社会革命又要求政治革命为自己开辟道路,政治革命是社会革命的前提和先决条件。因为旧的政治统治保护着旧的生产关系,阻碍着社会革命的进行,因此不进行政治革命,就不可能取得社会革命的最后胜利。以政治革命建立新的政权,也为确立新的生产关系,解放生产力提供了政治的保证。

(四) 革命的作用

马克思主义认为,"革命是历史的火车头"[①]。只有通过革命,才能实现国家历史类型的更替,从而实现社会形态的变革。在阶级社会中,没有革命就难以完成社会发展的飞跃。总之,革命是历史发展的强大动力,它的巨大作用主要表现在以下几个方面:

第一,革命能推翻反动的上层建筑,变革落后的生产关系,是历史发展的直接动力。生产力发展到一定阶段,会遇到落后生产关系的阻碍,遇到反动上层建筑的阻碍,这就需要革命来推翻旧的上层建筑,改变旧的生产关系,建立新的上层建筑和生产关系,这样就推动了生产力的发展,使社会不断向前。这是革命推动社会发展的主要表现。

---

① 《马克思恩格斯选集》第1卷,第474页。

第二,革命能解决和平发展时期积累起来的许多矛盾。社会总是在和平发展和革命变革的交换更替中前进的,而革命对社会发展的强大促进作用是和平时期所无法比拟的。革命使一个民族在剧烈的震荡时期几年就走完在普通环境下一百年还走不完的路程。列宁曾说,马克思根据自己的全部历史观对人类发展的革命时期作了很高评价,因为它解决了和平时期慢慢积累的矛盾。革命是社会矛盾尖锐化的产物。矛盾解决了,社会就进步了。

第三,革命能教育群众,锻炼群众,激发群众的聪明才智,并造就一批革命领袖。革命的主体总是人民,任何革命都要依靠人民群众的力量才能推翻反动阶级的统治,使社会前进。人民群众在任何时候都不能够像在革命时期这样,以新社会秩序的积极创造者的身份出现,焕发出革命热情和理想,表现出创造历史的力量和智慧,创出不可思议的奇迹。同时,"革命之所以必需',不仅是因为没有任何其他的办法能推翻统治阶级,而且还因为推翻统治阶级的那个阶级,只有在革命中才能抛掉自己身上的一切陈旧的肮脏东西,才能成为新社会的基础。"①在群众性的革命斗争中,能造就一批革命的领袖,许多有才能的革命家也正是在革命斗争中成长起来的,他们带领群众前进,建树丰功伟绩。革命不仅推动了人类社会进步,同时也促进了人类自身的进步。

第四,革命能制止战争。战争是统治阶级挑起的。战争激化了社会矛盾,加速了革命的爆发,而革命又打击和推翻了统治阶级,使战争无法进行。如俄国十月革命对制止第一次世界大战起了重大作用。

（五）革命、改良和改革

革命是社会历史发展中的质的飞跃,是推翻反动统治阶级,实现社会政治、经济制度的根本变革。**改良是在保持统治阶级统治的条件下,渐进地、局部地改变某些阻碍社会前进的不良现状,迫使统治阶级作出让步。**

马克思主义认为,改良是革命的副产品。当革命的形势还未成熟,革命的力量还没有强大到足以推翻旧政权时,采用改良的方法是不可缺少的。马克思主义者并不反对改良,而是反对以改良否定革命。他们主张利用改

① 《马克思恩格斯选集》第1卷,第77页。

良来提高人民的政治、经济地位,锻炼和教育群众。列宁指出:"无产阶级取得胜利以前,改良是革命阶级斗争的副产品。取得胜利以后,如果取得胜利的国家经过极度紧张的斗争,其实力显然不够用革命手段来实行某种过渡,那么改良(在国际范围内仍然是'副产品')还是一种必要的合理的喘息时机。"①列宁所说的改良是革命的副产品,正确地指明了革命和改良在无产阶级斗争中的地位和关系。革命是斗争的主要的决定性的方法,而改良则是一种次要的辅助性的方法,其目的是为革命积蓄力量,创造条件。因为无产阶级在革命斗争中的情况是千变万化的,当夺取政权的条件还未成熟时,无产阶级政党有必要开展积极斗争,争取改良,以改善工人阶级和劳动群众的经济、政治和文化状况。改良往往是革命的先兆和前奏,可以更加广泛地争取和团结革命群众。由于革命形势和革命力量形成的长期性,以及革命斗争过程的艰巨性、复杂性,决定了改良对于无产阶级革命是十分必要的和有益的。但改良不能实现政治制度的变革,改良必须服从革命的原则。列宁认为,真正的革命家能最冷静地最清醒地考虑、权衡和检查一下究竟在什么时候、什么环境、什么场合,采取革命行动,应该在什么时候、什么环境、什么场合转而采取改良主义的行动。社会主义国家的实践表明,在革命胜利初期还需要采取改良的步骤,恢复和发展经济,完善新制度,例如我国以和平方式对资本主义工商业进行社会主义改造的过程中,就采用过相应的改良措施,使之成为革命的延续和补充。

在社会发展过程中,改革也是推动社会前进的重要因素之一。改革是革新的意思,一般是指统治阶级有领导、有步骤、有明确目的地对国家和社会某些不合理的制度进行革命性的变革。改革从某种意义上说也是一种革命。

在剥削阶级社会,改革是指统治阶级慑于形势所逼,自上而下采取的局部地和不彻底地改变阻碍社会前进的经济制度和政治制度的行为。如19世纪中叶普鲁士土地制度的改革、日本的明治维新和俄国的农奴制改革等。

在社会主义条件下,改革是指在党和政府的领导下,有计划、有步骤、有秩序地对生产关系中不适合生产力发展的某些环节和方面,上层建筑中不适应经济基础的某些环节和方面,进行根本性变革,进一步解放和发展生产力。改革是社会主义社会发展的直接动力。因为在社会主义社会,生产关

---

① 《列宁选集》第4卷,第581页。

系和生产力、上层建筑和经济基础之间的矛盾,仍然是社会的基本矛盾。这些矛盾的存在就在客观上要求社会主义在其自身发展的过程中,通过改革改变束缚生产力发展的经济体制,同时相应地改革政治体制和其他方面的体制,解放和发展生产力,从而使生产关系和生产力、上层建筑和经济基础协调地向前发展,使社会主义在各方面的发展更加具有生机和活力。从这个意义上来说,改革也是一场革命。但改革不是一个阶级推翻另一个阶级那种原来意义上的革命。改革不是也不允许否定和抛弃社会主义基本制度,它是社会主义制度的自我完善和发展,改革是社会主义社会发展的客观要求。正如恩格斯所说:社会主义社会"不是一种一成不变的东西,而应当和其他任何社会制度一样,把它看成是经常变化和改革的社会"①。

二、剥削阶级社会的阶级和革命

(一)奴隶社会的阶级斗争和奴隶革命

在人类历史上,在剥削阶级占统治地位的整个时期内,阶级斗争经历了奴隶社会、封建社会和资本主义社会三种不同的社会形态。历史时代不同,阶级斗争和阶级对立的特点也不相同。

奴隶社会生产关系的基础是奴隶主占有生产资料和占有生产劳动者——奴隶本身。正如列宁指出,奴隶社会"基本的事实是不把奴隶当人看待;奴隶不仅不算公民,而且不算是人"。"奴隶主享有一切权利,而奴隶按法律规定却是一种物品。"②奴隶主为了榨取奴隶劳动,防范奴隶暴动和逃亡,采取了屠杀、买卖、陪葬等非常残暴的统治方法。奴隶主与奴隶是奴隶社会中两个彼此对立的基本阶级。奴隶主与奴隶之间是最露骨、最野蛮的统治与被统治、剥削与被剥削、奴役与被奴役的关系。他们之间的阶级斗争,贯穿奴隶社会的始终。奴隶反抗奴隶主的斗争,从消极怠工、破坏工具、杀死牲畜、逃亡,直到爆发起义。此外,在奴隶社会中还有个体农民、个体手

① 《马克思恩格斯全集》第37卷,第443页。
② 《列宁选集》第4卷,第49页。

工业者,他们虽然保留自由民身份,有一定的政治权利,但也受到奴隶主的剥削与压迫,他们与奴隶主之间同样存在着尖锐的阶级矛盾和阶级斗争。

奴隶社会的阶级斗争必然要发展成为奴隶革命,奴隶革命是奴隶社会阶级斗争的最高形式。在阶级斗争极其激烈和尖锐时,奴隶就直接以暴动和起义来武力反抗奴隶主。在奴隶主统治的国家中,无一例外地发生过奴隶起义。公元前74年至前71年发生在古代罗马的斯巴达克斯所领导的起义,人数多达十多万人,起义延续3年之久,它加速了罗马帝国的灭亡。我国春秋时代曾爆发过连绵不断的奴隶起义。对奴隶在起义中宁愿战死也不愿做奴隶的革命精神,马克思曾给以高度赞扬,称奴隶起义的英雄为“古代无产者的杰出代表”。列宁称赞斯巴达克斯是奴隶起义中的一位“最杰出的英雄”。奴隶起义一次次打击奴隶制,动摇了奴隶制国家的统治基础,奴隶制生产方式遂让位于封建制生产方式。奴隶起义起着推动社会发展的作用。但由于奴隶本身不是新的更进步的生产力的代表者,他们的起义是自发的,提不出全面的斗争纲领,在政治上不能团结其他劳动阶层,他们不是作为自觉的独立的政治力量登上政治舞台同奴隶主阶级争夺统治权的。因而,奴隶革命并不能取得最后胜利,即不能取得政权,他们摧毁了奴隶主的统治,而自己也同归于尽。

（二）封建社会的阶级斗争和农民革命

封建社会生产关系的基础是封建地主阶级占有生产资料——土地和不完全占有生产劳动者——农民。广大农民没有或只有很少土地,为了生存,只能在人身上依附于封建地主,被束缚在地主的土地上,忍受地主的剥削和压迫。欧洲中世纪农奴的人身依附关系直到封建社会后期才消除。中国古代商鞅变法后,生产关系从封建领主制向封建地主制过渡,表面上农民人身有自由,但被束缚在土地上,封建政权牢牢地控制了农民。地主用超经济的强制手段来剥削农民,用法庭、监狱、军队来压迫农民。不管是劳役地租,还是实物地租或货币地租,都反映了农民实际上是土地的附属物。正如马克思所说,在封建的时代,军事上及裁判上的最高权力,都反映了土地私有的属性。封建社会阶级统治和阶级结构的实质就在这里。

在封建社会里,除农民和地主这两个基本阶级之外,还有城市中的各种阶层,如大商人、高利贷者、中等商人、平民(师傅、徒弟及奴仆)等。他们同地主阶级以及他们彼此之间也充满着矛盾和斗争。

在封建社会里,农民反对地主的阶级斗争,形式是多种多样的,由逃亡、抗租、抗税、暴动直到有组织的大规模的农民战争。农民战争或农民起义也称农民革命,它是封建社会中农民阶级和地主阶级之间阶级斗争的最高形式。农民革命无论在数量、规模和组织程度上都大大超过了奴隶革命的水平。在一些比较发达的封建制国家中都发生过大规模的农民起义或农民战争。农民起义以中国最为典型,次数最多,规模也最大。毛泽东在《中国革命和中国共产党》一文中,对农民战争作了全面的评价。

在封建社会里,农民的阶级斗争以及农民起义和农民战争打击了当时的封建统治,推动了社会历史前进。农民战争中产生了众多的值得永远纪念的人民英雄。但是农民不是先进的生产方式的代表者,它与分散的、落后的生产方式相联系。他们在斗争中缺乏组织性和纪律性,缺乏明确的斗争目标,农民起义有它的局限性。农民起义、农民战争的结局,不是陷于失败,就是在革命中或革命后被地主或贵族所利用,成为他们改朝换代的工具。这样,在每一次大规模的农民革命战争停息以后,虽然社会多少有些进步,但是封建的经济关系和政治制度基本上依然延续下来,而农民本身无法从封建所有制的束缚下解放出来。

(三)资产阶级革命的任务、特点和类型

资本主义的生产关系是在封建社会内部孕育、成长起来的。随着资本主义的经济不断发展,相应的政治力量也在不断增长。到 16 世纪,资产阶级带着夺取政权的要求走上了政治舞台。**16 世纪 70 至 80 年代的尼德兰革命,是第一次胜利的资产阶级革命**。但尼德兰革命后建立的是商业共和国,仅具有地区意义。17 世纪 40 年代的英国资产阶级革命是具有划时代意义的革命。这次革命对欧洲、北美等地产生了巨大的影响,从此,整个世界进入了相继爆发反封建的政治革命的新的历史时期。

资产阶级革命就其经济根源来说,是由于资本主义是在没落的封建社会里生长发展起来的,当新的资本主义生产力发展到一定程度,必然与旧的生产关系发生矛盾,封建生产关系成了束缚生产力发展的桎梏,这样就产生了推翻封建制度的客观历史要求。同时,旧的封建专制体制、农奴制度、贵族宗教特权、繁重赋税、关卡林立、国家分裂、战争连绵等等,严重地束缚了

44

资本主义经济的发展。资产阶级革命的任务就是要推翻封建专制政权,消灭封建制度,取消贵族特权,解决农民土地问题,建立资产阶级专政,为资本主义的发展开辟道路。在某些存在民族压迫和民族分裂的国家,资产阶级革命还肩负着实现民族独立和建立统一的民族国家的任务。

资产阶级革命在人类历史上起过非常革命的作用。它"扫除、摈弃并破坏旧社会的一切桎梏"①,以资本主义制度代替封建制度,这是人类历史的一大进步,为社会生产力在一定历史时期的迅猛发展开辟了道路。正如《共产党宣言》所指出的,它在不到一百年的时间里所创造的生产力比过去一切世代创造的全部生产力还要多,还要大。

但是,资产阶级革命具有明显的阶级局限性,它在消灭封建主义剥削制度之后,又代之以资本主义剥削制度;在推翻封建专制政权的压迫统治之后,又代之以资本主义国家的压迫统治;它促使农民摆脱土地的束缚,获得了"自由",又使他们成为资本的奴隶,在解除人民群众的封建主义锁链之后,又给戴上资本主义的新锁链。

资产阶级革命一般具有以下特点:

第一,资产阶级革命一般是在资本主义的经济形式已在封建社会内部生长并日益成熟的条件下发生的,资产阶级进行革命是为资本主义经济形式的进一步发展扫清障碍,开辟道路。

第二,资产阶级在反封建斗争中,在一定程度上能够发动人民群众,利用他们的力量夺取斗争的胜利。但是资产阶级又害怕人民群众的力量,当人民群众力量强大到他们认为有可能威胁到自己的地位时,便加以镇压。这是资产阶级在革命时期对待人民群众的两重性。

第三,资产阶级革命一般不需要打碎旧的国家机器。因为它是以一种剥削制度代替另一种剥削制度,它可以把封建国家机器加以改造,以适应资产阶级统治的需要。

第四,资产阶级革命的结局为无产阶级社会主义革命准备了物质条件。由于资本主义的发展,无产阶级的力量亦随之发展,无产阶级的反抗从自发斗争走向自觉斗争。

作为资产阶级革命,它发生的原因、它的任务及一般特点基本上是相同的。但是由于时代背景不同、国家特点不同、阶级力量对比不同和历史传统

---

① 《列宁选集》第3卷,第454页。

不同等因素,资产阶级革命往往又各自带有自己的特点,可以区分为不同的类型。大体说来,资产阶级革命可以分为以下三种类型。

第一,资本主义上升时期的资产阶级革命,即17世纪到19世纪欧美国家的资产阶级革命。当时资产阶级是革命的阶级,充当了革命的领导者。这类革命又可分为几种不同的种类。其中1789年法国革命,由于资产阶级和人民群众结成联盟,同封建势力进行坚决的斗争,所以是比较深刻、彻底的革命。它从根本上推翻了封建制度,确立了资产阶级的统治,并在一定程度上解决了农民的土地问题,为创建工业资本主义国家奠定了基础。另一种是1640年英国革命,由于资产阶级和新贵族结成联盟,具有很大的妥协性和保守性,它逐步打击了封建制度,但最终还保留了国王,建立了资产阶级的君主立宪制度。英国资产阶级革命对封建制度的破坏是不彻底的。还有一种是俄国、日本、德国的自上而下的资本主义改革。这些国家的资产阶级同贵族联盟,逐步把封建经济变为资本主义经济,走的是"普鲁士道路"。

第二,帝国主义时代俄国1905年的资产阶级民主革命。由于时代条件不同,俄国1905年革命同垄断资本主义以前的所有资产阶级革命不同。俄国的资产阶级已经丧失了革命性,资产阶级革命任务是由无产阶级来领导完成的。列宁在领导革命过程中深刻地阐明了帝国主义时代资产阶级革命的一系列根本问题,发展了马克思主义关于领导权和工农联盟的思想。列宁认为,在帝国主义时代,无产阶级不仅要参加资产阶级革命,而且要领导资产阶级革命,这有利于工人阶级的成长。无产阶级要有效地参加革命和领导革命,必须结成巩固的工农联盟,革命发展的规模大小,很大程度上取决于农民参加的程度。列宁认为人民武装起义和建立工农民主专政是夺取民主革命胜利的根本道路,1905年革命的结局应该是成立革命临时政府,这是不同于无产阶级专政的政府,但它能为社会主义革命创造条件。把资产阶级民主革命转变为社会主义革命。

第三,第一次世界大战和十月革命胜利以后的殖民地半殖民地的资产阶级民主革命。这种革命对外反对帝国主义的压迫,实现民族独立;对内反对封建制度,为资本主义发展开辟道路。这时的资产阶级民主革命有旧民主主义革命和新民主主义革命的区别。前者是资产阶级领导的、以建立资产阶级专政为目的的资产阶级民主革命,如中国1911年的辛亥革命。后者是无产阶级领导的、以工农联盟为基础的资产阶级性质的革命。中国1919年五四运动开始到1949年的民主革命属新民主主义革命的范畴,是世界无产阶级社会主义革命的一部分。第二次世界大战以后,殖民地半殖民地反帝反封建的民族民主革命,也有无产阶级领导的和资产阶级领导的两种类型。事实证明,无产阶级领导的民族民主革命可以取得彻底的胜利。

(四)资本主义社会的阶级结构和阶级关系

资本主义制度代替封建制度是经过资产阶级革命实现的。**资本主义生产关系,是资本家占有生产资料,剥削工人的剩余劳动**。资本主义剥削是以虚伪的"平等"的形式出现的。在资本主义制度下,社会阶级划分摆脱了等级制的外壳,社会的阶级对立简单化了,"整个社会日益分裂为两大敌对的阵营,分裂为两大互相直接对立的阶级:资产阶级和无产阶级。"①

资本主义社会的资产阶级是占有社会生产资料并使用雇佣劳动的资本家阶级,包括工业资本家、农业资本家、商业资本家、银行资本家、借贷资本家等,它们中间有大中小不同的阶层。在帝国主义时代则出现了垄断资产阶级的垄断财团,它们疯狂地掠夺殖民地和本国人民。

资本主义社会的无产阶级,是丧失生产资料,因而不得不靠出卖劳动力来维持生活的雇佣劳动者阶级,是以社会化生产为标志的先进生产力的代表者。

资本主义社会中一般还存在大土地所有者阶级,他们靠占有土地收取地租,参加剩余价值的分割。他们与资本家之间有矛盾,但又与之结成联盟,共同剥削农民和无产阶级,他们实际上是资产阶级化的地主。

在资本主义社会中还存在着农民、小资产阶级以及知识分子。资本主义社会的农民和城市小资产阶级是处于资产阶级和无产阶级之间的中等阶层,它们日益分化为不同的阶级。至于知识分子,历来是一个特殊阶层,他们不占有生产资料,是一个属于不同阶级并为不同阶级服务的阶层。

第二次世界大战后,西方以电子信息技术为先导的新科学技术革命推进了社会生产力的迅猛发展,西方发达资本主义国家在经济结构和阶级结构等方面都出现了许多新情况、新变化。第三产业迅速发展,在国民生产总值中所占的比重已超过第一产业和第二产业的总和;垄断有了新发展,私人垄断的程度进一步提高,国家垄断资本主义有了更大的发展,国家的经济职

---

① 《马克思恩格斯选集》第1卷,第251页。

能增强了;资本的所有权和资本的使用权进一步发生分离;以股份公司为形式的集团资本所有制增强了;出现了大批跨国的垄断公司,资本进一步国际化。在这种情况下,当代资本主义社会的阶级结构发生了相应的变化。

战后发达资本主义国家无产阶级的发展和变化,主要表现在以下几个方面:

第一,随着科学技术的发展和广泛使用,发达资本主义国家的工人阶级已经由传统的以体力劳动者为主逐渐发展成为包括广大中下层受雇佣的脑力劳动者和体力劳动者两部分组成,并且还在进一步向脑体结合而以脑力劳动者为主的方向转变。从事脑力劳动为主的"白领工人"大量增加,从事体力劳动为主的"蓝领工人"日趋减少。当前,发达资本主义国家主要从事脑力劳动的工人在总数上已接近或略为超过主要从事体力劳动的工人。

第二,随着社会生产力的发展和第三产业的兴起,整个社会的经济活动规模扩大并更加复杂,物质生产和非物质生产联系得更加紧密。当代发达资本主义国家物质生产领域的工人人数在下降,非物质生产领域的工人人数在上升,第三产业的就业人数已超过了第一产业和第二产业的总和。

第三,在科技革命的直接影响下,工人的科学文化水平和生产技能日益提高。工人阶级内部的技术构成发生了变化,熟练和半熟练工人的比重在增加,非熟练工人的比重在减少。

第四,在现代资本主义的发展和新科技革命的条件下,由于雇佣劳动关系的扩大,社会分工的不断重新改组,工人阶级的数量有了较大增长。无产阶级内部结构呈现出多层次和复杂化的趋向。从职业结构看,无产阶级横向分布在各行各业的劳动部门;从技术结构看,纵向可分为多个层次,出现了普通专业技术人员这一工人阶级的新阶层。他们作为"脑力劳动无产阶级"[①]没有生产资料,靠出卖自己的劳动力(脑力劳动)为生,受资本家剥削,是生产、流通、办公室劳动中以及服务领域内承担执行者职能的雇佣劳动者阶层。他们的经济地位接近于熟练工人,他们同资本家的关系同样是资本和雇佣劳动的关系,因而属于工人阶级的一部分。因此随着当代资本主义生产的社会化程度的提高和协作性质的加强,工人阶级的队伍不是缩小、消失,而是正在发展、扩大。正如马克思所指出的那样:"随着劳动过程本身协作性质的发展,生产劳动和它的承担者即生产工人的概念也就必然扩大。

48

①　《马克思恩格斯全集》第 22 卷,第 487 页。

为了从事生产劳动,现在不一定要亲自动手;只要成为总体工人的一个器官,完成它所属的某一种职能就够了。"①

第五,随着生产力的迅速发展,战后发达资本主义国家的经济有了较大的增长,工人阶级的生活水平也有了比较明显的提高。然而,工人生活的改善与他们受剥削的加重是并行不悖的。战后发达资本主义国家的剩余价值率大幅度地提高,远远超过了工人工资的增长水平,贫富差距在扩大。马克思早就指出:"我们对于需要和享受是以社会的尺度,而不是以满足他们的物品去衡量的。"②考察发达资本主义国家工人的生活状况,不能离开社会生产力的发展水平和社会的平均消费水平,也不能离开阶级的对比。在资本主义条件下,工人生活水平的提高并不能改变其阶级地位,不会消除雇佣工人的从属关系和对他们的剥削。由于资本积累而提高的劳动价格,实际上不过表明,雇佣工人为自己铸造的金锁链已经够长够重,容许把它略微放松一点。

战后发达资本主义国家资产阶级内部结构也出现了某些变化,大致有以下几个方面:

第一,垄断资产阶级随着生产和资本集中程度的提高而扩大。金融寡头是当代发达资本主义国家资产阶级的核心。战后,金融资本迅速膨胀,对整个经济生活的控制进一步加强,金融寡头的权力在扩大。在发达资本主义国家许多旧的金融寡头家族仍占最大财团的首位,与此同时,西欧和美国有三分之一到一半的最富有的家族属于新的金融寡头。金融寡头通过财团人员加入政府,控制国家政权;通过向资产阶级政党捐款等手段来左右政府的内外政策。

第二,靠剪息票为生的食利资本家增多。战后,随着科学技术的发展和企业规模的扩大,越来越多的资本家不能胜任企业的管理,大部分的大企业主脱离了经营管理而成为专靠剪息票为生的食利者。同时,由于创办企业所需的资本额越来越大,也使一些货币资本所有者无法投资开办企业,转而把货币资本存入银行或购买股票。

第三,资本的所有权和使用权进一步分离,经营企业的往往不是资本家本人,而是具有专门知识的高级管理人员,他们成为现代资产阶级的特殊阶

①《马克思恩格斯全集》第 23 卷,第 556 页。
②《马克思恩格斯选集》第 1 卷,第 368 页。

层。被聘请为经理的少数高级专家获得非常高的年薪,正如马克思指出:"在资本主义生产方式的基础上,一部分工资表现为利润的不可缺少的组成部分。……这个利润部分会以经理薪水的形式纯粹地表现出来",现代资本主义企业的高级管理人员就凭获取作为剩余价值转化形式的高薪,可以说他们实际占有了一部分生产资料。而且企业高级管理人员一般都逐渐拥有本公司的股票,有的则成为大股东,他们的利益同资本家的根本利益是一致的。因此,从资本主义企业高级管理人员对生产资料的直接或间接占有,以及在生产体系中的支配地位来说,他们属于资产阶级范畴。这部分人将在资产阶级中占有更加重要的地位。

第四,中小企业在发达资本主义国家继续存在和发展,中等资本家的数量在稳中有增长,他们仍是资产阶级中人数最多的部分,是现代资产阶级的基础力量。在发达资本主义国家,中小企业的产值将近占全国总产值的一半。由于科技革命的发展开辟了许多新兴工业部门,为中小企业现代化创造了有利条件,第三产业的迅速发展促进了中小企业的发展。同时,政府也对中小企业采取扶植和保护政策。

第五,资产阶级统治工人的策略有很大改变,不少企业还在工人中发行股票,吸收职工代表参加董事会,搞所谓"资本民主化"和"管理民主化",以缓和劳资矛盾。工人持有一部分股票,并不能改变资本主义社会财富占有不平等关系。绝大多数工人只持少量股票,如日本东芝电器公司工人所有的股票只占该公司资本总额的1%。微薄的股息不可能改变工人受剥削的地位,小额股票无法影响企业的决策,更不能支配企业的资本。而资本家却因此降低了控制企业所必需的资本比率,便于攫取更多的剩余价值。同样,给予工人某些"参与"权,这并不触动资本主义生产关系的基础,企业的决策权仍掌握在资产阶级手中。由于现代企业的大型化和技术的复杂化,工人参与管理则有利于资本家改善经营管理,缓和劳资矛盾,提高劳动生产率。

从当代资本主义社会阶级结构看,虽然出现了某些新变化、新特点,但资本主义生产关系的根本性质没有改变,无产阶级和资产阶级的本质没有变。

(五)无产阶级反对资产阶级的斗争和夺取政权的革命

无产阶级反对资产阶级的斗争是资本主义社会基本矛盾的表现。在资本主义社会,社会化生产和生产资料的私人占有形式在性质上是不能相容的。社会化大生产客观上要求生产资料和产品归全社会所有,但这些都被极少数资本家私人所占有、支配。生产社会化和资本主义私人占有之间的矛盾是资本主义的基本矛盾,是资本主义社会一切冲突的根源。

无产阶级与资产阶级的对立和斗争,同过去的阶级斗争有所不同。这种不同是从整个生产社会化与资本主义私人占有矛盾中引申出来的。第一,社会化大生产把分散劳动结合成有机联系的整体,从而造成工人阶级作为整个阶级行动的物质基础。资本家私人占有使资本家与整个社会劳动相对立,处于资本家对立面的已不是单个的个别工厂的工人,而是整个社会的无产阶级和其他劳动者阶级。第二,因为社会化生产与资本主义占有矛盾而产生的激烈竞争,造成各部分资本家之间对剩余价值的再分配,在共同瓜分剩余价值的基础上,形成共同的阶级剥削关系,使对立不是个别厂内劳资之间的对立,而是整个社会的劳资对立。第三,生产的社会化以及旧社会内部的冲突,在许多方面促进了无产阶级的发展。列宁指出:“马克思认为资本主义进步的革命的作用在于它使劳动社会化,同时通过这一过程本身训练、统一并组织工人阶级,训练它去进行斗争,组织它的‘愤怒’,把它统一起来去‘剥夺剥夺者’,夺取政权,并把生产资料从‘少数篡夺者’手中夺来还给全社会。”①所以资本主义社会的阶级斗争是阶级斗争最完备的形式。

在资本主义社会,无产阶级反对资产阶级的斗争有经济斗争、政治斗争和思想理论斗争三种基本形式。这三种斗争形式是互相联系的,不可忽视其中任何一种斗争,从根本上说,一切阶级斗争都是政治斗争。国际共产主义运动的经验表明,各国无产阶级在自己的政党领导下,结合时代和本国的特点,运用三种斗争形式,终能取得反对资产阶级斗争的伟大胜利。

无产阶级反对资产阶级的斗争是资本主义社会向前发展的直接动力,这种斗争的最高形式是无产阶级革命,它在推翻资本主义制度、建立无产阶级专政的斗争中起着关键的、决定性的作用,它是现代社会变革的巨大杠杆。

无产阶级革命应首先夺取政权。政权是革命的根本问题,这不仅是因为无产阶级只有夺取政权才能推翻资产阶级统治,使自己上升为统治阶级,而且还因为政权问题关系到革命本身的成败,政权的最后归宿将直接决定

---

① 《列宁全集》第1卷,第288页。

整个革命的性质、进程和结局。无产阶级在进行阶级斗争和政治革命中,不能避开政权问题。列宁指出:"只有当阶级斗争不仅属于政治范围,而且抓住政治中最本质的东西即国家政权机构时,才是充分发展的、'全民族'的阶级斗争。"①无产阶级革命只有牢牢抓住政权这个革命的根本问题,才能取得最后胜利。

无产阶级革命必须首先夺取国家政权,但是无产阶级革命的历史使命决定了"工人阶级不能简单地掌握现存的国家机器,并运用它来达到自己的目的"②,因为资产阶级国家机器是为私有制服务的暴力工具,是资产阶级用以奴役无产阶级的政治工具。正如马克思指出:"奴役他们的政治工具不能当成解放他们的政治工具来使用。"③所以,无产阶级必须打碎旧的国家机器,建立新的国家机器,即无产阶级新型民主的国家。由于资产阶级不可能自动退出历史舞台,不可能自动让出政权,打碎资产阶级国家机器往往需要通过暴力革命。列宁曾指出,资产阶级国家由无产阶级国家所代替,需要通过暴力革命来实现,这是"一般规律"。毛泽东从中国革命的实际情况出发,指出:"革命的中心任务和最高形式是武装夺取政权。"④马克思主义经典作家也指出,在一定条件下,无产阶级有可能采取和平发展的方式,当然这是与伯恩斯坦、考茨基的"和平长入社会主义"根本不同的。无产阶级要在主客观条件具备的时候进行夺取政权的革命,推翻资本主义统治,实现社会发展的飞跃。

无产阶级夺取政权的方式具有多样性。俄国十月革命是城市工人阶级首先发动起义,夺取政权,然后把革命推向农村。中国革命是首先在农村建立革命根据地,走农村包围城市,最终夺取全国政权的道路。罗马尼亚、南斯拉夫、朝鲜、越南、古巴以及其他东欧国家无产阶级夺取政权的方式,都各自带有自己的特点。

马克思主义认为,革命是各国人民自己的事情,各国无产阶级都有自己进行革命斗争的活动舞台。这就要求各国人民根据本国具体情况独立自主地选择自己的革命方式和社会发展道路。列宁指出:"一切民族都将走到社会主义,这是不可避免的,但是一切民族的走法却不完全一样……每个民族

---

① 《列宁全集》第 19 卷,第 107 页。
② 《马克思恩格斯选集》第 2 卷,第 434 页。
③ 同上。
④ 《毛泽东选集》合订本,第 506 页。

都会有自己特点。"①每个民族以何种方式夺取政权,只能由这个国家的无产阶级和革命人民决定。

　　社会主义代替资本主义是一个长期而复杂的历史过程。马克思主义所揭示的资本主义必然灭亡的总趋势,是不以人们意志为转移的客观规律。当代,新科学技术革命使资本主义在劳动组织、生产管理、劳资关系等方面发生了新变化,资本主义在不断调整变革。但这并没有改变资本主义生产关系的根本性质,也不能消除资本主义所固有的矛盾和缺陷。而且,由于科技革命推动生产力发展,使资本主义的基本矛盾即生产的高度社会化与生产资料私人占有之间的矛盾更加尖锐,贫富之间的鸿沟更加扩大,同时也加深了资本主义世界的其他矛盾,使这些矛盾具有新的表现形式和新的发展。"意味着由社会本身占有一切生产力方面达到了一个新的准备阶段。"②显示了社会主义代替资本主义的客观历史趋势。然而,不经过阶级斗争和无产阶级革命,任何科技革命都不可能改变资本主义社会性质。因此,坚持马克思主义基本原理和时代特点、具体国情相结合,深入研究当代资本主义的新现象,分析无产阶级反对资产阶级的阶级斗争和革命的新特点,探索适合本国国情的走向社会主义的具体道路,是摆在各国马克思主义者面前的新课题。

三、无产阶级国家的阶级、革命与改革

(一)社会主义社会的阶级结构

　　社会主义社会的阶级结构是由社会经济结构所决定的。一般来说,在资本主义不发达和小生产占优势的国家,在无产阶级夺取政权后的过渡时期,还存在着多种经济成分,而基本的经济成分是社会主义经济、个体经济和资本主义经济,社会主义经济处于领导地位。与此经济结构相适应的阶级结构是:工人阶级、农民阶级、城市小资产阶级和资产阶级。由于过渡时

---

① 《列宁全集》第23卷,第64—65页。
② 《马克思恩格斯选集》第3卷,第435页。

期的经济特征,决定了这一时期国内主要矛盾是工人阶级和资产阶级的矛盾。我国由新民主主义到社会主义的过渡时期的经济结构是国营经济、国家资本主义经济、合作社经济、个体经济和私营资本主义经济五种经济成分并存,与之相应的有工人阶级领导下的工农联盟基础上的工人阶级、农民阶级、小资产阶级和民族资产阶级四个阶级共存的格局。其中,工人阶级、农民阶级与小资产阶级之间虽有差别,但根本利益是一致的。工人阶级和民族资产阶级之间的矛盾和斗争,则上升到主要地位。

在生产资料私有制的社会主义改造基本完成后,剥削制度和剥削阶级已经消灭,随着社会主义制度的全面确立和经济结构的变化,阶级结构也随之发生了重大的变化。

第一,剥削阶级作为一个阶级已经被消灭了,他们中的绝大多数人已改造成为自食其力的劳动者。但是,剥削阶级的残余还存在,社会上还存在着极少数敌视和破坏社会主义制度的敌对势力和敌对分子。

第二,工人阶级已经摆脱了原来受剥削的地位,不再是原来被剥夺生产资料的阶级,它同全体人民一起占有生产资料,成为社会主义国家的领导阶级。"工人阶级最重要的特点之一就是同社会化的大生产相联系,因此它的觉悟最高,纪律性最强,能在现时代的经济进步和社会政治进步中起领导作用。"[1]在我国社会主义建设的新的历史时期,中国工人阶级是建设富强、民主、文明的社会主义现代化国家的领导阶级。

第三,农民阶级已从个体经济基础上的小生产者阶级转化为以劳动群众的集体所有制为基础的社会主义的集体农民,成了社会的主人。工农两大阶级之间是友好的、联盟的关系,是领导和被领导的关系。在我国社会主义现代化建设中,农民阶级有其特殊重要的地位。因为"我们这个国家的特点,现在还是百分之八十的人在农村"[2]。"中国经济能不能发展,首先要看农村能不能发展"[3]。我国改革开放以来,农村实行了与集体所有制相联系的家庭联产承包制,既发挥了集体经济的优越性,又发挥农民家庭经营的积极性,推动了农村经济向着专业化、商品化、社会化发展。农民阶级是社会主义现代化建设的基本力量。

第四,随着社会主义制度的确立,知识分子的绝大多数已经成为工人阶

---

① 《邓小平文选》(1975—1982年),人民出版社1983年版,第126页。
② 同上书,第210页。
③ 《邓小平文选》第3卷,人民出版社1993年版,第77—78页。

级的一部分。知识分子从来不是一个独立的阶级。在社会主义条件下,他们同工人、农民一样,都是社会主义建设的劳动者,是工人阶级中掌握科学文化知识较多的一部分,是先进生产力的开拓者。科学技术是第一生产力,在我国改革开放和现代化建设中,知识分子有着极为重要的作用,是社会主义现代化建设中不可缺少的基本力量。

改革开放以来,我国在经济体制改革的深化过程中,已形成以公有制为主体,多种经济成分并存和共同发展的局面。与社会主义初级阶段相适应,我国的社会结构出现了新的情况和特点。然而我国阶级结构的基本状况并没有改变。我国工人、农民、知识分子是社会主义现代化建设的基本力量,邓小平对工人、农民、知识分子在社会主义现阶段的地位和作用,作了高度的概括:"在这三十年中,我国的社会阶级状况发生了根本的变化,我国工人阶级的地位已经大大加强,我国农民已经是有二十多年历史的集体农民。工农联盟将在社会主义现代化建设的新的基础上更加巩固和发展。我国广大的知识分子,包括从旧社会过来的老知识分子的绝大多数,已经成为工人阶级的一部分,正在努力自觉地为社会主义事业服务。"我国现在存在着工人阶级、农民阶级以及作为工人阶级一部分的知识分子,还有其他社会主义的劳动者和爱国者,他们都是社会主义社会的主人,他们之间有矛盾,但没有根本利害冲突。

(二)社会主义社会的阶级斗争

无产阶级推翻资产阶级的统治,建立自己的阶级统治后,并不是阶级斗争的结束,阶级斗争在新的历史条件下以不同的形式存在着。过渡时期的阶级斗争主要是围绕着对生产资料私有制进行社会主义改造这个中心展开的。由于各国国情不同,阶级斗争的具体形式和方法也有所不同,我国对民族资产阶级通过赎买政策进行和平改造。

在社会主义改造完成以后,资产阶级和其他剥削阶级作为阶级已经被消灭了,阶级斗争已经不是社会的主要矛盾。具有阶级斗争性质的矛盾只是社会矛盾中的一部分,大量存在的经济、政治、思想文化和其他社会矛盾已经失去了根本利益对立的阶级对抗的性质,大多数社会矛盾不再属于阶级斗争范围了。社会主义的根本任务是发展社会生产力,党和国家的工作重点是社会主义经济建设。

1978 年党的十一届三中全会果断地决定停止使用"阶级斗争为纲"的口号,把党和国家的工作重点转移到社会主义经济建设上来,这是一个重大的决策,这次会议是一个伟大的历史转折点。以后在中共中央关于建国以来若干历史问题的决议、中国共产党第十二次全国代表大会报告、中华人民共和国宪法和《邓小平文选》等一系列重要文献中,多次科学地阐述了我国社会主义社会的阶级斗争问题,丰富和发展了马克思主义。

在我国,剥削阶级作为阶级消灭以后,阶级斗争已经不是社会的主要矛盾,我国的主要矛盾是人民日益增长的物质文化需要同落后的社会生产之间的矛盾。对于当前我国社会内部大量存在的不属于阶级斗争范围的各种社会矛盾,必须采取不同于阶级斗争的方法正确地加以解决,否则也会危害社会的安定团结,影响经济建设这个中心。另一方面,由于国内的因素和国际的影响,阶级斗争还将在一定范围内长期存在,在某种条件下还有可能激化,因此必须清醒地认识和正确地处理这方面的问题。

在社会主义社会,剥削制度和剥削阶级已经消灭,为什么还存在阶级斗争呢?这是因为:第一,历史上的剥削制度和剥削阶级遗留下来的影响,不可能在短时期内消除。剥削阶级作为阶级虽然消灭了,但剥削阶级的残余分子和敌视社会主义分子还存在。剥削阶级的意识形态具有相对的独立性,还将长期存在,仍然会对一些人起腐蚀作用。第二,我国还处在社会主义初级阶段,经济和文化还比较落后,经济体制、政治体制还有许多不完善的地方,还不可能杜绝各种违法犯罪活动的孳生和腐败现象的出现,不可能杜绝极少数蜕化变质分子和各种敌对分子的产生。第三,我国还处在复杂的国际环境中,随着改革开放的扩大和国际往来的增多,资本主义的腐朽思想会通过各种渠道来腐蚀人们,海外还有蓄意对大陆的社会主义制度进行破坏活动的政治势力和集团,国际敌对势力将长期对社会主义国家进行渗透、侵蚀,实行和平演变政策。所以社会主义社会还存在着一定范围的阶级斗争不是偶然的。

在社会主义社会,阶级斗争已经不是社会主要矛盾,党和国家的工作重点是经济建设;但阶级斗争还将在一定范围内长期存在,在某种条件下还有可能激化。这是我们党在总结历史经验教训的基础上,对社会主义社会阶级矛盾和阶级斗争进行科学分析得出的基本认识。"社会主义社会中的阶级斗争是一个客观存在,不应该缩小,也不应该夸大。实践证明,无论缩小或者夸大,两者都要犯严重的错误。"①社会主义社会的阶级斗争已不是完整的阶级和阶级之间的斗争,而是以往阶级斗争的残余形态,它既不同于剥削阶级社会的阶级斗争,也不同于无产阶级夺取政权后的过渡时期的阶级斗争,而是"特殊形式的阶级斗争,或者说是历史上的阶级斗争在社会主义条件下的特殊形式的遗留"②,这是阶级斗争发展的一个新阶段,这个阶段是通向消灭阶级和阶级斗争的一个阶段。邓小平指出:"社会主义社会目前和今后的阶级斗争,显然不同于过去历史上阶级社会的阶级斗争,这也是客观事实,我们不能否认,否则也要犯严重的错误。"社会主义社会阶级斗争的特殊性主要表现为:第一,阶级斗争的对象是特殊的;第二,阶级斗争的内容和形式是特殊的;第三,阶级斗争的地位和作用是特殊的。我们要正确认识和处理社会主义社会的特殊形式的阶级斗争,始终坚持实事求是,一切从实际出发,既不能把不具有阶级斗争性质的社会矛盾当作阶级斗争,造成阶级斗争扩大化,也不能对阶级斗争的事实视而不见。

(三) 社会主义改革是一场新的革命

社会主义改革是社会主义社会自身发展的客观要求。马克思主义认为社会主义社会是一个不断需要改革的社会。正如恩格斯所说,社会主义社会"不是一种一成不变的东西,而应当和任何其他社会制度一样,把它看成是经常变化和改革的社会"③。改革是社会主义社会发展的直接动力。人类社会是在生产力与生产关系的矛盾运动中发展的,生产力是决定性因素。革命的阶级斗争是阶级社会发展的直接动力,因为只有经过阶级斗争和革命,推翻反动阶级的统治,改变旧的社会制度,建立新的社会制度,才能解放生产力,推动生产力的发展和整个社会的进步。对于社会主义社会的发展动力问题,20 世纪 30 年代国际上曾经有过一种观点,认为"政治上和道义上的一致"是社会主义社会发展的动力,不承认社会主义社会存在矛盾。同时也存在着阶级斗争扩大化,企图以阶级斗争推进社会主义发展。世界各国社会主义建设史上的经验教训深刻说明,能否正确地选择社会发展动力,

---

① 《邓小平文选》(1975—1982),1983 年版,第 168 页。
② 同上书,第 155 页。
③ 《马克思恩格斯全集》第 37 卷,第 443 页。

直接关系到社会主义道路的开拓和目标的实现。50年代中期,我们党正确地认识到社会主义社会仍然存在着矛盾,基本矛盾仍然是生产关系和生产力、上层建筑和经济基础之间的矛盾,这些矛盾可以经过社会主义制度本身不断地得到解决,正是这些矛盾推动了社会主义社会的发展。但是由于对这些基本矛盾的具体表现和基本国情的判断出现失误等原因,我国曾经脱离生产力发展的实际,一味追求提高生产资料公有化的程度和企图"以阶级斗争为纲"来推动生产力发展,结果遭到了严重挫折。把阶级斗争作为社会主义发展的动力,从而导致"文化大革命",这是我国社会主义建设中的沉痛教训。由此可见,社会主义以什么力量作为发展动力,直接关系到社会主义的命运。十一届三中全会以后,邓小平领导我们党总结了历史经验,提出通过改革开放,解放和发展社会生产力,建设有中国特色的社会主义。强调了坚持社会主义基本制度的同时,还要通过改革从根本上改变束缚生产力发展的经济体制,促进生产力发展,从而解决了社会主义社会发展动力问题。把社会主义改革确立为社会主义社会发展的动力,是邓小平建设有中国特色社会主义理论的重要内容和鲜明特点。

改革是社会主义社会的发展动力和现代化的必由之路,改革也是一场新的革命。早在1978年10月,邓小平在论述四个现代化时就指出:"这是一场根本改变我国经济和技术落后面貌,进一步巩固无产阶级专政的伟大革命。这场革命既要大幅度地改变目前落后的生产力,就必然要多方面地改变生产关系,改变上层建筑,改变工农业企业的管理方式和国家对工农业企业的管理方式,使之适应于现代化大经济的需要。"①随着改革实践的发展,邓小平明确指出:"当前的改革是一场革命性变革","改革是中国的第二次革命"②。社会主义改革是又一次革命的论断,包含了丰富的内容和深刻的含义,揭示了改革的性质和意义。

第一,从解放生产力、扫除发展生产力的障碍这个意义上来说,改革是一场新的革命。革命是打破生产力发展的桎梏,解放生产力,这是马克思主义的一个基本观点。中国的新民主主义革命,推翻了帝国主义、封建主义、官僚资本主义的反动统治,使中国的社会生产力获得解放和发展。新中国成立后,中国共产党领导的社会主义革命取得了生产资料所有制的社会主

---

① 《邓小平文选》(1975—1982年),第125—126页。
② 《邓小平文选》第3卷,第113页。

义改造的伟大胜利,全面确立了社会主义制度,使社会生产力又一次获得解放和发展。社会主义基本制度确立以后,还面临着通过改革进一步解放生产力的历史性任务。过去长期实行的高度集中的计划经济体制的弊端和缺陷,束缚了生产力的发展,使其失去生机和活力。所以,必须通过社会主义改革,从根本上改变这种状况,使生产力进一步得到解放。只讲在社会主义条件下发展生产力,没有讲还要通过改革解放生产力,不完全,应该把解放生产力和发展生产力两个讲全了。革命是解放生产力,改革也是解放生产力,正是从这个意义上说社会主义改革是又一次革命。

第二,就当代中国改革的深度和广度而言,改革是一场新的革命。我国的改革不是对原有经济体制的细枝末节的修补,而是对体制的根本性变革。即从根本上改变束缚生产力发展的经济体制,建立起具有中国特色的充满生机和活力的社会主义市场经济体制,实现经济增长方式从粗放型向集约型转变。社会主义改革是对体制的革命,体制是社会基本制度的具体表现形式,对存在弊端的原有体制的革命,改变不适合生产力发展要求的具体表现形式,正是为了巩固和维护社会主义基本制度,是社会主义制度的自我完善和发展。社会主义改革是全方位多方面的改革。在经济体制改革过程中,相应地进行政治体制改革、科技体制改革、教育体制改革以及各种管理体制改革。改革是多方面地改变同生产力发展不相适应的生产关系和上层建筑,它涉及社会主义体制的各个方面。

第三,就改革引起社会生活和人们观念变化的深刻性和广泛性来说,改革是一场新的革命。就我国改革引起社会变革的广度而言,涉及经济、政治、文化各个领域,乃至管理方式、活动方式、思想方式。改革已辐射到社会生活的一切领域,使社会生活发生整体转型,正如邓小平指出:"改革促进了生产力的发展,引起了经济生活、社会生活、工作方式和精神状态的一系列深刻变化。"①

第四,就当代中国改革的历史地位来说,改革是一场新的革命。改革是建设有中国特色社会主义的必由之路。如果不进行改革,社会主义就会在僵化体制的束缚下失去生机和活力,甚至有可能葬送社会主义事业,因此说,改革是中国的第二次革命,它涉及社会主义生死存亡的问题。改革是中国的第二次革命,是相对于第一次革命而言的。中国共产党领导的第一次

---

① 《邓小平文选》第2卷,第142页。

革命,把一个半殖民地半封建的旧中国变成了一个社会主义新中国,中国共产党领导的第二次革命,将把一个经济文化比较落后的社会主义中国变成一个富强、民主、文明的现代化的社会主义中国。改革在中国历史上具有里程碑的意义,对中国的发展产生极为重要的影响,正是在这个意义上,改革是又一次革命。

社会主义改革作为又一次革命,在革命的条件、革命的内容和对象、革命的形式和方法等方面同以往的革命有根本的区别。社会主义改革是在社会主义条件下,在工人阶级和劳动人民成为国家主人,无产阶级政党成为执政党的条件下进行的。改革不是也不允许改变社会主义基本制度,而是社会主义制度的自我完善和发展,其对象是束缚生产力发展的旧体制。正如邓小平指出的,这不是对人的革命,而是对体制的革命。经济体制改革的目标,是建立和完善社会主义市场经济体制;政治体制改革的目标,是扩大社会主义民主,健全社会主义法制,依法治国,建设社会主义法治国家;与经济、政治的改革和发展相适应,建设社会主义精神文明。社会主义改革依靠社会主义制度本身的力量和亿万群众的智慧和实践,在坚持四项基本原则的前提下,在中国共产党的领导下有计划、有秩序、有步骤地进行。改革是一场新的革命,难免要遇到这样那样的风险,必须坚持解放思想,实事求是,胆子要大,步子要稳。判断改革的是非得失,归根到底,要以是否有利于发展社会主义社会的生产力,是否有利于增强社会主义国家的综合国力,是否有利于提高人民的生活水平为标准。改革和现代化建设是亿万人民群众自己的事业,改革是为了人民群众,改革要依靠人民群众。

我国社会主义改革的深入开展,必须正确处理好改革、发展、稳定三者关系。改革、发展、稳定三者存在着不可分割的内在联系。发展是硬道理。中国解决所有问题的关键要靠自己的发展。改革是经济和社会发展的强大动力,是为了进一步解放和发展生产力。十一届三中全会以来,我国经济建设的巨大成就是在改革中实现的。十一届三中全会,全党坚持解放思想、实事求是,将工作重点转移到社会主义现代化建设上来;十二届三中全会,颁布了《中共中央关于经济体制改革的决定》;十三届三中全会,明确了治理整顿、深化改革的指导方针;十四届三中全会,提出建立社会主义市场经济体制;十五届三中全会,提出到2010年建设有中国特色社会主义新农村的奋斗目标;十六届三中全会,颁布了《中共中央关于完善社会主义市场经济体制若干问题的决定》。纵观二十多年的发展得出一个结论,要实现建设有中国特色社会主义社会的奋斗目标,保持经济的持续发展和国家的长治久安,关键在于深化改革。稳定是发展和改革的前提,发展和改革要有稳定的政治和社会环境,否则,任何好的规划、方案都将难以实现。改革、发展、稳定要相互协调,相互促进,做到在政治和社会稳定中推进改革和发展,在改革和发展的推进中实现政治和社会的长期稳定。

思考题

1. 如何理解阶级的存在仅仅同生产发展的一定历史阶段相联系?
2. 革命具有哪些作用?
3. 阶级斗争与革命之间具有什么样的联系?
4. 如何认识社会主义社会中的阶级与阶级斗争?

第二章 国家政权

本 章 提 要

国家问题是政治学的核心范畴,是一切政治现象中最为根本的主题,也是理解政治现象的基点和切入口。对国家的理解往往通过对国家政权的理解得以实现。国家政权作为国家的具体化身,指的是一种政治组织形式,其中,在社会经济上占据统治地位的阶级为了维护和实现其根本利益,借助政治权力对整个社会进行统治和管理。国家的本质就是国家的阶级性质,国家形式是国家本质的外在表现形式,一定的国家本质必然通过一定的政治形式表现出来。

国家问题在马克思主义政治学中占有重要地位。它**是马克思主义政治学的主要内容**。政治学中的许多问题都是围绕着国家展开的。国家问题"是关系全部政治的主要的和根本的问题"。这个问题"比其他一切问题更加牵涉到统治阶级的利益,在这一点上它仅次于经济学中的基本问题"①。由此可见,我们掌握了国家问题的基本内容,就能够比较顺利地把握其他问题的实质,为我们研究政治学提供一个基本方向。

① 《列宁选集》第 4 卷,第 42、43 页。

一、国家的基本概念

（一）国家的定义

对国家可以从不同的角度下定义。马克思主义强调从本质上给国家下定义。**国家本质也就是国家的阶级性质**，即**它是哪一个阶级占统治地位的国家**，是哪一个阶级的专政。

从寻求社会的物质生活关系出发，马克思和恩格斯发现，国家起源于社会分裂为不可调和的对立面，分裂为经济利益互相冲突的阶级，因而，它照例是最强大的、在经济上占统治地位的那个阶级的国家。但是从表面上看，国家又是一种凌驾于社会之上的力量，是一种自居于社会之上并日益同社会相分离的力量。或者说，国家在表面上所采取的不是阶级组织的形式，而是一种共同体的形式。这种共同体的外观形式，使人们对国家本质的认识变得困难起来。遂有人提出了契约说、有机体说等等诠释国家本质的观点，其结论可以归结为一点，即国家是一个超阶级的社会共同体。

马克思主义者不同意把国家的本质看作是一个社会共同体的认识。因为共同体只是国家的一种外观形式，隐藏在这种形式之中的是国家的阶级本质。他们认为，人类有史以来的一切国家都是阶级的国家，国家的实质是阶级专政。马克思主义的阶级国家观，建立在以下几种认识之上。

第一，国家的产生是基于统治阶级的意志。马克思主义认为，国家产生于原始社会末期。但国家的产生并不像契约论者杜撰的那样，是基于全体人民的同意，恰恰是当时在社会上最强大、占有最多财富的那个阶级意志的产物。建立国家，是为了把社会冲突控制在一定秩序的范围以内，但这种秩序却并非是有利于一切人的，它无非是把对统治者有利的社会秩序，也就是把实行一定阶级的统治加以固定下来而已。由此可见，国家从它产生的那天起，就不可避免地打上了阶级专政的烙印。

第二，国家政权始终掌握在统治阶级手中。国家是依照统治阶级的意志建立起来的，统治阶级不会与被统治阶级分享国家政权。恩格斯写道："由于国家是从控制阶级对立的需要中产生的，同时又是在这些阶级的冲突中产生的，所以，它照例是最强大的、在经济上占统治地位的阶级的国家，这个阶级借助于国家而在政治上也成为占统治地位的阶级,因而获得了镇压和剥削被压迫阶级的新手段。因此,古代的国家首先是奴隶主用来镇压奴隶的国家,封建国家是贵族用来镇压农奴和依附农的机关,现代的代议制的国家是资本剥削雇佣劳动的工具。"①

　　第三,国家权力始终是用来为统治阶级的利益服务的。这个问题,牵涉到国家的目的。马克思主义认为,统治阶级之所以要把国家政权掌握在自己手中,归根结底是要利用这个政权来为本阶级的利益服务。因而,国家的目的并非像统治阶级所声称的那样,是为了公共的善或为了全体人的幸福。国家在改变其剥削阶级的性质之前,始终是为少数人谋私利的工具。恩格斯这样来揭露剥削阶级国家的性质:"国家是文明社会的概括,它在一切典型的时期毫无例外地都是统治阶级的国家,并且在一切场合在本质上都是镇压被压迫被剥削阶级的机器。"②列宁也认为:"一个政府不管它的统治形式如何,总是代表一定阶级的利益"③,"国家是维护一个阶级对另一个阶级的统治的机器"④。"什么是国家呢? 国家就是统治阶级的组织"⑤。

（二）国家的起源与消亡

　　马克思主义认为,国家只是人类社会组织的一种特殊形式,在人类的历史发展中,曾经有过一个没有国家的时期。列宁写道:"谈到国家问题的时候,首先就要注意,**国家不是从来就有的**。有一个时候是没有国家的。国家是在社会分成阶级的地方和时候、在剥削者和被剥削者出现的时候才出现的。"⑥马克思主义称国家产生之前的社会为原始社会时期。了解原始社会时期人们的社会生活状况和社会矛盾运动,对认识马克思主义国家起源说具有极为重要的意义。

　　马克思主义创始人是根据大量的历史资料,特别是根据摩尔根《古代社会》一书的材料,得出关于国家起源的结论的。关于人类原始社会和国家起

---

① 《马克思恩格斯选集》第4卷,第168页。
② 同上书,第172页。
③ 《列宁全集》第25卷,第13页。
④ 《列宁选集》第4卷,第48页。
⑤ 《列宁选集》第3卷,第162页。
⑥ 《列宁选集》第4卷,第44页。

源的论述,集中反映在恩格斯于1884年创作的《家庭、私有制和国家的起源》一书中。

马克思主义认为,在人类社会的初期阶段,由于生产手段非常落后,人们只有携手合作,才能战胜恶劣的自然条件以自存,由此产生了集体劳动的必然性,产生了生产资料和劳动产品公有制的必然性。原始人的劳动,除生活必需品之外,不能创造出任何剩余物,在这种情况下,原始社会也就不可能有阶级和人剥削人的现象。与这种经济生活方式相适应,原始社会人类的政治生活方式是原始民主制。作为原始社会人类政治生活方式的原始民主制具有如下几个特征:

第一,原始民主制不是一种国家形式,它只是原始社会的公共事务管理的方式,它所依靠的不是强力,而是管理者的威信和被管理者服从的自觉性。在原始社会的氏族或部落里,没有军队、警察、法庭、监狱等镇压机器,氏族或部落的主要任务是组织生产、分配,调解内部纠纷,办理对外交涉和处理其他公共事务。

第二,原始民主制是氏族全体成员享有的民主制,社会中没有特权和特权人物。原始社会因为还没有阶级,所以原始民主制就不是阶级民主制,权力是为氏族全体成员所享有的。在氏族和部落组织中,人人都参加公共事务的管理,人人都享有平等的个人权利。氏族和部落首领受到全体成员的严格监督,他们不仅由成员们选举产生,而且随时可能被成员们所罢免。

第三,原始民主制中的首领的权威是源于"自由自愿的尊重",而不是强制性的权威。氏族和部落之所以需要首领,是由于社会组织的需要,因为原始社会简单协作的集体生产,需要统一指挥,酋长的任务首先就是指挥和安排生产。酋长在氏族和部落中享有很高的权威,但这种权威不同于阶级社会中的政治领袖和官吏的权威,他们之间的不同,用摩尔根的话说,就在于前者是"人民的顾问",或"人民的代表",而后者则是"以独立权力治理人民的统治者"。恩格斯进一步指出,这两者的区别,在于前者是处在社会之内的,他们获得的是"自由自愿的尊重";后者是凌驾于社会之上的,是脱离社会的权力的代表人,一定要运用特殊的法律,以获得对自己的尊重。

第四,原始民主制是与原始共产主义的经济基础相适应的。原始社会的生产力十分低下,生产关系的基础是生产资料的原始公社所有制。在公社范围内,生产资料和产品都是全体公社社员所公有,人们的生产劳动是简单协作的共同劳动,产品的分配形式是平均分配。这时没有私有制,没有阶级,没有剥削。正是在这样的经济基础上产生了人人平等的原始民主制。

马克思主义认为,对社会政治上层建筑的任何变动,都应从社会生产力和生产关系的矛盾运动,也即从社会的经济基础中去寻找根源。这就是马克思主义的唯物史观。拿这一观点来分析田园牧歌式的原始民主制的解体和在其废墟之上的国家的产生,不难发现,私有制的产生和发展在其中发挥了关键性的作用。

马克思主义经典作家是这样来阐述这一发展过程的:原始公社制度的生产关系在一定时期是同生产力发展的水平相适应的。在父权制的后期,随着新的较先进的生产工具的出现(铁器时代),原始社会的生产关系就不适应生产力的发展了。随着生产工具的更新和劳动生产率的提高,一个家庭已能耕种一片土地并保证自己必需的生活资料供给。这样,就有可能过渡到在当时条件下生产率较高的个体经济了。共同劳动要求生产资料的公有制,而个体劳动则要求私有制。生产方式的转变最终引起旧的生产关系的瓦解。

私有制的产生还与社会的分工和交换有着密切的联系。农业和畜牧业的分工是第一次社会大分工,手工业和农业的分工是第二次社会大分工。两次社会大分工进一步提高了劳动生产率,使人们的劳动产品除了满足本身需要之外,还有些剩余,因为只有劳动产品的剩余,才能进行产品交换,才使劳动分工成为可能。但剩余产品的出现同时也提供了剥削的可能性。在这个基础上产生了零散的奴隶制,有了最初的阶级分化。因为从前氏族战争中的俘虏不是被杀掉,就是被吸收为本氏族的成员,现在战俘却被保留下来,变为奴隶。奴隶和牲畜一样,成为一些家庭的私有财产。特别是第二次社会大分工之后,有了手工业这种以交换为目的的商品生产,使私有制的发展进一步加速。铁制工具的使用,为一家一户单独进行生产创造了条件,使原来以氏族为单位的集体生产,逐步分解成为以家庭为单位的个体生产,生产工具和产品就变成为私有财产。这样,私有制与商品交换一起进一步发展起来。由于劳动生产率的提高,奴隶的人数也越来越多,成为社会的一个主要构成部分了。恩格斯写道:"生产的不断增长以及随之而来的劳动生产率的不断增长,提高了人的劳动力的价值;在前一阶段上刚刚产生并且是零散现象的奴隶制,现在成为社会制度的一个本质的组成部分;奴隶们不再是简单的助手了；他们被成批地赶到田野和工场去劳动。"①

不仅如此，社会上还出现了贫富差别。恩格斯分析了这个深刻的变化："除了自由人和奴隶之间的差别以外，又出现了富人和穷人间的差别。"正是这种贫富差别的逐步深化，才使社会最终分裂为两大对抗的阶级——奴隶主阶级和奴隶阶级，以及进行剥削的富人和被剥削的穷人。奴隶主的不劳而获以及对奴隶的强制性劳动，成为整个社会上层建筑所赖以建立的基础。原始氏族公社开始瓦解了。

在私有制产生、人们之间出现贫富不均的现象之后，原始民主制内部也发生了相应的变化。原来的氏族首领开始利用手中的权力，特别是代表氏族和部落进行对外交换的权力牟取私利。定期的族长选举，逐步为世袭制所代替，这样在氏族内部逐渐出现了因血缘关系而形成的贵族阶层。战争的性质也发生了变化，由血亲复仇、争夺狩猎场所等偶然的冲突，变成经常性的、掠夺性的战争了。军事首领成为常设的官职。掠夺性战争不断进行的结果，又反过来进一步加强了最高军事首领及其下级首领的权力。军事首领们从战争中多分战利品，增加了财富。族长和部落酋长逐渐掌握了解释和确定习惯的特权，并进而掌握了裁判权。于是部落酋长和军事首领们不但事实上有许多特权，连外表上也尽量使自己特殊化了。如用特殊的服饰和有别于大众的纹章，制定特殊的礼服，在自己周围设置扈从侍卫，规定在公开场合的种种繁文缛节等等。人们的思维也逐渐发生变化，不但不以特殊化为耻，反以特殊化为荣了。氏族的管理机构也逐渐变了质。它从"人民的代表"、"人民的顾问"变为"人民的统治者"，从受人民监督的机关，变成受氏族贵族控制的机关了。恩格斯指出：在世袭王权与世袭贵族的基础奠定后，"整个氏族制度就转化为自己的对立物：它从一个自由处理自己事务的部落组织转变为掠夺和压迫邻人的组织，而它的各机关也相应地从人民意志的工具转变为旨在反对自己人民的一个独立的统治和压迫机关了"②。就这样，原始民主制开始崩溃，代之而起的是国家。

不难发现，在这一过程中发挥了决定性作用的是经济生活的变化，特别是私有制的产生。由于经济生活条件的发展使社会分裂为自由人和奴隶，进行剥削的富者和被剥削的贫者，这个社会自身无法调和对抗阶级之间的

---

① 《马克思恩格斯选集》第 4 卷，第 159 页。
② 同上书，第 161 页。

矛盾,反而使对抗更加尖锐。这样,历史发展的客观要求,需要有一个机关似乎代表第三种力量来压制对抗阶级的公开冲突。这个机关就是国家,国家就是这样"应运"而生的。恩格斯用这样一段话来概括国家产生的过程:"一个这样的社会,只能或者存在于这些阶级相互间连续不断的公开斗争中,或者存在于第三种力量的统治下,这第三种力量似乎站在相互斗争着的各阶级之上,压制它们的公开的冲突,顶多容许阶级斗争在经济领域内以所谓合法形式进行。氏族制度已经过时了。它被分工及其后果即社会之分裂为阶级所炸毁。它被国家代替了。"①

正是在全面地考察了国家的起源之后,恩格斯写下了马克思主义关于什么是国家的著名论断:

"国家是社会在一定发展阶段上的产物;国家是表示:这个社会陷入了不可解决的自我矛盾,分裂为不可调和的对立面而又无力摆脱这些对立面。而为了使这些对立面,这些经济利益互相冲突的阶级,不致在无谓的斗争中把自己和社会消灭,就需要有一种表面上凌驾于社会之上的力量,这种力量应当缓和冲突,把冲突保持在'秩序'的范围以内;这种从社会中产生但又自居于社会之上并且日益同社会脱离的力量,就是国家。"②

为了进一步说明国家起源问题,恩格斯还指出了与氏族制度相比,国家所具有的几个特点:第一,国家是按地区,而不是像氏族公社那样按照血缘来划分它的国民。第二,国家设立了公共权力,这种公共权力已不再同自己组织为武装力量的居民直接符合了,而是一种贵族的、用来对付奴隶的公共权力。这种公共权力,是以特殊的暴力机关,如监狱、军队等体现出来的,而这些东西是以前的氏族社会所没有的。为了维持这种公共权力,国家开始向人民征收捐税,这使国家成为寄生的赘瘤。第三,国家照例是最强大的、在经济上占统治地位的阶级的国家,这个阶级借助于国家而在政治上也成为占统治地位的阶级,因而获得了镇压和剥削被压迫阶级的新手段。第四,在历史上大多数国家中,公民权利是按照财产状况分级规定的。经济上的不平等始终是国家中政治不平等的根源。

这样,马克思主义经典作家通过对国家起源问题的考察,使他们对国家本质的认识获得了历史的依据。国家与氏族的区别不仅说明了国家是在何

① 《马克思恩格斯选集》第4卷,第165页。
② 同上书,第166页。

种情况下出现的,而且也同时揭示出现代国家的一般特征。

马克思恩格斯研究国家问题,一方面是从一定的社会物质生活关系中揭示国家的本质,另一方面又是从这种社会的物质的生活关系的变化中来探讨国家的产生、发展和未来归宿。这种唯物辩证的思想方法,赋予了马克思主义国家理论以独创性和科学性,使之成为一个完整的理论体系。从这种理论出发,国家作为人类社会发展到一定历史阶段的产物和阶级矛盾不可调和的表现,并不是永世长存的,国家将会走向其终结,就是走向被"废除"或"消失"或"消亡"①。"国家并不是从来就有的。曾经有过不需要国家、而且根本不知国家和国家权力为何物的社会"②。而国家未来的命运,是"不可避免地要消失",并为一个"以生产者自由平等的联合体为基础的、按新方式来组织生产的社会"③所代替。从这个意义上说,国家消亡是个自然历史过程,我们也是由此来理解"自行"消亡的含义的。

国家以自行消亡为其终结,这个观点为马克思主义的国家理论确立了方向,他们研究国家问题的落脚点即在此。国家由产生而最终消亡,社会由此经历一个无国家社会—国家社会—无国家社会的否定之否定的过程,从而达到一个更高级的发展阶段。这种新的解释使国家问题摆脱了历史循环论的观念,国家消亡的问题也随之成为马克思主义国家理论的一个重要组成部分。

马克思、恩格斯认为,国家是最强大阶级的国家,是统治阶级的(经济的,然后是政治上的)工具;从国家这种现象看,国家是独立于各个阶级的、高居于社会之上的公共权力,正如恩格斯指出的,"问题从分工的观点来看是最容易理解的。社会产生着它所不能缺少的某些共同职能。被指定去执行这种职能的人,就形成社会内部分工的一个新部门。这样,他们就获得了也和授权给他们的人相对立的特殊利益,他们在对这些人的关系上成为独立的人,于是就出现了国家"④。国家的消亡,如同国家的产生,正是在这两重意义上展开的。一方面,国家的消亡与阶级的消失密切相关,国家是阶级矛盾不可调和的产物,而"阶级不可避免地要消失,正如它们从前不可避免

---

① 这三个词虽在表述的时间上有差别,但含义都相同。
② 《马克思恩格斯选集》第 4 卷,第 170 页。
③ 同上。
④ 同上书,第 482 页。

地产生一样。随着阶级的消失,国家也不可避免地要消失"①,所以,国家的消亡是以阶级消灭为前提的,而且是以敌对阶级之间对立的消除为前提的。这意味着,对立阶级中将有一个首先被消灭,而另一个阶级则能承担起实现生产者平等自由并按新方式来组织生产的任务。在马克思主义的创始人看来,这个任务历史地落到无产阶级肩上。但是,无产阶级消灭了资产阶级以后,将"用无产阶级国家代替资产阶级国家,这种代替是使国家根本消亡的唯一道路"②。可见,无产阶级专政的建立是实现国家消亡目标的起点,消亡的国家形态将是无产阶级专政的国家。另一方面,**国家的产生是公共权力与社会分离的结果,一旦公共权力逐步由少数社会成员手中转到大多数乃至全部成员手中并为其自觉地运用时,国家又将实现与社会的结合**,国家的政治权力已失去其存在的意义。"那时,国家政权对社会关系的干预将先后在各个领域中成为多余的事情而自行停止下来。那时,对人的统治将由对物的管理和对生产过程的领导所代替。国家不是'被废除'的,它是自行消亡的。"③可见,国家的消亡将使国家重新回到社会,并仅仅作为一个社会管理机关,以服从于社会和服务于社会为内容。

国家消亡的实现是一个很长的历史过程,它的长短取决于共产主义高级阶段的发展速度。当前社会主义国家的发展程度离这一目标还有很远的距离,尤其是许多社会主义国家,在建立无产阶级专政之前大都处于较为落后的状态。所以,既要看到国家消亡是历史的必然,又要看到达到这个现实所具有的长期性和艰苦性。马克思、恩格斯认为,只有经过一个相当长的从有国家到无国家的过渡阶段,才能逐步实现国家消亡这个政治理想。

(三) 国家的本质、形式和职能

国家产生以后,作为阶级统治的机器,是一个整体。它包括国家本质、国家形式、国家职能等内容。

国家本质,即**国体,指的是国家的阶级性质**,是一个阶级对另一个阶级的专政。从国家的历史类型来看,奴隶制国家即奴隶主阶级占统治地位的

① 《马克思恩格斯选集》第4卷,第170页。
② 《列宁选集》第3卷,第713页。
③ 《马克思恩格斯选集》第3卷,第320页。

国家,封建制国家即地主阶级占统治地位的国家,资本主义国家即资产阶级占统治地位的国家,社会主义国家即工人阶级和劳动群众占统治地位的国家。这些说的都是国体。在马克思主义者看来,首要的和基本的是从国体上来区分国家的类型。他们特别重视国体分类在国家分类中的意义。

国家形式则是国家本质的外在表现形态。它一般包括国家政权的组织形式和国家结构形式。 在多数情况下,国家形式与国家政权组织形式即政体的涵义是相通的。我们平时说的国家本质与国家形式的关系,在很大程度上是指国体与政体的关系。

所谓国家政权的**组织形式是指国家中占统治地位的阶级,按照本阶级统治的需要,根据一定的原则设立国家权力机构,规定这些机构之间的权力关系,并确定这些机构的工作人员的产生方法。所谓国家结构形式是指国家的整体与其组成部分、中央政权机关与地方政权机关之间的相互关系。** 关于国家形式,将在第三章中进行专门分析。

马克思主义国家学说认为,国家本质与国家形式是一个统一体中不可分割的、互相联系的两个部分。一定的国家本质,一定的阶级专政,必须通过一定的政治形式表现出来,这种政治形式对更好地实现阶级统治的任务,对巩固国家的安定是有重要意义的。国体需要相应的政体来表现,而政体又由国体决定,并为其服务。各种阶级性质的国家都通过一定的政权组织形式来反映统治阶级的意志和利益。没有适当的政权组织形式就不能代表国家。例如,法国大革命后,建立起了资产阶级专政的国家,国体问题可以说是解决了。但是从 1789 年到 1870 年,却反复经历了共和—帝制—共和—帝制—共和的演变。这 82 年的动荡,所要解决的就是政体问题。在国体与政体的关系中,国体起着主导和决定的作用,但政体不是一个简单地服从国体的问题,它反过来也影响国体。政体的变化比国体要复杂得多。决定一个国家采用怎样的政体,除了国体因素外,还有其他政治的、经济的、历史的、文化的因素。所以,国体与政体的结合常常呈现出错综复杂的情况。每一个社会经济形态,都有与之相适应的国家的历史类型,而同一类型国家的政权组织形式往往是不相同的。也就是说相同性质的国家,可能表现为不同的政体。而有时不同的国体也可以在政体上大致相同。同样,一个国家采用何种结构形式,不是简单地由国家的阶级性质决定的,而是取决于政治、经济、历史、民族、地方势力等多种因素。我们在考察国家问题时,既不能笼统简单地只看国家的本质,忽视纷繁复杂的政治形式,也不能离开国家的阶级内容去孤立地分析国家的形式。而应该把国家本质与国家形式结合起来,这样才有利于我们真正全面地完整地把握国家问题。

如果说国体和政体是表现哪一个阶级在国家中占统治地位和采取何种形式进行统治,那么,国家职能则表明统治阶级如何实现这种统治,如何维护和加强这种统治。三者是互相联系、密不可分的整体。

国家职能不可能脱离一定的国体和政体而孤立地存在,总的说,它是由国家的阶级性质所决定的。但是,这不是说,国家职能就等同于国家本质,或者说国家职能就是国家本质的简单的外部表现。国家职能有它本身的内涵和活动规律。

国家职能是指国家在社会中担负的任务和所起的作用,它不是指某一国家机构的作用,而是指整个国家机器对社会的作用。它**表现为国家政权机关对社会进行的系统的治理活动。**

国家职能按其地域分,有对内对外职能;按其社会作用分,有政治、军事、经济、文化、社会等职能;按其属性分,则有统治和管理职能。统治职能主要包括压迫敌对阶级和敌对分子以及保卫国家不受外来侵犯。这是任何一个国家都必须执行的一个基本职能。统治阶级借助国家机器,不仅压迫敌对阶级,而且也制裁任何敌对分子,包括本阶级中破坏国家利益的个别分子。国家对外保卫本国安全,发展对外关系,这是巩固对内统治和建设国家的一个必不可少的外部条件。为了执行统治职能,国家通常要维持一支强大的军事力量和司法、治安力量。

管理职能是国家机关对社会的经济、文化和各种公共事务的管理活动。马克思在谈到国家事务管理和国家的关系时说过:"在谈到'一般国家事务'的时候,每每会造成一种假象,似乎'一般事务'和'国家'是两回事。其实,国家也就是'一般国家事务'。"①这种国家的社会管理活动自国家出现以来就存在着。奴隶制国家有管理,封建制国家有管理,资本主义国家有管理,社会主义国家同样有管理。当然,不同性质的国家,管理的根本目的是不相同的,国家的社会管理职能活动并不是消极的,它对维护阶级统治的稳定和社会的发展具有积极的能动作用。恩格斯说过:"政治统治到处都是以执行某种社会职能为基础,而且政治统治只有在它执行了它的这种社会职能时

① 《马克思恩格斯全集》第1卷,第392页。

才能持续下去。"①

国家职能是发展变化的。一个国家的国体和政体在一定的历史时期有相对的稳定性,而国家职能则具有较大的灵活性,它常常随着形势的发展而变化。例如,一般说来,国家的对内职能是主要的,但在对外战争时期,对外职能则变得相对突出起来,而对内职能的执行甚至要服从战争的需要。又如,在国内阶级斗争尖锐时期,国家的对内职能主要是压迫;而在和平发展时期,管理职能可能相对比较突出。如第一次世界大战前后,欧洲资本主义国家大大加强了其军事官僚机器,加紧镇压人民的革命斗争,而在第二次世界大战以后,这些国家的阶级矛盾相对不是那么尖锐,因此,管理职能就凸露出来。社会主义国家随着不同阶段历史任务的变化,其职能也是在发展变化的。我们讲的"工作重心转移"实际上也是指国家职能重心的转移。当前我国在建立市场经济体制过程中政府职能的转变,也体现了国家职能的某种变化。

二、前资本主义国家

(一)奴隶制国家的本质和特点

奴隶制国家是历史上第一个国家历史类型,它是在原始社会氏族公社制解体、阶级形成后出现的,是阶级矛盾不可调和的产物,是在奴隶制生产关系确立的基础上建立起来的第一个剥削阶级国家。公元前 40 世纪形成的古埃及国家,公元前 30 世纪在幼发拉底河和底格里斯河流域形成的苏美尔、巴比伦、亚述等国家,公元前 20 世纪形成的印度和中国,都是古老的奴隶制国家。"四大文明古国"都是在这个时期和这些地区产生、发轫的。欧洲最早的奴隶制国家是公元前 8 世纪在希腊建立的城邦国家。欧洲的古希腊和古罗马是最发达的奴隶制国家。

奴隶制国家存在两个基本阶级:一个是奴隶主阶级,包括大土地所有者、大作坊主、商人、高利贷者、僧侣等,他们是奴隶社会占人口极少数的统

---

① 《马克思恩格斯选集》第 3 卷,第 219 页。

治阶级。另一个是奴隶阶级,他们占人口绝大多数,却受奴隶主的剥削和统治。此外,还有一个从事个体手工业和农业劳动的自由民阶层,他们依靠自己的劳动维持生活,其地位虽比奴隶高,但也受奴隶主阶级的剥削与压迫,其中不少人破产沦为奴隶。因此,在奴隶制社会中,不仅存在奴隶主与奴隶之间的矛盾,而且自由民阶层与奴隶主之间也存在对抗与斗争。但奴隶主阶级与奴隶阶级之间的矛盾是奴隶制社会的主要矛盾。奴隶制国家的本质是奴隶主阶级专政,是奴隶主阶级压迫奴隶阶级的机器。奴隶制国家有如下几个方面的特点:

第一,奴隶制国家的经济基础是奴隶主占有生产资料和奴隶。在奴隶社会,奴隶主阶级不仅占有全部生产资料和劳动产品,而且完全占有生产劳动者——奴隶本身。其占有形式多种多样,最基本的有两种:一种是奴隶主国家所有制,如我国在商、周时代,全国土地为奴隶主国家所有。《诗经·小雅》记载:"普天之下,莫非王土,率土之滨,莫非王臣。"国王代表国家占有全部土地和奴隶,然后把土地和奴隶分封给各级奴隶主,作为他们的俸禄,世袭享用。属于这种形式的国家还有埃及、巴比伦、亚述和印度等。另一种是奴隶主贵族私人所有制,如公元前5世纪的雅典奴隶制国家,采取生产资料和奴隶的个人所有制,大量土地和奴隶,分属于奴隶主贵族私人占有。属于这种形式的国家还有罗马、地中海的提洛岛等。这两种占有的方式虽不相同,但其本质都是奴隶主所有制,是奴隶制生产关系的基本特征。由于生产资料和生产者被奴隶主完全占有,奴隶没有任何人身权利,只是"会说话的工具"。

第二,奴隶主阶级对奴隶阶级采取公开的残暴的手段进行压榨与镇压。国家保护奴隶主的利益,而奴隶的利益得不到任何保障。如果奴隶反抗奴隶主的压迫,则要受到残酷的镇压。在平时,奴隶稍有不从,就要受到严酷的刑罚。其镇压与刑罚的手段,大都是采用肉体的折磨。如欧洲奴隶制国家,多采用强迫奴隶同猛兽格斗、从悬崖上推下去或钉在十字架上等残酷的手段,致使奴隶惨死。例如在古罗马时期,斯巴达克斯领导的奴隶大起义失败后,仅在沿罗马河的阿比叶大道上就有数以千计的奴隶被吊死。我国商代奴隶主为镇压奴隶,制定了名目繁多的刑罚,如炮烙、割鼻、剖腹、断足、杀头、活埋,直到把人剁成肉酱或放在臼中捣死,其手段之残酷到了极点。

第三,奴隶制国家中,奴隶主除了直接使用暴力手段外,还在思想上通过宗教迷信来欺骗和麻痹奴隶。如古希腊的奴隶主阶级把天神宙斯说成是人类的主宰。古罗马的奴隶主把僧侣说成是神在人间的代表,他们享有的一切权力都是神给的。在我国古代,奴隶主贵族把皇帝说成是"天子",披上"君权神授"的神秘外衣。奴隶制国家大肆宣扬宗教迷信,是为了把奴隶主对奴隶的剥削和压迫说成是天意的安排,把奴隶主阶级的统治说成是永恒的。谁违反了它,就是大逆不道,就要受到严厉的惩罚。

由于各奴隶制国家的生产力发展水平不同,所处的历史条件不同,以及阶级力量对比关系的不同,它们所采取的具体统治形式也不尽相同。如古代的中国、埃及、巴比伦、亚述等国采用君主制政体;古希腊的雅典和斯巴达、古罗马采用共和政体,共和政体又分为贵族共和政体和民主共和政体。但是,无论何种形式的政体统治形式,其实质都是奴隶主阶级对奴隶的政治统治。

在原始氏族公社废墟上建立起来的奴隶制的生产关系及其政治上层建筑,曾经对当时社会生产力的发展起过积极的促进作用。奴隶制代替原始公社制是人类历史发展的一个进步。但是,随着社会生产力的发展,奴隶制的生产关系及其政治上层建筑,越来越成为社会生产力发展的障碍。连绵不断的奴隶起义和暴动,动摇和削弱了奴隶主阶级统治的基础。封建生产关系在奴隶制内部的形成,新兴地主阶级的产生以及它借助于奴隶起义的伟大力量,展开反对奴隶主阶级的斗争,则使奴隶制国家不可避免地归于灭亡。

(二)封建制国家的本质和特点

随着奴隶制生产关系的瓦解和封建制生产关系的产生,奴隶制国家必然为封建国家所取代,世界上绝大多数国家都经历过这一历史阶段。由于各国的具体历史条件不同,其形成的情况和经历的时间也各不相同。我国封建制国家的存在从春秋战国时代形成到辛亥革命推翻清王朝时灭亡,前后有两千多年的历史;欧洲的封建国家也存在了一千三四百年。封建制国家是历史上存在时间最长的一种剥削阶级国家的类型。一般说来,大多数封建制国家是在奴隶制国家灭亡的基础上形成的。然而也有少数国家,如日耳曼、南斯拉夫、阿拉伯等国,则是在氏族制度解体之后形成的。

封建制国家的经济基础是封建土地所有制。在封建社会里,生产以农业为主,主要生产资料是土地。可是土地的绝大部分却被占人口极少数的地主阶级所占有。而占有人口绝大多数的农民则很少占有土地或完全没有土地。农民只能用自己的工具为地主阶级去耕种,收获的大部分劳动成果被地主所占有。此外,还有少数的商人、工匠、平民和奴仆等阶层,也同地主阶级存在各种矛盾。农民阶级和地主阶级之间的矛盾是封建社会的主要矛盾。地主阶级是封建制国家的统治阶级,以封建制生产关系为基础建立起来的国家,就是地主阶级对农民阶级和其他劳动者阶级进行统治的工具,是封建地主阶级的专政——这就是封建制国家的本质所在。

封建制国家主要有以下几个方面的特点:

第一,土地所有者与政治权力之间直接的密切的结合。土地所有者也就是领地上的统治者。每个封建主政治权力的大小直接取决于他占有的土地的多少。这种情况在封建社会的等级制上反映出来。封建等级是以土地占有多少和权力大小划分的。皇帝(国王)是一国最大的地主,踞于封建等级的顶端。皇帝把土地分封给他所属的诸侯,诸侯又把土地分赐给他所属的家臣和下属。正如恩格斯所说的:"在中世纪的封建国家中,也是这样,在这里,政治的权力地位是按照地产来排列的"[1],这些大大小小的封建领主,享有不同程度的经济特权与政治特权,统治着他们领地内的居民,从而形成一个从皇帝到诸侯、家臣、奴仆的封建阶梯的等级制度。封建制国家代表地主阶级的利益,不但强迫农民缴纳贡税,还强迫农民从事无偿的劳役,去养活一大群的国家官吏和军队。

第二,封建制国家逐步确立和发展了一套成熟稳固的封建君主专制体制。封建国家的典型形式是君主制。其特点是君主(皇帝)依靠常备军和税收控制全国,国家权力集中在君主手里,不受任何限制。君主的话就是"金科玉律",君主的意志就是法律,"朕即国家"。

第三,封建地主阶级采用极严酷的暴力和刑罚手段对农民实行恐怖统治;农民经常不断地以农民起义来反抗地主阶级的残酷剥削和压迫。封建社会的农民要向地主交粮、交租,还要承担兵役、徭役,各类苛捐杂税多如牛毛。一年四季,农民过着衣不蔽体、食不果腹的凄惨生活。地主阶级贪婪的剥削和压榨激起了农民大众的一次又一次的强烈反抗,在整个封建社会,农民起义不断发生。如我国从秦末陈胜、吴广领导的起义到清代的太平天国运动,总计有数百次农民起义。地主阶级总是用全部国家机器来镇压农民

[1] 《马克思恩格斯选集》第 4 卷,第 169 页。

起义。在平时,封建国家的对内职能也总是针对农民阶级的,经常对农民的各种反抗进行残酷的镇压。如我国封建统治时期,曾使用极其野蛮的刑罚镇压农民的反抗,仅死刑就有车裂、剖腹、枭首、腰斩、抽筋、肢解、镬烹等十几种之多。

第四,封建地主阶级还普遍利用宗教和神学思想来欺骗和麻痹人民,使劳动人民看不到自己的力量,而相信神灵的恩赐,从而把希望寄托于来世和天国。在中世纪的欧洲,宣传宗教思想的大本营是教会,教会往往同国家政权结合在一起,从而具有特殊的地位。在中国,宗法思想和宗教化了的儒家的思想是封建统治阶级进行政治思想、文化统治的重要工具。封建统治阶级宣扬"同宗同姓一家人",其实质不过是用血缘血亲关系来掩盖阶级剥削关系;还宣扬什么君君、臣臣、父父、子子、三纲五常等封建道德原则,要求人们遵守,并把它说成是永恒不变的"天理",以此来达到长久统治广大劳动人民的目的。正如毛泽东所指出的:"这四种权力——政权、族权、神权、夫权,代表了全部封建宗法的思想和制度,是束缚中国人民特别是农民的四条极大的绳索。"[①]

封建制国家的基本管理形式是君主制。由于各个国家在封建社会的各个历史时期的经济、政治关系的发展变化,所以,又先后产生过封建割据君主制、等级代表君主制和专制君主制等三种不同的具体形式。此外,中世纪西欧的某些城市,如意大利的威尼斯和佛罗伦萨等,曾脱离封建领主而争得了独立,获得了自治权,建立起封建制的城市共和国,但这与整个封建君主制相比是很微不足道的。尽管封建制国家的具体统治形式有所区分,但本质只有一个:它始终是封建地主阶级、贵族阶级压迫和剥削农民和其他劳动者阶级的工具。

由于封建地主阶级对于农民的残酷压迫和剥削,迫使农民常常举行起义。农民的起义和斗争,极大地削弱和动摇了封建专制统治的基础。随着社会生产力的发展,资本主义生产关系在封建社会内部产生和成长起来,新兴资产阶级借助于人民群众的伟大力量展开了反对封建专制统治的斗争,使封建制国家不可避免地归于灭亡。

---

① 《毛泽东选集》合订本,第31页。

三、资本主义国家

（一）资本主义国家的本质和特点

资本主义国家的阶级性质是由资本主义的经济基础决定的，是由资本主义社会的阶级关系决定的。资产阶级国家是维护资本主义剥削制度的工具，它的目的在于保证资产阶级在政治上、思想上，归根结底在经济上的统治。这样的国家阶级性质，只能是资产阶级的专政，是资产阶级统治无产阶级和劳动群众的机器。资产阶级国家和奴隶制国家、封建制国家一样，都是少数剥削者对广大劳动人民实行专政的工具，都是剥削阶级国家。但是资产阶级国家也有自己显著的特点。

资产阶级国家的特点是表面上不同于奴隶制和封建制国家采取公开的暴力形式，也不是表面上按公民财产数量决定其政治权利，而是在法律上承认公民一律平等，以资产阶级民主制度统治人民。恩格斯认为：不根据财产多少给予权利义务，这是国家发展的高级阶段的表现。资产阶级国家的这一特点是资本主义生产关系的反映。资本主义在经济上要求自由竞争，等价交换。在政治上就要求民主和自由。资本主义国家的这一特征和封建国家的专制制度比较起来无疑是一个很大的进步。资产阶级自由、平等、博爱的口号在反封建斗争和解放生产力、促进社会发展的过程中，曾起过一定的进步作用。

资本主义国家民主制度的特征，一般表现在下列四方面：第一，实行代议制。代议制是资产阶级取得革命胜利、夺取政权之后正式确立起来的。它的基本特征是：由通过普选产生的议员组成议会，形式上代表民意行使国家权力；议会议决事项均由议员共同讨论并经多数通过；议会享有立法权、财政权和行政监督权。由于各国政体不同，其代议机关在国家政权组织体系中的地位是有所不同的。代议制是一种间接民主形式，它的基础是选举制。关于选举人的资格、选区的划分、提出候选人的方法、投票和选票计算的方式等，各国均有不同的规定。由于代议制是资产阶级民主的主要特征，所以资产阶级民主也称为代议制民主。第二，实行分权制。即国家的立法、行政、司法三权分别由三个机关独立行使,并相互制衡的制度。这一制度为绝大多数资本主义国家所采用,是资本主义国家的国家机关组织与活动的基本制度。但因各国国情不同而有不同的形式。虽然这个制度在实践和理论上逐渐受到巨大冲击,其权威性受到损害,但迄今仍然是资本主义国家机关进行组织与活动的一项基本制度。第三,实行政党制。就是通过议会选举或总统选举,由资产阶级政党轮流执政、联合执政或单独执政,以实现资产阶级统治的一种方式。资本主义国家的政党制一般不是由宪法明文规定的,有的国家的宪法甚至没有提到政党,它是在政党干预政治过程中逐渐形成的。由于各国的国情不同,资本主义国家的政党制度一般表现为两党制、多党制和一党制三大类型。第四,实行法治。即实行以资产阶级法律治理国家的原则。它是在欧洲资产阶级革命时期,为反对专制的封建统治而提出来的主张。几百年来,西方国家形成了一整套较为完备的治理国家的法律制度。以法治国的基本含义是"法律面前人人平等",虽然实际上这项原则很难实现,因为资本主义国家的法治是以资产阶级的法律为依据的,但是作为民主政治的一个前提,得到资本主义国家广泛的认同。它也是资本主义经济发展要求在法律观念上的反映。以法治国的本质要求是对国家权力和政府权力的运用必须依照明确的法律,而不能由掌权者随心所欲地进行统治。也就是说,政府也要受法律的限制。

以上所述资本主义国家的代议制民主在第二次世界大战以后经历着两个方面的变化。一方面,为满足社会现代化过程中产生的公民参政意识的日益强化的要求,作为公民权利表现形态的民主,诸如政治上的普选权和参政权,以及各种社会经济权都进一步扩大,例如进一步取消和降低了对选民的种族、性别、财产和教育程度的限制等。另一方面,为加强国家的政治统治和对社会经济事务的干预,作为国家表现形态的民主,代议制政府内部权力关系发生了变化,行政高度集权和空前扩权,从以议会为中心的权力结构走向以行政为中心的权力结构。因此,这就使两种似乎矛盾的趋向在维护现行的统治制度的过程中统一了起来。西方国家的民主制度从形式上来说变得更完善了,但是,它并没有给人民带来真正的民主,更没有改变民主的资产阶级性质。就连有的西方学者也惊呼:西方民主制度遇到了"困境",陷入了"危机"。这种代议制民主毕竟是资产阶级实行专政最理想的政治组织形式。西方资产阶级创造了这一形式是历史的巨大进步,但是,当资产阶级为维护专政统治而使用这一形式时,那就正如列宁所说的:"每隔几年决定一次究竟由统治阶级中的什么人在议会里镇压人民,压迫人民,这就是资产阶级议会制的真正本质。不仅在议会制的君主立宪国内是这样,而且在最民主的共和国内也是这样。"①

(二)资本主义国家的职能

资本主义国家的职能和一切剥削阶级国家职能一样,包括对内和对外两个基本方面:对内压迫和统治人民,同时管理社会公共事务;对外扩大交往,维护本国安全和利益。对内职能和对外职能是互相联系和互相配合的。对内职能是对外职能的基础,对外职能是对内职能的继续和延伸。

资本主义国家对内职能包括统治和管理两大部分。马克思在《资本论》中说:在专制国家中"政府的监督劳动和全面干涉包括两方面:既包括执行由一切社会的性质产生的各种公共事务,又包括由政府同人民大众相对立而产生的各种特殊职能"②。马克思这里说的实际上是国家职能的两部分,一部分是执行一切社会中都有的"公共事务",另一部分是执行由于政府同人民相对立而存在的"特殊职能",也就是指管理和统治两种职能。这个问题,马克思在《法兰西内战》的第二稿中也有所阐述。他在讲到由资产阶级政府过渡到无产阶级的巴黎公社政府时,把政府职能分为两部分,一部分是"指政府控制人民的权威",另一部分是"指由于国家的一般的共同需要而必须执行的职能"③。这里所说的两部分职能指的也是统治职能和管理职能。马克思还在《路易·波拿巴的雾月十八日》一书中具体论述了国家行政权力对社会的作用,指出行政权力支配着50万以上的官吏,他们经常和绝对控制着大量的利益和人员。这里既包括政府对市民社会的管制、指挥、监护等特殊职能,同时也涉及政府进行的一些具体活动的范围:从某一村镇的桥梁、校舍和公共财产直到法国的铁路、国有财产和国立大学。这些活动范围体现了国家对社会公共事务的管理。

国家为了维持一定数量的公共权力部门和各种各样的政府机构,就需要收税,这是古往今来任何一个国家所不可避免的经济事务。有了捐税就

---

① 《列宁选集》第3卷,第209页。
② 《资本论》第3卷,第432页。
③ 《马克思恩格斯选集》第2卷,第438页。

有了国家财政,所以说捐税就是国家的经济表现。捐税掌握在国家手中,就成了国家管理社会事务的重要手段。在自由资本主义时期,社会经济活动是按"看不见的手"即市场来调节的,政府起"守夜人"的作用,为经济发展提供良好的"法律和秩序"等外部环境。但是,随着资本主义的发展,特别是在向垄断资本主义过渡时,内部固有矛盾不断尖锐,政府只管"法律和秩序"已经不能保证资本社会运动的正常运行。因此,政府作为总资本家,"终究不得不承担起对生产的领导"①,它在保证资本主义再生产的外部条件的同时,还要在社会再生产内部的一切领域、一切环节上发挥作用。这首先表现在邮政、电报和铁路方面,也表现在开矿、冶炼和灌溉等方面。于是,政府干预和管理社会经济事务的职能日益增多起来。特别是到了 20 世纪 30 年代,各主要资本主义国家的政府为了对付当时面临的空前未有的大危机,必须扩大机能,对经济生活进行干预。例如,通过财政政策,增加政府支出,刺激需求,制止失业;通过税收政策,鼓励投资;通过货币政策,运用利息率升降的杠杆,控制货币供应量,间接影响资本和个人的消费量等等。这些情况表明资本主义国家的职能有了进一步扩张和加强。

第二次世界大战以后,由于科技革命使资本主义经济发展有一个新的飞跃,国家垄断资本主义也较战前进一步扩展,因而,国家干涉经济和管理社会的深度和广度都进一步加强。资本主义国家的政府不仅对一部分国有企业起着领导和监督的作用,而且对大量的私营企业起着引导、扶持、协调、服务和制约的作用。政府运用计划、财政、金融、税收等手段对社会的宏观经济进行引导和控制,运用法律手段对微观经济进行管理。同时,国家管理社会事务之广泛和具体,也是历史上从未有过的。如为孤、残、病、老和失业者提供生活保障;发展各类教育;制定交通规划;加强卫生措施和环境保护;为科学和技术的研究提供经费;管理邮政事业;建立公园并安排娱乐活动;制定职业训练和就业安排的规划,等等。为了加强对社会事务的管理,政府陆续建立了各种委员会、局、署等机构,政府的职能和权力得到了空前的强化。

有人认为,资本主义国家管理职能的扩大,就意味着国家不再具有阶级对抗的性质了,国家已经成为为全社会服务的工具了。这种看法是片面的。因为管理职能是服务于统治职能的,是为阶级统治而进行管理的。国家的管理职能和国家的阶级性质是统一的,而不是对立的。因此,不能因管理职

---

① 《马克思恩格斯选集》第 3 卷,第 435 页。

能而否认国家的阶级性。同样,也不能因为国家的阶级对抗性质而否认国家具有管理职能。管理职能虽然不像统治职能那样具有直接的、明显的阶级性质,但并非与阶级性毫不相干,国家是阶级统治的机器,不管压迫职能还是管理职能,都是为了维护统治阶级的经济利益和政治地位。列宁认为,从一定意义上说,国家就是由一批专门从事管理或主要从事管理的人组成的机构。这种机构的组织权、管理权无疑是操纵在统治阶级手中。从总体上说,管理权就是一种统治权。资本主义国家作为整个资产阶级的代言人,作为"理想的总资本家",它所采取的一整套缓和社会矛盾的措施,从根本上说,是为了资本主义制度的长治久安,是为了保障整个资产阶级的根本利益。

(三)民族独立国家的性质和特点

民族独立国家是指亚洲、非洲、拉丁美洲以及大洋洲一批从殖民主义统治下摆脱出来的新兴的、独立的、有民族自主权的国家,它们的前身是欧美发达资本主义国家的殖民地、半殖民地。民族独立国家占"发展中国家"或"第三世界国家"的绝大多数,所以一般又被称为"发展中国家"或"第三世界国家"。民族独立国家,既是一个经济范畴,特指经济发展程度相对落后的国家;又是一个历史和政治范畴,因为这些民族国家在纷纷摆脱了殖民统治之后,走上独立自强的发展道路,并且在国际政治生活中越来越成为一支举足轻重的政治力量。民族独立国家是在特定的历史条件下和国际背景下产生的。现今遍布于亚洲、非洲、拉丁美洲和大洋洲的民族独立国家拥有丰富的资源、重要的战略地位以及众多的人口。摆脱殖民主义统治、实现民族独立是第三世界民族独立国家政权建立的最根本的前提。长期以来,这些被压迫民族进行了不屈不挠的反对殖民统治、争取民族独立的斗争。有少数在 19 世纪初至 20 世纪上半期建立了国家政权,而大部分的民族独立国家政权是在第二次世界大战后建立的。二战中,德、意、日被打败,老牌的殖民大国英、法等国力量严重削弱,并且战后初期,社会主义国家以苏联为中心形成一个阵营,它们支持殖民地、半殖民地人民的民族独立斗争,为广大殖民地争取独立、建立民族政权提供了有利的国际环境。

从总体来看,民族独立国家是在反对外来殖民统治、争取民族独立的前提下,在自身原来的或氏族社会制度、或奴隶制度、或封建制度的基础上建立起来的。民族独立国家的主要特点表现在以下几个方面:

第一,民族国家在争取独立的过程中是一支重要的反殖民主义力量,在民族政权独立后是一支重要的反霸权主义力量。因各国各地区的具体条件不同,各时期所处的国际环境不同,不仅导致了各民族独立国家政权建立的时间上有早有晚,也决定了它们建立的方式与途径各有差异;有的是以武装斗争为主导,辅之以反殖群众运动与谈判;有的是以殖民地群众运动为主导,辅之以中小规模的暴力反抗与和平谈判;有的是以和平谈判为主导,辅之以小规模的反殖群众运动。所有这些都沉重打击了殖民主义势力,有力支持了其他国家的人民的解放斗争事业。民族独立国家政权建立后,在国际舞台上成为一支活跃的力量,他们在积极发展民族经济的同时,积极反对霸权主义,维护世界和平。例如1971年中华人民共和国恢复联合国常任理事国的席位是在广大民族独立国家的支持下取得成功的。邓小平同志曾高度评价了民族独立国家反对霸权主义和维护世界和平的重要作用,他指出,发展中国家"是推动世界历史车轮前进的革命动力,是反对殖民主义、帝国主义,特别是超级大国的主要力量"①。

第二,民族独立国家带有一定的反封建或反旧社会势力的进步性。大多数民族独立国家都具有这种进步性,要求削弱和改变封建主义及其他前资本主义的势力和成分,发展民族经济。第二次世界大战结束以来,许多民族国家都采取了不少政策和措施,改革传统的土地制度与社会制度,促进经济和科技现代化。例如,印度在独立后不久即开展土地改革,40年代末起,制定了废除"柴明达"中间人制度的法律;50年代中期各邦又通过立法推行"租佃改革",实行"公平地租";60年代,各邦又颁布"土地最高限额"的法令。这些措施虽然没有能够消灭地主阶级,但在一定程度上削弱了封建主义势力。又如秘鲁于1969年颁布了土地改革法,规定废除大地产制,剥夺剥削者的土地分给农民,这在一定程度上打击和削弱了外国垄断资本和本国的封建势力,对严重阻碍生产力发展的旧生产关系作了一些调整和改良,对农业和工业的发展起了一定的积极作用。

第三,民族独立国家在权力结构上具有集权性,在权力过渡上具有不稳定性。民族独立国家中个人集权的现象比较突出。许多国家执政党的领袖人物往往集全国党政军大权于一身。一党专政、一人专政、一家族专政是这些国家的重要特点之一。民族独立国家的政权一直不太稳定,尤其是第二

---

① 摘自《人民日报》1974年4月11日。

次世界大战后,政变现象更是频繁发生,军事政变接连不断。据统计,1962—1975年,世界上发生的政变共有104起,几乎全在发展中国家。个人集权和政局不稳现象在民族独立国家中之所以比较突出,主要是与这些国家的社会、经济、文化状况及政治矛盾斗争密切相关。民族独立国家商品经济不发达,小生产占有较大的比重,群众文化程度较低,成人文盲率较高,广大劳动人民参加国家政治生活的条件不够充裕。这是产生个人集权和政权频变的社会经济基础。另外,这些国家国内各种矛盾往往十分复杂尖锐,为了加强国家的团结统一,加速民族经济的发展,防止外国势力的干涉,集权制往往被看作是必要的措施。

第四,民族独立国家政治体制上的借鉴模仿性。民族独立国家的政治体制受外国的影响较大,具有明显的模仿性。多数国家受西方发达资本主义国家的影响,以资产阶级的代议民主制为样板。如拉美第一批挣脱殖民主义直接统治枷锁的国家中,大多数都在形式上建立了与美国相类似的政治体制;而印度、马来西亚、新加坡的政治体制在很多方面与英国有相似之处。有些民族独立国家受前苏联东欧国家的政治体制影响较大,如刚果、莫桑比克、安哥拉等国。1990年以来,苏东形势剧变,这些国家也随着发生了变化。还有一部分民族独立国家在保留本国传统社会政治体制的同时,吸收外国政治体制的某些方面的内容,如不丹、尼泊尔以及西亚的一些阿拉伯国家。

民族独立国家是在摆脱殖民主义直接统治后建立的,政治上虽然已经独立,但经济仍没能完全独立;民族独立国家又是在本国落后的社会政治、经济、文化的基础上建立,社会生产力仍然很落后,社会发展不平衡,政局较动荡。因此,在竞争十分激烈的国际环境中,在不平等的世界政治经济秩序下,民族独立国家要在国际上真正实现完全的独立平等自主,要在国内实现国家富足发达与社会稳定发展,还需要长时间的努力和奋斗。

四、社会主义国家

(一) 新型民主和新型专政的国家

无产阶级专政的社会主义国家是在资产阶级国家的废墟上建立起来

的,它是人类历史上最高类型的新型民主和新型专政的国家。它同一切剥削阶级国家不同,不是少数人对多数人的统治,而是无产阶级领导的、工农联盟为基础的、绝大多数人民群众对少数敌对分子的专政。所以,无产阶级专政的国家对广大人民来说是民主的,对少数阶级敌人来说是专政的。如果忽视了其中的一个方面,对无产阶级专政的理解就是不全面的。

马克思和恩格斯早在《共产党宣言》中就对无产阶级专政的基本思想作了如下表述:工人革命的第一步,就是使无产阶级上升为统治阶级,争得民主。可见,马克思主义所理解的无产阶级专政的国家,同时也就是无产阶级民主的国家。马克思在总结巴黎公社的经验时曾指出,在炸毁旧的国家政权的基础上建立起来的新的国家政权,"给共和国奠定了真正民主制度的基础"①。列宁在十月革命后,面对着苏俄国内阶级斗争异常尖锐复杂的局面,曾强调过无产阶级必须用革命的暴力,用铁的手腕镇压剥削阶级的反抗,指出无产阶级的革命政权是由无产阶级对资产阶级采取暴力来获得和维持的政权。但是,列宁并没有因此把无产阶级专政仅仅归结为镇压。他认为专政固然非有暴力不可,但它不只是暴力,甚至主要不是暴力。他在谈到作为国家制度的无产阶级专政时,总是和民主制度结合起来论述。他说,无产阶级专政"对资产阶级即对少数居民实行镇压,同时,它又充分发扬民主"②。他还常常把无产阶级专政和苏维埃民主、无产阶级民主制等概念连在一起使用。列宁有一句名言,他说无产阶级专政的国家"是新型民主的(对无产者和一般穷人是民主的)国家和新型专政的(对资产阶级是专政的)国家"③。这是对无产阶级专政的社会主义国家的本质所作的一个经典性的概括。

列宁所说的新型民主与新型专政是相对于资本主义国家民主和专政而言的,在更广泛的意义上讲,是相对于一切剥削阶级国家而言的。剥削阶级统治的国家,是一个阶级镇压另一个阶级,少数人镇压多数人的国家,在这种国家中,民主仅仅是少数统治阶级的民主。以推翻一切剥削和阶级统治为使命的无产阶级,经过革命后所确立的国家,与剥削阶级统治下的原来意义的国家有本质的不同。因此,恩格斯在1875年给倍倍尔的信中批判哥达纲领在国家问题上的错误观点时指出:"应当抛弃这一切关于国家的废话,

---

① 《马克思恩格斯选集》第 2 卷,第 377 页。
② 《列宁全集》第 23 卷,第 14 页。
③ 《列宁选集》第 3 卷,第 200 页。

特别是在巴黎公社以后,巴黎公社已经不是原来意义上的国家了。"①

列宁在《国家与革命》中,称赞这一论点是"恩格斯在理论上最重要的论断"。列宁指出,恩格斯之所以认为巴黎公社不是原来意义上的国家,是因为它具备了三个条件:第一,因为公社所要镇压的不是大多数居民,而是少数居民(剥削者);第二,它已经打碎了资产阶级的国家机器;第三,居民已经自己上台来代替实行镇压的特殊力量。换句话说,在无产阶级领导的国家,无产阶级的民主和专政之所以是新型,是因为它具备这三方面的条件。

就无产阶级民主而言,这三方面的条件使无产阶级民主具有与其他阶级民主不同的特点:

第一,无产阶级民主制是确立在实现社会解放基础之上的。资产阶级民主制的实现是以私有制为基础的。资产阶级在反封建中提出的政治解放和政治民主,是以社会生活依然存在奴役和剥削关系为前提的。无产阶级民主制是建立在公有制基础上的,它要求废除资产阶级的所有制,从而使人从奴役和剥削关系中解放出来。它不仅使人们在政治上享有平等的权利,而且在经济上摆脱奴役与剥削的关系。因此,无产阶级民主制与资产阶级民主制是确立在完全不同的社会政治和经济关系基础上的。

第二,无产阶级民主是多数人的民主。民主是多数人的统治,但从民主的历史演变来看,从古希腊奴隶制民主到当代的资产阶级民主,都属于少数剥削阶级的民主。无产阶级革命所实现的无产阶级民主"在世界上史无前例地发展和扩大了的正是对绝大多数居民,即对被剥削劳动者的民主"②。资本主义社会虽然赋予了人们在政治生活中的平等权利,但在私有制下,生产资料归少数人占有,绝大多数人在经济上依然处于被剥削地位,这就决定了资本主义社会中的绝大多数人无法真正行使已获得的政治权利,也无法在国家政治生活中成为主人。与资本主义社会相反,在消灭了私有制的社会中,生产资料主要归社会所有。公有制的形成与发展,使得劳动者在共同占有生产资料的同时,成为社会生产的主人。人们在成为社会生产主人的同时,也将成为国家政治生活的主人。

第三,无产阶级民主是能最终得以真正实现的民主。无产阶级国家与

① 《马克思恩格斯全集》第 34 卷,第 123 页。
② 《列宁选集》第 3 卷,第 633 页。

资产阶级国家的根本区别在于,确立在生产资料公有制基础上的无产阶级国家政权归广大劳动者掌握。这就意味着无产阶级国家政权是代表广大劳动人民利益的,它保证人民利益的实现,"保证那些曾受资本压迫和剥削的劳动群众能实际参与国家管理……能够真正享受文化、文明和民主的福利"①。

第四,这种民主是同消除阶级和促使国家消亡紧密联系在一起的,因而"具有伟大的意义"。无产阶级民主是趋向最高类型民主的民主。在阶级社会中,社会主义民主是最高类型的民主,这是因为,社会主义社会不仅使民主成为绝大多数人的民主,而且将民主置于没有阶级、没有暴力镇压的社会基础之上。根据马克思和恩格斯的理论,社会主义民主,作为一种国家形态的民主,是最高类型的民主;也是最后类型的民主,它将随着镇压职能日益衰弱的国家的消亡而消亡,这种趋向性决定了它与资产阶级民主制相比具有历史的先进性。

就无产阶级专政而言,这三方面的条件使无产阶级专政具有与其他阶级专政不同的特点:① 无产阶级专政是原先被剥削的广大劳动群众对少数剥削者的专政,是大多数人对少数人的专政。② 无产阶级专政不是通过旧的国家机器实现的,而是通过在打碎旧的国家机器的基础上,确立起新的国家机器来实现的。③ 新的国家和国家机关由社会主人变成社会公仆,因为国家权力已从脱离社会成为实行镇压的特殊力量,重新回到社会手中,为绝大多数人所掌握。④ 无产阶级专政的最终目的,不是在于用暴力维护某种阶级统治的国家,而在于"消灭国家"、"消灭任何加在人们头上的暴力",因此,它是向废除阶级并促使国家消亡的过渡。

在无产阶级领导的国家,这种新型民主和新型专政是有机统一在一起的。一方面,新型民主离不开新型专政,因为只有对敌对势力实行专政,才能维护和保障人民民主的实现。另一方面,新型专政也离不开新型民主。因为只有广大人民群众的当家作主的精神被调动起来以后,才能有效地对敌对势力进行专政。而且,新型民主是无产阶级专政借以实现的形式。正是在这个意义上,列宁把无产阶级专政称为无产阶级民主制。所以,这种新型民主与新型专政的统一,是无产阶级专政国家的本质要求。

---

① 《列宁选集》第3卷,第745页。

(二) 中国的人民民主专政

无产阶级专政在不同的国家可以有不同的形式,**人民民主专政是中国共产党领导人民所创造的适合我国国情和革命传统的一种形式。**

中国的社会历史情况,与欧美资本主义国家不同,与俄国也不相同。如旧中国是帝国主义支持的封建地主阶级和官僚资产阶级掌握政权的半殖民地半封建的国家;无产阶级人数很少,产业工人只有二百万,但它很集中;农民占全国人口的80%以上,分散落后的个体农业和手工业占国民经济的90%以上;民族资产阶级具有两面性等等。这种国情决定了中国无产阶级领导的革命斗争必须分两步走,必须建立革命根据地,以农村包围城市,一块一块,一片一片地夺取政权。实际上,各革命根据地红色政权的建立,就是中国人民民主专政的雏形。

在长期革命实践过程中,中国共产党和毛泽东同志逐步形成了关于中国新民主主义革命的理论体系。在党的许多文件中,以及毛泽东的许多著作如《新民主主义论》、《论联合政府》、《将革命进行到底》、《论人民民主专政》等,都多次提出和论述了工人阶级领导的以工农联盟为基础的人民民主专政的思想。毛泽东在《论人民民主专政》一文中明确指出:"总结我们的经验,集中到一点,就是工人阶级(经过共产党)领导的以工农联盟为基础的人民民主专政。""对人民内部的民主方面和对反动派的专政方面,互相结合起来,就是人民民主专政"。把专政同民主联系在一起,这是对人民民主专政最本质的概括。1949年10月中华人民共和国成立时,就是按照人民民主专政的原则组成国家政权的。

新中国成立初期,人民民主专政是同过渡时期的情况和任务相适应的,那时国家政权的主要任务是继续完成新民主主义革命,进而实行对生产资料私有制的社会主义改造,实现由新民主主义向社会主义的过渡。

在社会主义制度确立以后,我国人民民主专政的国家任务主要是保卫社会主义制度,领导和组织社会主义建设。值得注意的是组成这个政权的阶级结构发生了明显的变化。这表现为工人阶级队伍进一步壮大,人数增长了许多倍,在国家政治生活中的比重进一步增大;广大农民经过社会主义改造,已经从个体农民变成集体农民;知识分子的人数也增长了许多倍,从总体上说,他们已经成为工人阶级的一部分;剥削阶级已经不再存在,原来这些阶级的成员绝大多数已经改造成为自食其力的劳动者。我国社会主义制度已经确立,人民民主专政已发展成为社会主义性质的国家政权。

人民民主专政这种政治形式,与资产阶级专政有本质的区别,与俄国十月革命时建立的无产阶级专政也不完全相同。我国的人民民主专政的国家政权有它独具的特点和优点。

第一,人民民主专政符合我国的具体历史条件,是一种较为灵活的政治形式。它能够把我国反帝反封建的新民主主义革命任务和社会主义革命任务连结起来。我们知道巴黎公社是无产阶级推翻资产阶级专政而建立的无产阶级专政的雏形。俄国十月革命前,列宁曾设想经过民主革命时期建立的工农民主专政过渡到无产阶级专政。但 1905 年革命失败了,1917 年二月革命后的临时政府又被资产阶级所掌握,过渡无法实现。而我国的人民民主专政成功地经历了新民主主义革命和社会主义革命两个时期。新中国成立前,在革命根据地建立的人民民主专政是解决资产阶级民主革命的任务;在推翻半殖民地半封建社会的三大敌人后,人民民主专政担负着由新民主主义过渡到社会主义的任务;而在私有制的社会主义改造基本完成之后的人民民主专政,则肩负着建设社会主义的任务。这是一个显著的特点。

第二,人民民主专政具有广泛的民主性质。它是工人阶级领导的,以工农联盟为基础的,团结一切可以团结的社会力量,结成极其广泛的统一战线的政治形式。这里一个突出问题,是关于民族资产阶级参加政权的问题。由于我国的特殊的历史条件,中国民族资产阶级是一个具有两面性的阶级。不仅在新民主主义革命时期,它具有反帝、反封建的革命性的一面,又具有妥协的一面,而且在我国过渡时期,它仍然具有两面性,既具有剥削工人取得利润的一面,又有拥护宪法、愿意接受社会主义改造的一面。因此,在我国,就有可能把工人阶级同资产阶级这一本来是对抗性的矛盾,作为人民内部矛盾来处理,继续吸收它的成员及其政治代表参加国家政权。事实证明,我们党对资本主义私有制用和平的赎买方式进行社会主义改造的政策,是完全正确的。中国消灭资本主义经济以及与之相联系的资产阶级,是在民族资产阶级参加政权的这种特殊形式下完成的。

第三,人民民主专政反映了我国现阶段国家政权阶级结构的变化和民主性进一步扩大。随着社会主义经济制度的建立,我国社会的阶级结构发生了明显的变化。作为整体的剥削阶级已经消灭,原来的民族资产阶级的绝大多数成员已经改造成为自食其力的劳动者。广大农民已经从个体农民变为集体农民。工人阶级的队伍不断壮大,一支工人阶级知识分子队伍已经形成。这些都说明,享有民主权利的主体范围空前地扩大了,专政的对象已经不是作为整体的反动阶级,而是只占全国人口极少数的破坏我国社会主义制度和社会主义建设的各种敌对势力和敌对分子。同时国家的主要任务是保卫社会主义制度,领导和组织社会主义建设。因此,人民民主专政反映了我国现阶段政权更加广泛的民主性质,它不仅包括广大拥护社会主义的劳动者,而且也包括一切拥护社会主义的爱国者和拥护祖国统一的爱国者。

新中国成立后,直到1956年中国共产党第八次全国代表大会以前,我们对自己的政权一直使用"人民民主专政"的提法。1956年4月,毛泽东在《论十大关系》中开始使用"无产阶级专政"的提法。同年刘少奇在中国共产党第八次全国代表大会上所做的政治报告中指出:"我国现阶段的人民民主专政实质上是无产阶级专政的一种形式。"可是,"文化大革命"期间,只许用专政,不许讲民主,"人民民主专政"一词也就废弃不用了。粉碎"四人帮"以后,又恢复了人民民主专政的提法。

人民民主专政的提法不仅确切地表明我国的阶级状况和政权的广泛的民主基础,而且在字面上也确切地表明了无产阶级国家政权的完整内涵,即它是对人民的民主方面和对敌人的专政方面的结合。这个科学概念有助于人们全面理解无产阶级政权的性质和任务,防止可能发生的误解和一些别有用心的人对无产阶级专政的有意歪曲和篡改,例如把无产阶级专政仅仅理解为暴力,理解为仅有专政职能,以及"四人帮"把无产阶级专政篡改为"全面专政"等。

当然,我们也不能把人民民主专政同无产阶级专政割裂开来。因为人民民主专政的实质同无产阶级专政是相同的,这种共同点主要表现为:第一,都是工人阶级通过自己的政党(共产党)对国家政权实行领导;第二,都是新型民主和新型专政的国家政权,对人民民主,对敌人专政;第三,都是以工农联盟为基础的国家政权;第四,国家政权对内、对外的职能相同;第五,都担负着消灭阶级、建设社会主义、实现共产主义的历史使命。

由此可见,人民民主专政是马克思主义基本原理同我国具体革命实践相结合的产物,它具有中国特色,它实质上指无产阶级专政的国家政权。

（三）社会主义国家的职能

对社会主义国家的职能,经典作家有过许多论述。马克思和恩格斯时期还没有社会主义国家,但他们对未来的无产阶级专政国家的职能也作过论述。例如他们在《共产党宣言》一书中虽然没有使用"社会主义国家职能"这个概念,但是在指明无产阶级国家的任务时,他们恰恰是从国家职能的角度论述的。《宣言》指出:无产阶级将利用自己的政治统治,一步一步地夺取资产阶级的全部资本,把一切生产工具集中在国家即组织成为统治阶级的无产阶级手里,并且尽可能快地增加生产力的总量。并把国家政权作为对所有权和资产阶级生产关系实行强制性的干涉和变革全部生产方式的必不可少的手段。这些都相当明确地提出了无产阶级国家剥夺、压迫资产阶级和组织新社会两个方面的任务。马克思在《法兰西内战》一书中总结了巴黎公社的实际经验,对无产阶级专政国家的职能作了进一步的论述。他仔细分析了公社所采取的各项社会措施,认为公社担负着原先由政府、警察局和省政府分担的全部职务,即一举而把许多职务——军事、行政、政治的职务变成真正工人的职务。这些职务总的说不外两个方面,即镇压资产阶级的反抗和管理公社事务。这些思想为以后马克思主义者深入研究无产阶级国家的职能问题奠定了基础。

列宁在新的历史条件下总结世界上第一个无产阶级专政国家的经验,丰富和发展了马克思主义关于无产阶级专政国家职能的思想。他指出,在对内职能方面,应包括两个方面,但在不同时期他所强调的重点是不同的。如建国初期,由于十四个帝国主义国家入侵和国内白匪叛乱以及资产阶级的反抗和破坏,他强调了无产阶级国家的镇压职能,认为不这样就不能巩固苏维埃政权。到 1920 年,当打退了外国侵略者的进攻,基本上完成了剥夺剥夺者和镇压剥削者反抗的任务以后,列宁认为主要任务就转变为对国家的管理。他多次强调无产阶级要"学会管理俄国"。而管理国家的根本任务是创造高于资本主义社会的社会经济制度,提高劳动生产率,增加产品数量,这是无产阶级最主要最根本的利益所在。他反复说明,要发展经济,提高劳动生产率,除了保证大工业的物质基础外,还必须发展群众的文化教育事业,提高劳动者的纪律、工作技能、效率,减低劳动强度,改善劳动组织等。他指出,要成为文明国家,除了必须有相当发达的物质生产资料的生产外,还要有文化方面的极大进步。只有这样,苏维埃俄国才能成为"完全的社会主义国家"。

列宁逝世后,斯大林根据列宁的思想和苏维埃俄国行使国家职能的实践经验,对无产阶级专政国家的职能作了明确的概括。他在《论列宁主义基础》一文中提出了必须完成摆在无产阶级专政面前的三个主要任务:"(一)粉碎已被革命推翻和剥夺的地主和资本家的反抗,消灭他们的一切恢复资本政权的行动;(二)用把一切劳动者团结在无产阶级周围的精神来组织建设工作,并按照准备取消阶级、消灭阶级的方向来进行这一工作;(三)把革命武装起来,组织革命军队,以便和国外敌人作斗争,和帝国主义作斗争。"①

1939 年,斯大林在联共(布)第十八次代表大会的工作报告中指出,当剥削阶级被消灭,社会主义经济制度完全胜利以后,国家的第一个职能由镇压国内被推翻的阶级改变为保护社会主义财产免受盗贼和人民财富盗窃者损害的职能。第二个职能还是保卫国家,以防外来侵犯。第三个职能仍然是经济组织工作和文化教育工作,并且得到了充分的发展。他认为,现在国家在国内的基本任务,就是进行和平的经济组织工作和文化教育工作。

毛泽东根据中国的国情,注意发挥人民民主专政国家的作用。他在新政治协商会议筹备会上的讲话中,指出中国民主联合政府一经成立,它的工作重点除了肃清反动派的残余,镇压反动派的捣乱外,就是尽一切可能用极大力量从事人民经济事业的恢复和发展,同时恢复和发展人民的文化教育事业。他在《论人民民主专政》中指出,人民民主专政的国家,必须有步骤地解决国家工业化的问题。接着,在他起草的中国人民政治协商会议第一届全体会议的宣言中又指出,中国人民自己的中央政府将领导全国人民克服一切困难,进行大规模的经济建设和文化建设,扫除旧中国所留下来的贫困和愚昧,逐步地改善人民的物质生活和提高人民的文化生活水平。

1957 年,当我国社会主义改造基本完成以后,毛泽东在《关于正确处理人民内部矛盾的问题》一文中又论述了我国人民民主专政国家的两个作用:第一个作用"是压迫国家内部的反动阶级、反动派和反抗社会主义革命的剥削者,压迫那些对于社会主义建设的破坏者"。第二个作用"是防御国家外部敌人的颠覆活动和可能的侵略"。接着指出:"专政的目的是为了保卫全

---

① 《斯大林选集》上卷,第 215 页。

体人民进行和平劳动,将我国建设成为一个具有现代工业、现代农业和现代科学文化的社会主义国家。"①这里说的"专政的目的"实际上是指人民民主专政国家的一项基本任务。前面说的两个作用都是为这个基本任务服务的。

遗憾的是,上述经典著作关于社会主义国家职能的理论,没有得到一贯的全面的贯彻。特别是十年动乱期间,只强调国家的镇压职能,而建设新社会的职能被一笔勾销了。人民正常的经济文化生活受到巨大的破坏。这是一个历史的教训。党的十一届三中全会作出了把工作重点转移到社会主义现代化建设上来的战略决策;提出了要注意解决好国民经济重大比例严重失调的要求,作出了加快农业发展的决定;着重提出了健全社会主义民主和加强社会主义法制的任务。这些在领导工作中具有重大意义的转变,不仅标志着党重新确立了马克思主义的思想路线、政治路线和组织路线,而且也促使我国人民民主专政的国家职能走上了正常的轨道,使国家机关担负起领导繁重的建设工作,使我们的国家在经济上和政治上都出现了前所未有的大好形势。

根据马克思主义国家理论和社会主义国家长期以来的实践经验,社会主义国家职能有如下几方面:

第一,保卫社会主义制度。

社会主义国家的一项基本职能是打击敌对势力、敌对分子和各类破坏分子,维护社会政治稳定,巩固和发展社会主义制度,保卫社会主义建设的有序进行。

在我国新的历史时期,国家的根本任务是集中力量进行社会主义现代化建设,把我国建设成为富强、民主、文明的社会主义现代化国家。要很好地完成这一艰巨的任务,我们就需要有一个长期安定团结的政治环境,否则,现代化建设事业就很难成功。这是全国人民的最大利益。为了维护一个长期安定的社会政治秩序,就必须对一切社会主义建设和社会秩序的破坏者实行专政,维护政治稳定和社会治安,打击犯罪,惩治腐败,为集中精力进行经济建设和改革开放创造长期安定的环境,使人民能安居乐业。

从国家的外部环境看,当今世界,帝国主义、霸权主义、强权政治仍然存在,这始终是解决和平与发展的主要障碍。国际上仍然存在着敌对势力,妄

---

① 《毛泽东选集》第5卷,第366页。

图对我国实施"遏制"战略,并破坏我国的和平统一进程。面对这样的形势,我们必须坚持人民民主专政,保卫国家主权和安全,抵御外来的侵略和威胁,坚持反对霸权主义,维护世界和平,为我国的现代化建设争取一个长期的和平国际环境。同时,我们要在政治、经济、文化上扩大国际交往与合作,广交朋友,促进世界和平与发展,推动我国改革开放事业的顺利进行。

第二,组织社会主义经济建设。

组织社会主义经济建设,发展生产力,是社会主义国家的一项根本任务。只有解决了这个任务,才能为社会主义制度建立雄厚的物质基础;才能满足人民群众日益增长的物质生活的需要,建设社会主义强国。中国社会主义建设的历史证明:如果削弱或忽视了人民民主专政组织社会主义经济、发展生产力的这一重要任务,社会主义建设就会遇到困难,遭到挫折,甚至走向失败。

党的十一届三中全会后,我国进入了一个新的历史时期,人民民主专政的主要任务不是搞阶级斗争,而是积极组织社会主义经济建设,最大限度地发展社会主义生产力,努力缓解当前的社会生产不能满足人民日益增长的经济文化需要的矛盾。因此,党在十一届三中全会后,把工作重点转移到社会主义现代化建设上来,先后进行了农村经济体制改革和城市经济体制改革,逐步建立社会主义市场经济制度,使我国的社会面貌发生了巨大变化。但是,要实现现代化的宏伟目标,我们还有许多工作要做,还有更艰难曲折的道路要走。在当前以及今后相当长的一个历史时期里,我们的主要工作就是进行现代化建设。能否实现四个现代化,决定着我们国家的命运,民族的命运。因此,在新的历史时期,组织社会主义经济建设,发展生产力,提高全民族的经济生活水平,就成了我们国家职能中一项重要而艰巨的任务。

第三,组织社会主义思想文化建设。

在社会主义建设中,经济建设与思想文化建设是互为条件、互相依存的。建设社会主义,不仅需要建设物质文明,而且也需要建设精神文明,做到两个文明一起抓,两手都要硬。进行精神文明建设,既要抓好思想道德建设,又要抓好教育科学文化建设。根本任务和目标是适应改革开放和社会主义现代化建设的需要,对人民进行正确的世界观、人生观和价值观教育,培育有理想、有道德、有文化、有纪律的社会主义新人,提高整个中华民族的思想道德素质和科学文化素质。思想道德建设为整个民族的发展提供精神支柱和精神动力。教育科学文化建设解决的是整个民族的科学文化素质和现代化建设的智力支持问题。实现现代化需要教育、科学和文化的发展。教育发达,科学兴旺,文化繁荣既是物质文明建设的重要条件,也是提高人民群众思想道德水平的重要条件。社会主义国家组织思想文化建设对于促进社会主义现代化建设、巩固社会主义制度、振奋民族精神和发展社会主义民主,都具有重大的意义。

历史证明,只有高度的文明,才有高度的民主。高度文明与高度民主是相互作用,密切联系的。因此,提高整个民族的教育科学文化水平是实现高度的社会主义民主的需要。社会主义的国家政权,是人民当家作主的政权。这种政治制度要求人民直接管理国家,管理社会,实现高度的社会主义民主。但是社会主义国家在建国以后的很长一段时间内,事实上不能实现由人民直接管理国家,管理社会。这由许多方面的原因造成,而教育科学文化不普及,人民整体文化水平较低是重要原因之一。因此,要实现人民真正当家作主,使社会主义制度更加民主化,我们就必须大力提高全体人民的教育科学文化水平,使广大群众具有管理国家事务的知识和能力,实现人民更广泛更有效地参与管理国家,完善社会主义民主。

第四,保证和促进社会主义改革的实现。

改革是社会主义社会发展的必然产物,是一场广泛而深刻的社会变革。它是社会主义基本矛盾运动规律的客观要求。虽然建立在公有制基础上的社会主义社会,具有资本主义社会无法比拟的优越性,但是,不能因此幻想社会主义一旦建立起来,就达到一个完美的境地,没有矛盾,无须变革了。事实恰恰相反,已经确立的社会主义社会仍存在各种各样的矛盾,其中基本矛盾仍然是生产力与生产关系、经济基础与上层建筑的矛盾。在社会主义初期,这一矛盾是相当尖锐的。这些矛盾的存在就在客观上要求社会主义在其自身发展过程中,不断地进行改革,做到自我调节和自我完善。此外,由于长期来许多社会主义国家不同程度地在经济、政治和思想文化等方面存在与生产力发展不相适应的僵化体制模式,妨碍了社会主义事业的正常发展,因此,如何克服社会主义体制中存在的这些弊病,就成了当前社会主义国家进一步建设和发展所必须解决的一个重大课题。党的十一届三中全会以后,我们党以农村经济体制改革为先导,在中国大地上展开了一场具有伟大意义的社会主义改革。特别是90年代初,在邓小平建设有中国特色社会主义理论的指导下,中国推进了从计划经济体制到市场经济体制的伟大变革,以及由此而进行的企业制度的伟大变革。正是这些变革使我国的社会面貌发生着日新月异的变化。

　　然而,我国是一个面积广大、基础薄弱、人口众多的大国。在这样的条件下进行改革事业,进行现代化建设,建设具有中国特色的社会主义,无疑是一项极其艰巨而宏伟的任务。为此,在社会主义初级阶段,我国人民民主专政的任务必须是始终以经济建设为中心,坚持四项基本原则,坚持改革和开放。

思考题

1. 如何理解国家本质、国家形式及其与国家职能之间的关系?
2. 国家政权形态存在哪些历史类型?
3. 资本主义国家具有哪些国家职能?
4. 如何理解中国的人民民主专政?

第三章　国　家　形　式

本章提要

　　国家职能的实现依赖于国家政权在机构上和区划上的制度设计与安排。国家形式是国家权力在国家机构横向和纵向上的分布,是国家政权的组织形式和结构形式。国家的组织形式就是国家政体,政体是在国家主权层次所展开的国家政权的宏观架构,是政府机构设置的基本原则和合法性来源。各国的政体在不同的历史时期呈现纷繁复杂的现象。国家的结构形式指国家的整体和部分、中央政权和地方政权之间的相互关系,单一制和联邦制是两种基本类型。一国的结构形式取决于该国的历史、地理、政治、经济、文化等多种因素。

　　国家职能的实现必须依赖于国家政权在机构上和区划上作出制度化的设计与安排。前者一般是横向的,如把立法权、行政权、司法权按一定原则由不同的机构行使,它们之间的不同关系形式就形成了不同的政体;后者一般是纵向的,是国家权力在空间上的分布,每个国家一般都划分为若干区域,赋予一定的职责权限,它们之间中央与地方关系的不同形式,形成国家的结构形式。这种国家权力在横向上的安排和纵向上的区划,就是国家形式。任何国家的宪法对国家形式都作了明确的规定,以此使整个国家机器得以有规则地运转。因此,国家形式是国家政治生活的一个重要问题,也是政治学研究的重要内容。

一、国家形式的基本概念

（一）国家形式的含义

国家形式是国家权力在国家机构横向和纵向上的分布，是国家政权的组织形式和结构形式。**政权的组织形式即政体**，它指的是"一定的社会阶级取何种形式去组织那反对敌人保护自己的政权机关"①。任何事物都有它的内容和形式，国家也是这样，国家的内容就是国家的阶级性质，即国体。国家形式的主要成分就是通常所说的政体。政体是国体在政权组织上的体现。马克思主义认为，国体与政体是一个统一体中不可分割、互相联系的两个方面，国体需要相应的政体来实现，政体又由国体来决定，并为其服务。在国体和政体的关系中，国体起着主导的和决定的作用。但是国体和政体的结合也常常呈现出错综复杂的情况：每一个社会的经济形态，都有与之相适应的国家的历史类型，而同一历史类型国家的形式，却并不一定相同。也就是说，相同性质的国家，可能表现为不相同的政体，比如，同是奴隶制国家，存在着君主制和共和制政体；另一方面，不同的国体，也可以采取相同的政体，如资本主义国家的典型政体是共和制，而一些奴隶制国家和封建制国家也曾出现过共和制度。因为政体还受到诸如社会经济、政治、文化、历史传统以及自然因素等原因的影响。

国家结构形式与国体的关系比政体较为间接，因为国家结构形式是由多方面因素决定的，其历史延续性更强。概括地说，国家结构形式是指国家的整体和部分之间、中央政权机关与地方政权机关之间的相互关系。国家结构形式包括两个方面，**一是行政区划，二是权限划分以及由此产生的相互关系**。行政区划是指国家将自己的领土划分为若干部分，以便相应地设置各级政权机关，实现对国家的统一管理。在行政区划的基础上按一定的原则进行权限划分，建立中央与地方的关系模式，就形成了国家的结构形式。

---

① 《毛泽东选集》合订本，第637—638页。

一个国家的结构形式取决于该国的历史、地理、政治、经济、民族、宗教、文化等多种因素。国家结构形式一般是与以上诸种因素相适应的,经过多种政治力量之间的斗争,最终以宪法赋予其合法性。国家结构形式的发展经历了一个漫长的过程,它最初产生的契机是国家按地域划分管理区域,代替了原始社会按血缘划分氏族,从而产生最早的国家结构。在资本主义阶段,西方国家的结构形式有联邦制和单一制,但以单一制为多。欧洲封建社会早期,一些国家地方势力强大,出现了封建贵族领地和自治城市。随着资本主义经济的产生与发展,资产阶级迫切要求消除封建割据,统一国内市场。欧洲各国顺应这种要求,借助资产阶级的势力,建立了统一的封建制中央集权国家。中国传统社会除了短期的分裂格局外,一直是统一的中央集权国家。秦朝实行的郡县制是中国实行单一制国家结构形式的开始,随后中央集权制一直贯穿中国封建社会始终。

(二)政体的分类及民主政体的原则

在人类历史上,曾存在过种类繁多的政体,例如古希腊的城邦民主政体,古罗马早期的贵族共和政体以及后期的帝国专制政体,欧洲中世纪的等级君主政体,古代埃及和中国封建社会的专制君主政体。近现代的政体又包括英国、日本等国的立宪君主政体,法国(第五共和国以前)、意大利、前联邦德国等国的议会共和政体,美国等国的总统制政体,瑞士等国的委员制政体以及中国的人民代表大会制。按照马克思主义历史唯物主义的观点,每一种政体都有其赖以存在的条件,因而对如此纷繁复杂的政体进行分类,是正确、完整把握这些政体总体特征的前提。历史上曾有许多思想家研究过政体的分类,归纳起来,大致有以下几种:

第一,三分法。这种政体划分的方法最早是古希腊的政治思想家亚里士多德创立的。亚里士多德考察了当时希腊的绝大多数城邦国家,按照执政者人数的多寡把城邦国家划分为三种类型:个人统治的称作**君主政体**,少数人统治的称作**贵族政体**,多数人统治的称作**共和政体**。这三种政体又有相应的三种变态政体,即**僭主政体、寡头政体和平民政体**。亚里士多德这种划分政体的方法,影响了后来的许多政治思想家,如孟德斯鸠、洛克、霍布斯、布丹等人把这种分类方法应用到政体划分上,并加以一定的改造和注入新的解释。

例如,提出国家学说的法国 16 世纪思想家布丹以掌握国家主权的人数为依据,把一个人、少数人和大多数人掌握国家主权的政体分别称作君主政体、贵族政体和民主政体;最早提出资产阶级分权学说的英国思想家洛克又以立法权的隶属关系为出发点,把一个人、少数人和大多数人掌握立法权的政体分为君主政体、寡头政体和民主政体。

第二,二分法。持这种分类法的学者,把三分法的贵族政体和民主政体通称为共和政体。他们的理由是:① 贵族政体现在不复存在;② 既然以人数多寡为分类标准,那么两人以上就都是复数,可以按照单复数两种情况分君主政体和共和政体两种政体。

第三,多层次的分法。美国政治学家约翰·威廉、柏哲士曾以几种标准划分政体。他以国家和政府是否合一把政体划分为直接制和代表制,以官吏职权的来源把政体分为世袭制和选举制,以立法机关和行政机关的相互关系把政体分为内阁制和总统制。

政体是社会各阶级在国家地位安排上的制度体现,按照人民与政体的关系(形式上的或实质上的),任何政体又都可分为民主制和专制制,民主制是人民主权的政治制度,专制制是君主或独裁者主权的政治制度。现代国家一般都实行民主制。如何实行民主制呢?在资产阶级的民主思想中,主要有如下原则:

第一,人民主权。这是现代民主制的根本理念和原则。卢梭第一个系统阐发了人民主权学说。卢梭认为主权由公意组成,不可转让,不可剥夺,也不可被代表,只能由人民集体直接行使,为了实行直接民主制,卢梭得出了小国寡民的结论,因此,卢梭的人民主权论虽然具有激进的民主性质,但不适合现代国家的情况,卢梭学说得到了后来的思想家的修正,主要在两个方面。一是主张在现代国家实行代议制和直接制相结合,一是认为公意较难体现,并认为在公意的名义下可能产生多数人的暴虐,主张少数人和个人的自由应得到保证,英国的柏克、密尔、洛克等是这些思想的代表。

第二,代议民主制。实际上是现代国家实现人民主权的制度安排。由于现代国家一般都是广土众民,人民不可能事无巨细直接参与国家事务,并且由于国家事务的复杂性,需要专门人员才能处理,由此,只能实行代议制。代议制是一种权力委托行为,从理论上讲,代议制的权源仍在人民,代表要对选民负责,选民有权监督和撤换自己选出的代表。

第三,三权分立制。古希腊政治思想家亚里士多德最早提出了三权思想(议事、行政、审判),英国的洛克倡导了分权学说,后经孟德斯鸠作了系统的阐发。三权分立学说认为国家权力分为立法、行政、司法,这三权应由不同的机关行使,相互制衡。三权分立制为大多数资本主义国家所采用,是资本主义国家机关组织与活动的基本制度,但因各国情况的不同而有不同的形式,美国是三权分立最典型的国家。

第四,多元民主制。代表人物是美国现代政治学家达尔。达尔认为民主的实现不仅取决于宪法体制上的分权制衡原则,更重要地取决于多元社会体制。在这种社会体制中存在着各种基于不同价值观和经济利益组成的利益集团,通过这些利益集团的作用,可有效地防止权力被集中到任何一个集团或个人的手中,从而保证民主的实现。达尔在后来还注意到了防止利益集团过分独立产生的消极影响。达尔的多元民主理论看到了传统民主理论的某些缺陷,是对西方传统民主政治理论的发展。

第五,市民社会论。市民社会(civil society)理论是随着资本主义经济和政治发展,基于对经济自由和个人权利的维护而形成的。代表人物有洛克、黑格尔和托克维尔等。虽然他们对市民社会的理解不尽相同,但都注重国家与社会的分野,认为要实现民主,必须有一个相对独立的并能对政治形成制约的社会的存在。否则,个人权利就无法得到保证。

资产阶级的民主制原则及思想,显然是对封建专制制度的否定,然而它毕竟只能是资产阶级的民主,而且由于它们拒绝对社会制度的根本改造,因而,其民主制度只能是形式的。社会主义国家政体在实践中坚持和运用马克思主义关于社会共和国的理论,其设置原则主要有,一切权力属于人民,党的领导,民主集中制,议行合一等,在根本上保证了人民行使当家作主的权利。由于社会主义民主制是建立在社会主义制度基础上的,因而是内容和形式的统一。

(三)国家结构形式的分类

国家结构形式主要分为**单一制**和**复合制**两种类型。

单一制是由若干行政区域构成单一主权国家的国家结构形式。单一制国家结构形式的特点是:第一,具有单一的宪法和国籍,有统一的国家最高权力机关。第二,国家主权高度统一,只能由代表国家整体的法定机关充任国际法主体,对外行使国家主权的只能是中央权力机关。第三,中央权力机

101

关对内高于一切。国家内部按地域划分行政区域,各行政区域的地方权力机关接受中央权力机关的统一集中领导,对外不具有独立性。即使个别地区享有一定的自治权,但这种自治权被限制在统一的国家主权范围内。

根据中央权力机关与地方权力机关的相互关系以及权力的集中程度,单一制国家结构形式可分为中央集权型和地方分权型两类。在中央集权制国家,国家的统治权集中于中央政府,地方各级政府受中央政府的领导和控制。法国是比较典型的中央集权型单一制国家。地方分权型国家其国家权力由中央政府和地方政府分别行使,虽然地方政府享有较大的行政自治权,但军事、外交等全国统一性的政务,由中央政府单独执掌。中央政府对地方政府的控制,一般采用立法监督、行政监督、财政监督等间接手段来实现。英国是比较典型的地方分权型单一制国家。

复合制是由若干个具有较大自主性的政治实体(如州、邦、省等)联合组成各种联盟的国家结构形式。复合制又分为联邦、邦联、君合国、政合国形式,其中联邦是最基本也是到目前为止最稳固的一种形式。

联邦制是由若干个联邦单位联合组成的统一国家。联邦制国家的特点是:第一,国家整体与组成部分之间是一种联盟关系,联邦政府行使国家主权,是对外交往的主体。第二,联邦设有国家最高立法机关和行政机关,行使国家最高权力,领导并约束其联邦成员。第三,实行联邦制的国家都认同于统一的联邦宪法,遵从代表国家利益的统一法律。第四,联邦各成员国有自己的立法和行政机关,有自己的宪法、法律和国籍,管理本国内的财政、税收、文化、教育等公共行政事务。第五,联邦和各成员国的权限划分,由联邦宪法规定。如果联邦宪法与成员国的宪法发生冲突,以联邦宪法和法律为准。

邦联制是指若干个独立的主权国家为实现某种特定目的(如军事、经济方面的要求)而组成的一种松散的国家联合。这是一种特定形态的国家体制。它的特点是:第一,邦联是根据各成员国所缔结的条约而组成的。成员国除了根据条约而明确表示让予或委托邦联机构的权力外,其他权力仍然保留,维持着成员国主权的完整性。第二,邦联既无宪法,无统一的立法和行政机关,亦无统一的国籍、军队和赋税,因而它不是国家主体。第三,邦联对成员国没有强制力,各成员国既可将让予邦联的权力收回,也可以自由退出邦联。第四,邦联的事务由邦联成员国"首脑会议"或邦联会议按条约的规定共同决定。由上可见,邦联仅是一种国家联盟的形式,它不是国家实体,因此严格说来,邦联算不上一种国家结构形式。

君合国和政合国是历史上曾经出现过的国家结构形式。君合国,通常是两个国家由于偶然的因素(如王位继承),通过缔结条约,由一个君主进行统治的一种国家联合。两国彼此独立,各有自己的宪法和政府,都是对外交往中的主体。如1867—1918年的奥匈帝国。政合国又称物合国,是由两个或两个以上的共和制国家在缔结条约的基础上组成的国家联合。其成员国同受一个国家元首的管辖,有共同的宪法,统一的国家机关,管理军事、外交、财政等事务,是国际交往中的主体。但成员国亦有自己的宪法、议会和政府,具有较大的独立性。如1814—1905年瑞典和挪威的国家联合。

二、前资本主义国家的政体

(一)民主共和制

前资本主义国家的民主共和制是古希腊城邦国家实行的一种政体。这种政体形式是以直接民主制为基础的,即城邦的主权属于它的公民,公民们直接参与城邦的治理,而不是选举代表,组成议会或代表大会来治理国家。亚里士多德认为,凡享有政治权利的公民的多数决议,总是最后的决断,具有最高的权威。

古希腊民主共和制是其一系列历史条件演变的结果,由于古希腊海外移民在客观上割断了与原始社会中的血缘关系,所以原始社会制度日益萎缩,在移民过程中和发达的商业往来中形成的契约关系逐渐成为民主共和制的基石。这一基石经梭伦、克里斯提尼改革得以完全确立,从而在雅典形成了古希腊最具代表性的民主共和制。

民主共和制体现的基本政治精神是:全体人民是政权的最高根源,法律的主宰。所以公民大会就成为城邦的最高权力机关,其余一切国家机关都隶属于它,它有剥夺某个公民权利的司法权。每个公民都可直接参加公民大会,有权提出新的提交大会讨论的议案,公民大会的常设机关是议事会,它在形式上类似于近代的代议机关,但实际上起着行政机关的作用。在公民大会休会期间,议事会是国家最高管理机关。公职人员或者由公民大

103

会以公开表决方式产生,或者以抽签方式决定。他们的任期一般为一年。职务通常是有报酬的,但重要职务如将军则无报酬。此外,就职还需要财产资格。在古希腊的民主政体里,还存在贵族院,这是早期贵族政体遗留下来的,由任职期满的执政官组成,在民主政体下,贵族院的权力只限于审理几种刑事犯罪案件。

古希腊的民主共和制不是一种真正民主的制度,因为,那里的妇女、奴隶和外邦人是无权参加公民大会的,同时,雅典公民依财产被划分四个等级。第一、第二等级的富裕公民才有资格被选为执政官,第三、第四等级的中产公民和贫民只能被选入五百人会议和担任陪审法官,并且,某些重要职务由于没有报酬也阻止了贫困阶级的人参加这些工作。

（二）贵族共和制

贵族共和制是奴隶制国家民主制的另一种形式,它与民主共和制最大的区别是设有终身任职的有决定权力的元老院。在贵族共和制里,不存在终身任职的国王,共和国的最高官吏是执政官,它是由选举产生并有一定任期的,因此,这种政体属于共和制。

贵族共和制主要包括元老院、人民大会以及执政官、保民官等各种长官。在贵族共和制中,元老院地位最为重要,权限很大,在国家政治生活中起经常作用。元老院成员基本不变,他们大多是贵族。少数平民出身的保民官一旦进入元老院一般也与旧贵族同流合污。人民大会实质上是一个表决机构,通常由执政官和最高裁判官召集,它不像民主共和制中公民大会那样有法律创制权,平民可以选举平民自己的官吏——保民官和平民营造官。长官在形式上由人民大会选举,但实质上是由元老院指派,长官掌握国家的权力,但实际上仍要服从元老院的旨意。执政官是国家的最高长官,由选举产生,掌握军事和民政上的最高权力。

（三）专制君主制

前资本主义国家政体可分两大类,共和制和君主制。共和制已如上述,君主制则包括专制君主制、贵族君主制和等级君主制。

专制君主制是前资本主义国家,特别是封建国家和东方国家一种主要的政体形式。专制君主制一般具有如下特征：第一，国家的最高权力全部集中在君主一个人手中，他拥有超乎一切法律、一切机构之上的最高的个人权力，君主的意志就是法律；第二，君位是终身的和世袭的；第三，君主通过一套对他负责的、庞大的政治军事官僚机器统辖全国。

古希腊的奴隶制专制君主制是由贵族政体转变过来的，其标志是最高行政长官即执政官由一人担任，终身任职。形式上元老院和人民大会还存在，但实际上已不起作用，成为执政官独裁的工具。国家的政治、军事、司法、宗教大权集中在执政官一人手里。因此，执政官作为最高行政长官，名义上是元首，实际上成了皇帝。

欧洲封建社会由于封建制形成的历史条件不同，其政体除专制君主制外，还曾出现过贵族君主政体和等级君主政体，但到后期，由于资本主义生产关系的发展，新兴的资产阶级、封建贵族等迫切要求加强封建王权，以统一国内货币和市场，进行对外贸易和扩张，并力图保持社会稳定，随着中央王权的增强，封建专制君主，政体便逐步代替了等级君主制。东方国家的封建专制君主制较为典型，这是东方国家的自然条件、生产方式、政治状况、文化心理和历史传统等原因形成的。

（四）贵族君主制

贵族君主制是欧洲封建社会早期的一种政体形式，它是中央王权十分软弱，地方割据势力相对强大的产物。欧洲各国的封建君主制在 10 到 13 世纪时是非中央集权的国家。在这一时期，国家虽具有君主政体的形式，但只是许多独立自主地区（封建领地）的不稳定的联合体。国家元首通常只在属于他的领土范围内握有实权。国家的其余部分则分成大大小小许多封地由封建主治理，封建主之间根据土地大小和依附关系形成封建阶梯制。每个封建主都是自己领地上的君主，他们在自己的领地上建立法院，征收赋税，某些特别大的领主甚至还有货币铸造权，他们在自己的领地里行使类似国王的权力。国王和大公的权力实际上被各级封建主分割，立法权和管理权大部分也都从国王的手里转到大封建主手里去了，国家名义上保持着统一，但国王的权力只限于自己的直辖领地，国王的产生，无论是世袭的，还是选举产生的，都必须在形式上得到由各级封建主组成的贵族会议的同意。

（五）等级君主制

西欧封建制的地方割据,阻碍了全国统一货币和度量衡,不利于统一市场的形成,因此,它束缚手工业和商业的发展。随着城市的兴起和商业经济的增长,中小土地所有者及新兴的市民等级纷纷要求加强王权,建立统一的国家。这样,就形成了等级君主制。法国的三级会议是一种典型的等级君主制,它是由贵族、僧侣和市民三个等级的代表组成的。这种会议虽然在财政方面拥有某些权力,如未经等级会议同意,国王不得征税等。但它并不是近代的代议机关,只是一种立法咨询机关,它的决议对君主没有约束力,君主也往往不按期召开等级会议,只是在建立军队和征收新税时才召开。君主召集等级会议的目的,是想借等级会议削弱大封建主的权力,把立法、司法、军事、税收、铸币等权力集中到自己一个人手中,一旦王权得到巩固,君主又反过来把等级会议对王权的牵制限制到最低限度。

三、资本主义国家的政体及国家结构形式

（一）二元君主立宪制

资本主义国家的政体是资产阶级推翻封建地主阶级以后在资本主义经济基础上建立起来的国家政权组织形式,主要可分为君主立宪制和民主共和制两类,君主立宪制包括二元制和议会制君主立宪制,民主共和制包括议会制、总统制和委员会制。君主立宪制在资本主义政体形式里保留了名义的或实际的王权,因此,它最初是资产阶级和封建势力妥协的结果。

二元制君主政体一般产生于资本主义发展较晚、封建势力较大的国家里,实行这种政体的有尼泊尔、摩洛哥、约旦以及一战前的德国、二战前的日本等国。二元制君主政体一般有以下特征:① 政府与议会分掌政权,属于两个权力系统,因此把这种政体称作二元制;② 政府部长由君主任命并在形式上对君主负责而不对议会负责;③ 君主是真正的政权中心,他的权力虽然受到宪法和议会的限制,但他拥有全部执行权,他的行政不仅不受议会

约束,而且君主还有解散议会,否决议会决议,以及不经过议会而颁布非常命令的权力;④ 宪法是钦定的,不是议会制定的。

在二元制君主政体下,君主仍然拥有很大的权力,但这种权力毕竟不能与专制君主权力相比。君主的权力受到宪法的限制,一般不能撇开议会制订法律,而宪法和议会的产生,本身标志着君主专制权力的削弱。

(二)议会君主立宪制

议会君主立宪制一般在资本主义较为发达,资产阶级力量强大,但仍保留君主制传统的国家里实行,如英国、荷兰、比利时、卢森堡、瑞典、挪威、丹麦、加拿大、澳大利亚、新西兰以及日本、泰国、马来西亚等。

议会制君主立宪制的最大特点是议会成为国家权力的中心,君主只是礼仪上的名义上的国家元首,不再掌握统治国家的实权,君主的权力不仅受到宪法的限制,而且受到议会制订的法律以及议会权限的较大限制。作为政府的内阁由议会产生,它不向君主负责,而对议会负责,如果内阁得不到议会的信任,内阁必须辞职,或者解散议会,重新选举。这种内阁制的确立是议会君主立宪政体正式形成的重要标志。

(三)总统共和制

总统共和制是资产阶级民主共和政体的一种政权组织形式。美国是最早实行总统制的国家,也是总统制特征最突出的国家。实行总统制的还有拉丁美洲、非洲以及个别亚洲国家。总统制与议会制相比,总统制里既有握有实权的国家元首,又有拥有立法权的议会及其他政权机关。总统共和制一般是根据三权分立原则建立起来的,总统及其政府行使行政权,议会行使立法权,法院行使司法权。在总统制下,总统既是国家元首,又是政府首脑,政府成员由总统任免,对总统负责而不对议会负责。总统的某些决定要受议会的限制,议会的立法权也要受到总统否决权的限制,总统不向议会负责,因此,议会不能对总统实施倒阁权,同时,总统也不能解散议会,但总统有违宪行为时,议会可对总统提出弹劾案,并提交法院审理。法院独立行使司法权。总统制下的总统大多有一定的任期和限任届数。如美国总统任期为四年,最多连任一届。

随着现代西方国家管理职能的增强,政府在行政事务管理中作用日益加强,行政权有扩张的趋势。如美国总统既是国家元首,又是政府首脑,还是武装部队总司令,拥有非常广泛的权力,被称为"帝王般的总统"。

(四)议会共和制

议会共和制与议会君主立宪制都属于议会制(或称内阁制)政体,议会制政体最主要的特征是议会是国家权力的中心。议会共和制与君主立宪制的主要区别是前者的国家元首不再是世袭的君主,而是选举产生的总统。在议会共和制下,议会是国家最高权力机关,它享有立法权、组织与监督政府或内阁的权力。国家元首只能任命议会中多数党领袖或多党政治联盟领袖担任政府总理,并由他组阁,国家元首处于"虚位元首"的状态,他在礼仪上象征国家,不能独立行使职权,在执行宪法规定的职责时必须有总理等政府官员的副署才有法律效力。内阁为议会准备议案,并促其通过,内阁掌握一切行政大权,制定一切内外政策。内阁必须向议会负责,答复议会的质询,解释政府的政策,如果议会拒绝或否决内阁提案,就是表示对政府的不信任,这时内阁必须辞职或解散议会,宣布重新选举。

虽然议会共和制的总统与议会君主立宪制的君主都是名义上的国家元首,但还是有一定的区别:① 君主对自己的行为不负政治责任,也不负法律责任,而总统若有违宪行为,要受到弹劾或审判;② 君主是世袭的,总统是选举的,并且有一定的任期。

实行议会共和制最典型的国家是法兰西第四共和国和二战后的联邦德国等。但法国自第五共和国以来,变为介于总统制和议会制之间的一种政权组织形式,宪法赋予总统很大的权力,如任免包括总理在内的政府官员,主持和决定政府的方针政策,以及外交、军事权,影响或亲自行使部分立法权,宣布和实施紧急状态,甚至可以解散议会,议会一般不能弹劾总统,总统只对全民负责,等等。因此,法国第五共和国的政体被称为半总统制。

(五)委员会共和制

委员会共和制是由地位完全平等的委员组成的委员会行使国家行政权的政权组织形式。瑞士是实行这种制度的典型国家。在这种政体下,作为最高执行机关的委员会是由议会选举产生的，必须执行议会的决定，不能退回复决，更不能因与议会政见不同而解散议会，因此，在委员会制度下，行政权不能与立法权对抗，而必须受立法权支配。同时，议会也不能迫使委员会辞职。委员会可以向议会提出议案，各委员也可随时出席议会会议，解释政府的政策，所以行政权与立法权在形式上也不分离。在委员会内部，各委员地位完全平等，委员会的领袖没有任何特权，只是对内作为委员会会议的主席，对外代表委员会履行国家元首的各种礼仪，各委员一般又是各部首长，主管所属部门的行政工作，一切政务均由委员会集体讨论才做决定，然后以委员会名义执行。

（六）法西斯独裁制

法西斯独裁制是20世纪上半叶主要在德意日等资本主义国家产生的崇尚暴力的国家主义和极权主义政治形式，"法西斯"一词的原意象征统一和权力。法西斯制是资本主义国家经济政治和意识形态结构总危机的产物，是一种以恐怖和独裁为特征的统治模式。具体说来，法西斯制具有如下几个特点：第一，独裁者侵吞了国家的立法、行政、军事、外交等各项权力，资产阶级民主制下的议会名存实亡，国家机构成为独裁者的工具；第二，实行法西斯一党专政，其他政党和政治团体均被宣布为非法；第三，对内实行恐怖主义统治，对外大肆侵略扩张，法西斯独裁制散布法西斯主义的意识形态，鼓吹反动的民族主义、种族主义、国家主义和军国主义，取缔和禁止公民由法律规定的各项自由权利，利用庞大的暴力机器镇压国内人民和被占领国人民的反抗，甚至大肆屠杀，对外大肆侵略扩张，奴役和压迫其他国家的人民。

（七）资本主义国家的结构形式

现代资本主义国家的结构形式主要有单一制、联邦制和邦联制三种形式。具体采取何种形式是由该国的具体情况决定的，具体说来，现代资本主义国家结构形式主要有如下几种模式。

第一，**英国模式**，可称为单一制分权型模式。英国下辖英格兰、苏格兰、威尔士和北爱尔兰四个地区，四个地区地方政府制度有所不同，其中英格兰和威尔士设三级地方机构(郡、郡属区、教区或社区);苏格兰分为行政区(岛区)、区、社区几个层次;北爱尔兰地区设议会和自治政府。地方政府均由地方选举产生,具有较多的管理地方事务的权力,如制定地方法规(立法权),从事公共建设事业(行政权),修建道路、桥梁和发展公共福利,依地方政府法及其他法律征收税费(财政权)及一定的司法权等。虽然英国中央政府赋予地方政府较大的自治权力,但是作为地方政府仍要受到中央政府各方面的监督,这些监督包括:① 立法监督。英国是议会主权的国家,地方政府的产生,政府的组织、权限和活动范围等,都需符合议会的法律规定,议会有权对地方政府的活动进行监督。② 司法监督。地方政府如有越权行为,任何公民或检察长有权向法院起诉,由法院判决,以此加以约束。③ 行政监督。指中央政府对地方政府的监督,主要有财政监督、行政行为的监督等。

第二,**法国模式**,可称为单一制集权型模式。法国地方政府包括大区、省、市、镇及海外领地等,是典型的传统的中央集权型国家,中央集权制源远流长。在戴高乐执政时期,各省省长都由中央任命,是中央在地方的代表,又是省的行政长官,首长以省内最高行政长官的身份领导全省各部门的工作,监督省议会、市议会的工作,并定期向中央报告工作。地方议会主要有表决财政预算和负责税收事务、从事地方公用事业和慈善事业等有限职权。在财税体制方面,实行高度集权的分税制体系,大宗税全部划入中央政府,中央政府的税收集中率达80%左右。因此,中央对地方具有很强的控制能力。社会党时代,法国进行了权力下放的改革。首先,增长了地方行政区划的层次,在省之上设立了大区,扩大大区在发展经济方面的权限;其次,提高了省议会的权力,议长成为地方行政首脑,省长改称共和国专员,不得直接进行行政干预,只能通过法律手段进行监督;再次,在地方推行"民选自治",扩大地方自治权,由地方民选机构管理自己,根据民情和本地需要发展地方事业,提高地方的积极性,法国的这些改革,使其作为大陆制的地方制度带有英美制的某些特点。虽然法国推行了权力下放的改革,但仍没有改变法国中央集权的性质,中央对地方政府仍然保持了高度的控制权,地方议会只是行政性机构,只能讨论决定地方管理事务,不能干预国家内外政策,同时,中央通过省长等代表可随时对地方议会进行监督,并且,法国高度集权的财政制度也对地方议会形成了强有力的监督。

第三,**美国模式**,可称为联邦制分权型模式。美国是典型的联邦制国家,由五十个州组成。联邦的权力最初来源于州权,以后联邦权力有一个逐步扩大的过程,即州把一些权力逐步转移给联邦统一行使。美国历史上一直有强调联邦权力和强调州权之争,罗斯福新政是联邦权扩大的一个最突出的例子。尼克松上台后,推行新联邦主义,主张发挥州的作用,但总的来说,美国联邦政府的权力还是很强大的,形成了联邦和州两头强的局面。美国各州都有自己的宪法、法律和政府机构,州政府和联邦政府地位平等,因此州政府不是通常所说的地方政府。州的法律和联邦法律发生冲突时,联邦宪法和法律优于州的宪法和法律。联邦和州的权力由宪法加以规定,在宪法规定的范围内,双方独立行使其权力不受干涉。美国宪法列举了联邦政府享有的权力,如征税、举债、铸币、维持陆海军、主持外交、管理州际和国际贸易等,不经宪法列举的其他权力,除非宪法明文禁止各州行使者外,一概为州政府保留。州的权力主要是处理本州范围内的事务,如以地方名义征税、管理州内工商业和劳工、维持地方治安等。联邦对州的限制和保护只限于维护宪法、保护共和政体,虽然联邦和州之间有明确的权限划分,但是联邦的权力总的来说是扩大的,尤其是在经济领域,联邦通过其财政经济手段,对各州具有很强的调控能力,同时,宪法的某些规定也给联邦权力以很大的空间,如双方权力争执由最高法院裁决,最高法院往往作出有利于联邦的判决,还有一些具体的法律实践也形成了有利于联邦的惯例。

四、社会主义国家的政体及国家结构形式

(一)社会主义国家的政体

国体决定政体,政体是国体的表现形式。社会主义国家是无产阶级专政的国家,必须实行民主共和政体,这是因为:① 社会主义国家是建立在公有制经济基础上的,广大人民群众作为社会和国家的主人,共同占有和支配社会财富,也有权共同决定和管理国家事务。② 社会主义国家是全体人民的国家,人民平等地享有各项政治权利,因此,只能采用吸收人民参与国家管理的民主共和政体,而不能采用个人集权和少数人享有政治权力的君主制和贵族制。③ 民主共和制是与崇尚平等、自由的商品经济,尤其是社会化大生产的商品经济联系在一起的,而君主制是与落后的自然经济、小生产

相联系的,社会主义经济是先进的生产方式的代表,要求采用承认公民平等的民主共和制与之相适应。

社会主义国家只能实行民主共和政体,经典作家对此作了大量阐述。在经典作家的著作里,无产阶级专政的共和国被称为"红色共和国"、"社会共和国"、"劳动共和国"。马克思在总结巴黎公社的政权建设时,指出了公社应实行的政体性质,"在法国和在欧洲,共和国只有作为'社会共和国'时才有可能存在;这种共和国应该夺去资本家和地主阶级手中的国家机器,而代之以公社;公社应该公开宣布'社会解放'为共和国的伟大目标,从而以公社的组织来保证这种社会改造。"①恩格斯进一步发挥了马克思的上述思想,对无产阶级专政国家实行民主共和制作了十分明确的阐述。"如果说有什么是毋庸置疑的,那就是我们的党和工人阶级只有在民主共和国这种政治形式下,才能取得统治,民主共和制甚至是无产阶级专政的特殊形式……"②,"对无产阶级来说,共和国和君主国不同的地方仅仅在于:共和国是无产阶级将来进行统治的现成的政治形式。"③

社会主义国家的民主共和政体不同于资本主义国家的民主共和政体,两者的区别主要体现在如下几个方面:① 经济基础不同,资本主义国家的民主共和制是建立在资本主义生产关系上的,而社会主义国家的政体是建立在社会主义的生产关系上的。② 与历史的联系不同,资本主义民主共和制并没有从根本上与封建时代的国家机器决裂,而社会主义共和政体强调打碎旧的国家机器,代之以新型民主和新型专政的国家机器。③ 政权组织的原则不同,社会主义共和政体是无产阶级政党领导的民主制度。国家机关设置和运作的原则是民主集中制,是民主与集中的统一,既保证人民代表参与国家决策,又保证决策的执行。而资本主义民主共和制则采取官僚集中制和三权分立等。

民主共和制是社会主义政体在实质上所能采取的唯一形式。由于历史条件和各国情况不同,政体的表现形式也不完全一样。社会主义民主共和政体具有代表性的主要有如下几种形式:① 巴黎公社;② 前苏联的苏维埃制度;③ 前南斯拉夫的代表团制度;④ 我国的人民代表大会制。实践证明,我国的人民代表大会制度是符合我国国情的基本政治制度。

---

① 《马克思恩格斯选集》第 2 卷,第 422 页。
② 《马克思恩格斯全集》第 22 卷,第 274 页。
③ 《马克思恩格斯选集》第 4 卷,第 508 页。

（二）社会主义国家的结构形式

社会主义国家由于消灭了剥削阶级和实现民族平等,各阶级在根本利益上是一致的,因此,社会主义国家大多实行单一制国家结构形式,这也符合社会主义国家民主集中制的组织原则。在单一制国家里,中央与地方、地方之间政治经济文化联系更为紧密,有利于国家的统一和发展。马克思主义经典作家原则上不主张联邦制,而主张统一的单一制,认为后者有利于社会经济文化的发展。但当涉及民族问题时,他们认为应根据国家的实际情况,既可以采取单一制,也可以采取联邦制,主要看是否有利于民族解放和民族团结。在实际生活中,单一民族国家一般采取"单一制",而多民族国家则既有实行单一制的(如中国),也有实行联邦制的(如前苏联,前南斯拉夫)。社会主义民族政策的目的是消灭民族差别和民族不平等,因此,联邦制应是向完整统一的国家过渡的一种形式。国家结构形式的实质是合理划分国家整体与部分、中央与地方的权限关系,因此,不管是单一制还是联邦制,都应该妥善处理好国家统一和地区发展的关系,发挥中央和地方两方面的积极性,处理好地区与地区之间的利益,使国家的结构形式有利于国家的统一与发展。

（三）中国的人民代表大会制

人民代表大会制是社会主义中国的政权组织形式,也是中国人民管理自己国家的组织形式。宪法规定:中华人民共和国的一切权力属于人民。人民行使国家权力的机关是全国人民代表大会和地方各级人民代表大会。人民代表大会制是指全国各族人民按照民主集中制原则,定期选举产生各级人民代表大会,作为国家权力机关,并由人民代表大会产生其他国家机构,以实现人民管理国家的一种制度。我国是人民民主专政的社会主义国家,国家的一切权力属于人民,为了使政治真正掌握在人民手里,就必须以一定的形式将人民组织起来,行使国家权力。人民代表大会制度就是实现人民当家作主的政治组织形式。全国人民通过人民代表大会制度将自己团结成为一个统一的整体,行使管理国家、管理社会事务的权力。人民通过人民代表大会行使权力,表现在三个方面:第一,人民代表大会是全国人民自己的组织,人民通过直接和间接选举产生各级人民代表大会,组成各级政权机关;第二,全国人民通过人民代表大会建立一切国家机关,包括行政、司法机关;第三,通过人民代表大会代表人民决定全国及地方一切重大事务。

人民代表大会制是适合我国国情的基本政治制度,它是遵循以下原则建立起来的。**第一,一切权力属于人民**,人民是一切权力的来源、所有者。人民选举代表是一种权力委托行为,人民有权选举代表,组成政权机关,也有权监督和罢免自己选出的代表,代表对人民负责。**第二,中国共产党的领导**。我国是工人阶级领导的,以工农联盟为基础的人民民主专政的社会主义国家。而工人阶级领导是通过自己的先锋队中国共产党来实现的。中国共产党是中国革命和建设的领导核心,通过党的政治领导,团结全国各族人民沿着社会主义道路前进,领导人民更好地当家作主。**第三,民主集中制**。民主集中制既是组织原则,又是一种活动原则。作为组织原则主要体现在两个方面:一方面,是国家机关与人民的关系,国家机关由人民选举产生,其基础是民主;另一方面,国家权力机关与其他国家机关,中央权力机关与地方权力机关之间。国家权力机关与其他国家机关不是并列的关系,国家权力机关实行议行合一,其他国家机关由权力机关产生,并对其负责,国家权力机关代表人民统一行使一切国家权力,地方服从中央的统一领导,同时发挥地方的积极性。作为活动原则,人民代表大会的活动过程,就是民主与集中的过程,是从群众中来,到群众中去的过程。**第四,民族平等和民族团结**。我国的人民代表大会制度是全国各族人民当家作主的制度,注重各民族平等地参与国家管理,在代表选举和国家机关的组成上,都作了有利于各民族参加国家管理的具体规定。

我国的人民代表大会制作为适合中国国情的基本政治制度,保证了全国各族人民参加国家管理,具有极大的优越性。第一,它是人民民主的真正体现。全体年满 18 岁的公民,不分民族、种族、性别、职业、家庭出身、宗教信仰、教育程度、财产状况、居住期限,都有选举权和被选举权,人民有权选举代表,监督代表,代表要经常联系群众,保证国家法律、政策的制订和执行符合人民的意志,对人民负责。第二,保证中央和地方国家权力的统一。党的领导和民主集中制使人民代表大会制度能够实现人民权力的统一,使中央和地方形成一个坚强的统一的整体。在我国,中央与地方关系遵循的原则是"既利于国家的统一,又利于因地制宜",事实证明,人民代表大会制是有利于国家权力的统一行使的。第三,实行各民族平等、团结和共同繁荣。

我国是一个多民族的国家,各民族对伟大祖国都有重大贡献,各民族的团结是推动社会主义事业不断发展的根本保证。因此,党和政府一贯以民主原则和民族平等的精神来解决民族问题,而人民代表大会制体现了民族平等的原则,人大代表不受种族、民族的限制,选举法规定了少数民族代表的名额,民族平等原则还体现在民族区域自治上。民族自治区域的自治机关成为少数民族自己管理自己的地方国家机关。

(四)中国的单一制

我国是实行单一制的多民族国家,地方政府机构主要有**省(直辖市)、自治区和特别行政区三种形式。**在三种不同的地区实行适应其特点的管理形式,在**省(直辖市)实行较为集中统一的管理,**在**自治地方实行中央领导下的民族区域自治,民族地区具有较大的自治权,**在**特别行政区实行一国两制的政治制度。**

省(直辖市)和民族自治地区是我国解放以来一直实行的地方制度。中央与地方关系主要表现在如下几个方面:第一,干部人事制度方面,实行党管干部原则,地方领导一般由地方选举产生,中央对地方干部实行管理,有时还可调配任免地方干部。第二,在行政体制上,地方政府既对同级人大负责,又对中央政府负责,必须执行中央政府的决定。第三,在政治、经济和社会管理上,全国人大决定全国及地方一切重大事务,包括按照全国人民的意志修改和监督宪法的实施,制订法律,决定国民经济计划,审查和批准国家预决算,决定战争与和平等一切全国性重大问题,国务院执行全国人大的决定。地方各级人大及政府,在党中央、全国人大和国务院的领导下,在本行政区域内,保证法律法令的遵守和执行,规划和领导地方经济文化建设和公共事业,审查和批准地方的预算和决算,以及维护公共秩序等。省及较大的市为管理地方事务,还有权根据本地情况制定在本地区范围内适用的地方性法规,但不得与有关国家法律和决定相冲突。第四,中央有权对地方国家机关及其活动进行监督,有权撤销地方国家机关不适当的决定。

在管理经济和社会事务中,中央与地方关系总的来说大致经历了两个阶段:计划经济时期和改革开放与市场经济时期。在计划经济时期,由于国家对国民经济实行高度集中的计划管理,由中央统一计划,然后层层分解,因此,地方的权限很小。改革开放和实行市场经济以来,中央下放了一些权力,包括财政权、计划权、投资权和外贸权等,提高了地方的积极性。1994 年的分税制改革是中央与地方关系的一次重大的制度安排。旨在明确中央与地方事权的基础上,合理划分中央与地方财税,规范中央与地方的关系。规范和健全中央和地方的权力体系,要求寻求中央集权与地方分权的合理关系和最佳结合。中央与地方事权的划分,有赖于国家与社会、政府与市场关系的合理界定。中央与地方政府都直接管理经济,是难以划清中央与地方的事权的。因此,协调中央与地方关系是与调整政府职能和体制改革密切联系的。

"一个国家,两种制度"是中国共产党在解决历史遗留问题,实现国家统一上的一个伟大创造。"一国两制"的具体内容是:在统一的中华人民共和国内,在国家主体实行社会主义制度的条件下,允许香港、澳门和台湾实行资本主义制度,设立特别行政区。香港、澳门和台湾特别行政区不拥有国家主权,但却享有高度的自治权。一国两制包含以下三层内容:第一,一个国家即中华人民共和国,中华人民共和国中央人民政府是国家主权的实体,香港、澳门、台湾是统一国家下的地方行政区域。第二,两种制度共存,但主体是社会主义。一国两制只在香港、澳门、台湾三个地区实行,因此,国家主体的社会主义性质不会改变,同时,上述地区的资本主义制度也长期保持不变。第三,特别行政区享有高度的自治权,主要包括:① 特别行政区立法、行政、司法机构均由当地人组成,管理本地区事务,具有立法权,全国的法律,除有关国防、外交的法律及其他有关体现国家统一和领土完整,并且不属于特别行政区自治范围的法律外,其他均不在特别行政区实施;② 特别行政区实行独立的税收制度,其财政收入全部用于自身需要,中央人民政府不在特别行政区征税;③ 特别行政区享有充分的外事权,可以"中国台湾"、"中国香港"、"中国澳门"的名义单独同各国各地区及有关国际组织保持和发展经济、文化联系,签订经济、文化、科技协定,参加民间国际组织,还可以自行签发出入本特别行政区的旅行证件。外事权与外交权不同,外交权属于中央人民政府,即在国际上代表中国的只能是中央人民政府。

"一国两制"的战略已经在我国得到实现,1997 年 7 月 1 日,我国在香港恢复行使主权;1999 年 12 月 20 日,我国在澳门恢复行使主权,我们仍将按照一国两制的构想解决台湾问题,实现祖国的完全统一。随着"一国两制"的实施,我国单一制的国家结构形式带上了一些新的特点。

思考题

1. 民主政体具有哪些基本原则？
2. 单一制国家和联邦制国家具有哪些差异？
3. 议会共和制与总统共和制之间有何异同？
4. 如何理解中国的中央与地方关系？

第四章 政 府 机 构

本章提要

国家是阶级统治的工具,统治阶级要贯彻自己的意志必须通过一定的政治组织形式。政府机构就是统治阶级借以行使国家权力进行统治的具体机关。政府机构作为国家的正式组织,是政府职能与活动的载体。合理、有效的政府机构是统治阶级有效行使政治权力的重要保证。不同性质的国家在政府机构的设置上遵照不同的组织原则,但总体而言,政府机构的设置、效能以及各种政府机构之间的相互关系总是围绕着一个国家的整体利益而展开的。

政府机构是统治阶级借以行使国家权力进行统治的具体机关。国家是统治阶级的工具,统治阶级要贯彻自己的意志,使社会秩序有利于本阶级利益,缓和、调节和控制阶级矛盾和社会冲突,必须通过一定的政治组织形式,即国家设置的具体机关来进行。这些行使国家权力的机关设施的总和就是国家的政府机构。政府机构作为国家的正式组织,是政府职能与活动的载体。合理的、有效的政府机构是统治阶级有效行使政治权力的重要保证。因此,研究政府机构的设置、效能以及各种政府机关之间的相互关系,研究国家权力的配置、运行和制衡,是政治学的重要内容。

一、政府机构的基本概念

（一）政府机构的含义

政府的概念有广义和狭义两种解释。**狭义指国家政权机构中的中央和地方的行政机关。广义泛指行使国家权力的中央和地方的全部立法、行政和司法机关。**政府是统治阶级行使国家权力和进行阶级统治的工具。统治阶级要行使政治权力，必须通过一定的机构和程序使自己的意志变为法律，必须通过一定的机构来执行这些反映统治阶级意志的法律，通过一定的机构来保障国家法律能够顺利地得到贯彻。考察政府机构，不仅应考察行政机关，还需要考察立法机构、司法机构以及国家暴力机关，这样才能全面分析一个国家的权力关系。

政府机构作为国家的正式组织，其性质由国家本质所决定。随着社会形态的改变和国家性质的变化，历史上相继出现奴隶制国家政府机构、封建制国家政府机构、资本主义国家政府机构和社会主义国家政府机构。前三者剥削阶级国家的政府机构是剥削阶级的统治工具，社会主义国家的政府机构是劳动人民当家作主、体现人民意志、为人民服务的政治机关。

政府机构的形式随着历史的发展而发展，在不同的历史时期，由于政治条件的不同，政府机构的组织会有所不同。一般来说，政府机构的发展是一个不断复杂化的进程。早期国家的政府机构较为简单，随着国家的发展，社会经济、政治生活的日益复杂和政府职能的不断扩大，政府机构也日趋复杂。政府机构的不同组成部分的组织样式和关系取决于政体的形式，同时正是这些不同样式和关系构成了不同政体形式的内容。统治阶级总是十分注重政府机构的设置，以使政府机构能有效地组织力量保护本阶级利益，镇压敌对阶级，维持政治秩序和社会秩序，调整各种社会关系，发展经济，保卫本国不受侵犯。

政府机构具有以下基本特点：① 政府机构具有阶级性。国家的本质主要通过政府机构的活动体现出来，政府机构掌握在统治阶级手里，实现和维护着该阶级及对整个社会的政治统治和社会公共事务的管理。② 政府机构具有权威性。政府机构是统治阶级行使国家权力、实施阶级统治的工具，它以国家的名义进行活动,把统治阶级的意志上升为国家法律,并以国家暴力为后盾,从而使其活动具有凌驾于社会之上的权威性和特殊的强制力。③ 政府机构具有整体性,政府机构由执行不同职能的机关,按照一定的原则和程序结成有机联系的严密的组织系统,共同运转,共同发生作用。政府机构的各组成部分不能彼此分离或互相对立,而是各有分工,各司其职,各负其责,相互协调配合。这样,统治阶级的意志才能得以有效地贯彻。

(二)政府机构的组织原则

统治阶级要行使国家权力和进行阶级统治,不仅要建立和掌握一套完整的政府机构,而且要按照一定的组织原则来组织政府机构的各个具体组成部分。不同的统治阶级有不同的组织原则,怎样做最有利于维护统治阶级的利益,统治阶级就会怎样去做。

在奴隶制国家和封建制国家中,政府机构的组织原则一般采用集权原则,即国家的全部权力集中在君主手中。无论是实行帝国专制的古代罗马,还是实行君主专制的中世纪封建国家,一切立法、行政和司法大权都围绕着统治者的意志而运转,受其主宰,政府机关是实现君权的工具。自秦始皇统一中国后,中国封建社会的政治体制基本未变,统治者号称皇帝,意思是"德兼三皇,功包五帝",显示其至高无上的地位,所谓"天下之事无大小皆决于上"。西方封建君主也有"朕即国家"的观念,专制君主集各项大权于一身。

资产阶级政府机构的组织原则是分权原则。分权学说虽创自近代,但其渊源可追溯到古希腊、古罗马时期,然而当时的分权思想在政治上的影响并不大。分权学说是资产阶级反对封建统治的政治武器。资产阶级的分权学说最早由英国资产阶级思想家洛克正式提出,他用分权学说论证了英国资产阶级革命的成果。洛克认为国家权力应有三种:即立法权、行政权和联盟权,他主张把立法权同行政权与联盟权分开,把立法权作为最高的权力。法国启蒙思想家孟德斯鸠进而提出了立法、行政、司法三权分立的学说,阐明了有关三权制衡的思想,主张三权应当"通过相互的反对权,彼此钳制",以便"协调进行",主张以权力约束权力。三权分立学说曾对资产阶级革命产生深远影响,并成为资本主义国家建立政府机构所遵循的分权原则的基本内容。在三权分立之外,还有四权分立说和五权分立说。前者是在立法权、行政权、司法权之外加上弹劾权。后者是我国民主革命的先行者孙中山先生提出的,他在立法、行政、司法三权之外,结合我国历史上的御史监察制度和科举考试制度,增加了监察权和考试权。

美国独立战争后,依据三权分立的原则建立政权组织体制,三权分别由议会、行政、法院三种不同职能的政府机关行使,并使这三种权力互相牵制与平衡。此后,资本主义国家,无论实行君主立宪政体还是实行共和政体,在宪法的制定和政治体制的建立中都采纳了分权原则。不过,各国对分权原则的理解和实践并不完全一样,因此在设置政府机构、确定三权范围以及相互制衡关系方面都存在着不同程度的差异。资产阶级掌握政权之后,分权原则的意义发生了变化。在反封建斗争中,分权旨在削弱封建统治阶级的权力,从分享权力走向全面夺取政权。在资本主义国家中,分权是资产阶级统治集团内部协调关系、调解矛盾的手段,是资产阶级民主和法制的重要保障,是维护资产阶级统治的政权组织原则。

马克思主义认为,国家的最高权力是一个不可分割的整体,它体现了统治阶级的意志。国家权力通过政府各个机构的活动表现出来,各个机构之间职权范围的划分并不是国家统治权的分立,而是各种职能的分工,使各个机构能更好地、协调地共同行使国家权力。正如恩格斯指出:"事实上这种分权只不过是为了简化和监督国家机构而实行的日常事务上的分工罢了。"[1]它以民主的形式掩盖了资产阶级专政的实质。

在现代资本主义国家中,随着经济、政治和社会的发展及其矛盾的日益尖锐,政府内部权力关系发生了变化,出现了行政权日渐扩张的趋势。无论是总统制或内阁制国家,行政权在实际上居于支配地位,立法对行政的制约是较为脆弱的。行政权通过各种方式控制和影响立法权和司法权。如美国总统通过行使否决权、委托立法权、咨文报告等形式,控制或影响国会立法。资产阶级通过加强行政权,使国家权力能更有效地运用,使整个资产阶级政府机构能统一地为维护现行的统治服务。同时,分权也可以防止资产阶级中的某个利益集团侵害整个资产阶级的利益。

社会主义国家政府机构的组织原则是民主集中制。我国宪法规定"中华人民共和国的国家机构实行民主集中制的原则"。社会主义国家的一切权力属于人民,工人阶级和广大劳动人民是国家的主人。因而政府机构必须在广泛民主的基础上科学合理地设置,并由国家机关代表人民的意志利

---

① 《马克思恩格斯全集》第5卷,第224—225页。

121

益集中统一地行使国家权力。社会主义国家政府机构实行立法机关和行政机关协调一致的制度。列宁认为，社会主义国家的政权组织应"保证能够把议会制的长处和直接民主制的长处结合起来，就是说，把立法的职能和执行法律的职能在选出的人民代表身上结合起来。同资产阶级议会制比较起来，这是在民主发展过程中具有全世界历史意义的一大进步"①。民主集中制作为政府机构的组织原则是民主与集中的有机结合和辩证统一。这主要体现在：社会主义国家的代表机关是通过直接或间接选举产生，其他国家机关由代表机关民主选举产生，一切国家机关都对人民负责，受人民监督；国家机关代表人民的意志和利益，受人民的委托，按照法定的程序和方式集中统一地行使国家权力；在中央的统一领导下，充分发挥地方的主动性、积极性，上下级国家机关之间实行地方服从中央、下级服从上级的原则，以保证国家机器正常和高效运转。民主集中制保证了无产阶级政党对社会主义国家机构的领导。当然，党对国家机构体系的领导主要是政治领导，即政治原则、政治方向、重大决策的领导和向国家政权机关推荐重要干部。民主集中制保证了社会主义国家的政府机构充分反映人民的意志，代表人民的利益和有效地为人民服务。

（三）政府机构的分类和职能

政府机构的一般职能是保证统治阶级行使国家权力，实行其统治和管理。然而，政府机构本身又由不同的部分组成，这些不同的部分执行着国家权力的不同范围的职能。早在古希腊时期，人们就注意到国家权力的不同范围，如古希腊思想家亚里士多德就把政权一分为三：① 讨论权（讨论有关宣战、媾和、缔约和立法等重大问题的权力）；② 行政权；③ 司法权。此后，人们一般都用这三个范围去概括国家权力的权限。到了近现代，国家权力被明确地分为立法、行政、司法三个领域，并据此来设立政府机构。至于三种权力之间的分工关系，各国有所不同。下面我们分别来考察与这三个范围相应的政府机构。

立法机构是行使国家立法权的机关。在古代，奴隶制国家和封建制国家大多数实行君主专制，国家的立法、行政、司法等最高权力都集中在君主

---

① 《列宁选集》第 3 卷，第 309 页。

一人手中,君主的意志就是法律,没有独立的立法机关,即使有制定和修改法律的机关也是从属于君主的。在现代,资本主义国家宪法通常规定议会、国会、议院等为国家的立法机关。有的国家宪法规定立法机关是最高权力机关,如英国、日本、澳大利亚等,而有些国家的立法机关并非是最高权力机关,如美国宪法规定国会为最高立法机关,而不是最高权力机关。立法机关有不同的组织形式,一般分为一院制或两院制。各国立法机构的职权不完全相同,但一般而言其主要职能有:制定和修改宪法,制定、修改和废止法律;审议政府提出的财政预决算、赋税、公债等财政法案;对政府的政策、活动和政府成员的行为进行监督等。社会主义国家的立法机关是国家的最高权力机关,社会主义国家称全国人民代表大会、最高人民会议、大国民议会等。其主要职能有:制定和修改宪法、法律,解释法律;组织其他国家机关,选举、决定和罢免最高国家机关的领导人和有关组成人员;审查和批准国民经济和社会发展计划、国家预算和预算执行情况,决定国家的重大事务,监督最高行政机关的活动等。社会主义国家的立法机构一般设有常设机关,如全国人民代表大会常务委员会、主席团、国务委员会等。

行政机构亦称国家管理机关,是行使国家行政权力的机关。它执行立法机关制定的法律和决定,管理国家内政、外交、军事等方面的行政事务。资本主义国家行政机关有内阁制、总统制、委员会制等形式,有的行政机关对立法机关负责,有的不直接对立法机关负责。资本主义国家行政机关的职权虽然不完全一致,但其主要职能有:执行国家法律,参与国家立法;决定并实施国家内外政策,任免政府高级官员;组织和管理国家公共事务;掌管军队、警察和监狱等国家暴力工具;编制并向议会提出预算,调节和干预社会经济等。在社会主义国家中,行政机构是国家最高权力机关的执行机关。行政机构称国务院、政务院、部长会议、执行委员会等。行政机关的主要职权是:执行国家法律,根据宪法和法律制定行政措施,发布决定和命令;向最高国家权力机关提出国家预算等各种议案;领导和管理外交、经济、科教、文化、国防等方面的工作;实施内政外交的方针和政策,管理社会公共事务等。

司法机构是行使国家审判权和检察权的机关。在资本主义国家,司法机关与立法机关、行政机关互不从属。各国法院组织系统不同,但法院基本上由等级不同的法院构成,如初审法院、上诉法院、终审法院。司法机关的主要职能是行使司法审判权,行使对诉讼案件的处理权。资本主义国家强

123

调所谓的司法独立,实际上司法机构通过其司法活动维护资本主义制度和资产阶级统治。在社会主义国家中,司法机关即审判机关和检察机关从属于国家最高权力机关而相对独立于其他国家机关。社会主义国家的审判机关通常由最高人民法院、地方各级人民法院和专门法院组成,法院代表国家行使审判的职能。社会主义国家检察机关通常由最高人民检察机关、地方各级人民检察机关和专门人民检察机关组成。检察机关是国家法律的专门机构,代表国家行使检察权,如法纪监督权、侦查和侦查监督权、提起公诉和审判监督权、审判执行的监督权等。社会主义国家的司法机构通过其活动,维护社会主义民主和法制,维护公民的合法权益,维护社会主义制度。

二、奴隶制国家和封建制国家政府机构

(一)中国奴隶制国家政府机构

殷商和西周是我国奴隶社会的发展时期,实行君主专制政体。在商朝和西周,国王具有至高无上的地位,集政权、神权、族权于一身,拥有国家的全部权力,王位世袭。

商朝政权组织形式是君主专制。商王作为全国最高统治者自称是主宰一切的"帝"的后裔,商王成了"帝"在人世间的代表,举凡国家的政治、军事、祭祀、农事、训罚等,都由商王决定,商王的命令就是法律。商代的国家组织实行"亲贵合一"的贵族政治,只有王室贵族有资格参加国家管理,担任政府各级官吏。商代政权管理体制分为内服和外服。内服是指商王直接统治的地区,外服是商王的分封地区。在直接统治区内供职的官称"内服"职官,在分封地区统治的诸侯称"外服"职官。"内服"职官在行政、宗教和军事机关中任职。行政机关的官职主要有"冢宰"、"尹"、"小臣"、"小藉臣"、"小众人臣"、"司工"等。"冢宰"是商王的最高的辅政官吏,总管全国政务,"政事决定于冢宰"[①],其职位相当于后来的相。"尹"是国王的师保官,权力很大,分管王朝各种事,对政事有发言权,其地位在百官中很高。"小臣"按商王的命

---

① 《史记·殷本记》。

令管理各种事务,如代王征伐等。"小藉臣"是管理农业生产的官吏。"小众人臣"专管从事农业生产的奴隶。"司工"负责对手工业奴隶的管理。王廷宗教事务机关的官职有"乍册"、"巫"、"史"等,负责掌管祭祀、占卜和纪事。军事机关则设有"马"、"亚"、"射"、"卫"等。"马"、"亚"是统率马、步兵进行征伐的武官。"射"、"多射"是弓箭手或商王亲卫军的首领,"卫"、"呼卫"是商王左右的侍从武官。最高审判权属于商王,商王亲自决定重要的案件。商朝虽然具备了较为完整的统治机构,但总体说来,当时奴隶制国家机构还处在发展之中。

　　西周建立以后,奴隶主统治阶级建立了一整套较为完备的政治制度,设立了较为系统的政府机构。周王在国家中依然占据着至高无上的地位,把自己说成是"天之元子","礼乐征伐"等一系列大事都必须"自天子出",即由国王定夺。西周政府机构主要分两大系统,一为"卿士寮",是中央执政机构,分管政治、经济、军事等;二为"太史寮",是负责管理宗教、司法、文化等事务的系统。"卿士寮"中,地位最高的太保、太傅、太师,亦称三公,为国君最高的顾问,权大位重,由统治和管理经验丰富的、有权威的奴隶主贵族担任,是官僚机构的总管。师保下面有"三事大夫",即常佰、常任、准人。常佰是掌管地方行政事务的官员,又称"牧";常任负责官吏的选任;准人掌管政务。此外还有"三有司",即司徒、司马、司空。司徒管农业,司马管军政,司空管手工业及公共工程,后又增加司土、司寇,合称"五官",司土掌版籍及爵禄,司寇管刑罚等。"太史寮"下设太吏、太祝、太卜、太宰、太宗、太士,史称"六太"。太史负责起草文书、纪事、保管典籍和掌管天文历法,太祝负责祭祀和礼仪,太卜掌管占卜,太宰负责管辖王室奴隶和财物,太宗负责宗室事务和宗庙,太士负责司法等。其中太宰的地位重要,可代周王发号施令。

(二)古代希腊、罗马政府机构

　　古代希腊城邦政体变更频繁,政府机构也经常变化。其中斯巴达和雅典的政府机构具有典型意义。

　　斯巴达是奴隶主贵族专政的国家,实行贵族共和政体。斯巴达的政府机构由国王、公民大会、长老会议和监察官组成。国王有 2 名,由 2 个家族世袭。两个国王权力平等,往往互相牵制。平时国王主持国家祭祀,处理家庭法案件。战时一个国王在国内坐镇,另一国王领兵出征,权力较大。年满

125

30 岁以上的男性公民皆有权参加公民大会,公民大会权力不大,对长老会议提出的提议无讨论权,只有表决权。长老会议是最高权力机关,由公民大会选举,由 30 人组成,除 2 名国王外,其余 28 名都是年逾六十的贵族,终身任职。长老会决定一切国家大事,交公民大会通过。如不能通过,长老会有权宣布休会。长老会议是最高司法机关,审理一切民事刑事案件。监察官有 5 人,由公民大会每年从贵族中选举。监察官的职责是监督国王,审理国王的违法行为,监督公民生活。从公元前 7 世纪后半期起,监察官的权力扩大,代替国王取得了主持长老会议和公民大会的权力,民法案件的审理权也由他们掌握。

雅典以实行奴隶主民主制著称。雅典国家是在公元前 8 世纪形成的,设有执政官、贵族会议和公民大会等机构。最初执政官为一人,终身任职,后改为 10 年一任,公元前 683 年改为一年一任,执政官增至 9 人:首席执政官、王者执政官、军事执政官各一人,司法执政官 6 人。执政官从贵族中选举产生,卸任后进入贵族会议。贵族会议是最高监察和审判机关,权力很大,有权推荐和制裁执政官,有权为公民大会安排议程。公元前 594 年梭伦改革后,贵族会议的权力被削弱,加强了公民大会的作用。雅典各等级自由民均有权参加公民大会,决定战争与媾和,选举官员。设立了 2 个新机构,即四百人会议和陪审法庭。四百人会议的主要职权是为公民大会准备议程,预审提交公民大会讨论的议案,实际上掌握着最高行政权。而贵族会议的任务是保证国家法律不受破坏,保证法律的有效实施。陪审法庭的陪审员从四个等级的公民中选出,法官处理任何诉讼案件必须先经陪审员审查,对法官已经判决的案件,陪审员仍可起诉。陪审法庭享有监督权和表决权,遂成为雅典的最高司法机关。公元前 6 世纪末的克利斯提尼改革后,建立五百人会议取代四百人会议。五百人会议由 10 个地区部落(选区)各选 50人组成,负责管理国家日常行政事务,为公民大会准备议案和执行决议,后来成为雅典最重要的行政机关。五百人会议分为 10 组,称为"主席团",轮流执政,每一主席团的任期为一年的十分之一。还创立了十将军委员会,由 10 个地区部落各选一人组成,一年一任,轮流统率军队,其中一人为首席将军。希腊城邦没有统一的行政机构,各种行政官员都由公民大会或其他机构直接选出,各自独立对公民大会或其他相应的机构负责。

古代罗马大体实行了两种体制:贵族共和政体和帝国专制。

贵族共和政体实行于公元前 509 年至公元前 27 年。政府机构主要由人民大会、元老院和执政官组成。罗马的人民大会有库里亚会议、百人团会议和特里布斯会议三种形式。共和国时期库里亚会议实际上作用有限，主要职权是把权力授予选举出来的最高官吏。百人团会议是一种具有军事性质的人民会议，共有193个军事百人团，按财产标准分为五个等级。共和国初期，百人团会议有权批准所有法律、选举国家官吏、决定战争与和平、审判某些重大案件。特里布斯会议没有财产限制，全体公民都可以参加。公元前287年后，罗马共和国的主要立法机关为特里布斯会议，一切法律必须由它通过，各级官吏也由它选举，平民召开没有贵族参加的特里布斯会议，选举保民官等。人民大会无法律创制权，只能投票通过或否定法律。元老院在罗马政府机构中占有重要地位。元老院由数百人组成，拥有广泛的立法和行政权力。人民大会的选举案和决议案须经它批准。元老院的权限有：宣布国家处于非常状态而任命独裁官，监督执政，管理国家财政，统帅军事，制定外交政策，决定宗教事务等，并设有保民官、财政官、监察官、司法官等。共和国的最高官吏是执政官，共有两名，由百人团会议选举产生，任期一年，执掌最高的军事和民政权力，两位执政官职权相等。

罗马专制政体实行于公元前27年至公元476年。公元前27年罗马改行帝制。在罗马专制政体下，最高行政首脑从两位执政官变为一位元首，成为终身职位。元老院依然是最高国家机关，但实际上已成为元首的忠实工具。元首掌握了军事、行政、司法和宗教大权，称终身执政官、终身保民官、元帅、大祭司长。元首之下，有20个"僚友"组成的委员会，负责制定政策和提出措施。到了帝国的克劳狄朝时期，元首的个人专制权力不断加强，逐渐建立了一整套中央管理机构，二十人委员会改称为"元首顾问委员会"，由元首的亲信组成。并设有提交各地军事长官的报告、发布任免官吏命令、公布元首敕令的内政兼军事部门的机构，还设有财政机构、司法机构。元老院和公民大会名存实亡。公元476年，西罗马帝国灭亡。

（三）中国封建制国家政府机构

公元前221年，秦始皇建立了我国历史上第一个统一的封建专制集权国家。中国封建专制君主政体大体上可分为两个发展时期：公元前3世纪到公元14世纪元朝灭亡，实行宰相制的专制君主政体；从14世纪到20世纪初清朝灭亡，是皇帝直接掌握权力的专制君主政体。

127

在宰相制的君主专制政体下,政府机构的设置基本上是皇帝为国家元首,君临一切,宰相为政府首脑。中央机构分"相臣"和部门"官吏"两类。"相臣"辅佐皇帝发号施令,总管全国行政;部门"官吏"分掌各部门的权力。皇帝的专制权力就是建立在对这些相臣和官吏的直接控制的基础上。**在秦朝,实行"三公九卿"制**,"相臣"有丞相、太尉、御史大夫,这三种官职称"三公"。丞相督率百官,总揽全国政务;太尉执掌军政;御史大夫执掌群臣的章奏和下达皇帝的诏令,又有监察行政官吏之权。部门官吏分管各部,吏称"九卿":"奉常"掌管宗庙礼仪,即祭祀天地和皇帝祖先等;"郎中令"管皇帝的侍从警卫;"卫尉"统帅皇宫卫队;"太仆"负责宫廷的车马仪仗;"廷尉"负责司法;"典客"掌管少数民族事务和对外关系;"宗正"掌管皇室事务;"活粟内史"负责全国租税钱谷与财政收支;"少府"掌管供应皇帝所需用的"山海地泽之税"和官府手工业制造;"将作少府"管宫廷建筑;"中尉"掌管京师治安等。列卿的重要属官有博士、郎、大夫、尚书等官职。"三公九卿"的任免权掌握在皇帝手中。秦朝以后,"三公九卿"的名称和职权有所变化,汉代以"三公"为宰相,东汉后宰相职权转至"尚书省"。魏晋之后,宰相的实权归"中书监令"。**唐朝**的政府机构较为发达,**实行以三省六部为核心的政府管理体制**。行宰相权的先为"中书"、"门下"、"尚书"三省长官。后转至"中书门下",即"政事堂"掌管,成为中央的最高决策机构。政事堂下,设吏、枢机、兵、户、刑礼五房,辅助宰相处理全国政务。"尚书省"下设吏、户、礼、兵、刑、工六部,每部分四司,分别掌管全国官吏、财政税收、文化教育、军事、司法和经济等事务。除三省六部外,还设有九寺五监等中央行政办事机构。中央设立了"大理寺"、"刑部"、"御史台"三大司法机关,大理寺为中央最高审判机关,御史台为监察机关。唐朝的政府机构设置有利于封建统治者控制和利用国家机器。宋朝的政府机构仍沿行唐三省六部二十四司的体制,但实际有许多改变。北宋时期,宰相权由最高行政机关中书门下的长官"中书门下平章事"执掌,并设枢密院为中央最高行政领导机关,设"盐铁司"、"度支司"、"户部司"为全国最高财政管理机关。元朝将唐宋的三省制改为一省制,最高行政机关是中书省,长官称中书令,中书令下有左右丞相、平章政事等官职,统称宰相,中书令不常设,这样有利于皇帝对中央政府机构的控制。

中国极端的君主专制制度始于明朝。1380 年起,宰相制度被正式废除,皇帝独揽丞相权力。六部的职权和地位大大提高,在皇权之下,它们是中央最高一级的行政机构。吏部负责官吏选拔和勋爵封赐;户部管理户口、田赋和税收;礼部掌礼仪、祭祀和科举;兵部负责选择武官和训练军队;刑部负责刑狱;工部负责工程建设和水利。各部设尚书一人,侍郎两人,尚书可以参与讨论全国政务,各自直接对皇帝负责,执行皇帝的旨意。明朝还设置了内阁,内阁的职权是遵旨草拟诏令,出谋划策,而不直接发号施令,实际上是皇帝的一个机要秘书机构。后来六部尚书进入内阁,兼"大学士"职位,内阁权限扩大,被提到六部之上。内阁与六部没有直接的行政领导关系,"大学士"也不是最高行政官职。清朝进一步加强了以皇权为中心的中央政府机构,虽然清朝基本上沿袭了明朝的政治制度,但也作了有利于皇帝专权的改革,内阁权力削弱,只负责根据皇帝旨意起草文书,不参与重要政务,六部只负责普通行政,无权管理地方行政,权限大的机构是议政王大臣会议和后来的军机处。议政王大臣会议是贵族共议国政,参与军政大事的研究和决定,并拟议奏报皇帝,然后交六部执行。这种形式与皇帝的至高权威有矛盾,后清统治者设立军机处代替了议政王大臣会议。军机处的设置,是中国封建社会后期皇权高度集中的产物。军机处设军机大臣若干人,由皇帝在亲王、内阁大学士或六部侍郎中挑选一人为首席军机大臣,称"领班"。军机大臣每日进见皇帝,依照皇帝的旨意起草诏令,这些诏令大部分不经内阁直接发给各地督抚,部分由内阁转各部各院执行,军机处虽然权限很大,凡"军国大计,罔不总揽",但它只能承旨办事,只有参议权,而无最后决策权。六部由皇帝直接指挥,对皇帝直接负责。清朝是中国封建专制政治制度的最高阶段,也是最后阶段。

（四）西欧封建制国家政府机构

西欧封建国家大都实行君主政体。西欧封建国家的君主政体经过了贵族君主政体、等级君主政体和专制君主政体这三种形式的发展。在贵族君主政体和等级君主政体下,罗马教皇对封建主拥有相当强的控制权,教权和俗权处于激烈的争权夺势的斗争之中,俗权相对软弱,封建中央王朝的权力还不强大,中央的政府机构也不健全。在封建君主专制政体下,封建统治阶级的完整的统治机器发展到完备状态。当时,英国、法国、德国的封建专制制度最为庞大,统治机构最为完善。

英国于16、17世纪建立了君主专制的政治体制。国王被当作神圣不可侵犯的权威。国家政权集中在国王及其直接控制的统治机器手中,英国的枢密会议、星法院和高等法院是国王进行专制统治的主要工具。枢密大臣辅助国王管理政务,星法院是政治法院,是镇压贵族叛乱的专门机关,其法官主要由政府官员担任。高等法院是议会的执行机关。英国此时的议会分为上下两院,上院的议员是大封建贵族、主教和国王任命的人,上院可行使否决权,可以驳回下院的法律。下院由地方贵族组成,在各州和城市中选举产生,有批准征收新税的权力。下院的这项权力与国王的专权统治有矛盾,因而议会与国王之间斗争不断。直至17世纪中叶,新兴的资产阶级和新贵族为了保护自己的经济和政治利益,与国王的矛盾激化,终于爆发了资产阶级革命,推翻了封建专制的君主政体,建立了君主立宪的政治制度。

法国的封建专制君主政体在路易十四时被大力强化,到17、18世纪,业已形成一个庞大的封建中央集权的官僚机器。法国国王拥有绝对的专制权力,神圣不可侵犯。国王是一切法律的渊源,是活的法律。国王通过中央和地方政府机构实行专制统治。各部大臣和国务大臣负责各个部门的行政。"大法官"是国王立法的创议人,保管国玺,终身任职,不得撤换,如果失宠,国王就另设"掌玺大臣"来削弱他的权力。16世纪亨利二世设各部大臣,名称经常变化。18世纪时,由各部大臣组成内阁。但这些高级官吏都各自为政,职权界线不明。国务会议负责统一领导政府工作。国务会议也有多种形式:"高级国务会议"处理重大问题的决策,主要是对外政策;"汇报国务会议"负责统一内政;"财政国务会议"处理财政、国家收入和分配税收等问题;"枢密国务会议"处理行政诉讼等案件。国王被看作是一切正义的源泉,拥有司法权,可以干涉任何诉讼,是最高审判者。这种封建专制君主制束缚了资本主义的发展和资产阶级的成长。1789年法国爆发了资产阶级革命,推翻了波旁王朝的专制统治。

三、资本主义国家政府机构

(一)英国政府机构

英国实行议会制君主立宪制政体。英国政府机构于1688年资产阶级"光荣革命"时建立,延续至今,历史悠久。英国被称为"议会之母"。英国政府体制影响了不少资本主义国家的政治体制。

英国宪法规定,英王是英国世袭的国家元首、立法机关的组成部分、司法系统的首领、联合王国全部武装部队的总司令和英国国教的世俗领袖。英王在法律上有任免首相、各部大臣、高级法官和各属地总督,召集、终止和解散国会,批准法律,加封贵族,统帅三军,宣战或媾和权。但实际上英王的权力要受到一系列宪法性习惯的限制,是"临朝而不理政"、"统而不治"。法律赋予英王的权力实际上由内阁和议会行使,英王服从内阁的安排,是一位"虚君"。英王虽无实权,但却起着特殊的作用。

英国议会分上院和下院。下院议员由选举产生,从635个选区选出635人,任期5年。1984年选区总数扩大为650个。英国议会的职能包括立法、监督政府和监督财政,这些职权主要由下院行使。任何法律草案必须经两院通过和英王批准后才能成为法律。内阁受议会监督并对议会负责。如果议会通过对内阁的不信任案,内阁应当辞职,或由内阁提请英王解散下院,提前举行大选。政党的出现和发展,使政府掌握了控制议会的手段。一般说来,内阁由下院多数党的领导成员组成,除非该党内部分化,否则不信任案就不可能通过。因而议会对政府的监督是有限的。上院又称贵族院,议员不由选举产生,而由各类册封的世袭贵族和终身贵族担任。据统计,上院约有1 170人。上院的权限主要是通过法案、审理贵族案件等。上院还是英国最高上诉法院,有权受理除苏格兰刑事案件之外的所有民事、刑事上诉案件。上院开会时出席人数通常很少,贵族只在与自己利益相关时才出席。英国议会内部机构的设置主要有:议长、副议长、常设委员会、特别委员会、全院委员会、联合委员会等。

枢密院原是协助英王办理一切政务的中央政府机构。随着内阁制度的发展,枢密院的作用日益减小。今天,枢密院已无实权,仅仅在法律上仍然是英国的最高行政机构。枢密院由约380名左右的枢密顾问官组成,由所有历任和现任内阁大臣及其他由英王根据首相的提名而任命的人担任,一般为终身职。这种职位主要是荣誉职。议会召开、休会和解散,对外宣战或媾和等事项均以枢密院的名义发布正式公告,内阁大臣也在枢密院会议上宣告就职,内阁的重要决定都以"枢密院令"的形式发布。枢密院设有许多委员会。枢密院司法委员会是国家司法系统的组成部分,它在院内是一个独立的部分,行使专有的职能。枢密院设院长一人,他是内阁阁员,领导枢密院委员会的行政工作,还设有一名国务大臣和议会秘书协助院长工作。

内阁是英国政府的核心,内阁制定和执行一切重要政策,行使最高的行政管理权。每届议会大选以后,英王召见多数党领袖,任命他为首相,授权他组阁。多数党领袖与党内同僚商量后,提出组阁名单,请英王任命。首相组阁时,一般包括执政党各派重要人物。首相主持内阁,对各部进行总的指导,实行总监督,解决各部之间的争端。首相负责向英王报告政府工作,有权任免政府官员。

英国的司法机构十分复杂,大体上有中央法院和地方法院两种。中央法院包括最高法院(高等法院和上诉法院)、上院和枢密院、司法委员会。地方法院包括治安法院和郡法院等。若从审理案件的性质上来看,又可分为刑事法院和民事法院两个系统。刑事法院包括治安法院、皇家法院、刑事上诉法院和上院。民事法院则有郡法院、高等法院、民事上诉法院和上院。从地区上看,英格兰、威尔士和苏格兰有各自不同的法院体系。此外,英国战后还出现了许多行政裁判所以及某些特别法院。

(二)美国政府机构

美国政府体制是总统制。美国政府机构分为国会、总统及联邦行政机构和联邦法院三大部分,是典型的资产阶级三权分立的政治形式。

美国总统作为国家元首和政府首脑领导并直接负责国务。美国总统由间接选举产生,选民选举各州选举人,选举人投票选举总统、副总统。选举由民主党和共和党两党操纵。美国宪法规定"行政权属于美利坚合众国总统",政府各部、委、局、署等一切机构都向总统负责,接受总统的领导和监督。总统主持内阁会议,各部部长必须执行总统的政策和方针。总统具有广泛的权限,有权处理国家事务和联邦政府的各项工作,任免高级官员,与外国缔结条约,掌握最高军事指挥权,任三军总司令等。在立法方面总统有权批准或否决国会通过的法案,有权向国会报告国情,提出国情咨文、预算咨文、经济咨文及有关政策建议,影响国会立法,并享有委托立法权。行政机构主要有总统办事机构、联邦各部和独立机构。国务院在政府各部中居首席地位,主管外交并兼管部分内政事务。国务院的行政首长是国务卿,地位仅次于正、副总统,他是总统外交事务的主要顾问。各部部长组成内阁作为总统的顾问智囊团。总统不向国会负责,国会无权要求政府辞职。在一定情况下,国会可依法对总统提出弹劾案。

美国国会是美国最高立法机关,由众议院和参议院组成。两院议会由各州选民直接选举产生。参议员 100 人,每一州有 2 名,任期 6 年,每两年改选三分之一。众议员共有 435 名,按各州人口比例分配,每州至少一名,任期 2 年。议员不得兼任其他政府职务。国会行使立法权,还拥有宪法规定的其他权力。国会的权限包括规定赋税、关税、消费税和税率,规定货币制度,调整各州之间的贸易、铁路、河运和海运,制定工资政策,规定专利权,分配国家财产,调整联邦审判系统的活动,规定陆海空军的人数,对外宣战,发放外债,修改宪法。参众两院各自还拥有特殊权力,如总统与外国缔结的条约及任命的高级官员须经参议院同意,还有权审判弹劾案;众议院有权提出财政案和弹劾案。国会两院各自在议长主持下进行工作。两院均设有许多委员会,如常设委员会、特别调查委员会、调解委员会等,还设有两院共同组成的联席委员会。总统没有解散国会的权力。

美国司法系统分联邦法院和州法院两个系统,适用各自的宪法和法律,相互没有从属关系。联邦法院主要审理涉及美国宪法、联邦法律、国际关系、联邦商务(州之间商务)、州际争讼等案件。所有联邦法官均由总统任命并经参议院同意,终身任职。联邦法院系统由联邦地方法院、联邦上诉法院和联邦最高法院组成。此外,还有国会根据需要通过有关法令建立的特别法院,如联邦权利申诉法院等。州法院系统极不统一,一般由州初审法院、州上诉法院和州最高法院组成。州法院系统虽应遵守联邦宪法和法律,但无执行的义务。州司法机关的权限以州为界,负责审理属州管辖的民事和刑事案件。

美国宪法规定了"三权分立"的原则,立法、行政、司法三种权力分别由国会、总统、法院掌管,三个部门行使权力时相互牵制,以达到权力的平衡。然而,长期以来总统的权力范围不断扩大,这是资本主义国家经济、政治和社会日益尖锐的矛盾所导致的。当今政府从只管"法律和秩序"走向全面干预社会经济事务。

（三）法国政府机构

法国政体兼有议会制和总统制的特征,称"半总统制"。

法国宪法赋予总统以很大的权力,他既是国家元首,又是实际上的政府首脑。总统是行使国家权力的"保证人"和"仲裁人",是国家独立、领土完整的保证人。总统的权限包括任免总理,组织政府,任命高级文武官员,任命宪法委员会主席,主持内阁会议和签署法令。与总统制不同,法国总统虽然主持内阁会议,但对决议不负政治上的责任,责任由总理和有关部长承担,总统如果不同意议会对政府的弹劾案,则可以解散议会,重新选举。总统还有权颁布法律,发布咨文,担任最高司法会议主席,统帅武装部队,主持最高国务会议和国防委员会。在外交方面,总统可以批准条约,派遣大使和特使。此外,还拥有举行公民投票,宣布紧急状态等权力。总统由普选产生,任期 7 年,连选连任。

法国宪法规定:"总理领导政府活动"。总理、国务部长、部长、部长级代表和国务秘书组成中央政府,它是中央最高行政机关,对议会负责。其主要职权是决定并指导国家政策,掌管行政机构和武装部队,推行内外政策,还拥有条例制定权和广泛的命令发布权。总理由总统任命,总统掌握大政方针,总理负责事务,政府贯彻总统的设想,政府成员由总理提请总统任免。

法国议会由国民议会和参议院两院组成。国民议会议员 597 人,由直接选举产生,任期 5 年。参议院由 316 名议员组成,由选举团间接选举产生。选举团以各省为单位由国民议会议员、省议会议员、市镇村议会代表组成。参议员任期 9 年,每 3 年改选三分之一。在第五共和国体制中,议会权力受到削弱。议会拥有的立法权、预算表决权和监督权受到总统和政府的限制。如议会的立法内容和范围缩小了,弹劾权受到严格的规定。议会无权干预总统选举和总理的任命。

法国司法机构分为普通法院和行政法院两大系统。两大法院系统互不隶属。普通法院系统由初审法院、大审法院、专门法院、违警罪法院、轻罪法院、重罪法院、上诉法院、国家安全法院、最高法院组成,负责审理普通民事和刑事案件。行政法院系统由行政法庭和最高行政法院组成,负责审理国家机关和官员同公民之间争诉以及行政机关之间的纠纷。在两大法院系统之外,还有争议法庭和特别高等法院。如果普通法院和行政法院在审判权限上发生争执,则交争议法庭审理。特别高等法院专门审理总统或部长的犯罪。

(四)德国政府机构

德国实行议会共和制。

联邦总统作为国家元首是国家权力的象征性代表。总统由各政党提名,经联邦议院的全体议员和同等人数的各州议会代表组成的联邦大会选举产生,任期5年,可连任一届。与美国和法国不同,总统不是政府成员,不拥有实际行政权力。总统的职责主要是:根据联邦议院的决定任免联邦总理,根据总理的提名任免各部部长;签署和颁布由联邦议院和参议院通过的由联邦总理和有关部长副署的法律、法令;主持国家礼仪性活动等。总统不能单独行使权力,一般要根据联邦议院、总理的建议和决定行使权力,因而是虚位元首。

联邦政府由联邦总理和联邦部长组成。联邦总理是政府首脑,是国家行政机关的最高领导人。联邦政府不向总统负责,而向联邦议院负责。总理由联邦议院选举产生,按惯例,总统与各议会党团协商后提名多数党领袖为候选人,再由联邦议院全体大会投票选举,过法定半数当选。新当选的总理组织联邦政府,由他向总统提出内阁各部长名单,经总统任命,内阁全体成员向联邦议院宣誓就职。联邦政府任免联邦官员,拥有立法创议权和立法最后审批权以及委托立法权,有权向联邦议院提交议案等等。联邦总理是联邦政府中最关键的职位,他负责制定和执行联邦政府的总政策,并承担责任,联邦总理主持内阁会议,具有裁决权。联邦总理在要求对他表示信任的提案没得到联邦议院支持的情况下,有权提请联邦总统解散议院。

联邦议会是德国的最高立法机关,由联邦议院和联邦参议院组成。联邦议院通过普选产生,每届任期4年。联邦议院议员的选举较为复杂,在第一轮选举中,选民按选区直接对参加竞选的议员候选人个人进行投票,按多数选举制原则,得票最多的一名候选人当选,由此产生全部议员总数的一半;第二轮选举,按比例代表制原则,选民投票给某党,各党按州根据其所得选票占全部有效票的百分比分配议席,但分配的是全部议席,而不是一半席位,所以各政党分得的议席中必须减去本党第一次投票中得到的议席。联邦议院的主要职权是制定和通过法律,涉及有关州的事务和联邦性质的法律需两院共同批准;批准联邦政府同外国签订的国际条约;选举和撤换联邦总理,参与选举联邦总统、联邦宪法法院和高等法院的法官,对联邦总统违法行为进行弹劾;等等。联邦参议院由各州政府按人口比例指派3至5名政府成员组成。各州政府可以随时撤换他们。联邦参议院有立法创议权和立法审议权,联邦政府与州发生矛盾时,联邦参议院有权仲裁。各州政府通过联邦参议院参与联邦的立法和行政事务,并对其起辅助和牵制作用。联邦参议院实际上是各州政府派驻联邦的联合机构,在联邦与州以及各州之间起平衡和协调作用。

德国的司法机关是所有资本主义国家中享有最广泛司法审查权的机构。从民、刑诉讼,行政诉讼和选举诉讼等各种诉讼案件,到财产登记、结婚公证、遗嘱检验、遗产处理等各种非诉讼案件,无一不是由它们处理的。德国的司法机构分联邦法院和州级地方法院,联邦和各州的法院不是两个平行的系统,而是单一的司法体制。联邦法院组织系统分设联邦高等法院、专门法院和宪法法院。各州设有地方法院、地区法院、州高等法院和州宪法法院。联邦法院在各州不设单独的基层法院,州的法院就是联邦高等法院的下属法院。宪法法院的地位高于其他法院。

（五）日本政府机构

日本实行议会君主制政体。第二次世界大战之后,日本由战前具有浓厚的军国主义、封建主义色彩的君主立宪制改为议会内阁制的代议民主制,天皇作为国家象征被保留,国家的立法、行政、司法权分别由国会、内阁和法院来行使。

日本天皇是"日本国的象征,是日本国民整体的象征"。他享有形式上的权力,如根据国会提名任命内阁总理大臣,根据内阁提名任名最高法院院长,根据内阁的建议公布法律、政令和条约,召集国会,解散众议院等职权。天皇有关国事的一切行为,须经内阁的建议与认可,由内阁负责。宪法规定"国家主权在于国民",天皇地位已发生了根本性的变化,已不具有战前"万世一系"和"神圣不可侵犯"的传统君主的地位,而是虚位元首。

国会是日本的立法机构,法理上是国家权力的最高机关,由众议院和参议院组成。两院议员均从国民中选举产生。众议院议员任期4年,参议院议员任期6年,每3年改选半数。国会的职权包括立法,监督政府,提名内阁总理大臣,批准条约,就施政方针向国务大臣提出质询,监督外交,监督财政等项权力。内阁总理大臣实际上由国会中多数党领袖担任,国会提名只是履行手续。

内阁是日本政府机构的核心,一切重要政策由内阁制定和执行。内阁由总理大臣和各国务大臣组成,内阁总理大臣领导内阁的一切活动,行政权属于内阁。内阁总理大臣选举的办法是:在国会中占议席半数以上的政党成为内阁执政党,执政党领袖(总裁)是内阁总理大臣的当然候选人。如果没有一个政党占议席半数以上,则由占议席较多的两个党或几个党组成联合内阁,以席位多的政党领袖出任内阁总理大臣,在国会全体会议投票通过后由天皇任命。内阁总理大臣组织内阁,大臣分省(郡部)大臣和不负责各省事务的国务大臣两种,国务大臣负责重要的委员会或厅的工作。内阁总理大臣须在国会议员中提名,半数以上的国务大臣也必须是国会议员,内阁对国会负连带责任。内阁必须得到众议院的信任,否则,内阁必须总辞职或建议天皇解散众议院。宪法规定内阁有执行法律、总理国务、处理外交关系、缔结条约、提出预算、制定政令等项权力。日本内阁总理大臣具有相当大的实际权力,代表内阁签署法律和政令、主持内阁会议、裁决阁员争议等。

日本司法机构分最高法院和下级法院两种。最高法院享有最高司法审查权,对国会和行政的决定和行为进行监督。下级法院有高等法院、地方法院和简易法院之分。较轻微的民事和刑事案件通过简易法院、地方法院和高等法院这样的审理程序进行。较重大的民事和刑事案件通过地方法院、高等法院和最高法院的审理程序进行。青少年犯罪等则通过家庭法院处理。

(六)瑞士政府机构

瑞士联邦实行委员会制。宪法规定联邦议会、联邦委员会和联邦法院分别行使联邦的立法权、行政权和司法权。联邦议会和联邦委员会是议行合一的关系。

联邦议会是联邦的立法机构,由联邦院和国民院组成。联邦院相当于上院,由 46 名议员组成,每州选 2 名,选举制度和任期由各州自行决定。国民院相当于下院,有 200 名议员,由公民普选产生,任期 4 年。联邦议会行使联邦立法权,任何法律和命令须经两院批准才能生效。议会的主要权力包括审议法案,制定预算,通过决算,批准国际条约,宣战,媾和,选举联邦委员会和联邦法院,监督联邦行政和联邦司法,等等。

联邦委员会是国家最高行政机构。联邦委员会由联邦议会两院联合会议选举产生的 7 名委员组成,分任联邦 7 个部的部长。委员会设主席和副主席各一人,也由议会选举,任期一年,不得连任,通常由 7 名委员轮流担任。委员会主席主持联邦委员会的会议,代表委员会行使国家元首的礼仪性职责。委员会实行集体领导,提交议案、决定政策、公布命令均须以委员会名义进行。委员会对联邦议会通过的法律和政策必须执行。委员会实际上是受议会委托的执行机关。

联邦法院是联邦最高司法机关,联邦法院院长和法官由联邦委员会提名,经议会两院联合会议表决通过。联邦法院下设民事、刑事、保险等法庭。

瑞士政治体制的一个显著特点是实行"直接民主制",联邦宪法赋予公民一些直接民主权利,主要体现在"公民倡议"和"公民表决制"上。公民对议会的立法有认可和否认的权利,凡是修改宪法以及议会和政府通过的与宪法有关的法案都需公民表决,由多数公民赞成和多数州通过才能生效。有些立法、决定、国际条约的签订属于"非强制性公民表决范围",但如果公民征集到5万人签名,或有8个州提议,也需"公民表决"。另外,只要有8万人签名就可以提出"公民倡议",联邦政府有义务受理提案,经议会决定,或按原提案或同时提出对案,交由"公民复决"。

(七) 印度政府机构

印度实行议会共和制政体。

印度宪法规定,印度国会(或称联邦议会)是印度的最高立法机关。印度联邦议会由联邦院(上议院)和人民院(下议院)两院组成。联邦院有250名议员,总统可以任命12名议员,其余的议员由各邦议会的议员选举产生,任期6年,每2年改选三分之一。人民院议员不得超过547人,除2名由总统任命外,均由各邦选区直接选举产生,任期5年。印度联邦议会的主要权力有:制定法律和修改宪法,监督行政,提出和通过预算,罢免部长,弹劾总统等。人民院还享有对联邦政府提出不信任案和财政法案的权利。政府对人民院负责。

总统是印度的国家元首,由总统选举团间接选举产生。选举团由国会两院选举的议员和各邦立法议会中选举的议员组成。总统任期5年,可以连选连任。但按惯例,一般不超过两届。印度宪法赋予总统广泛的权力,包括联邦的行政权与武装部队的最高统帅权;任命总理并根据总理的提名任免部长会议成员,任免检察长、审计长和最高法院、高等法院的法官;召集议会会议,批准和公布议会通过的法律,颁布总统法令,必要时解散人民院,重新举行大选;宣布紧急状况,接管邦政府,实行总统治理,等等。从法律地位看,印度总统是国家的最高统治者。但实际上总统没有实权,只是名义上的元首,宪法规定总统必须按照以总理为首的内阁的建议行使职权。

印度最高行政机关是以总理为首的部长会议。一般由 40—60 人组成。总理是议会中多数党领袖,同时又是部长会议的首脑,是政府和国家的核心人物。部长会议全部成员都由总理提名,总统任命,组织政府的真正权力在于总理。此外,总理还拥有请总统免去部长职务和改组政府的权力。宪法授予总统的权力都是由总理通过其内阁行使的。部长会议由内阁部长、国务部长和副部长组成。部长会议的核心是内阁,由总理和内阁部长组成,是政府中最有权力的决策机构,部长会议的职权实际上大多是由内阁行使的。

印度最高法院是享有最高司法权的机关,最高法院有权解释印度宪法,审理政府和各邦政府之间争执的问题等。各邦设有高等法院,县设有县法院。法院独立行使司法权。

(八)墨西哥政府机构

墨西哥的政府体制是总统制。

总统既是国家元首,又是联邦政府首脑,由全国选民直接投票选举产生,任期 6 年,届满不得再任。墨西哥宪法授予总统以广泛的权限:总统行使国家最高行政权,领导政府各部门的工作,掌管国家内政、外交、军事和经济全部大权,任免内阁各部部长、总检察长和联邦政府的其他高级官员;拥有对国家常备武装力量,即海、陆、空三军的支配权;同外国签订条约;颁布和执行联邦议会所签发的法律,有权否决议会的决议;任命联邦最高法院的法官,等等。墨西哥中央政府机关包括共和国总统府、国家各部和共和国总检察院。各部部长和联邦总检察长均为联邦政府内阁成员,并在联邦法律规定的职权范围内协助总统工作,并执行总统的决定,各部部长可以拟定有关的法律、条例、法令和决定等草案,并报总统批准。总统颁布的所有条例、法令和命令,都须有有关部长的副署,才能生效。

墨西哥的立法权属于联邦议会。议会实行两院制,由参议院和众议院组成。参议院由每个联邦州和首都联邦区各选 2 名代表组成,任期 6 年。众议院按每 20 万人划一选区,每一选区由选民直接以多数票选出一名代表,另外 100 名在获准登记的各政党中(不包括执政的革命制度党)按其所获选票比例分配,众议院议员任期 3 年。参议员、众议员均不得连选连任,需隔一届才能再次当选。联邦议会的主要职权是：讨论和通过法律、法令、修改宪法；听取和讨论政府年度工作报告，监督政府，对政府部长提出质询；监督陆、海、空三军和国民警卫队行使职责，确定国家武装力量的编制、组织和兵役制度；确定国土、领土和领海、领空的界线，接纳新的州；确定货币贷款、征收税款，批准外国贷款；根据总统提议宣布战争，批准实行大赦；接受总统就职宣誓或辞职，确定临时总统，等等。除此之外，众参两院还拥有各自的职权。参议院的主要职权为：分析政府的外交政策，批准国际条约和外交协定；批准总统对驻外大使、总领事、海陆空三军上校以上军官、最高法院法官的任命；建立陪审团，对政府官员的犯罪行为进行审理，等等。众议院的主要职权为：成立选举团，负责总统的选举工作；审议和批准联邦预算和决算；监督审计总局执行其职责，任命审计总局的官员和重要职员；受理对政府官员的控告并向参议院提出起诉，等等。参众两院的组织机构大体相同，各有议长一人，副议长 2 人，各自的领导机构是大委员会，下设十多个工作委员会。

墨西哥司法机构分最高法院、巡回法院和地区法院三级。最高法院由刑事、行政事务、民事和劳工事务四个法庭组成。最高法院全体会议对州之间的争议以及对联邦作为其中一方当事人的争议，有管辖权。各州有各自的司法机构。此外，墨西哥还设有联邦协调及仲裁法院、联邦财政法院、军事法院、劳工法院等专门法院。检察院包括联邦检察院、首都联邦区和州检察院、军事检察院。总检察长是联邦政府的法律顾问，又是联邦政府的法定代表。检察院有权进行刑事追诉，并指挥司法警察进行初步侦查。

（九）埃及政府机构

埃及实行总统共和制政体。

埃及国家元首是共和国总统，行政权归总统。埃及的总统由人民议会提名，公民投票选出，任期 6 年。埃及总统拥有广泛的权力。其中包括任免总理和各部部长；召集人民议会和协商会议；颁布具有法律效力的命令；统帅共和国武装部队；有权举行全国公民投票，对有关国家利益的重大问题进行表决；有权解散议会等。政府由总理、若干副总理、部长和副部长组成。政府及其成员的行为向人民议会负责。

人民议会是埃及的立法机关。人民议会的议员由普选产生，其中有 10

名议员由总统任命,任期 5 年。人民议会的主要职权是:主持制定和修改宪法,通过法案;批准国家总政策、国家预算和决算以及经济和社会发展计划;提名总统候选人;对政府或个别政府成员提出不信任案,等等。与人民议会并存的有协商会议,但协商会议仅是咨询机关,没有立法和监督权,它的主要职能是对修改宪法、发展经济计划、条约草案以及总统提交涉及国家政策的重大问题进行讨论,发表意见和提出建议。

　　埃及司法机构分为简易法院和初审法院、上诉法院、最高法院。最高法院有权审理以违宪为理由而提起的诉讼,对法规是否符合宪法拥有管辖权,在各种法院之间发生管辖冲突时有裁决权。在普通法院系统之外,埃及还设有行政法院。行政审判系统包括高级行政法院、行政诉讼法院和附设于各部或各行政部门的行政法院。检察院在最高法院的代表是总检察长,在每所上诉法院里有一名公诉律师,在每所初审法院驻有检察院的代表。检察院隶属于司法部长领导。

四、社会主义国家政府机构

(一)中国政府机构

　　中华人民共和国是工人阶级领导的,以工农联盟为基础的人民民主专政的社会主义国家,国家的一切权力属于人民。中华人民共和国的政权组织形式是民主集中制的人民代表大会制度。全国和地方各级人民代表大会是人民行使国家权力的机关,国家行政机关、审判机关、检察机关都由人民代表大会产生,对它负责,受它监督。各级人民代表大会都由民主选举产生,对人民负责,受人民监督。

　　全国人民代表大会是最高国家权力机关,全国人民代表大会及其常务委员会行使国家立法权。全国人民代表大会代表由省、自治区、直辖市人民代表大会及人民解放军选出的代表组成,每届任期 5 年。全国人民代表大会代表的名额不超过 3 000 人,代表名额以一定的人口比例为基础,各少数民族都有适当名额的代表。全国人大会议每年召开一次,如果全国人大常委会认为必要,或者五分之一以上的全国人大代表提议,可以临时召集全国

人大会议。举行会议时,选举主席团主持会议。全国人民代表大会的主要
职权包括修改宪法,监督宪法的实施,制定和修改基本法律;选举国家主席
和副主席、中央军事委员会主席、最高人民法院院长、最高人民检察院检察
长;根据国家主席的提名,决定国务院总理的人选;根据总理的提名,决定国
务院其他组成人员的人选;根据军委主席的提名,决定军事委员会的其他成
员;审查和批准国民经济和社会发展计划,审查和批准国家预算;对全国人
大常委会、国务院、最高人民法院、最高人民检察院的工作行使监督权;决定
战争与和平问题等等。全国人大的常设机关是全国人大常务委员会,其组
成人员包括委员长、副委员长、秘书长和委员,由全国人大从代表中选举产
生,他们不得担任国家行政机关、审判机关和检察机关的职务。常务委员会
的职权包括解释宪法和法律,监督宪法的实施,制定和修改除应由全国人大
制定的法律以外的其他法律;监督国务院等国家机关的工作;决定有关人员
的任免;在全国人大闭会期间,审查和批准国民经济和社会发展计划、国家
预算在执行过程中所必须做的部分调整方案;决定对外工作、荣典、特赦及
国家安全等方面的重大问题;批准或废除同外国缔结的条约和重要协定;在
紧急情况下宣布战争状态等。常务委员会委员长主持常务委员会工作,常
务委员会对全国人民代表大会负责并报告工作。

　　中华人民共和国主席、副主席由全国人民代表大会选举产生,每届任期
5年,连续任职不得超过两届。国家主席根据全国人民代表大会及其常务
委员会的决定,公布法律,任免国务院总理、国务委员、各部部长、各委员会
主任、审计长、秘书长,授予国家的勋章和荣誉称号,发布特赦令,发布戒严
令,宣布战争状态,发布动员令。国家主席代表国家接受外国使节,根据常
务委员会的决定派遣和召回驻外全权代表,批准和废除同外国缔结的条约
和重要协定。

　　国务院即中央人民政府,是最高国家权力机关的执行机关,是最高国家
行政机关。国务院由总理、副总理、国务委员、各部部长、各委员会主任、审
计长、秘书长组成,国务院由全国人民代表大会第一次会议组织产生,任期
5年,总理、副总理、国务委员连续任职不得超过两届。国务院实行总理负
责制,总理全面领导国务院的工作,负责召集和主持国务院全体会议以及由
总理、副总理、国务委员和秘书长组成的国务院常务会议。副总理、国务委
员协助总理工作。国务院的职权主要有:根据宪法和法律,采取行政措施,
制定行政法规,发布决定和命令;向全国人大或全国人大常委会提出议案;

规定各部和各委员会的任务和职责,统一领导各部、各委员会的工作和全国地方各级国家行政机关的工作,规定中央和省、自治区、直辖市的国家行政机关的职权的具体划分;编制和执行国民经济和社会发展计划和国家预算;领导和管理经济工作和城乡建设;领导和管理教育、科学、文化、卫生、体育、计划生育、民政、公安、司法行政和监察等工作;管理对外事务,同外国缔结条约和协定;领导和管理国防建设事业;领导和管理民族事务,保障少数民族的平等权利和民族自治地方的自治权利;保护华侨的正当的权利和利益,保护归侨和侨眷的合法的权利和利益;改变或撤销各部、各委员会发布的不适当的命令、指示和规章,改变或撤销地方各级国家行政机关的不适当的决定和命令;批准省、自治区、直辖市的区域划分,批准自治州、县、自治县的建置和区域划分;决定省、自治区、直辖市的范围内部分地区的戒严;审定行政机构的编制,依照法律规定任免、培训、考核和奖惩行政人员等。国务院对全国人民代表大会负责并报告工作,在全国人大闭会期间对它的常务委员会负责并报告工作。

中央军事委员会领导全国武装力量,每届任期同全国人民代表大会每届任期相同。中央军事委员会由主席、副主席若干人、委员若干人组成,实行主席负责制,主席对全国人民代表大会及其常务委员会负责。

人民法院是国家的审判机关,统一行使国家审判权。人民法院组织体系包括最高人民法院、地方各级人民法院和军事法院等专门人民法院。地方各级人民法院又分高级人民法院、中级人民法院和基层人民法院。最高人民法院是国家最高审判机关,由院长、副院长、庭长、副庭长和审判员若干人组成。其职权是审判法律规定由它管辖的和它认为应当由自己审判的第一审案件;审理高级人民法院和专门法院判决和裁定的上诉案件、抗诉案件和最高人民检察院提出的抗诉案件;对审判过程中如何具体应用法律的问题进行解释等。并负有监督和指导地方各级法院和专门法院审判工作的职责。最高人民法院对全国人民代表大会及其常务委员会负责,地方各级法院对产生它的国家权力机关负责。人民检察院是国家的法律监督机关,统一行使国家检察权。人民检察院组织体系包括最高人民检察院、地方各级人民检察院和军事检察院等专门人民检察院。最高人民检察院是国家最高检察机关,对全国人民代表大会及其常务委员会负责并报告工作,领导地方各级人民检察院和专门人民检察院的工作。地方各级人民检察院对同级人民代表大会及其常务委员会负责并报告工作,同时又对上级人民检察院负责。

（二）朝鲜政府机构

朝鲜民主主义人民共和国实行人民会议制。

最高人民会议是国家最高权力机关，行使立法权。最高人民会议实行一院制，由根据普遍、平等、直接选举的原则，以无记名投票选出的议员组成，每届任期4年。最高人民会议的职权包括制定和修改宪法和法令，制定国家对内对外政策的基本原则，选举国家主席，根据国家主席提名选举或罢免国家副主席、中央人民委员会秘书长和委员、政务院总理和国防委员会副委员长，批准国家经济发展计划和国家预算，决定战争与和平等重大事项。最高人民会议常设会议是最高人民会议的常务机关，常设会议的职权包括在最高人民会议闭会期间审议和通过法案，解释现行法律、法令，召集最高人民会议，组织最高人民会议和地方人民会议议员的选举，选举和罢免中央法院审判员和人民陪审员等。

朝鲜的国家元首是共和国主席，代表国家权力。共和国主席由最高人民会议选举产生，任期4年。国家主席是一切武装力量的最高司令官、国防委员会委员长，指挥和统帅全国武装力量；直接领导中央人民委员会，必要时召集并指导政务院会议；公布法令、政令和决议；批准和废除同外国缔结的条约；行使特赦权并发布命令。共和国主席对最高人民会议负责。

中央人民委员会是实施国家权力的最高领导机关，由国家主席、副主席、中央人民委员会秘书长和委员组成，任期4年，首脑是国家主席，向最高人民会议负责。其主要职权为制定国家内外政策，领导政务院、地方人民会议、地方人民委员会、司法机关、检察机关和国防及国家政治保卫工作，监督宪法、法令、命令、决议等执行情况，根据总理提名任免副总理、部长及其他政务院成员，新设或变更行政区域，宣布战争状态、发布动员令等。

政务院是最高国家权力机关的执行机关，在国家主席和中央人民委员会领导下进行工作。政务院由总理、副总理、各部部长及其他必要人员组成。其职权是：领导各部、委和地方行政经济指导委员会的工作；编制国民经济发展计划和国家预算并采取执行措施；组织各行各业的工作；进行对外工作，同外国缔结条约；进行人民武装力量的建设工作，维护社会秩序，保护国家利益，保障公民权利等。政务院对最高人民会议、共和国主席、中央人民委员会负责。

朝鲜的审判机关包括中央法院、道（直辖市）法院、人民法院和特别法院。中央法院是国家最高审判机关，监督所有法院的审判工作。中央法院院长由最高人民会议选举和罢免，任期 4 年。中央法院的审判员和陪审员由最高人民会议常设会议选举，中央法院向最高人民会议、国家主席和人民委员会负责。道法院和人民法院的审判员和人民陪审员由同级人民会议选举，道法院和人民法院对本级人民会议负责。特别法院院长和审判员由中央法院任免。检察机关由中央检察院，道（直辖市）、市（区）、郡检察院和特别检察院组成。中央检察院是国家最高检察机关，统一领导各级检察院的工作。中央检察院检察长由最高人民会议选举和罢免。中央检察院向最高人民会议、国家主席和中央人民委员会负责。所有的地方检察院服从上级检察院和中央检察院。

（三）越南政府机构

越南于 1976 年 7 月宣告南北统一，定名为越南社会主义共和国。1980 年 12 月 18 日通过了新宪法，规定了国家体制。

国会为最高国家权力机关和唯一立宪和立法机关，国会代表由选举产生，每届任期 5 年。国会制定和修改宪法，通过法律并监督宪法的实施。国会的最高常设机关为国务委员会，国务委员会在国会代表中选举产生，由主席、副主席、秘书长和各委员组成。任期与国会相同，其成员不得兼任部长会议成员。国务委员会主席兼任国防会议主席，统帅全国人民武装力量，是国家对内对外的代表。国会下设各常设委员会以协助国会和国务委员会的工作。国会每年举行两次例会，由国务委员会召集。

部长会议是国家最高权力机关的执行机关和国家最高行政机构，由部长会议主席、副主席、秘书长、办公厅主任和各部部长、各委员会主任组成，任期与国会相同。

越南的审判机关包括最高人民法院、地方人民法院和军事法院。在特殊情况下，国会或国务委员会可成立特别法庭。最高人民法院为全国最高审判机关，它监督地方人民法院、军事法院和特别的审判工作，向国务委员会负责并报告工作。人民检察院由最高人民检察院、地方人民检察院和军事检察院组成。最高人民检察院院长由国会选出，任期 5 年。最高人民检察院向国会负责并报告工作，在国会休会期间，向国务委员会负责并报告工作。地方人民检察院院长、副院长和检察员由最高人民检察院院长任免。

（四）古巴政府机构

古巴共和国于 1976 年 2 月 24 日颁布了《古巴宪法》，这部宪法所确立的政治机构有：全国人民政权代表大会、国务委员会、部长会议、执行委员会、人民法院和国家检察院。

全国人民政权代表大会是最高权力机关，只有它享有制宪权和立法权。全国人民政权代表大会代表由间接选举产生，任期为 5 年。全国人民政权代表大会有权修改宪法，如果修改的是关于全国人民政权代表大会、国务委员会和公民的权利等方面的宪法条文，必须首先由大会全体代表三分之二的多数通过，然后还要举行全民公决。此外，全国人民政权代表大会还有以下专属的权力：讨论和批准预算，批准国民经济计划和经济管理体制的原则，在代表大会成员中选举国务委员会，选举共和国总统和最高人民法院成员，委任各部部长，宣战，宣布大赦，撤销国务委员会的法令并决定法律和法令是否符合宪法，对政府行使最高监督权等。

国务委员会是全国人民政权代表大会休会期间的常设机构，由代表大会选出。国务委员会由主席、第一副主席、5 名副主席、1 名秘书和 23 名委员组成。国务委员会的职权有：召集全国人民政权代表大会非常会议，在大会休会期间通过法令以及对法律进行解释，任命外交人员，委任驻外国的外交官员，批准和废除国际条约，可以废除地方人民权力机关执行委员会的法令，可以行使豁免权。国务委员会主席是国家元首和政府首脑，代表国家和政府。担任革命武装力量的最高指挥，接受外国外交使节的国书，向全国人民政权代表大会提名各部部长的人选。

部长会议是共和国的政府。部长会议由国家和政府首脑担任主席，其他组成人员包括国务委员会第一副主席和其他各位副主席、中央计划委员会主席、各部部长、秘书长以及法律规定的其他人员。部长会议根据全国人民政权代表大会的决议组织和领导政府各项工作，执行全国人民政权代表大会的法规和决议以及国务委员会的法令，监督对外贸易并管理国家行政机关，缔结国际条约并将其提交国务委员会批准，组织革命武装力量等等。部长会议向全国人民政权代表大会负责并向大会报告工作。部长会议设立执行委员会,由部长会议主席和各副主席组成。执行委员会监督和协调政府各部工作。在紧急状况下,执行委员会可代替部长会议行使职权。

古巴的审判机关分为初级法院和最高人民法院。初级法院包括基层人民法院、地方人民法院和省人民法院。最高人民法院是最高审级法院,它的判决是终审判决。最高人民法院可以行使法律创议权并能颁布法规,它可以作出各下级法院必须执行的指示和决议。最高人民法院设有一个主席团,负责检查法令、指令和命令的合法性,解决法院之间和法院与其他行政机关之间所发生的管辖冲突的问题。各级法院都从属于全国人民政权代表大会和国务委员会。国家检察院在全国范围内是按垂直系统组成的。它以共和国总检察长为首,其他检察长附设在省人民法院和地方人民法院内。国家检察院只服从全国人民政权代表大会和国务委员会,并直接接受国务委员会的指示。检察院的基本职责是通过检查国家机关、经济和社会机构以及公民执行法律和其他规范性法令的途径,监督遵守社会主义法制。

(五)苏维埃类型的政府机构

苏维埃制度在十月革命后开始形成,经过历次演变和发展,到 1936 年,在苏维埃第八次非常大会上通过的苏联宪法,进一步完善和确立了苏维埃政府体制。东欧一些国家的政府机构,大体上与苏维埃类型的政府机构相似,当然在具体形式和名称上是各有差别的。1977 年通过的苏联宪法,关于政府机关的体系结构和组织与活动原则的规定与 1936 年宪法基本相同,但在任期和职权方面作了某些修改。1988 年 12 月以后,苏联多次修改宪法,其政治体制不断变化,直至 1991 年底苏联解体。

根据苏联 1936 年宪法,苏联最高苏维埃为苏联最高国家权力机关,享有立法权,由联邦苏维埃和民族苏维埃两院组成。它由选民直接选举产生,民族苏维埃由苏联公民按加盟共和国、自治共和国、自治省及民族州选举产生;联盟苏维埃由苏联按人口相等的选区进行选举,每选区选一名代表。两院权力平等,1977 年宪法将任期由原来的 4 年改为 5 年。两院联席会议选举苏联最高苏维埃主席团,由主席、16 名副主席、1 名秘书、15 名委员(后改为 21 名委员)组成。最高苏维埃主席团作为最高苏维埃的常设机构,其职权包括:召集最高苏维埃会议、颁布法令、解释法律,举行公民公决、任免文武官员、规定军衔、任免驻外大使,接受外国驻苏外交代表所呈递的国书,必要时可宣布战争状态等。

部长会议是国家最高执行和发布命令的机关。其前身是1917年十月革命胜利后建立的苏联人民委员会,1946年3月第二届苏联最高苏维埃第一次会议决定将其改称部长会议。部长会议由苏联最高苏维埃在两院联席会议上组成,包括部长会议主席、第一副主席和副主席若干人、各部部长、各加盟共和国部长会议主席等。部长会议对最高苏维埃负责并报告工作,在最高苏维埃休会期间,部长会议向最高苏维埃主席团负责并报告工作。其职权主要有:统一领导全联盟部、联盟兼共和国部和其他所属机关;对国民经济和社会文化进行领导,发布命令和决议并检查其执行情况;制定和执行国民经济计划和国家预算;维护公共秩序,维护公民权利;保障国家安全,领导全国武装力量建设;领导外交事务等。部长会议下设各部,分为全联盟部和联盟兼共和国部两类,全联盟部可在全苏联境内直接或经过该部委任机关主持其事务,实行跨部门的管理;联盟兼共和国部一般经过加盟共和国所设的此类部或委员会主持其事务。

1936年宪法对苏联的审判机关和检察机关的组织、职权作了原则规定。苏联审判权由苏联最高法院,加盟共和国最高法院,自治共和国最高法院,边疆区、州、市、自治州、自治专区法院,区(市)人民法院以及武装力量军事法庭等专门法院行使。苏联最高法院是最高审判机关,负责监督苏联和加盟共和国各级审判机关的审判工作。苏联最高法院由苏联最高苏维埃选举,任期5年。苏联检察机关是法律监督机关。苏联总检察长由苏联最高苏维埃任命,向最高苏维埃及其主席团负责并报告工作。各级检察机关独立行使自己的职权,不受任何地方机关的干涉,只从属苏联总检察长。

思考题

1. 分权原则在资产阶级政府机构设置中是如何被体现的?

2. 如何理解中国的民主集中制原则?

3. 议会内阁制政府的内阁与总统制政府中的内阁有哪些区别?

4. 社会主义国家的政府机构之间有哪些共同点?

第五章　政党制度

本章提要

　　政党是现代政治的一个基本构成要素和重要活动主体,是代表一定阶级、阶层或集团利益的政治组织,在政治生活中发挥着重要的作用。政党围绕政权开展活动,并形成一定的活动方式和组织形式,政党执掌、参与或影响国家政权的制度就是政党制度。政党制度是现代民主政治的主要表现形式,也是现代国家政治制度的重要组成部分。政党的演变、政党制度的类型、政党制度的运作机制是当代政治学的研究重点之一。政党制度按照性质划分为资本主义国家政党制度和社会主义国家政党制度。

　　现代各国一般都有政党。政党作为代表一定阶级、阶层或集团利益的政治组织,在各国政治生活中都起重要作用。阶级斗争、国家更替、政府构成、政府决策等都与政党息息相关。政党一般都是围绕着政权开展活动的,扩形成一定的活动方式和组织形式,**政党执掌、参与或影响国家政权的制度,便是**通常所说的**政党制度**。政党制度是现代国家政治制度的重要组成部分,按其性质分为资本主义国家政党制度和社会主义国家政党制度。研究政党制度,研究政党在国家生活中的地位和作用,是政治学的一项重要任务。

149

一、政党和政党制度的基本概念

（一）政党的定义与特征

政党一词源于拉丁语"pars"，意为一部分，社会的一部分，引申意义为一种社会政治组织。

资产阶级学者往往偏重于政党的外部特征，从政党的组成、作用、一般目的和地位等某一方面给政党下定义。他们有的把政党解释为"由男子和女子组成的集团"，"具有某种组织形式，有能力表达集团的共同意志和采取相应的行动"；有的说"政党同时是选举组织、管理组织和心理机构"，"每个方面都发挥作用，都行使职能"；有的认为"政党是人民意志的体现者，是人民与统治者之间的中间环节"；有的则谓"政党者，为一部分的国民，以政见、主义相结合，用竞选的方法，取得政权，以实现其政见、主义的团体"；也有人认为"政党是为了谋取公职而建立的"组织，所有这些说法尽管反映了政党在某一方面的现象，但是都未能反映政党的本质特征。

我们应当用辩证唯物主义和历史唯物主义的观点来分析政党，不应停留在政党的外部特征上，而是全面地、深入地和历史地进行研究，透过表面特征，抓住其内在本质，即政党的阶级性。马克思和恩格斯在《共产党宣言》中指出，政党是在一定阶级的基础上组成的。无产阶级组织成为阶级，从而组织成为政党。列宁在他的著作中一再强调，政党代表了一定阶级的利益，"在通常情况下，在多数场合，至少在现代的文明国家内，阶级是由政党来领导的；政党通常是由最有威信、最有影响、最有经验、被选出担任最重要职务而称为领袖的人们所组成的比较稳定的集团来主持的。这都是最起码的常识。"[1]毛泽东则说："政党就是一种社会，是一种政治的社会。政治社会的第一类就是党派。党是阶级的组织。"[2]

政党在社会中属于政治方面的组织，但是，政党不是一般的政治组织。

---

[1] 《列宁全集》第 31 卷，人民出版社 1960 年版，第 23 页。
[2] 毛泽东：《在省、市、自治区党委书记会议上的讲话》，1957 年 1 月。

"在以阶级划分为基础的社会中,敌对阶级之间的斗争(发展到一定的阶段)势必变成政治斗争。各阶级政治斗争的最严整、最完全和最明显的表现就是各政党的斗争"①,因此政党是政治社会的集中代表。此外,政党由阶级中最活跃、最坚定、最有觉悟的一部分组成,有理论,有领袖,有纲领,有政治目的,有组织纪律,有别于各种社团的组织。所以说政党是政治社会的第一类,是阶级的组织。

作为阶级的组织,所有政党都不例外,但并不是说,所有国家中的每个政党只是一个阶级的唯一代表,抑或一个阶级只有一个政党。由于各国的历史和现实不同,由于阶级内部各个阶层和集团在局部利益上的差异,以及对国事问题的看法和做法上的分歧,或者由于各国阶级关系变化的情况不尽相同,不少国家中,一个阶级内不止一个政党。当然,归根到底,不管政党由该阶级中的哪个阶层、哪个集团的人组成,它都代表着该阶级的一般利益。

综上所述,政党是阶级的组织,由阶级的积极分子组成,为本阶级利益而采取共同的行动,旨在执掌或参与国家政权,以实现其政纲。

政党具有同其他社会政治组织、社会团体相区别的显著特征,这些特征构成了政党的基本要素。政党的特征主要有以下几个方面:

第一,政党具有鲜明的阶级性。政党的阶级性是政党的本质特征。首先,它表现在政党是在一定的阶级基础上产生的,是阶级斗争合乎规律性发展的产物。其次,政党集中代表了本阶级的利益。无产阶级政党公开表明自己的无产阶级性质。资产阶级政党常常不承认自己的阶级性,有的百般美化自己是为全体人民谋福利的,但实际上,它是资产阶级利益的代表。判断一个政党的性质,不仅要看党员的成分,更重要的是要看它为哪一个阶级说话,代表哪一个阶级的利益。再次,政党是阶级的核心。所谓核心,一方面说明政党在阶级中起着骨干作用。在每个阶级中,其具体成员在能力、智力和觉悟上都各不相同,其中一部分人能够代表整个阶级的意志,统一整个阶级的意志。这一部分人组织成为政党,成为阶级的核心。列宁在论述工人政党时说:"在任何资本主义社会里,真正有觉悟的工人都只占全体工人的少数。所以我们必须承认,只有这觉悟的少数才能领导广大工人群

①　《列宁全集》第10卷,人民出版社1958年版,第58页。

众。"①最后,政党斗争是阶级斗争的集中表现。既然政党是阶级的核心和领导,集中代表着本阶级的利益,那么,代表不同阶级的政党斗争,必然集中反映了阶级之间的政治、经济和思想斗争的根本内容。资产阶级政党对无产阶级政党的斗争就是如此。应该指出,阶级斗争是复杂的和多样的。不同的阶级在一定的时期,在一定的政治基础上可能互相联合,同一阶级内部的各个阶层也可以互相倾轧,因而,政党的阶级性的表现形式也是复杂的和多样的,既可以代表一定的阶级或阶层,也可以代表由不同的阶级或阶层所组成的联盟。

第二,政党有一整套争取或实行阶级统治的政治纲领。政党作为一种政治组织,必然有一个政治纲领,以展示其政治目标、争取或实行阶级统治的途径和方法。政治纲领集中反映了政党所代表的阶级或阶层的根本利益,体现了政党的性质。马克思认为,制定一个原则性纲领,这就是在全世界面前树立起可供人们用来判定党的运动水平的界碑。恩格斯也说过,一个政党的正式纲领是一面公开树立起来的旗帜,而外界就根据它来判断这个党。政治纲领亦即政纲或党纲,每党皆有。其制定程序和实际效用不尽相同。美国共和党和民主党的党纲由两党在全国代表大会中特设的政纲委员会负责起草,提交大会修改通过。英国工党的党纲由年会制定,保守党则由领袖决定。政党的政纲往往包含该政党对国事问题、社会制度的见解,阐述其基本的政治目标和组织措施,同时表明实现其政见的斗争手段。政党一切行动的最终目的是为实现一定阶级的经济利益而夺取政权、巩固政权,或在一定条件下支持某种政权。政纲既是区别政党和一般政治组织、团体和学术团体的标志,也是判断政党的性质及其基本主张的依据。

第三,政党是有纪律的组织。政党不是个人的偶然凑合,它不仅从上到下有一整套的组织系统,借以动员本阶级的全体成员进行有效的斗争,而且通过严格的组织纪律来约束党的成员,从而维系组织,统一意志,提高政党本身的战斗力。世界上各政党的组织状况是千差万别的。一般说来,社会主义国家的无产阶级政党有相当完整的组织体系,而资本主义国家的某些政党则只是一种松散的组织。如美国共和党和民主党,既无入党手续,也无退党程序。两党之间没有明确界限,自己说属于哪一党,就是哪一党的成员,一般在各种投票中宣称一下即可。艾森豪威尔1952年被推选为共和党

① 《列宁全集》第31卷,第206页。

候选人,而他在当年年初才宣布自己属于共和党。当然,这绝不是说美国共和党和民主党是没有组织的,如果这样,就不成其为政党了。实际上它们也有一套组织系统,如州以下的地方组织、全国代表大会、全国执行委员会、国会党团等。在法国,有些政党只有地方组织,有些只是几名议员的联合。政党的组织机构是否完善常常与它的纪律是否严密有关。一般说美国两大党纪律较松懈,英国政党纪律较严,法国保卫共和联盟纪律更严。对无产阶级政党来说,党纪和民主不是矛盾的,而是相辅相成的。党纪禁止少数人自由散漫,防止无政府主义和个人主义的滋长,保障大多数人步调一致,奋发向上,保证党的团结,增强党的力量,从整体上确保民主生活的正常化。

第四,政党要竭尽全力争取民众。一个政党要实现本阶级、阶层的利益,就必须要有力量。一个政党的力量同它所拥有的党员和所联系的群众是密切相关的。因此,任何一个政党,不管其是否真心实意地爱护人民,代表人民,都要力争民众。为此,许多资产阶级政党的名称贴上了"人民"的标签,在许多资产阶级政党的党纲里"人民"的字眼到处可见。当然他们争取支持者,主要是为了在选举时多得选票来显示自己政党的力量。与资产阶级政党形成鲜明对比的是,无产阶级政党与人民群众的关系是鱼水关系。马克思主义的政党之所以能够由小变大,由弱变强,关键就在于党全心全意地为人民服务,人民群众衷心拥护并全力支持党的事业。

政党的这四个特征是相互联系、不可分割的有机整体,是构成政党的基本要素,是同其他社会政治组织、社会团体相区别的主要标志。

(二)政党的产生与作用

马克思主义认为,政党是阶级的组织,是阶级斗争发展的产物,是近代资本主义社会商品经济、议会斗争和自由民主、思想文化发展的产物。

生产力和生产关系的发展决定了政党产生的历史条件,阶级斗争的实际状况和力量对比则是政党产生的直接因素。恩格斯在《共产主义者同盟的历史》一文中谈到政党产生的原因时指出,"经济事实"是一个"有决定意义的历史力量",在这一"经济事实"的基础上,出现了现代阶级对立状态,并由于大工业的发展而达到充分发展的地步,这就是一切国家中各个政党的形成和党派斗争发生的基础。

在原始社会中,没有阶级和阶级斗争,自然无政党。到了奴隶社会,产

153

生了奴隶主阶级和奴隶阶级。奴隶主对奴隶实行极端野蛮的统治,无论何时何地均可随心所欲地处置奴隶,没有必要建立政党。对奴隶来说,他们虽然经常起义,却缺乏正确的指导和统一的目标。他们不能认识到自己的阶级利益,不能提出推翻奴隶主阶级统治的政治纲领,不能取得各方面的广泛联系,也不可能组织成为政党。进入封建社会后,政治上国王高于一切,用极其完备的等级制度和极端专横手段实行专制统治。人民没有参政的权利,没有言论、集会、结社的自由。另一方面,农民是小生产者,比较散漫,缺乏必要的联系,因而形成政党的主客观条件都不具备。在封建官僚中,某些人为个人进退而党同伐异,结成的"羽党";一些人为某种利益和目的,借助宗教和迷信建立起来的民间秘密组织——"会党",均不是现代意义上的政党。

封建社会末期,萌发了资本主义生产关系,产生了新兴资产阶级。资产阶级与封建地主阶级展开了激烈的斗争。资产阶级利用发达的经济关系,日益丰富的科学文化知识,使分散的、零星的反封建斗争逐步发展成全国性斗争,形成了整个阶级的团结,为政党的产生提供了物质条件和阶级基础,在反对封建专制主义斗争中建立的民主共和和君主立宪的代议制,为政党的产生提供了制度条件和政治基础。在此情况下,现代意义上的政党产生的条件日趋成熟。

资产阶级政党首先在资产阶级革命完成较早的英国产生。英国资产阶级在反对封建王权的斗争中建立了议会。但这并不意味着阶级斗争的结束。代表不同阶级、阶层和集团利益的议员总是企图取得议会多数,以达到控制议会的目的。1679 年,国会在讨论詹姆士能否继承王位问题时发生激烈冲突。代表资产阶级和新贵族利益的议员极力反对,代表地主贵族利益的议员则大力赞成。在针锋相对的斗争中,前者组织了辉格党,后者组织了托利党。"辉格"、"托利"原都是贬称,意为强盗、歹徒,是互相加给对方的称呼。19 世纪 30 年代演变为自由党和保守党两个资产阶级政党。

随着资本主义的发展,各国资产阶级政党纷纷建立。如美国建国初期出现过联邦党和反联邦党,后来又出现过别的党派。经过长期的分化改组,到 19 世纪中期南北战争后,正式形成了民主党和共和党长期轮流执政的两党制。日本明治维新后,产生了改进党和自由党。1894 年由孙中山先生创建的"兴中会",标志着中国近代政党的诞生。

无产阶级政党是无产阶级与资产阶级在斗争中产生的,是马克思主义学说同工人运动相结合的产物。1847 年建立的共产主义者同盟是世界上第一个以科学共产主义为指导的无产阶级政党。

第二次世界大战后,政党几乎成为各国普遍的政治现象。到 20 世纪 80 年代末,世界各国政党总数已约有 4 000 个。

政党是阶级斗争发展到一定阶段的产物,政党产生后,在社会政治生活和国家生活中必然要起重要的作用。政党的作用主要表现在五个方面。

第一,作为阶级斗争的工具。政党作用的突出表现是作为阶级斗争的工具,表现为阶级的组织和领导作用。阶级的组织作用即把阶级中的各种成员组织起来,从事共同的有目的的斗争。阶级的领导作用就是在阶级斗争尖锐复杂或出现转折时,能及时提出斗争的任务、目标和策略,以争取斗争的胜利。在阶级斗争取得胜利时,政党代表本阶级实行政治统治。

第二,干预和领导国家政权。政党不是国家机关,也不是国家组织,但政党的活动与国家政权密切相关。现代政党的产生,最初多半是出于某些团体对国家的政权活动、政治方向和政策方针的不同见解。政党为了维护和实现本阶级的利益,往往要借助国家政权,而最可靠的方式就是掌握国家政权。所以政党的政纲一般均以干预政权和取得政权为基本目的。

第三,制定一整套路线、方针、政策。这是政党活动的基础。制定出的路线、方针、政策又是指导政党活动的基本依据,如果是执政党,又会成为国家政权活动的基本方向,因而具有重要的意义。政党的路线、方针、政策一般在党纲、宣言、声明、代表大会上的工作报告或政治报告中表现出来。

第四,培养、挑选、配备各级领导人。政党要实现自己的政治纲领,除制定自己的路线、方针、政策以外,还要有成千上万的各级干部去贯彻执行。各个政党为了能有效地代表和保护本阶级的利益,为了自身的生存、发展和取得最终胜利,毫无例外地要培养、挑选和配备自己的干部。政党往往是一个阶级培养自己的各种政治人才的机构。执政党除了配备好本身的领导人之外,还积极把本党的优秀分子输送到国家机关,以便更好地实现党的纲领和目标。

第五,宣传作用。一个政党要使它的成员和人民群众了解它的主张,就要掌握舆论机器进行宣传鼓动,并与敌对阶级的意识形态作斗争。无产阶级政党的宣传和资产阶级政党的宣传,在内容上是截然相反的。无产阶级政党把宣传看作是发动群众、组织群众进行社会主义革命和社会主义建设的重要一环。资产阶级政党进行宣传往往是为了维护资本主义制度和本阶级统治,是为了一部分人的利益和政治目的。在现代社会中,随着科学文化事业的发展,随着意识形态领域中思想斗争的日趋激烈,政党的这方面作用日益受到人们的重视。

(三) 政党制度的含义和类型划分

政党制度主要是指政党执掌、参与或影响国家政权的制度性规定和运行方式,包括政党的地位、政党同政权的关系以及政党之间的关系等。政党制度是现代国家政治制度的重要组成部分。

一个国家的政党制度的形成,是由该国特定的社会历史条件和现实条件决定的,与该国的历史传统、民族习惯、政治制度、阶级斗争状况等有着密切的联系。其中主要取决于国内各阶级、阶层的力量对比,以及国内各种政治力量集结或分化、组织政党的状况;同时,选举制度对政党制度的促成和巩固也起着一定的作用。政党制度受到各自不同的历史和社会环境的影响,形成了各自的风格和特点。西方政治学家按照不同的标准将世界上的政党制度划分为几种具体类型:

第一,以政党数量为根据。20世纪50、60年代,西方政治学界根据一国内实际执掌政权的政党数量,提出了传统的**政党制度"三分法"**,即分为**一党制、两党制、多党制**三种类型。第二次世界大战后,更多的国家建立了政党制度,多种形式的政党制度已经不能再用"三分法"来全面概括。一些政治学者提出更为复杂的"五分法"(一党制、主从党制、一个半党制、两党制和多党制)和"七分法"(一党制、霸党制、第一大党制、两党制、有限多党制、极端多党制和微型多党制)。由于在各个国家中,政党的内部结构、相互关系、性质、规模以及在国家中的地位并不完全相同,同一类型的政党体制又有不同模式。一些西方学者习惯以政党数目的多寡来取舍政党制度,他们一般把一党制看成是铁板一块,而把欧美资本主义国家的两党制、多党制标榜为民主制度的典范。

第二,以政党之间的相互关系为根据。政权问题是政治中的一个中心问题,任何政党都是围绕政权展开活动的。根据各政党围绕政权进行的活动有无对抗性,可以将当今世界的政党制度划分为**"无对抗性"**和**"对抗性"**两种类型。"无对抗性"政党制度包括两种情形:一是指一国之内只有一党存在,或在法律上和事实上禁止除一党之外的其他政党存在和活动,即不存在党与党之间的关系,如纯粹意义上的一党制;另一种情况是指虽有多党存在,但党与党之间的关系并非对抗性的,如共产党执政条件下的多党合作制。"对抗性"的政党制度,是指两党或多党通过竞选争夺政权地位的制度。资本主义国家的两党制和多党制属于这一类型。资本主义国家政党制度的"对抗性",不仅是指资产阶级内部政党间的自由竞争、轮流执政,而且也包括在资本主义国家无产阶级政党与资产阶级政党围绕政权的斗争。

第三,以不同政治倾向政党的力量对比关系为根据。一些学者从地域分布的角度,观察到在多党存在的国家,具有不同政治倾向的政党,在力量对比关系上的一些共性特征,并据此对政党制度的类型进行了划分。S·亨利格按照政治倾向的差异将政党先分为右翼、中右、中左、左翼,再按各党得票率,把政党制度划分为三种类型:① 是以中右和中左政党占优势且力量对比相当的"北欧型";② 是以中右和左翼政党占优势的"南欧型";③ 是中右政党占绝对优势的"日本型"①。

按照马克思主义关于划分国家历史类型的原理,我们可以把政党制度分为资本主义国家的政党制度和社会主义国家的政党制度,而这两大类型中,不同的国家又有不同的样式。

二、资本主义国家政党制度

(一)一党制

"一党制",是指资本主义国家中一个政党长期在国家政治生活中占据主导地位,独掌政权的政党制度。实行"一党制"的资本主义国家,在法律和事实上一般不允许其他政党存在或与之争夺政权。资本主义国家"一党制"主要有两种情形:

法西斯主义独裁统治的"一党制"。当资本主义发展进入帝国主义阶段,垄断资产阶级面对严重的经济危机和尖锐的阶级矛盾,无法以资产阶级的民主方式来维护其统治。在第一次世界大战后和第二次世界大战期间,

---

① 《中国大百科全书·政治学卷》,中国大百科全书出版社 1992 年版,第 478 页。

一些资本主义国家实行了法西斯独裁的"一党制"。如德国的国家社会主义工人党、意大利的国家法西斯党、西班牙的长枪党等。这些国家的法西斯政府通过颁布一系列法令,对法西斯政党以外的其他政党,或予以解散,或没收其财产,或加以逮捕,或禁止其活动,并且取消了议会制度等其他资产阶级民主政治制度。法西斯主义的一党独裁体制,是以党魁个人的独裁统治为标志的。根据 1933 年德国政府的有关法律规定,内阁总理为纳粹党(德国国家社会主义工人党)党魁。1934 年 8 月,希特勒又颁布法律,使内阁总理兼任总统,于是将党、国的一切权力集中于一人手中,成为名副其实的一党一国一人的独裁政治。意大利的墨索里尼、西班牙的佛朗哥等也是典型的个人独裁统治。法西斯一党制的共同特点是依靠暴力手段和恐怖专政维持和复辟旧秩序,阻碍社会的进步。它们对内实施高压与恐怖,对外进行扩张和侵略。

第二次世界大战后,亚、非、拉地区涌现出一大批新独立的民族主义国家。为了维护民族独立,加速社会改造和发展,抵御外来侵略和干涉,一些国家推行了一个政党长期执政的一党制。目前,在非洲等地实行这一制度的国家较多。由于各国的发展道路和具体国情的差异,民族主义国家"一党制"的形成过程也有所不同,大致包括以下几种情况:第一种是该国在争取民族独立的斗争中,就是由单一的政党领导,在独立后基于它在民众中的崇高威望被推举为执政党。如莫桑比克解放阵线党、阿尔及利亚民族解放阵线党、赞比亚联合民族独立党等。第二种是在民族独立之后和平地将若干个政党合并为一个政党,如坦桑尼亚革命党。第三种是一些国家虽然允许多党的存在和活动,但在事实上,始终由一个政党单独执政,如新加坡人民行动党。第四种是一些国家在经历了军事政变之后,取消了原有的一切政党,重新建立新的唯一合法的执政党,如扎伊尔人民革命运动、马里人民民主联盟等。取得独立之后的民族主义国家,大都希望能够通过实行"一党制",对国内外事务进行集中统一领导,避免"两党制"或"多党制"可能给国家和社会带来的纷扰和混乱。尽管个别民族主义国家目前存在着个人独裁统治的情况,但就性质和程度而言,与历史上的法西斯主义"一党制"是有区别的。

(二)两党制

"两党制",指在资本主义国家中,两个代表资产阶级利益、势均力敌的政党控制绝大多数的选票,在无需其他政党的支持下,通过取得议会多数或总统职位,轮流上台执政的政党制度。其中议会选举或竞选总统获胜的党,掌握政权,成为执政党;另一党则处于在野党或反对党的地位,监督、牵制政府。在下一届选举中,重新决定政党地位的变动。

实行"两党制"的国家,一般在理论和法律上允许多党存在,但在现实政治生活中,最具有势力、地位的只有两党,且处于互相对峙的局面;其他小党势单力孤,在政治竞争中难与两大政党相抗衡,不能在政治上起到决定性作用。因此,不能简单地以政党的数量来判定是否两党制。有的国家虽然只有两个政党,由于不存在交替执政的情况,也不能称作是"两党制"国家。

"两党制"渊源于英国。早在 17 世纪末,**英国议会内部就出现了辉格党和托利党**。18 世纪 60 年代以前,主要由辉格党执政,60 年代以后,则主要由托利党执政,但尚未形成真正意义上的"两党制"。工业革命后,辉格党和托利党分别演变为更符合资产阶级统治需要的自由党和保守党。作为一种政党政治,英国资产阶级"两党制"正式形成于 19 世纪 30 年代。1832 年英国议会改革选举法颁布后,英国出现了同样代表资产阶级的自由党和保守党轮流执政的局面。以后,两大党派轮流执政的制度为美国、奥地利、加拿大、澳大利亚、新西兰、委内瑞拉和哥伦比亚等国采用。

由于资本主义国家政党体制受到具体政治、经济形势,国家政体形式以及政党力量对比等方面因素的影响,"两党制"在各个国家中的表现形态各有其特点。英国内阁制的"两党制"和美国总统制的"两党制"最具有典型意义。

英国是实行内阁制的国家,其"两党制"是在议会为政治活动中心的条件下产生、发展起来的。只有在下议院中获得大多数议席的政党,才能组织内阁,执掌国家政权,成为执政党。由于英国的执政党在下议院中是多数党,执政党的领袖也是下议院多数党的领袖,因此英国的执政党在掌握政府内阁的行政权的同时,也取得了下议院的立法权。这就使英国执政党具有广泛的权力,便于其推行政治纲领。竞选失利的议院第二大党退居为反对党,组成"影子内阁",为下届选举作准备,并监督政府当局的行为。英国的执政党与反对党在形式上区分较严格,跨党投票现象十分少见。加拿大、新西兰等前英国殖民地国家的"两党制",基本类似于英国模式,不同之处在于大党需要小党的支持才能赢得议会多数,对立党的力量和作用不如英国的那样强大。

美国是实行总统制的国家,国内两大政党通过取得总统竞选的胜利,来谋求上台执政。由于美国总统与国会之间,美国的行政权与立法权是以分权和制衡为原则的。取得总统竞选胜利的执政党掌握行政权,但并不一定掌握立法权,国会中的多数党可能是对立派政党。作为执政党的领袖,总统负责组织政府,不对国会负责。竞选失利的政党通常处于涣散状态,没有严密的组织体系和当然的反对党领袖。美国两大政党观点接近,时常有跨党投票的情况。

从表面上看,在一些资本主义大国通行的"两党制",你上我下,轮流执政,似乎很民主,甚至被一些西方学者赞誉为一种民主、科学的政治制度模式。其实不然,通过分析"两党制"在现实政治中的实际运作,可以发现其政治实质。

第一,"两党制"是实现整个资产阶级统治持久稳定的"两手办法"。马克思指出,资产阶级两党制为了保证政权不旁落他人,"它轮流地使政权从一只手中放下去,又立刻被另一只手抓住。"①不管哪个政党上台执政,虽然各自代表的利益集团不同,具体政策上存在分歧,但是根本政治倾向没有原则区别,在维护垄断资本利益和资本主义制度方面有共同的利益。正如美国前总统杰斐逊所说:"我们都是共和党人,我们都是联邦党人。"②资产阶级两党制形式上的台上台下之分,取决于如何安排对资产阶级利益更为有利。资本主义国家的大财团竭力赞助的政党竞选,好比是他们在柜台上挑选不同牌子的同一种商品,只有细微的差别,没有本质上的不同。两个没有原则分歧的政党轮流坐庄,可以确保阶级内部权力的平稳交接,不对资产阶级专政构成威胁。

第二,"两党制"是调节资产阶级内部不同派别、集团间矛盾的政治工具。作为围绕国家政权活动的一种政治形式,"两党制"可以避免代表个别利益集团的政党独掌政权,通过政党轮流上台,体现不同利益集团的利益;同时,上台执政的政党由于时时受到在野党的监督、牵制、批评的影响,在运用国家政权时,会在一定程度上顾及其他社会利益集团的要求。在符合资产阶级整体利益的前提下,协调其内部各种关系。资产阶级两党制在有的西方国家也被称为"两党合作制"。执政党出于平衡各方利益的目的,在物

---

① 《马克思恩格斯全集》第 11 卷,第 399 页。
② 《历史研究》1987 年第 5 期,第 178 页。

色阁员、重大问题决策等方面,也会突破政党关系的约束,与非执政党进行对话和协商。这充分体现了资产阶级内部利益均沾的特点。

第三,"两党制"是资产阶级进行民主伪装的重要手段。实行"两党制"是资产阶级民主的重要内容,这似乎成了资产阶级标榜公平竞争、权力制衡和自主选择的有力证据。但实际上,只是具有政治欺骗性的假象。实行"两党制"的国家虽然允许两党以外的其他政党存在,但两大政党可以通过控制选举过程,在选区划分、各级选举机构的组成、候选人的提名等方面排斥两党以外的其他政党的介入,使在野的小党在政治上无法出头。政党之间一上一下,互易其位,有时看来似乎顺应民意,满足人们要求改变现状的愿望。其实,政府更迭及其政党间的彼此攻击,并不是出于实质性的利害冲突,也不可能带来根本性的转变。不管哪个政党得势,都是代表垄断资产阶级的利益来统治国家。英国工党议员布家南承认:"我们批评了保守党人,可是我们心里清楚地感到,如果我们取而代之,掌握了政权,我们组成的政府所要做的,基本上也和现存政府正在做的将如出一辙。"[1]在两党制条件下,人民大众的选择自由只能是"两害相权取其轻",选出的只能是资产阶级的党派和代表。

（三）多党制

"多党制",是在多党存在的资本主义国家中,各党以特定方式竞相执政的政党制度。

"多党制"起源于法国。法国大革命时期,众多的政治派别参加了当时国民议会选举,由于没有一个派别能够取得议会多数,为了实现上台执政的目的,它们纷纷结盟参加竞选。1875年,法国第三共和国时期正式确立了多党制的政党制度。以后,意大利、联邦德国、日本、荷兰、丹麦、比利时、希腊等国家也实行了多党制。

目前,在资本主义国家中,存在两种类型的多党制。

一种类型是联合执政的"多党制"。在资本主义国家中,一国之内,常有若干政党彼此互不相让。因此,只有在个别情况下,一个政党能够长期稳定地在选举中单独获得多数议席。通常情况下,两个或两个以上的政党结成

161

---

[1]　〔苏〕弗·格·特鲁汉诺夫斯基:《英国现代史》,三联书店1979年版,第512页。

联盟,共同参加选举,取胜后共同组成联合内阁。内阁阁员也由这联合的各政党分任之。在议会中仅占少数议席且不参与执政的政党则成为反对党,反对党有时也组成联合阵线,与联合政府相抗衡。这一类型的"多党制",在欧洲大陆国家较为多见。这主要是因为这些国家社会结构复杂,基于不同利益、信仰的政治派别易于形成多党纷争的格局。此外,这些国家在选举制度上实行比例代表制或少数代表制,造成选票和议席的分散化,客观上起到了巩固多党制的作用。联合执政"多党制"的形成基于以下两种情况:一种情况是没有一个政党能够长期保持在议会中的稳定多数,只有依靠党派结盟来争取议会多数,共同上台执政建立联合政府。法国第五共和国时期,总统改为由普选产生,由于靠一党力量无法取得议会多数席位,各党为了争取上台执政建立起选举联盟,逐步形成日前的两派、四党对峙的党派格局,即右翼的保卫共和联盟、民主联盟,左翼的社会党、共产党。在瑞士和芬兰,没有一个政党的得票率超过40%。这些国家只有采取联合执政的"多党制"才能解决政党参政的问题。另一种情况是一党已经成为议会多数党,为了争取更多的党派支持以维持社会平衡,仍采取联合执政的方式。法国1968—1973年间保卫共和联盟执政时和1981—1984年社会党执政时,尽管已经掌握了议会多数席位,但仍然接纳选举联盟中的成员党加入政府。这样的联合政府在联邦德国、意大利等国的某些时期也曾出现过。

另一种类型是单独执政的"多党制"。在一些存在多党的国家中,政党与政党之间不存在政权更替,一个党在相当长的时期内明显超过其他党,在议会中获得绝对多数席位,一直处于单独执政的地位。1955—1993年的日本政党制度是具有典型性的。1955年11月,由原日本两大保守党——民主党和自由党联合组成自由民主党,自民党取得执政地位后,30多年来立而不败。这一时期日本政党政治实质上是自民党内部派系与派系之间的政权交替。又如意大利的天民党、印度的国大党、墨西哥的革命制度党等在较长时期内获票率远远超过第二大党,长期垄断政权,处于执政地位。这一类型的多党制又被称之为"一党居优制"或"一党独大制",它介乎一党制与多党制之间,实际是多党制的特例。它与一党制的区别,在于多党之中的一党居优的政党是通过选举取得执政地位的,执政党与反对党之间保持对话关系,听取反对党的批评。

在多党制国家中,由于政党群立,议席分散,各政党通常以政党联盟的方式参与执政,这是"多党制"的一个突出特点。然而,组成的议会与内阁成分复杂,往往议会党派政见不一,内阁阁员意见不集中。多党联合政府只是各党在争夺权力时暂时妥协的产物,一般缺乏稳固的政治基础。政府内部的争论和倾轧达到一定程度,要么有关政党撤回阁员酿成内阁危机,要么议会宣布倒阁,造成政府更迭频繁。"二战"结束后,1944—1990年间意大利政府更迭达50次之多,每届政府平均任期只有10个月,其中最短的仅39天,最长的只有34个月①。尽管法国鉴于以往政府更迭过频的问题,在起草第四共和国宪法时作了某些调整,但是第四共和国期间仍然走马灯似地更换了25届政府。政局不稳定是多党制带有普遍性的重要缺陷。

多党制作为资产阶级的一种民主形式,是维护资本主义国家政治统治的工具。它不可能向广大民众提供比"两党制"更多的自由选择的余地,而只能比"两党制"具有更隐蔽的政治欺骗性。在表面上,"多党制"允许工人阶级及其政党参与国家政治生活,甚至在工人阶级政党力量较为强大的国家存在联合执政的情况,但是工人阶级政党参政的程度必然受制于国家政权的资产阶级性质。在意大利,天主教民主党和共产党始终是两个最大的政党,但前者一直执政,后者则长期在野。1967年至1979年意大利共产党一直被排斥在联合政府之外,即使共产党偶尔参加联合政府,也会很快被排挤出来。法国共产党1946年大选后成为法国第一大党,在多次选举中得票最多,资产阶级通过变换选举制度的办法,使共产党在议会中所占议席不占优势。在实行多党制的资本主义国家中,工人阶级政党对政权的影响微乎其微。因而,从本质上讲,资本主义国家多党制仍然是资产阶级选择"代理人"、寻求政治平衡的政治机制。

三、社会主义国家政党制度

(一)无产阶级政党的领导地位

在社会主义国家中,坚持无产阶级政党的领导地位是社会主义国家政党制度的突出特点,社会主义国家的宪法大都明文规定了无产阶级政党的

---

① 《西欧研究》1988年第5期,第47页。

领导地位。这符合无产阶级政党自身的性质及其社会主义事业发展的客观要求。具体而言,主要有以下几个方面:

第一,无产阶级政党的领导地位,是由无产阶级政党在人民革命事业中的历史作用决定的。从无产阶级政党诞生之日起,就始终站在革命斗争的前列。无产阶级政党不断地向本阶级成员灌输社会主义思想,促使其从自在阶级向自为阶级的转变,并通过积极组织群众开展政治、经济、思想斗争,采取革命手段夺取政权,实现新旧社会制度的更替。无产阶级政党的领导作用,在俄国、中国及其他社会主义国家的革命进程中得到了充分的体现。无产阶级政党在取得政权之后,自然地过渡为社会主义国家的执政党,对社会主义建设事业发挥全面的领导作用。

第二,无产阶级政党的领导地位,是由社会主义制度的性质决定的。生产资料公有制是社会主义国家普遍实行的基本经济制度。社会主义国家的一切政治建设都必须与之相适应,为其服务。生产资料公有制决定了无产阶级政治、经济利益的整体性和一致性,因而,社会主义国家需要由统一的无产阶级政党来领导。

第三,无产阶级政党的领导地位,是无产阶级承担的当前及未来的使命决定的。无产阶级在夺取政权之后面临的任务比夺取政权之前更为繁重、复杂。这就更加需要加强无产阶级内部的团结和统一,尤其是政治上的高度一致。如果没有强有力的领导核心,非但不能加快当前的发展速度,而且会将已经开创的社会主义事业断送掉。领导人民走社会主义道路,最终实现共产主义社会制度,是无产阶级政党最崇高的历史使命。在尚未完成人类历史上最伟大的事业之前,无产阶级政党不可能退出历史舞台,放弃自己的领导地位。

第四,无产阶级政党的领导地位,是由无产阶级政党自身的特点决定的。无产阶级政党是由无产阶级的先进分子组成的,它能够集中反映本阶级的愿望和要求;无产阶级政党以马克思主义理论作为思想和行动的指导,能够科学地洞察纷繁复杂的社会现象,遵循社会发展规律,制订正确的方针、政策、路线;无产阶级政党能够以严格的组织原则和组织纪律规范自身的行为,带领和组织本阶级成员实现各个发展时期的战略目标。

中国共产党的领导地位,是历史的选择,特别是自中国共产党成立以来70多年的革命和建设发展的必然结果。无论是新民主主义革命的胜利,还是建国后领导全国人民进行社会主义革命和社会主义建设取得的成就,都离不开党的领导。即使在建设和发展的道路上出现了失误,也是由中国共产党自己纠正的。十一届三中全会以后,党在深刻总结历史经验教训的基础上,着重指出了坚持四项基本原则的核心是坚持党的领导,得到了全党和全国人民的拥护和支持。中国共产党的领导地位,也是由中国共产党的工人阶级先锋队性质决定的。共产党是中国工人阶级和其他劳动人民的领导者,是代表着全体人民根本利益的政党。她具有科学的世界观,通晓社会发展规律,担负着全国人民建立和建设社会主义、实现共产主义的历史重任。坚持中国共产党的领导地位,同样是社会主义现代化建设的客观要求。中国是一个经济和文化比较落后的发展中国家,而且人口多、底子薄,实现现代化,没有强有力的政治核心是不可能成功的。只有中国共产党能够把马克思主义理论同中国具体实际相结合,为中国经济现代化、政治现代化作出正确的决策,制定正确的目标、步骤和方法,并且组织和调动亿万人民为之奋斗。只有中国共产党才能维护统一、安定、和谐的政治局面,为现代化建设提供必要的条件。在中国,没有一种政治力量能够替代中国共产党的领导地位。

正确理解无产阶级政党领导的内涵是坚持和加强无产阶级政党正确领导的关键。无产阶级政党在夺取政权之后,主要是通过执掌政权,对国家生活进行全面领导,支持和依靠广大人民群众发展社会生产来建设社会主义的。这是无产阶级政党实行领导的本质内容。

党的领导,不意味着党有超乎人民群众之上的权力。无产阶级政党与资产阶级政党的主要区别之一,在于无产阶级政党从来不把人民群众当作自己的工具,而是把自己当作人民完成历史使命的工具。政党凌驾于群众之上,势必脱离群众,得不到群众的支持,实现党的领导根本无从谈起。在中国共产党章程的总纲中规定,"党必须在宪法和法律的范围内活动"。党的各级组织和所有党员,都不允许有凌驾于宪法和法律之上的特殊地位和特殊权力。无产阶级政党只有充分发扬民主,听取人民意见,接受人民监督,才能有效发挥其领导作用。

党的领导,不意味着党可以代行国家机关和企事业单位的管理职权。作为国家生活的领导者,党不必是国家与社会各项事务的直接管理者。党、政府、企事业单位之间在工作的性质、职能、内容、方式等方面存在着差异。任意加以混淆,不仅不能加强党的领导,反而会由于精力分散,无法发挥党应有的领导作用。列宁曾经指出:"党的任务是对所有国家机关的工作进行总的指导,而不是像目前那样进行频繁的、统统是对细节的干涉。"①中国共产党在十一届三中全会以后,将解决党政职能分开问题作为政治体制改革的一项重要内容。

党的领导,不意味着可以排斥其他党派的参政与合作。在社会主义国家中,除了有共产党长期、稳定地居于执政地位之外,有的国家还有民主党派参与合作,如中华人民共和国有8个民主党派,朝鲜民主主义人民共和国有2个民主党派。处理好与其他党派的关系,完善共产党与民主党派的合作体制,对于改善党的领导,促进社会主义建设具有重要意义。

无产阶级政党的领导主要是通过政治领导、思想领导和组织领导三个方面来实现的。

政治领导,是党为了完成一定历史时期的任务,在充分调查研究的基础上,依据马克思主义理论,制定和执行符合本国国情、符合社会发展规律、符合人民群众根本利益的路线、方针、政策,从而为国家机关确定工作目标、方向、计划及任务。党的各级组织将党的大政方针与本部门、本单位的实际相结合,并在贯彻过程中不断地加以检验和完善。中国共产党的领导主要是政治领导,主要内容包括政治原则、政治方向、重大决策的领导以及向国家政权机关推荐重要干部。

思想领导,是无产阶级政党围绕自己的政治路线、思想路线而开展的思想政治工作和宣传教育工作。这是无产阶级政党统一全党全民思想、上下一致进行社会主义革命和建设的重要一环。党在通过多种形式、多种渠道对党员群众进行思想教育的同时,及时发现党员群众中存在的思想观念问题,消除思想误区,不断提高人们理解和贯彻党的路线、方针、政策的准确性和自觉性,为完成党的长期目标和当前任务提供思想指导和精神动力。

组织领导是党对干部问题为核心的一系列组织工作实施领导的活动。为了保证党的路线、方针、政策的持续性、稳定性,必须完成党的干部正常的"新陈代谢"。无产阶级政党有计划地对干部进行培养、选拔和使用,制定了一系列干部管理的具体制度。中国共产党对干部队伍建设提出了革命化、年轻化、知识化、专业化的目标。无产阶级政党也十分重视增强党员干部的党性原则和组织纪律性,对各级领导干部实行有效的监督,将治理党内腐败、维护党在人民群众中的崇高形象看作是实现党的领导的重要方面。

---

① 《列宁全集》第33卷,第221页。

（二）共产党领导的多党合作

　　坚持无产阶级政党的领导地位,并不意味着排斥其他民主党派的存在以及与他们合作共事,共同管理国家。中国主要的民主党派包括由中国国民党民主派和其他爱国民主人士创建的中国国民党革命委员会(简称民革);以中上层知识分子为主的中国民主同盟(简称民盟);主要由经济界人士及有关专家、学者组成的中国民主建国会(简称民建);从事教育、文化、出版、科学和其他工作的知识分子组成的中国民主促进会(简称民进);主要由医药卫生和科技、文教界中高级知识分子组成的中国农工民主党(简称农工党);以归侨、侨眷和与海外有联系的代表性人士、专家学者组成的中国致公党(简称致公党);由科技和文教、医药卫生界高中级知识分子组成的九三学社(简称九三);由居住在中国内地的台湾省籍人士组成的台湾民主自治同盟(简称台盟)。

　　中国共产党领导的多党合作制度是在长期的中国革命和建设实践中逐步形成的。中国共产党在领导新民主主义革命的过程中,根据马克思主义关于建立广泛统一战线的原理,不仅建立了牢固的工农联盟,而且同由民族资产阶级、城市小资产阶级以及同他们相联系的知识分子、爱国民主人士的代表人物所组成的各民主党派和无党派各界爱国人士结成了最广泛的统一战线。在半殖民地、半封建的社会条件下,代表中国民族资产阶级和小资产阶级的民主党派,不可能形成为独立、强大的政治力量。在国民党的专制统治下,民主党派要争取民主自由,摆脱帝国主义和封建主义的压迫,只有向工农阶级和中国共产党寻求支持与合作。在反帝反封建的共同政治要求基础上,中共与各民主党派建立了合作关系。1949 年 9 月,中国共产党同各民主党派一起参加了中国人民政治协商会议,共同制定了具有临时宪法性质的《中国人民政治协商会议共同纲领》,选举产生了中央人民政府。为建国后中国共产党同各民主党派的合作奠定了基础。中华人民共和国成立后,各民主党派的代表人物参加了中央与地方各级政权的工作,与中国共产党共同决定和管理国家和社会事务。基于过渡时期中共与民主党派的密切协作,1956 年社会主义改造基本完成之后,中共中央和毛泽东主席肯定地指出,多党合作比只有一个党好,正式提出了"长期共存、互相监督"的方针,并将这一方针列入中共"八大"的决议,标志着共产党领导的多党合作作为中国的一项政治制度被确定下来。在 1957 年反右斗争中及随后的"文革"动乱时期,中共对民主党派的正确政策受到"左"倾错误的严重破坏,许多民主党派成员遭受迫害。十一届三中全会以后,中国共产党根据中国社会阶级状况的变化,确认各民主党派已经成为各自联系的一部分社会主义劳动者和一部分拥护社会主义的爱国者的政治联盟。我党逐步清除了"左"倾错误,恢复和发展了对民主党派的正确方针、政策。1982 年 9 月,中共"十二大"将"长期共存、互相监督"的八字方针发展为"**长期共存、互相监督、肝胆相照、荣辱与共**"的十六字方针。1987 年 10 月,中共"十三大"把**共产党领导的多党合作和政治协商制度,同人民代表大会制度并列为中国特色的社会主义政治制度**。1989 年 12 月 30 日,中共中央制定了《中共中央关于坚持和完善中国共产党领导的多党合作和政治协商制度的意见》,明确指出,中国共产党是社会主义事业的领导核心,是执政党,各民主党派是同中共通力合作、共同致力于社会主义事业的亲密友党,是参政党。2005 年 3 月,中共中央制定了《中共中央关于进一步加强中国共产党领导的多党合作和政治协商制度建设的意见》,《意见》是继 1989 年文件之后,又一个指导推动我国多党合作事业发展的纲领性文件。它从发展社会主义民主政治、建设社会主义政治文明,提高党的执政能力、构建和谐社会的战略高度出发,阐明了坚持和完善中国共产党领导的多党合作和政治协商制度的重要性和必要性;首次提出"多党合作和政治协商要牢牢把握发展这个根本任务";第一次论述了新世纪新阶段我国民主党派的性质和作用,指出:"在新世纪新阶段,民主党派是各自所联系的一部分社会主义劳动者、社会主义事业建设者和拥护社会主义的爱国者的政治联盟",是"发展先进生产力、社会主义民主政治、社会主义先进文化和构建社会主义和谐社会的一支重要力量,也是实现祖国统一、民族振兴的一支重要力量"。在中国共产党的正确方针、政策指引下,为了适应新时期新任务的需要,各民主党派的自身建设有了新的发展。民主党派成员的总体数量有了较大增长、平均年龄明显下降,素质显著提高,新的领导骨干迅速成长,为实现新老合作和交替创造了条件。各民主党派成员活跃于经济、政治、社会的各个领域,他们积极参加国家大事的管理,提出许多建设性的提案和意见,发挥了政治协商、民主监督的作用。

中国共产党和各民主党派通过多种合作方式共同协商、管理国家事务,这些合作方式概括起来主要有以下几种。

中国人民政治协商会议

中国人民政协是中国共产党领导的具有广泛代表性的统一战线组织，也是具有中国特色的实现多党合作的重要政治组织形式。作为民主党派参政议政的重要场所，人民政协具有鲜明的党派特点，且具有覆盖面广的特点，在县级以上城市均有政协。在全国人民代表大会制建立之前，人民政协代行国家最高权力机关的职权，在1954年人民代表大会制建立之后，人民政协成为中国共产党和各民主党派、各人民团体及各界代表进行政治协商、民主监督的机关。政治协商主要是对国家大政方针和社会生活中的重大问题进行协商讨论，"政治协商的好处在于既能实现最大多数人民的民主权利，又能尊重占少数地位的人民的民主权利，在经过充分协商之后，使各方面的政见在基本上达到适当的集中和统一。"①民主监督是指人民政协中的各政党、各团体以及社会各界代表相互批评，以及对国家机关、政府工作进行批评和提出意见、建议。

中国共产党召集的协商座谈会

它由中国共产党各级组织邀集，中共和各民主党派的领导人及无党派爱国民主人士的代表参加。主要就大政方针和国家政治生活中的重大问题、国家机关及人民政协的重要人事安排等交换意见，协商讨论。根据《中共中央关于坚持和完善中国共产党领导的多党合作和政治协商制度的意见》，此类活动方式主要有三种：邀请各民主党派主要领导人和无党派的代表人士举行民主协商会，一般每年举行一次；中共中央主要领导人根据形势需要，不定期地邀请民主党派主要领导人和无党派的代表人士举行高层次、小范围的谈心活动；由中共召开民主党派、无党派人士座谈会，大体每两月举行一次。这类协商座谈会在形式上比人民政协会议更为灵活，可以随时根据需要召开。尽管它没有法律上的规定，但从十一届三中全会以来，逐步发展成为我国政治生活中的一种惯例和制度。由于这类协商座谈会主要是在中国共产党和民主党派之间进行，对加强各政党之间的联系与合作发挥了积极作用。在2003年和2004年两年时间里，中共领导人亲自或委托有关部门召开的各种协商会、座谈会、通报会等共有36次，其中由中共中央总书记主持的就有13次。

169

---

① 李维汉：《统一战线问题和民族问题》，人民出版社1981年版，第160页。

共同参加国家政权

中国共产党和各民主党派共同参加国家政权主要是通过它们在全国和地方各级人大、国务院和各级人民政府中的合作来实现的。人民代表大会制是我国的根本政治制度，也是实现人民当家作主的主要政治形式。我国各级人民代表大会的代表候选人通常是由中国共产党和各民主党派在协商基础上联合提出的。在各级人大中，民主党派成员和无党派人士当选为人民代表的数量都占有相当比重，有的还担任全国和地方的人大常委会委员和正副委员长（主任）。据 2005 年《中国的民主政治建设》白皮书统计数据表明，2003 年换届后，各民主党派和无党派人士中有 17.6 万人担任全国各级人大代表。其中，全国人大常委会副委员长 7 人，全国人大常委 50 人；省级人大常委会副主任 41 人，省级人大常委 462 人；市级人大常委会副主任 352 人，市级人大常委 2 084 人。中国共产党和民主党派共同参加政府工作，也是实现中共领导的多党合作的一种重要形式。这早在建国初期就有成功的实践，当时民主党派成员曾经担任过国家副主席、国务院副总理、政府正副部长以及省级地方政府领导等重要职务。目前，在国务院，省、自治区、直辖市政府，以及一些县、市政府，都有民主党派人士和无党派民主人士担任领导职务。截至 2004 年底，各民主党派和无党派人士共有 3.2 万多人在各级政府和司法机关担任县处级以上领导职务。其中，有 19 人担任最高人民法院、最高人民检察院和中央国家机关有关部委领导职务；全国 31 个省、自治区、直辖市中，有非中共党员副省长、副主席、副市长 27 人；全国 397 个市（州、盟、区）人民政府中有非中共党员 354 人担任副市（州、盟、区）长；另外，各民主党派和无党派人士中，还有 19 人担任省级法院副院长或检察院副检察长，有 87 人担任地市级法院副院长或检察院副检察长。民主党派成员参加政府工作，不是代表各自的党派参加政府，也不是按本党派的意见从事政府工作，而是作为国家公务人员在政府工作中与中国共产党通力合作，按国家方针政策办事。

（三）中国政党制度的特点与优点

中国共产党领导的多党合作制，是马克思主义国家学说、政党学说与中国革命和建设的实际相结合的创造性成果，是中国共产党与各民主党派长期合作的经验总结。我国是在坚持共产党执政地位的同时，吸收八个民主党派一起参政。它不同于一党制,也不同于多党制。各民主党派是在自觉接受和拥护共产党领导的前提下,服务于社会主义事业的。双方既是领导与被领导的关系,又是互相监督和合作的关系。在中国政党制度下,不存在资本主义国家轮流执政的情况。这种具有中国特色的社会主义政党制度,具有鲜明的特点:

第一,坚持共产党领导。坚持中国共产党的领导,是我国多党合作的核心,是一项不可动摇的政治原则。坚持共产党领导,就是以接受中国共产党对整个国家实行政治领导为前提。中国共产党通过决定正确的政治原则、政治方向和重大方针政策,团结各民主党派,为实现这些路线、方针、政策共同努力。不断加强和完善党的领导,是中国共产党和各民主党派长期合作的经验总结和根本保证。

第二,多党长期合作。中国共产党和各民主党派之间没有在朝在野之分,民主党派是与中共通力合作,共同致力于社会主义事业的亲密友党。因而,共产党与各民主党派合作协商制度是需要长期保持下去的。正如周恩来同志所说:“我们党的寿命有多长,民主党派的寿命就有多长,一直要共存到将来社会的发展不需要政党的时候为止。”[①]为了保证民主党派参政议政、民主监督,民主党派除了参加国家重大事务的讨论和协商之外,民主党派的一些优秀代表参加了人民代表大会和政府部门的工作,有的被安排到人大和政府部门的领导岗位上。

第三,有一定的组织形式。人民政治协商会议是共产党领导的多党合作的一种重要组织形式,是各党派、各人民团体、各界代表人物团结合作、参政议政的重要场所。在新的历史时期,爱国统一战线空前扩大,人民政协组织也出现了前所未有的发展。目前,全国已有2 900多个县级以上行政区划单位建立起各级人民政协组织。共产党同民主党派通过人民政协这一重要渠道,对国家的大政方针、各族人民政治生活中的重要问题以及统一战线内部的各种问题进行民主、平等、真诚的协商。人民政协的民主监督,能够充分反映各方面的意见、要求、批评和建议,可以起到其他形式的监督不能替代的作用。它虽没有法律的约束力,但又比一般性的群众监督视野广,影响大。同时,人民政协也为各民主党派加强思想建设、组织建设,积极开展各种社会服务,参与经济、政治、文化活动创造了条件。

171

---

① 《周恩来统一战线文选》,第350页。

第四,具有宪法保障。我国宪法强调了中国共产党的领导地位,也确认了民主党派在爱国统一战线中的作用。我国宪法明确规定了各政党"都必须以宪法为根本活动准则,并且负有维护宪法尊严、保证宪法实施的职责"。因而,中国共产党对各民主党派的政治领导,同民主党派在宪法规定的权利、义务范围内享有政治自由、经济独立和法律地位的平等是统一的,而不是相互矛盾的。

邓小平同志多次强调中国共产党领导的多党合作是我国政治制度的一个特点和优点。作为中国政治制度的一个优点,主要表现在:

第一,有利于加强社会主义民主政治建设。要健全社会主义民主政治,必须畅通民主渠道,将各方面的意见、要求、批评和建议反映上来。各民主党派都是它所联系的那部分社会主义劳动者和拥护社会主义的爱国者的政治联盟。在我国政党制度下,民主党派的长期存在以及它们直接参加各级国家权力机关和政府部门,可以充分反映它们所联系的那部分群众的利益和要求,并且将其体现在国家的法律、政策之中。决策的科学化和民主化,是社会主义民主的一项重要内容。中国共产党领导的多党合作制,可以吸引广大民主党派成员参政议政,发挥它们在监督、咨询、智囊等方面的重要作用,实现决策的科学化和民主化。

第二,有利于团结一切可以团结的力量,推进中国现代化事业。实现社会主义现代化,是中国共产党和各民主党派的共同目标。中国共产党领导的多党合作可以调动民主党派的各级组织和所联系的群众的积极性、创造性。我国民主党派组织所联系的相当一部分成员是中高级知识分子和原工商业者,可以充分发挥他们"人才库"的优势和作用,在国家和地区重大项目的规划和建设中进行考察、研究和论证,提供政策、经济技术、经营管理等方面的咨询,帮助引进外资、技术、设备和人才等。这些优势是建设现代化社会主义强国不可或缺的智力支持和社会资源。

第三,有利于加强和改善党的领导。实行中共领导的多党合作制的一个重要目的,在于加强和改善党的领导。作为执政党,中国共产党的自身状况对社会主义事业的发展有着决定性的影响。如果不能及时发现共产党在领导活动中的偏差和失误,将会严重影响党的领导作用。因此,中国共产党需要来自各方面的监督。中国共产党除了进行党内监督和接受群众监督之外,还要接受民主党派和无党派人士的监督。中国共产党在处理与民主党派的关系时,早就提出了"长期共存、互相监督"的方针。邓小平同志指出:

"共产党总是从一个角度看问题,民主党派就可以从另一个角度看问题,出主意。这样,反映的问题更多,处理问题会更全面,对下决心会更有利,制定的方针政策会比较恰当,即使发生了问题也比较容易纠正。"①实践证明,由民主党派提供的有组织的民主监督,对于加强和改善党的领导,发挥了有益的作用。

第四,有利于促进祖国统一大业。各民主党派成员中的不少人有着广泛的社会交往,尤其是他们同港澳台的军政人员及其他各界同胞有着各种密切的社会联系和历史联系。他们在促进祖国统一方面,可能作出重要的贡献。各民主党派的成员可以通过多种渠道和方式开展交流活动,宣传党关于祖国统一的方针、政策、路线,介绍中国改革开放以来的建设成就。这对于激发港澳台人士的爱国热情,扩大中国大陆在海外的政治影响,促进祖国统一大业的完成,都具有重要意义。

思考题

1. 现代政党一般具有哪些基本特征?
2. 政党制度具有哪些体制模式和组织类型?
3. 两党制和多党制有什么异同?
4. 如何理解中国共产党领导的多党合作制?

---

① 《邓小平文选》第1卷,第273页。

第六章　行政与人事

本章提要

任何国家都有行政管理、人事制度，因为行政管理和人事制度涉及国家如何通过行政机构运用各种手段来执行国家的政治职能和社会职能，从而更好地维护国家利益。行政管理体系有效运行的关键在于建立一个健全的行政体制，体制中的人是影响整个行政体系作用发挥的关键环节，研究如何对行政体系中的工作人员进行有效管理的人事制度具有重要意义。加强对行政与人事的研究，既是政治学的重要内容，也具有重要的现实意义。

任何国家都有行政管理、人事制度。因为行政管理和人事制度涉及统治阶级通过行政机构运用各种手段达到自己的政治目的，从而更好地进行统治。因此，加强对行政与人事的研究，既是政治学的重要内容，也具有重要的现实意义。

一、行政管理与人事制度的基本概念

（一）行政管理的定义与范围

要弄清楚什么是行政管理的定义,有必要先明白什么是行政,什么是管理。对于"行政"一词的涵义,在不同的历史时期,不同的阶级有不同的解释。

在中国,"行政"二字历史久远。早在2 500多年前战国时期撰写的《左传》中,就有"行其政事"、"行其政令"的记载。在距今270多年前清人编撰的《纲鉴易知录》中,也有"召公、周公行政"的记载。这些史籍上出现的"行政"概念,其含义往往指的是国家的全部管理。

西方的行政学者有的从政府组织的分工关系上确定行政,有的从政治权力的运用上说明行政,还有的从管理的角度说明行政。所有这些,不仅带有浓厚的资产阶级政治体制的色彩,而且同客观实际又是相脱离的,显然,西方学者理解的"行政"含义是狭窄的、不科学的和不严密的。

马克思生前虽然未留下行政管理学的专著,但曾经给"行政"作过理论阐释,指出:"行政是国家的组织活动。"[①]根据马克思主义的理论,我们可以给"行政"下一个比较具体的定义,所谓**行政,是指国家的政务推行与管理,即国家和社会公共事务的组织与管理活动。**

什么是管理呢? 它与行政又有什么关系呢? 我们认为,行政与管理,是一对既相区别又相联系的概念,管理是人类社会的古老现象,从人类形成社会起,管理就产生了。而且,管理又是人类社会普遍的现象,人类社会生活各个方面无不需要一定的组织和管理。但更重要的是,行政管理是一种国家职能,它是在一定的范围内的组织管理,实施国家事务,一个国家的行政管理好坏,直接影响该国的发展状况及其在世界竞争中的地位。

由此可见,行政管理是**国家行政组织对社会公共事务的组织管理**,包括国家行政部门本身事务的组织管理。国家行政管理以国家政权为基础,以国家行政职能为内容,以国家有关法律为依据。

---

① 《马克思恩格斯全集》第1卷,第479页。

行政管理的功能,通常依据行政管理活动来确定。这些活动一般包括以下几类:维持、保卫、管理及服务。

维持:维持一个社会的各种活动和关系能够正常地运转,使社会生活能够稳定地持续下去。尽管西方学者有"政府是必须的罪恶"及"政府少了它不行,有了它不自在"之说,但至少可以论定,政府的维持功能在行政管理中是客观存在的。

保卫:行政管理的另一项活动内容则是保卫社会。即防御外敌或抵御外敌,在发生战争的情况下,政府应积极行动起来,保卫国家。在平时,除了负责国防力量的建设,组织训练军队外,还须加强内部治安,防范不法分子和犯罪分子危害社会,维护社会的安定。

管理:管理是指维持一个社会的各种关系和各项活动能够协调发展,使各种活动、要求和利益之间不产生根本的冲突。管理通过国家行政组织去实现,对行政组织本身的管理,是国家行政管理的重要组成部分。除此之外,政府必须对整个社会的方方面面进行管理。

服务:为了促进社会各项活动的发展,行政体系承担各种服务功能,如建立公共设施,举办公共事业等等。

(二)行政管理的产生与发展

作为社会管理的管理可以说是随着人类社会的产生而产生的。伴随着国家的产生,也就有了国家的行政管理,但早先的国家并没有现代意义上的明确的分工。现代意义上的行政管理是在资本主义社会化大生产的条件下,根据国家机关的组织并为了加强和改进国家行政工作的需要而形成的。欧洲产业革命以后,工业、商业、金融、交通蓬勃发展,近代先进的大中城市相继出现,国内外市场逐步形成;自由竞争、劳资纠纷等各种社会矛盾大量呈现在政府面前,要求政府扩大职责和功能,对经济、政治、社会生活等方面进行有效管理,要求改变行政体制不合理、不健全、人员冗杂腐败、效率低下等不适应现代社会发展的落后状态。与此同时,企业管理的先进制度、方法,又为国家行政管理提供了众多的宝贵经验和丰富资料。

19世纪末20世纪初,自由资本主义逐步发展为垄断和国家垄断之后,欧美国家特别是美国,有为数众多的学者、政治家、企业家进行企业管理研究,纷纷著书立说,提出了一整套现代企业管理的科学制度和方法,并且逐步将企业管理的先进制度和方法运用到国家行政管理中去。于是涌现了一批行政学者,他们综合政治学、法学、企业管理学等现代各种社会科学的有益资料,创立了独立的国家行政管理科学。

应当指出,行政学的产生和形成,受到了工商企业科学管理的重大影响。美国的泰罗是倡导科学管理的创始人,他创立了"泰勒制"的管理方法,对各个管理部门都发生了很大影响。早期的行政学者对泰勒的科学管理理论和方法予以积极吸收,相互促进,形成了一些共通的管理理论原则。因此可以说,行政学的发展同科学管理的理论是分不开的,企业的科学管理促进了国家行政管理的发展,推动行政管理学的研究进入一个新的发展阶段。

30年代西方国家经济出现大萧条,工人运动蓬勃发展,使原有的管理理论原则暴露出了它的弱点,科学管理理论并不完全科学。这时,一些学者便从不同的角度提出了新的管理思想和理论。即运用所谓"行为科学"来研究行政管理。这些学者认为,要提高管理效率,必须要重视人与人的关系,以及人与机关单位的关系。认为人是任何企业的重心,管理的研究必须集中于人的行为、人群关系的研究,主张管理在于激发人的积极性。显然,行为科学的研究对行政学的研究产生了很大影响,与初期行政学理论相比,它有了很大的进步,而且对行政管理规律的认识也更深化了。

60年代前后,随着科学技术的进步,社会经济政治的发展变化,管理经验的总结积累,行政理论又有新的突破,进入了系统管理时期。这个时期行政学发展的显著特点是广泛运用现代自然科学、社会科学和管理科学知识来研究行政管理,使行政学成为一门多种学科交叉、相互渗透的综合性学科。这一时期的行政学者主张运用系统方法来组织各项行政活动,通过合理设置机构,适当配备人员,采取一定的程序和方法把管理活动的各个过程有机组成一个整体,这样,才能使行政组织合理化,行政程序连续化,行政决策科学化,行政研究方法定量化,达到行政管理的高效率。

行政学发展的历史表明,行政学的产生和发展,是同科学技术发展、社会进步密切联系在一起的。行政管理学的历史不长,发展是迅速的,它日益成熟,必将推动着行政管理愈来愈走向科学化。

（三）行政管理的体制与职能

177

"体制"一词,一般解释为"国家机关、企事业单位等的组织制度"。而**行**

政体制主要指为国家行政机关所建立的组织制度，它包括权力分配、制度模式、组织机制等。如各机构的权力如何合理划分，各机构间如何互相配合，各机构的组织机制如何运行。

行政管理体系能否有效运行，能否发挥高效功能，关键在于要建立一个健全的行政体制。健全的行政体制，一般具有以下几个特性。

系统性

行政体制是一个行政系统的静态表现。行政体制内部的各个部分之间是密切相关的，并且具有整体功能。行政体制又与外界环境不断发生着相互作用并在不断变动着。

法制性

行政体制的确立是由法律化的制度规定的，行政体制内部结构、类型，都是由宪法和法律所规定的。任何重大的变动，都必须经过法律的程序，具有严肃的法制性。

稳定性

行政体制要相对稳定，只有体制保持稳定，政令才能畅通，各项行政管理活动才能顺利开展。

行政体制的发展是一个历史过程，它随着国家的产生而逐渐形成，随着历史的发展，不断改变着自己的内容和形式。我们现在强调的现代行政体制，可以依据领导方式、组织形态和权限划分等不同的角度进行不同的分类，一般可以分**首长制与委员制**、**集权制与分权制**、**直线制与职能制**等。

首长制和委员制。凡政府组织法定的最高行政决策权力和责任，赋予行政首长一人承担，称为首长制；赋予委员会集体承担，则称为委员制或合议制。美国总统制可以说是典型的首长制，瑞士的委员制是典型的合议制。首长制，可以做到职权集中，责任明确，行动迅速，效率较高，便于建立强有力的行政指挥系统。但是实行首长制，在行政实践中曾有行政首长"不胜负荷之苦"的现象。有时一人考虑问题难以周全，另外也容易造成个人专断。委员制可以做到集思广益，考虑周密，分工合作，集体负担，便于发挥集体的智慧和力量。它的缺点往往表现为办事拖拉，效率不高，甚至在某种情况下失于空谈，议而不决，无人负责。当代的行政活动以责任明确、行动迅速为重，因此偏向于首长制，同时也考虑合议制的积极因素。当然，是采用首长制还是委员制，应视具体情况而定，不能一刀切。一般说来，凡是执行性、技术性和速决性的事务，宜适用首长制，可收行动快、效率高之效；凡是立法性、协调性、顾问性的事务宜用委员会制,可反映多方面的利益和要求,利于分工合作,避免个人专断。

中国的行政组织体制已由解放初期的合议制转变为目前的首长负责制。1949 年通过的《中华人民共和国中央人民政府组织法》规定:"政务院会议,须有政务委员过半数的出席始得开会,须有出席政务委员过半数的同意始得通过决议。"1954 年宪法实施后的国务院仍实行集体领导的原则,通过会议进行工作。国务院规定行政措施,发布决议和命令,都必须由国务院全体会议或常务会议通过;一般日常事务由常务会议解决。但实践表明,这种合议制并不能适应我国行政活动发展的需要,其弊端日趋明显。邓小平曾一针见血地指出,我国官僚主义的一个病根就是"我们的党政机构以及各种企业、事业领导机构中,长期缺少严格的从上而下的行政法规和个人负责制",以致"绝大多数人往往不能独立负责地处理他所应当处理的问题,只好成天忙于请示报告,批转文件……遇到责任互相推诿,遇到权利互相争夺,扯不完的皮。"①鉴于这种情况,1982 年宪法明确规定国务院实行总理负责制,最高决策权属于总理。基础仍然是民主集中制的原则,它只是在执行过程中实行个人负责制,而且这种个人负责制还受制于各种民主制度。例如总理行使职权,不得越过全国人大及其常务委员会的决议的范围,他的工作要受到全国人大及其常务委员会的监督。另外,总理实行个人负责还以一定的民主讨论作为基础,例如总理作出的重大决定都是经过国务院常务会议和全体会议充分讨论的。

集权制与分权制。集权制指行政权力集中于上级机关,下级机关没有或很少有自主权,它制定的一切措施均需依照上级机关的法令或指示;分权制是指下级机关在其管辖范围内有自主决定权,上级机关对其在权限内决定的事项不加干涉。采用集权制,政令统一,统筹全局,标准一致,指挥灵便。但是,权力过分集中,将导致行政管理缺乏弹性,不能因地制宜,束缚下级机关的主动性和积极性。采用分权制,可使行政管理具有弹性,做到因地制宜,发挥下级机关的主动性和积极性。但是过度分权,将造成混乱,影响行政管理的整体功能。

中国行政管理的组织体制实行的是集中制。1979 年五届人大二次会议通过、1982 年五届人大五次会议修正的《中华人民共和国地方各级人民

① 《邓小平文选》(1975—1982 年),人民出版社 1983 年版,第 288 页。

代表大会和地方各级人民政府组织法》第四章第三十二条规定："……全国各级人民政府都是国务院统一领导下的国家行政机关,都服从国务院。"第三十五条规定:县级以上的地方各级人民政府的职权是"执行本级人大和它的常委会的决议,以及上级国家行政机关的决议和命令,规定行政措施,发布决议和命令。省、自治区、直辖市以及省、自治区的人民政府所在地的市和经国务院批准的较大的市的人民政府,还可以根据法律和国务院的行政法规制定规章。"这样,就把集权制和分权制两者优点结合了起来。这也是对长期以来我国行政管理权力过分集中的一次改革。无疑,这个体制将提高我们的行政效率。

直线制与职能制。直线制是指政府组织纵向分作若干层级,每个层级所管业务性质相同,各对其上层负责,但其管辖范围随层级下降而缩小。职能制是指政府组织平行划分为若干部分,每个部门所管业务内容不同,但所管范围大体相同。采取直线制,便于事权集中,政令统一,层次分明和易于管理。但是,如不是同时兼采职能制,则各级行政首长管辖过多,责重事繁,难以处处精通,事事胜任。而职能制的优点,在于合理分工,相互配合,使行政首长不致独任其劳,工作效率可以提高。但是,职能制不能离开整个机关而独立存在。所以,政府组织一般把两者结合起来,它以层级为基础,在每一层级,又设若干职能部门。这些职能部门,又由分管各种问题的若干单位组成。

"职能",主要指有关部门在业务活动中管什么,怎么管,发挥什么作用的问题。而**行政职能是指政府依法对国家社会各领域进行管理所具有的职能和作用**。它反映国家行政管理活动的实质与方向,是政府活动总内容的全面概括。

社会主义国家行政管理职能是一个完整的体系,它由行政活动的各个方面的职能构成。国家行政机关的管理活动和其他管理活动一样,是以一定的活动方式对管理对象予以作用和影响。在整个管理过程中,管理的活动方式是多种多样的,具有预测、计划、组织、用人、指导、协调、控制、监督等一系列职能。国家行政管理也包含着丰富内容,即具有建设、保卫、服务等一系列职能。随着管理活动的分工和专业化,这些活动职能会日益显示出它的特点并相对独立,构成国家行政职能体系的分系统。每项单独的管理职能是管理活动中的一个相对独立部分,这些职能之间,并非彼此并列,各自孤立,互不相干。国家行政管理职能是相互联系、相互作用的,表现在行政管理的内容方面的职能,无论是建设、保卫,还是服务,都必须通过管理主体行使计划、组织、协调、控制、监督等项职能才能实现。而管理主体的任何管理活动,其对象和内容都离不开建设、保卫、服务等项事务。总之,职能的相互联系、相互作用构成了完整的职能体系。概括起来,主要有四项基本职能:

计划职能是行政管理的基本职能,是行政管理的中心环节。要管理,就要对工作的目标和任务作出设想和安排,对重大问题作出决策。通过计划和决策,确定任务内容、工作步骤、工作方法和各种要求。我国是一个有十多亿人口的大国,无论生产、生活、学习,哪个问题的解决,政府都要事先科学安排。不事先作出决策和计划,盲目行动,就容易失误。行政管理的合理计划,是社会主义事业取得成功的一个重要保证。计划的种类可以分成以下几种:① 按计划涉及范围来分,可分为全局性计划和局部性计划,或称大计划和小计划;② 按计划的时间性来分,可分短期计划、中期计划、长期计划;③ 按计划的功能来分,可分决策性计划、业务性计划和效用性计划等。实现计划职能需要一系列环节有机配合,主要是确立目标的优先秩序、时间界限和目标结构;采用科学的方法,对备择目标方案的发展趋势、状况,进行分析、估计,得出预测结果,以作为选择计划方案的依据;对计划目标的投资标准进行计算,提出预算;在以上确立目标、进行预测和制定预算的基础上,对目标方案进行比较、分析,作出最后决定,选定较为满意的方案。

组织职能在于保持完成计划所必需的活动的连贯性和统一性,保证执行系统内部过程发展的平衡并予以调整。组织职能包括的内容有:① 将目标进行具体分解,确定实施的具体步骤和方法。② 建立合理的行政组织体制,以便在良好运转的组织体制中实现目标。③ 建立指挥系统,对其所管辖的地区、部门和单位,进行方针、政策、计划的指导。④ 协调上下级行政机关之间、各行政机关内部各单位之间、行政组织与其他非国家行政组织之间的关系,以促进相互联系,实现共同目标。⑤ 行政系统内部通过信息、意见、观点、感情的传递和交流,增进内部的友情,形成良好的环境氛围,有利于目标的实现。

协调职能就是改善和调整各机关、各人员、各项活动间的关系,使各项管理活动分工合作,密切配合,步调一致,实现共同的目标。行政管理涉及的面广,事务复杂,在组织执行时必须进行协调。通过政策、法令和各种具体措施,不断地调整组织之间、人员之间、活动之间的各种关系,以避免事权冲突和工作遗漏或重复,保证行政管理活动的正常有效进行。行政管理中的矛盾和冲突不可避免,但在社会主义国家,这种矛盾和冲突,是在共同利益基础上和根本目标一致的前提下发生的。可以通过协调,减少矛盾冲突,实现行政管理的高效运转。

控制职能是为了保证执行过程与计划相一致,对现实与目标,实施过程与预定标准之间的偏差采取纠正措施,从而顺利实现行政目标和计划的管理活动。控制职能存在于管理中的各个环节、各个阶段,它是行政人员在执行阶段的一项重要职能。计划制订之后,通过组织工作开始推行,这时,实施阶段的控制也就开始了。控制是完成计划的重要手段。计划是控制的标准,标准愈明确,控制效果也就愈好。

(四)人事制度的定义与内容

我们通常把对干部的管理制度称之为"人事制度",西方国家把对文官的管理制度称之为"文官制度",虽然表述方法不同,但它的意义与内容基本一致。

"人事"是指用人治事的实施,具体来说,就是因事录人,因才施用。目的是为了使人与事以及人与组织相互协调,使工作人员最大限度地发挥其潜力,提高工作效率。

人事制度就是如何对工作人员进行管理的制度。古往今来,任何国家都有人事制度,尽管各国人事制度因其社会政治制度不同、历史背景不同、经济文化发展状况不同乃至风俗习惯不同等等因素,都各自有自己的特点,但就从内容上讲,它都包括对工作人员进行考试、选拔、录用、考核、培训、晋升、奖惩、解职、退休以及分类管理等事项。

任用。"为政之要,惟在得人"。一个国家选拔任用什么样的人从事国家管理,直接影响国家机器的运转和效率,关系着事业的成败和国家命运的兴衰。美国行政学家怀特认为,选贤举能是现今人事管理的两大支柱之一,如何来选拔和任用呢?

第一,考试。通过考试来选拔录用是一个建立在科学基础上的有序过程,在考试的过程中,强调的是平等、公开、竞争和科学的原则。

考试是一种客观的公平的标准,用这样的标准来录用干部,体现了"机会均等",取消了"长官意志"的作用。考试作为一种衡量办法,能够吸收具有真才实学的人员进入干部队伍,从而为政府配备各种各样的专门人才。

世界各国的人事管理实践证明,考试录用制度是反对封建特权,防止和克服用人制度上种种弊端的有效手段,考试录用有助于政府广开才路,选贤举能,通过公开招考,增加优秀人才管理社会事务的机会,促进了人才资源的开发利用,同时它又促进了整个社会求知好学的风气的形成。

考试录用还有助于维持政局稳定,缓和因政府更迭造成的政局动荡,保持执行政策的连续性和稳定性,因此,现在许多国家的法律明文规定,政府任用官员或填补空缺,除政治任命者外,其他必须从考试合格者中选用,不得任用考试不合格者。

实行考试录用制度是世界各国在人事制度上的一个共同基本特征。也是人事制度的一个重要标志。

第二,任命。上级机关或者行政首长委派人选,被委派的人对委派机关或委派人负责。任命也是世界上许多国家选拔和任用干部时普遍采用的方法。例如在美国,总统当选后,两千多个职位的人选可以由总统任命。我国宪法第八十九条第十七款规定,国务院"审定行政机构的编制,依照宪法规定,任免、考核和奖惩行政人员"。1957年全国人民代表大会常务委员会第八十八次会议通过的《县级以上人民委员会任免国家机关工作人员条例》对省、自治区、直辖市以及县的政府的任免权限和范围作过明确的规定。在我国,由于历史原因,长期来除了各级主要领导干部是选举产生的以外,其他干部的选拔主要靠组织的任命。若把任命作为选拔干部的唯一方式,当然会带来一些缺陷和弊病。但也不能完全否定任命在选拔和任用干部中的作用,因为众多的干部不可能都通过选举产生,要根据职位的需要而定。

第三,选举。选举作为民主的一个内容,在不同社会制度的国家有着不同的内涵。只有社会主义制度下的选举,才是真正反映了广大人民群众的愿望和要求。选举就其方式而言,可以分成直接选举和间接选举。直接选举指的是由选民直接投票选出,间接选举指的是由选民选出代表,由代表投票选出。党的十一届三中全会后,通过选举来选拔干部已成为一项经常性的活动。

第四,选聘。这是在中国干部制度改革中出现的一种新的选拔干部的形式,特别是对于科技干部的人才流通、人尽其才起到了一定的促进作用。选聘的首要点是放在人才的发现上,一般可以通过三种途径达到这一点:第一种是直接到社会上广招人才,第二种是发动群众推荐,第三种是领导干部亲自物色。选聘的特点是：① 试用。聘用相结合，量才使用，去留方便；② 签订合同。合同必须包括聘用的期限、工作性质、任务以及待遇标准等。受聘者感到条件不能如意，可以拒聘。如合同签订后，受聘者有违反合同规定的行为，招聘单位可以据此解聘。这种选拔干部的方式在某种程度上可以改变干部只能进不能出、人才浪费、吃大锅饭的现象。

考核、奖惩。考核、奖惩是整个人事制度的重要组成部分，是指在指定的专门考核机构及一整套保障监督体制下，对干部的工作数量、工作质量和工作成绩进行比较、衡量、鉴定，并根据考核结果，对干部给予升降奖惩的不同处理。目的在于鼓励干部进取，以提高行政效率。

考核是对干部进行管理、选拔的重要手段。考核的名称虽然在各国不同，如英国、美国称考绩，法国称鉴定，日本称为勤务评论等等。但是其实质乃是共同的，就是通过考核，了解掌握业务能力和水平，充分发掘和合理使用人才，对干部作出合理的评价，也可为干部的培训、晋升、奖惩提供可靠的依据。

现在国家的行政机关一般按照管理权限，对干部实行全面考核，大多数国家一年考核一次。考核的内容虽然不一，但都是以考绩为主，这样就有利于行政工作人员把精力放在干实事上，有利于考核工作的定量化。

考核要贯彻认真严格、客观公正、民主公开的原则，评价要从实际出发，实事求是，不同类型公务员的考核内容，标准应有不同，评定人对被考核者不能带有私心杂念，个人成见。考核中的对象、标准、结果要公开。考核的方法、程序、机构要充分体现民主，考核工作要严格按规程和准则进行，任何人不能随意改变。

长期来，我国干部管理中的考核制度不够健全，特别是考绩，缺乏相对统一的标准。职务分析、工作评价之类的工作很少进行。十一届三中全会后，在逐步健全干部的选举、招考、任免、考核等制度方面做了许多工作，并取得明显的成效。

干部的奖惩是干部管理工作的一个重要方法。它对于打破"吃大锅饭"、"干好干坏一个样"，对表彰先进，推动后进，具有明显的作用。根据多年的实践经验，我国奖惩制度的主要原则应该是有功者奖、有过者惩。这一原则要求赏不虚施，罚不妄加，依据受奖者的功绩或者受惩者的过错，认真调查、核实，该奖则奖，该罚则罚，既要积极，又要慎重，树立公心，实事求是。只有赏罚分明，奖惩得当，才能显示出奖惩的作用，提高政府的威信。

　　培训。干部培训是整个干部管理工作中非常重要的一环。从国外的情况看,英、美、法、日、前联邦德国都非常重视"公务员"的培训。他们认为,培养人才是一种"能力开发",是对"头脑资源的开发",没有这方面的开发投资,新技术、新设备的投资,就不能发挥应有的作用。培训是干部管理中的一项基础工作,没有培训,任用和升迁就缺少重要依据,不利于提高干部素质,而只偏重于任用和升迁工作,是舍本求末的做法。因此,必须重视培训工作,以利提高效率。

　　新技术革命实质是一场知识革命,知识增长速度越来越快,知识陈旧的速度也越来越快,干部只有不断进行知识更新、补缺和充电,才能跟上形势的发展。再则,现代科学技术发展的速度很快,出现了越来越多的交叉学科、边缘学科和综合学科,系统论、控制论、信息论等新兴科学,已经深深地渗透到行政管理中来,新技术、新产业的出现,又势必引起一些产业结构、社会结构、经济管理以及行政管理的变化。作为干部来说,就应注重调整知识结构,更新知识内容,增加知识深度,提高工作能力。

　　对于干部的培训,可以视具体的工作任务来定,一般来说,培训可分为职前培训、岗位职务培训、知识更新和补缺培训及转岗培训等。职前培训是指新录用的公务员在试用期间必须接受的一种培训,属于刚刚迈入公务员系统尚未正式任职的人员的预备训练,目的在于使他们了解自身任务、责任和应有的工作态度,学习拟任职务必备的业务知识和技能,为正式任职起到准备与衔接的作用。岗位职务培训就是使具有一定工作经验的公务员在业务上得到进修和深造。知识更新和补缺培训指由于业务发展或技术革新、管理改革引起变化而需增加新的知识。转岗培训指拟转岗者须先接受培训,学习拟去岗位所必备的业务知识和技能。总之,正确地执行培训和使用相结合的政策,把培训与考核、任职工作结合起来,将公务员在培训期间的学习成绩和鉴定,存入本人档案,作为对公务员安排使用和晋升职务工资等级与职务的依据之一。对学习成绩优秀并能在实际工作中应用、成绩突出的公务员,在其他条件同别人相似的情况下,应当优先晋职。要把接受必要培训作为公务员晋升的必备条件,而对于在实际工作中做出成绩的,则应优先安排参加培训。

　　中国大规模的干部培训工作还刚刚起步,要使这项工作日臻完善,最重要的一点就是要充分认识培训对于提高公务员的政治素质和业务素质的作用,要使培训工作制度化,把它作为一项经常性的工作来抓。

工资、福利和退休。是国家为酬劳公务员,满足其公共需要和特殊需要,安定其生活而实施的薪俸、补贴、社会保障制度。公务员工资由国家财政支出,不同于企业职工的工资。所以公务员工资制度强调定期提薪、适应物价、平等和社会平衡原则。中国公务员工资待遇还强调按劳分配、责酬相符原则。公务员的工资确定,应以职等和劳绩为主要依据,适当考虑年功、受教育程度和工作环境等因素。公务员实行职级工资制,工资由基础工资、职务工资、工龄津贴、奖励工资等四部分组成。实行以职务工资为主要内容的工资制,既体现了按劳分配原则,又兼顾了基本生活需要;既突出了职务和贡献,又考虑了过去的劳动积累;既破除了论资排辈的观念,又适当照顾了历史形成的工资关系不平衡的实际,是较合理的工资制度。

公务员的福利制度是国家机关为满足公务员公共需要和特殊需要而建立的公共服务设施和补贴制度。在确定公务员的福利待遇时,一般考虑以下两个因素:一是根据工作经历,二是根据工作性质。

公务员的退休制度,是年老或丧失工作能力的公务员离开工作岗位,国家给予一定的物质保障的制度。退休是指工作到一定年限,达到规定年龄,而且符合退休条件的国家干部,根据国家法律或政府法令规定,离开工作岗位,领取一定数额退休金,以维持生活,安度晚年。各国对公务员退休条件规定不完全一样。中国国家工作人员的退休制度,自党的十一届三中全会后,提上了议事日程,得到了逐步改善。国家工作人员实行退休制度,有利于克服"干部终身制";对退休者本人来说,可以摆脱由于精力不济而难以应付的大量工作,有益于身体健康;同时也是增强国家工作人员队伍生机和活力的重要措施。

二、资本主义国家的官僚制度

(一)资本主义国家官僚制度的产生及其弊端

马克思曾指出,君主专制的支柱,一个是军事,一个是官僚。君主专制下的官僚制度有两个最显著的特征,其一是官民对立,其二是人治。人治的一个显著特点是君臣之间的关系是一种依附关系,各级官吏只对君主负责,或者下级只对上级负责。资本主义国家的官僚制度用法治代替了人治,这是不同于封建专制的一个特点。

相对封建专制的官僚制度而言,资本主义国家的官僚制度的出现是一种历史的进步。它反映了资本主义经济发展的客观要求,反映了人民群众要求结束封建专制及其官僚制度的愿望。职业化的文官制度代替了行政官吏的终身制,人民的权利在一定程度上受法律和一定机构保护,官员不能任意加以侵犯,等等。但是,资产阶级革命是一个剥削阶级推翻另一个剥削阶级的革命。因此,官僚制度作为资本主义上层建筑的一个重要组成部分,不可能不带有封建官僚制度的一些弊端。同时它本身在发展过程中又不可能不产生出自己的一些弊端。

首先,它并没有消除封建官僚制度的一大祸害——官民对立。因为资本主义国家的官僚制度是建立在资本主义私有制基础之上的。官民对立不可能改变。所不同的是,资产阶级善于以虚伪的"全民代表"来迷惑人,来掩盖这一对立。官民关系反映了官吏制度的实质,是区分不同性质的官吏制度的根本点。因此,资本主义官僚制度归根结底是为巩固资产阶级统治服务的。其次,在资本主义进入帝国主义阶段后,政府对于社会事务的干预越来越多,这在客观上造成了列宁指出的帝国主义时期资产阶级官僚机构庞大的弊端。机构庞大和人员增长带来行政费用的增加,这无疑加重了人民的负担。以20世纪70年代美国联邦政府为例,仅仅五年的行政费用就比第二次世界大战前增加了11倍,远远超过一千亿美元。再次,资本主义官僚制度在其运转过程中体现出来的官僚主义、不负责任等现象也都比比皆是。

资本主义官僚制度产生的这些弊端是由资本主义制度决定的,它不可能在资本主义的范围内得到克服。只有社会主义才能做到,才能从根本上消除这些弊端。

(二) 资本主义国家文官制度的建立与改革

公务员,顾名思义,是代表国家行使公务的人员。在西方国家,与公务员并用的还有另一个称谓,即文官。文官为中文意译,其原意(civil servant)是文职服务人员。而现代意义上的公务员制度是在近代才出现的。

现代文官制度最早起源于**英国**,英国的资产阶级革命是在资产阶级和封建贵族的妥协中取得胜利的。这一革命特点,决定了英国资本主义政治制度的某些特征,"甚至1832年的胜利,也还是让土地贵族几乎独占了政府所有的高级职位"。因为,"当时的英国中等阶级通常都是完全没有受过教育的暴发户,他们没有办法不把政府的那些高级职位让给贵族"①。这一现象导致的后果是长期来一批无功受禄、昏庸无能之辈登上权力的宝座。官吏队伍中的营私舞弊、封官加爵层出不穷。随着19世纪中叶工业资产阶级明显地占据了统治地位之后,改革这一上层建筑中有碍于资本主义进一步发展的腐朽部分,建立一套精干的官吏体系,也被客观地提上议事日程。

1854年,专门为研究文官状况而成立的诺斯科特—屈维廉委员会**提出了《关于建立英国常任文官制度的报告》**。这一报告是当时的财政大臣格莱斯顿委派查理·屈维廉和斯坦福·诺斯科特爵士对英国政府的人事制度进行全面调查后提出的。该报告抨击了当时的官吏制度,并尖锐指出,任人唯亲、买官求职、营私舞弊的恩赐官职制,是导致政治腐败和行政效率低下的根本原因。在此基础上,报告就政府官员的考试、录用、提升等提出了一整套建议。《诺斯科特—屈维廉报告》成为英国文官制度形成的重要文件,**奠定了英国文官制度的基础**。

1855年5月,英国政府又以枢密院的名义颁布了第一个有关文官制度的命令,即《关于录用王国政府文官的枢密院命令》,决定成立三人文官委员会,负责文官的考试、录用事宜。

1860年,议会又任命了一个5人组成的委员会,调查政府各机关吏治的状况。

1870年6月,英国政府又颁布了第二个枢密院令,使文官的考试、录用、等级结构等原则和规定得到了进一步完善。至此,英国的文官制度已初步确立。以后,英国对其文官制度又经过了多次的调整和改革,使之不断适应了资产阶级统治的需要,适应了社会经济和政治发展的需要。

美国的文官制度的建立基本上是效法英国的,但它有自己的历史背景。初期的两党轮流执政导致了"政党分赃制",即把官职作为政党斗争的战利品来瓜分。因此,这一制度使得政府官员经常随着选举结果的变化或总统人选的更替而大规模换班,不能保持政府工作的连续性和稳定性。更为严重的是,伴随着这一制度的必然结果是政绩低劣,效率低下,官吏腐败,甚至

---

① 《马克思恩格斯选集》第3卷,第399页。

出现公开出价买官的现象。在竞选活动中,财主们见风使舵,争相捐助可望得胜的候选人,以求捞取一官半职。对此,恩格斯曾经指出:"美国人早就向欧洲世界表明,资产阶级共和国就是资本主义生意人的共和国。在那里,政治同其他一切一样,只不过是一种买卖。"①

南北战争后,美国的资本主义以前所未有的速度向前发展。经济基础的发展要求相应的上层建筑来推动。政党分赃制带来的后果,特别是精于行政业务的官员大批更迭,显然有碍于资本主义的发展。因此在这一段时期内,已有人提出要建立英国式文官制度,并在政府的某些部门进行了试点。1881 年,美国第二十任总统加菲尔德被一个求职未遂的人行刺致死以后,改革运动更加高涨。国会终于在 **1883 年**通过了文官制度法(通称"**彭德尔顿法**")。这一法律的通过,结束了"分赃制"时期,开始了以通过公开考试择优任用官员的"功绩制"为主要内容的现代文官制度的时期。美国文官制度正式确立。该法作出了这样的一些规定:① 建立由 3 人组成的文官委员会,统管文官事务;② 建立公开的竞争考试制来录取文官,取消分赃制;③ 文官不得参与政治活动;④ 对文官进行分类。美国文官制度在其发展过程中,也同英国一样,建立了一系列具体的文官管理制度,并具有自己的一些特点。

英国和美国文官制度建立后,又进行了一系列的改革,以适应由时代的变化而带来的政府工作上的变化。其中影响较大的改革有 **1968 年英国文官制度改革**和 **1923 年**以及 **1978 年美国文官制度的改革**。

随着资本主义进入国家垄断资本主义阶段,政府加强了对社会事务的干预。同时,科技革命带来了政府工作的日益专门化和系统化。所有这些,使得文官制度某些内容已经不能适应资产阶级统治的需要。1968 年,英国政府批准了对文官制度进行改革的建议——"**富尔顿报告**",并于同年对文官制度进行了改革。这一改革包括五方面的内容:① 成立新的文官部,隶属首相和财政部领导,改变过去单由财政部领导的做法,以加强文官的政治地位;② 改变文官制度的结构,取消了以前文官从高到低的 6 个等级(行政人员级、执行人员级、专业人员级、办事人员级、助理办理人员级、杂勤人员级),代之以行政类、专家类、秘书类,将同性质的人员从高到低并为一类,提供下层人员较多的上升机会;③ 调整文官录用原则,行政类的考试以口试

① 《马克思恩格斯选集》第 4 卷,第 497 页。

代替以前的笔试,同时放宽录用者的年限(20 岁放宽到 28 岁),没有大学学历但有真才实学者也可录用;④ 重视专家作用,增加这类人员在政府中的比重,以适应政府工作专门化和复杂化的需要;⑤ 加强文官培训制度,建立了文官学院,对从上到下的文官进行规模较大的培训。英国文官制度的这次改革在一定程度上提高了文官队伍的素质,从而有助于提高政府工作效率。

美国的文官制度自建立后,在 1923 年进行了一次管理方面的改革,制定了第一个职位分类法。所谓职位分类,就是将文官职位分为职系和职级,职系指按业务性质分类,职级依照责任轻重、工作繁简、所需资格分类。1949 年,在此基础上又进行了一些改革。将原先的职位由 7 大类减并为 2 大类,一类适用一般俸表,一类适用技艺保管俸表。美国的职位分类,按等级分为 18 级,其中 16 至 18 级为高级文官;按性质,它分为 23 个职组,427 个职系。由于将文官队伍按不同的性质加以划分,同时又将这一划分同薪金联系起来,这样就方便了对文官的管理。

继 1949 年改革后,美国的文官制度在 1978 年进行了一次自文官制度建立以来的最大的改革。改革从以下几方面进行:① 加强人事管理,取消文官委员会,代之以文官总署和功绩制保护委员会,前者负责联邦文官的管理,后者负责审理有关文官的申诉和控告等;② 建立包括 7 500 个职位的高级文官班子,提高高级文官的待遇。例如班子中百分之五十的人可得到奖金,百分之五的人可得到总统授予的优秀奖,百分之一的人可得卓越奖。通过这样的方式提高高级文官的工作积极性,同时防止他们被一些私人企业用高价聘走;③ 完善保护文官权益的规则。这包括:a. 确立了新的功绩原则(即:录用人员公开竞争;平等对待;同工同酬,奖励优秀;廉洁奉公;讲求效益;留优汰劣;重视培训;保护雇员;保障批评)。b. 考绩实行新方法,即确立评价工作的标准,以此对一个人的工作作出较精确的评价,同时实行择优付薪。c. 对处分和申诉作出了一些新的规定,以保护受惩者的权益。

美国 1978 年的文官制度改革并未达到预期的目的,这当然有种种具体原因。从总体上讲,则是问题成堆,积重难返,用拆东墙补西墙的办法修修补补很难奏效。有一些改革本身就是矛盾的。例如一方面,为了提高文官工作效率而坚持"功绩制";另一方面,为了自己的党派和某一垄断财团的利益不受损害,又根本不提减少由总统任命的官员的人数。总之,在派系林立、权势冲突的资本主义社会,要建立完善的文官制是很困难的。

（三）资本主义国家文官制度的特点与作用

文官制度是适应资本主义发展的需要而建立起来的一种官吏制度。随着形势的发展和变化，文官制度也在不断地修改和调整。此外，在文官制度的发展过程中，每个国家都有自己的一些特点，但作为许多资本主义国家的一个共同制度，它通常具有以下几个共同特征：

第一，公开竞争，择优录用。这是资本主义各国文官制度所确立的第一条原则。实行公开考试、择优录用既可以防止主管人员营私舞弊，随意录用不合格人才，又有利于广开才路，使应考者"机会均等"，使政府能够择优选拔所需要的合格人员。这样的做法，自然有助于维护其统治。

第二，文官无任期限制，长期任职。文官制度的本身就是为了防止由于两党制带来的政府不断更迭而引起的行政效率低下。在一般情况下，文官从被录用之时起，即取得法律保障，只要无重大过失，就可以在政府中连续长期供职，直至退休。

第三，文官在政治上必须保持"中立"，不得参加党派活动。这是为了保障两党轮流执政时更好地为现行政策服务，如果带有党派观点，那势必在实践上有损于现行政策的推行。当然这种"中立"只是要求不卷入资产阶级的党派之争，而对于整个资产阶级的统治，就没有什么中立可言了。

除了以上几个共同特征之外，一些国家的文官制度在具体的做法方面，由于国情不同，也有各自不同的特点。例如在考试制度方面，英国比较重视学历，注重知识水平，而较忽视实际能力，而美国则与之相反。另外美国的考试制度弹性较大，专家进入高级文官队伍不必考试。日本的考试要经过二试，一试不合格者不得进入二试。再如在整个文官队伍的管理方面，美国采用的是分权管理的方法，即联邦政府和地方政府在文官的具体管理上可各行其是；而法国则比较注重中央集权式的管理。另外，在文官培训、奖惩、退休等方面也有各自不同的做法和规定。

资本主义国家的文官制度，如果从1854年英国首先创立算起，至今已有一百多年的历史。文官制度在其长期运转中，对于巩固资产阶级统治起了重要作用。这些作用主要表现在以下几个方面：

第一，稳定政局和保证社会管理的连续性。由于两党制的一个特点是政府每隔几年就更换一次，如果大批官员随着政党起落而进退，这势必使资产阶级统治从整体上失去连贯性。文官制度的建立弥补了这一缺陷,因为文官不仅具有专长,而且是常任的,不受政府更迭的影响。另外高级文官在很大程度上参与决策,有的与政务官平分秋色,有的说话甚至比政务官更具分量,因为他是内行。因此,即使在资本主义社会里,也有人称高级文官是幕后主管。

第二,促进资本主义经济的发展。帝国主义时期,资产阶级政府的一个特点是全面干预社会经济领域。随着战后科学技术的突飞猛进,有越来越多的各方面专家进入文官队伍。他们在制定经济发展计划,调整与私人企业的关系,以及制定一系列的经济政策方面起着越来越大的作用,战后资本主义经济在一段时间内的高速发展,同这批素质精良的官员也有关系。

第三,稳定社会情绪,模糊阶级意识。文官录用采取的是公开竞争的办法,资产阶级可以通过这一办法来网罗被统治阶级中的优秀人才。对这些优秀人才如处理不当,会成为危及日后统治的隐患。因此,通过这一方法来收买这些人才,可以得到一箭双雕的结果:既利用这些优秀人才来为自己的统治服务,又在社会公众面前可以更好地扮演"平等、无偏见和全民的代表"这一角色,从而起到模糊阶级意识、缓和阶级矛盾的作用。

如果用一句话来概括文官制度的作用,那就是维护资产阶级统治,巩固资产阶级专政。因此,文官制度的阶级实质是显而易见的。文官制度在其一百多年的发展历史中,几经修正改革,使其在管理方面的某些做法比较科学化和行之有效。从一定意义上说,它也为社会主义国家公务员制度的建立提供了一些可资借鉴的内容。

三、社会主义国家行政与人事制度

(一)社会主义国家行政管理的基本原则

社会主义国家行政管理的原则是建立在马克思主义学说和对国家管理规律认识的基础之上的。这些原则可以分为整体管理原则和具体管理原则两部分。就具体管理原则而言,可以再分为组织管理、行使管理职能等诸如此类的原则。这些原则一般根据运用有效的原理来确立,也适当吸收和改造资本主义国家行政管理的一些经验。整体管理原则揭示了社会主义行政管理的基本特征,它是确定具体管理原则的出发点。这些原则是人民群众参加国家管理的原则、民主集中制原则、社会主义法制原则和现代化管理原则。

人民群众参加国家管理体现了社会主义国家行政管理的本质。列宁曾经指出:"正是劳动群众才应该是全部国家生活的基础。"①毛泽东也曾指出,劳动者管理国家、管理各种企业、管理文化教育的权利,是社会主义制度下劳动者最大的权利,是最根本的权利。我国宪法指出,中华人民共和国的一切权力属于人民,人民依照法律规定,通过各种途径和形式管理国家事务,管理经济和文化事业,管理社会事务。在我国,人民群众参加国家管理具体体现在两个方面:① 通过其代表机构,即全国人民代表大会和各级人民代表大会来行使国家的权力。② 通过各种群众组织、社会团体来参与日常的实际管理工作并监督国家管理机关的工作。人民群众参加这方面的实际管理的工作是大量的具体的。我们在日常生活中经常可以接触到这些情况。例如我们的报纸刊登人民群众对某项工作的建议,对某政府机构的官僚主义作风进行批评等等。所有这些都体现了生气勃勃的群众性国家管理的特点,体现了社会主义民主的优越性。

民主集中制既是我国社会主义政治制度的一个重要内容,也是我国行政管理的一项指导原则。毛泽东曾指出:"一方面,我们所要求的政府,必须是能够真正代表民意的政府;这个政府一定要有全中国广大人民群众的支持和拥护,人民也一定要能够自由地去支持政府,和有一切机会去影响政府的政策。这就是民主制的意义。另一方面行使权力的集中化是必要的;当人民要求的政策一经通过民意机关而交付与自己选举的政府的时候,即由政府去执行,只要执行时不违背曾经民意通过的方针,其执行必能顺利无阻。这就是集中制的意义。只有采取民主集中制,政府的力量才特别强大"②。在我国行政管理中,民主集中制具体表现在,国家行政机关由各级人民代表大会产生,对它负责,受它监督;在中央机关和地方机关的关系上,遵循在中央的统一领导下充分发挥地方的主动性、积极性的原则;下级机关服从上级机关,并向上级机关报告工作,下级机关必须执行上级机关布置的

---

① 《列宁全集》第30卷,第1页。
② 《毛泽东选集》合订本,第354页。

任务,并在工作中表现出创造性。这样,统一领导与首创精神、全局利益和局部需要就和谐地统一起来了。坚持行政管理中的民主集中制原则,还必须反对形形色色的官僚主义和无政府主义,只有这样才能保证民主集中制的贯彻执行。

社会主义国家的行政管理还必须坚持社会主义的法制原则。列宁曾把社会主义法制视为社会主义民主不可分割的特性,视为在领导社会主义新社会的建设中正确实行党的政策和行使苏维埃国家职能的最重要的手段。坚持社会主义的法制原则在我国有着特别的意义。长期以来,我国的法制不健全,法制观念比较薄弱。十年动乱中,社会主义法制遭到践踏。党的十一届三中全会后,社会主义法制得到应有的恢复。社会主义法制原则要求我们的行政管理应当具备完善而又切实可行的法律规范体系。在行政机构的组织与活动方面,应该规定各级人民政府的构成及其职能、行政人员的法律地位、国家行政机构活动的形式与方法。另外,法制原则还要求任何事情都有章可循,有法可依。这一点正是我们所缺乏的。邓小平曾经指出,我们的党政机构以及各种企业、事业领导机构中,长期缺少严格的自上而下的行政法规和个人负责制,缺少对于每个机关乃至每个人的职责权限的严格明确的规定,以至事无大小,往往无章可循。在政府机构的改革中,我们已经注意到了这个问题,并采取了相应措施,制定了一些行政法规。但是,不断完善我国行政管理的法律规范体系,仍然是我们努力的目标之一。

现代化管理原则也是我国的行政管理应当遵循的一项原则。随着科技革命的发展,越来越多的新技术新方法被运用到行政管理上来。这一点,在一些发达国家表现得比较突出。历史证明,科学技术上的每一次突破,都会直接或间接地影响政府行政工作。因此,我们必须积极采用新方式和新技术来改善我们的行政管理活动,提高我们的行政管理效率。同时,现代化管理的原则也要求我们改善行政管理干部结构。这就要求我们的行政管理干部不仅应当具备一定的政治素质,而且应当具备现代化科学管理知识,否则,社会主义现代化管理就难以实现。

(二)社会主义国家干部人事制度的特点

社会主义国家干部人事制度是无产阶级夺取政权以后,随着社会主义事业的前进而逐步形成和发展起来的。尽管它的某些形式同资本主义的官吏制度有相似之处,但从本质上讲,这是两种完全不同的制度,其根本点反映在干群关系上。社会主义国家干部是人民的公仆。社会主义国家干部人事制度的原则首先在巴黎公社得到体现。

巴黎公社是人类历史上无产阶级夺取政权的第一次尝试。作为第一个"工人的政府",巴黎公社在干部管理上采取了两项措施来防止它的公职人员由"社会公仆"变成"社会主人"。一是实行对公职人员的普选制和撤换制。公社规定一切公职人员由选举产生,表现不称职的可以随时撤换。公社颁布的《告法国人民书》明确规定:"通过选举或考核,选择对选民负责、受经常监督并随时可以撤换的公社法官和各级官吏,充分保障人身自由、信仰自由和劳动自由。"马克思曾指出,这一措施"彻底清除了国家等级制,以随时可以罢免的勤务员来代替骑在人民头上作威作福的老爷们,以真正的负责制来代替虚伪的负责制。因为这些勤务员经常是在公众监督之下进行工作的"①。二是公社实行普通工人工资制,取消资产阶级官吏的一切特权。巴黎公社的文告指出:"鉴于到目前为止各国家机关的高级职务由于支给高薪,是被当作肥缺来钻营和授予的;鉴于在真正的民主共和国里,既不应有低薪,也不应有高薪,因此决定:各公社机关的职员,最高薪金规定为六千法郎。"公社还规定了取消公职人员的一切特权,诸如公社委员不得戴着绶带骑马在巴黎闲逛,不得乘坐豪华的轿式马车等等。有一段文告告诫公社的公职人员:"不要忘本,尤其不要为自己的出身而感到脸红。我们过去是劳动者,今天仍然是劳动者,将来还是劳动者。我们正是因为代表道德反对邪恶,代表克己奉公反对滥用职权,代表廉洁清正反对腐化堕落,所以才获得胜利的——这一点千万不要忘记。"对巴黎公社所确立的这两条防止由"社会公仆"变成"社会主人"的措施,列宁曾给予高度的评价:"对一切公职人员毫无例外地实行全面选举制并可以随时撤换,把他们的薪金减低到普通'工人工资'的水平,所有这些简单的和'不言而喻'的民主措施完全可以把工人和大多数农民的利益结合起来,同时也就会成为从资本主义过渡到社会主义的桥梁。"②

继巴黎公社之后,社会主义革命在俄国的土地上获得了胜利。列宁时期苏维埃俄国的干部人事制度继承了巴黎公社所确立的主要原则和措施,

① 《马克思恩格斯选集》第2卷,第414页。
② 《列宁选集》第3卷,第208页。

同时又结合本国的一些具体情况,创立了自己的干部制度。这一制度的主要特点是:

第一,重视领导成员的知识化。十月革命成功后,对于管理苏维埃俄国这样一个艰巨而又复杂的任务,列宁没有陷入空想。他指出:"我们知道,任何一个粗工和任何一个厨妇都不是马上就能够管理国家的。"①要管理就要成为内行。以列宁在世时人民委员会的知识结构来说,在18个人民委员当中,受过高等教育的占14个,中等教育的占3个,只有一个仅受过初等教育。

第二,重视对干部的监督。十月革命胜利后不久,苏维埃俄国就设立了国家监督机关,其任务是监督人民委员部和苏维埃政权机关活动,以及接受人民群众对干部滥用职权、违法乱纪的控告。列宁本人一贯重视对干部的监督,他责成人民委员会和劳动国防委员会的副主席检查法令、纪律和决定的执行情况,紧缩苏维埃机关编制,督促他们整顿并简化文牍事务,反对官僚主义和拖拉作风。他还规定了人民委员会的主要任务就是监督各人民委员部,使他们遵守纪律,不逃避责任,检查他们的命令和行动是否合法、恰当和迅速。

第三,在管理方法上,注重责任制和奖惩制。列宁指出:"苏维埃机关中的一切管理问题应该通过集体讨论来决定,同时要极明确地规定每个担任苏维埃职务的人对执行一定的任务和实际工作所担负的责任。"②在这方面,列宁身体力行,先后起草了《关于苏维埃机关管理工作的规定草案》、《关于副主席(人民委员会和劳动国防委员会副主席)工作的规定》等文件,明确规定了苏维埃有关国家机关工作人员的职责权限以及必须承担的责任。同时,把对干部的奖惩作为干部队伍管理的一个有效措施。为了防止干部滥用职权、玩忽职守、贪污受贿,以及形形色色的官僚主义,在新政权建立后的短短几年里,列宁领导制定了许多有关这方面的法律和规定。

在20世纪30年代,斯大林提出了著名的"技术决定一切"、"干部决定一切"的口号。高等学校毕业人数的增多以及大批党政干部被送往高等学校深造,使得苏联干部队伍的知识结构发生了较大的变化。但是,在斯大林时期,苏联的干部制度也存在着一些弊病。这主要表现在:① 干部职务的

① 《列宁选集》第3卷,第318页。
② 《列宁全集》第28卷,第329页。

终身制,干部能进不能出,这样造成的一个结果是干部往往对上负责,而不对下负责。② 削弱了对干部的监督,解散了群众性的监督组织。以党中央委员会领导下的中央监察委员会来代替原先与党中央平行的中央监察委员会,这样使得个人的权力得到了加强。③ 在干部具体管理上,缺乏一套完整而有效的规章制度。

第二次世界大战后,社会主义在东欧的一些国家获得了胜利。这些国家参照了巴黎公社干部制度的原则以及苏联在干部制度上的一些做法,它们的干部制度具有一些共同特点:第一,重视领导干部的知识化;第二,重视对干部的培训;第三,重视干部队伍的年轻化。同时,这些国家也同苏联一样,在干部人事制度上形成诸多弊端。

(三) 中国干部人事制度的形成与发展

中国的干部制度是在民主革命时期就形成的。在长期的革命斗争中,中共高度重视干部问题,首先表现在对干部作用的认识上。毛泽东曾指出:"政治路线确定之后,干部就是决定的因素。"①我们伟大的革命斗争,正是靠着这批干部去发动群众、组织群众而发展起来并取得胜利的。其次,在干部标准上,注重德才兼备,历来强调干部应当懂得马列主义,有政治远见,有工作能力,富于牺牲精神,能独立解决问题,在困难中不动摇,忠心耿耿为民族、为阶级利益而工作。再者,在干部组织路线上,坚持"任人唯贤"的路线,以能否坚决执行党的路线,服从党的纪律,和群众有密切的联系,有独立的工作能力,积极肯干,不谋私利为标准。另外在干部的思想路线上坚持群众路线,坚持实事求是,坚持马列主义的普遍原理同中国革命的具体实践相结合。在干部的组织性、纪律性方面,实行民主集中制的原则。这些干部工作上的指导思想是锻炼出一支久经考验、具有高度战斗力的干部队伍的保证,事实也证明,中国革命战争时期党领导的干部队伍是一支特别能战斗的队伍。

由于革命战争时期党的干部人事制度的一切工作是围绕着夺取政权这样一个总目标进行的,因此,这一时期干部人事制度所形成的特点,从某种意义上可以说是中国革命战争的反映,这些特点可以归结为以下几方面:

---

① 《毛泽东选集》合订本,第492页。

第一,在选拔干部的标准上,特别注重"德",对出身、成分、社会关系等很重视。这同艰苦的革命战争这一环境有关。这种环境首先需要的是对革命的忠心耿耿,在困难中不动摇,不退缩,将革命进行到底。

第二,在任用干部的方式上,采用任命这一方式。在当时战争的环境中,几乎不可能采用其他方式来任用干部,任命方式在当时环境下能显出其优点,迅速任命能适应形势变化的需要。因此,一般来说,这些干部一受任就能立即开展工作。

第三,在干部的培养上,主要采用"从战争中学习战争"的办法,即从干中学,边干边学,以不断提高工作水平。同时,在环境允许的条件下,又不失时机地举办各类干部学校,以提高其政治理论和政策水平。

全国解放后,干部面临一个新的情况,这就是发生了从革命到建设的转折。早在全国解放前夕,毛泽东曾告诫全党要将注意力从农村转到城市,要开始学习管理城市的知识,学习从事经济建设的知识。从新中国成立到50年代末期,中国干部人事制度的特点可以归结为以下几方面:

第一,干部的任用除了任命这一方式外,党和国家的主要领导人由选举产生。因为革命胜利后有了一个较为安定的环境。同时,由人民选举自己国家的领导人,充分体现了社会主义的民主,体现了劳动人民参加国家管理这样一个社会主义特征。

第二,制定了一系列干部管理方面的制度。设置专门的监督机构,确定干部级别的划定及其待遇,制定干部的奖惩条例等等。

第三,在干部培养方面,选拔部分干部进入有关学校进一步深造,同时干部队伍中增添了一批高等学校的毕业生,使得干部队伍中知识分子的比重有所增加,专业干部的人数有所增加。

"文化大革命"是对中国干部人事制度的一场浩劫。在这期间,干部人事制度遭到严重破坏,整个人事管理工作受到极大摧残。从1968年底起,中央及地方各级人事部门陆续被撤销,建国以来的人事管理成绩和各项人事管理制度被全盘否定,人事管理制度的正常运转被打乱,人事管理处于混乱状态。

粉碎"四人帮"之后,特别是十一届三中全会以来,中国的人事管理也进入了一个新的历史时期。各级人事管理机构得到恢复并逐步得到加强。为了适应党的中心工作的重心转移,充分发挥干部在四个现代化建设中的作用,中国的干部人事制度进行了一系列的改革,其主旨是实现干部人事队伍

的革命化、年轻化、知识化、专业化。改革涉及的面比较广,概括起来,有以下几个方面:

第一,废除干部领导职务的终身制。今后的各级领导干部,不论是选举产生还是由领导机关任命,他们的工作任期都要因人因事而异,根据不同情况,作出适当安排。任何领导干部的职务都不是终身的,都可以变动或者解除。中国宪法规定国务院总理、副总理、国务委员连续任职不得超过两届。

第二,努力实现机构精干,干部队伍革命化、年轻化、知识化、专业化。中央规定今后脱产干部主要从大中专毕业生或具有同等程度的青年中择优选拔。机构精干,干部"四化"贯穿于我国各级政府机构的改革。

第三,进行了一系列干部人事管理方面的改革。在领导干部的选拔标准上,严格按四化建设的要求来配备各级领导干部。在干部任用上,除了选举和任命这两种长期使用的方法外,又采用了一些新的形式。在对干部工作评价上,采取了一系列监督措施。

第四,制定了一系列干部管理方面的制度。对过去已有的一些干部管理制度,根据不同的情况,有的依然照用,有的加以修改补充,对于过去没有的制度则着手逐步建立。总之,从制度上来保证干部队伍的管理已成为改革的一个重要内容。

十一届三中全会后中国干部人事制度的改革之所以比较深刻,比较全面,是因为这次改革有比较充分的理论准备。邓小平理论为改革指明了方向,全国上下、全党内外都对这次改革给予极大的重视,改革充分吸取了建国以来中国干部人事制度所积累的正反两方面的经验教训,特别是对存在的一些弊端及其危害认识比较深刻,因此能抓住关键,有的放矢,取得较好的成效。2000 年 8 月,中共中央办公厅印发《深化干部人事制度改革纲要》,指出深化干部人事制度改革,是建设高素质的干部队伍,培养造就大批优秀人才的治本之策。《纲要》提出到 2010 年,建立起一套与建设有中国特色社会主义经济、政治、文化相适应的干部人事制度,为建设一支符合"三个代表"要求的高素质干部队伍提供制度保证。建立起能上能下、能进能出、有效激励、严格监督、竞争择优、充满活力的用人机制;完善干部人事工作统一领导、分级管理、有效调控的宏观管理体系;形成符合党政机关、国有企业和事业单位不同特点的、科学的分类管理体制,建立各具特色的管理制度;健全干部人事管理法规体系,努力实现干部人事工作的依法管理,有效遏制用人上的不正之风和腐败现象;创造尊重知识,尊重人才,有利于优秀人才脱颖而出、健康成长的社会环境,实现人才资源的整体开发与合理配置。

(四)中国公务员制度的建立

中共十三大报告指出:进行干部人事制度改革,就是要对"国家干部"进行合理分解,改变集中统一管理的现状,建立科学的分类管理体制;改变用党政干部的单一模式管理所有人员的现状,形成各具特色的管理制度;改变缺乏民主法制的现状,实现干部人事的依法管理和公开监督。但是人事改革是一项复杂而艰巨的任务,应该本着积极慎重的精神,总体设计,分步实施,循序渐进。所以,人事制度改革的重点是建立国家公务员制度。

实行国家公务员制度,是中国干部人事制度改革的重要步骤,也是党和政府在改革干部人事制度方面的一项重大决策,是政治体制改革的重要组成部分。

中国原有的干部人事制度产生于革命战争年代,这一制度,为夺取政权,巩固政权,为社会主义经济文化建设起到过非常积极的作用。党的十一届三中全会以后,中国进入了社会主义现代化建设和经济政治体制全面改革的新时期。在这一新时期里,随着经济体制改革的深入发展、政治体制改革的逐步展开,而与经济体制密切相关且本身又是政治体制重要组成部分的干部人事制度,愈来愈不能适应日益发展着的政治、经济的需要,并在某些方面,在一定程度上起着阻碍作用。中国政治体制改革的长远目标是建立高度民主、法制完备、富有效率、充满活力的社会主义政治体制。政治体制改革的近期目标,是建立有利于提高效率、增强活力和调动各方面积极性的领导体制,活力、效率、积极性的提高,离不开人事干部制度的改革。前几年,中国在干部人事制度改革中,取得了很多成果,但还存在一些弊端,主要是:国家干部概念过于笼统,缺乏科学分类;管理权限过分集中,管人与管事脱节;管理方式陈旧单一,阻碍人才成长;管理制度不健全,用人缺乏法治。由于这些问题的存在,就使得年轻优秀的人才难以脱颖而出,用人问题上不正之风难以避免,严重挫伤了广大干部的积极性、主动性和创造性,整个干部人事管理体制失去了应有的活力。

改革干部人事制度,建立公务员制度具有十分重要的意义。

第一,实行公务员制度,有利于加强和改善党对人事工作的领导。

党管干部是一项基本原则,但应该依照党章和法律进行科学管理,使对政府行政工作人员的管理形成具有自身特点的模式。这样,党的组织对政府系统的干部直接的、日常的、微观的管理减少了,可以使党组织从事务性的管理解脱出来,集中对干部进行政治的、思想的领导,对干部进行宏观上的控制。并以此为基础,逐步建立党务系统和其他国家机关、企业事业单位和社会团体的各类人员的各具特色的管理体系和管理制度,进而实现整个人事管理体系的科学化、制度化。

第二,实行公务员制度,有利于造就德才兼备的政务活动家和行政管理家。有利于提高国家公务员的素质,吸引一批人才从事行政管理,形成高效能的行政指挥系统,以适应现代化建设的要求。

建立公务员制度,通过公开的竞争考试,可以把优秀人才选拔到公务员队伍中来,同时,对公务员进行职业培训,不断调整公务员的知识结构,提高业务能力,可以保证国家公务员队伍的素质。同时,政府必须充分发挥自己在组织经济建设和管理国家社会事务方面的作用,这就要求尽快形成结构合理、功能齐全、法制完备、富有效率和充满活力的行政指挥系统。国家公务员的素质是影响行政系统高效能的一个关键。

第三,实行公务员制度,有利于加强干部人事工作法制建设和公开监督,使干部工作从"人治"走向法治,有利于形成人才脱颖而出的环境,纠正用人问题上的不正之风。

长期以来,由于人事管理法制不健全,"人治"现象严重,人民群众难以参与和公开监督,国家机关工作人员也是能进难出、能上难下。赏罚不明,降低了国家工作人员的素质,影响了政府的威信。建立国家公务员制度,依法管人,才能依法行政,才能依法治国。依法对国家公务员进行科学管理,通过制度来督促,保证国家公务员应做什么,怎么做,对国家干部真正成为人民的公仆有着直接的实践意义。国家公务员制度把对国家公务员的整个管理过程置于法律和社会的公开监督之下,对纠正不正之风也具有重要意义。

1993年4月24日,国务院第二次常务会议上通过了《国家公务员暂行条例》,并决定于1993年10月1日起施行,这标志着中国公务员制度初步建立。1993年11月15日,国务院印发《国家公务员制度实施方案》,对国家公务员制度的实施范围、实施步骤、实施方法以及实施工作的组织领导提出了明确的要求。2005年4月27日,在《国家公务员暂行条例》实施10余年之后,第十届全国人民代表大会常务委员会第十五次会议通过了《中华人民共和国公务员法》，新法于 2006 年 1 月 1 日起正式施行。从此，"国家公务员"被更贴切地称之为"公务员"。公务员法是中国第一部属于干部人事管理总章程性质的重要法律，它的颁布实施意义重大，标志着中国公务员制度建设进入了新的阶段。

思考题

1. 行政管理经历了哪些发展阶段？
2. 各资本主义国家的文官制度有哪些共同特征？
3. 社会主义国家行政管理应当遵循哪些基本原则？
4. 中国的公务员制度是怎样建立起来的？

第七章　政　治　参　与

本 章 提 要

政治参与是特定体制框架内普通公民或公民团体试图影响政府人事构成和政府政策制定的各种行为,简单来讲就是公民或公民团体影响政府活动的行为。它是公民沟通政治意愿、制约政府行为,从而实现公民政治权利的重要手段。政治参与具有教育、表达、监督的功能。政治参与的有效性、规模和程度反映了一个国家民主政治发展的程度。政治参与受到制度因素、社会因素、心理因素的影响。资本主义国家与社会主义国家的政治参与在形态、性质、特点上具有差异。

公民的政治参与作为国家政治生活的一个重要方面,反映了公民在政治系统中的地位和作用。随着社会和经济的现代化,人们参与政治的程度会日趋提高,政治参与的扩大成为政治现代化的重要标志。然而,在不同的国家、不同的时代,政治参与的内容、形式、性质及程度各不相同。因此,对政治参与的考察、比较和研究,构成了当代政治学动态研究的一个重要方面。

一、政治参与的基本概念

（一）政治参与的含义

政治参与一词是现代政治学的一个重要术语。伴随 20 世纪上半叶西方行为主义政治学的兴起，政治参与成为政治学研究的重要领域。然而，关于政治参与的内涵，却各异其说，界定不一。原因之一，是各国研究者从各自的政治环境、政治视角、思维方式出发把握政治参与的含义，赋予其特定的内容。根据当前各国政治参与的现实状况，应对这一概念作出恰当界说。我们认为，**政治参与就是公民或公民团体影响政府活动的行为**。其主要内涵包括：

第一，政治参与的主体是公民和公民组成的团体。这里的政治参与者不同于专门从事政治或政府职业工作的政治职业者，政府公职人员、党派要员不能作为政治参与的角色。政治参与者的政治活动通常具有非职业性的特征。

第二，政治参与的客体是政府活动。政治参与不包括所有与政治相关的活动，政治参与只是指对政府施加影响的活动，其活动的目标指向政府当局，一般不包括对非政府领域的参与活动。通常，在一个政治社会中，政治参与的程度和规模受制于政府职能所涉及的范围。

第三，政治参与是一种政治行为。政治参与不同于政治合作、政治一致。它既有合作的方面，也有不合作的方面。政治参与对政府的影响包括反对或支持、改变或维持政府权威、政治规则、政府政策与人事的抉择等活动。显然，一般不考虑这些活动是否违背政治系统设定的法律尺度，支持性的参与活动与抗议、暴乱等非常态的参与活动，都属于政治参与的形式。

政治参与是国家产生后出现的一种政治现象。古希腊城邦建立后，大都设立了公民大会。雅典的公民大会，20 岁以上取得公民权的男性公民皆可参加。古罗马时代也有相类似的大氏族会议百人团会议、平民会议等参政形式。现代社会中的政治参与是伴随着资产阶级反对封建专制力量的斗争而出现的，资产阶级为了吸引劳动阶级共同抗衡封建专制力量，主张实行普选制,将扩大选举权作为斗争策略。资产阶级取得革命胜利和夺取政权之后,代议制民主正式确立,它由通过普选产生的议员组成议会,形式上代表民众行使国家权力。在无产阶级和广大人民群众的长期斗争及资本主义社会各种矛盾的相互作用下,西方资产阶级也在一定程度上顺应民主潮流,在宪法上确认公民享有选举、结社、集会、诉愿、控告等权利,以维护资产阶级更巩固的统治。当然,由于剥削阶级与劳动群众在拥有生产资料和财富上的差异,公民参与国家管理的机会和影响力是不同的。在社会主义社会,人民在经济上拥有对生产资料的所有权和支配权,这就使社会主义国家的政治参与比资本主义国家具有更广阔的发展前景。社会主义国家通过创设更有效的渠道与途径,保证全体人民在政治上享有管理国家政治事务的权利。公民对政治广泛深刻的参与,是建设社会主义民主政治的一项重要内容。

(二) 政治参与的类型

由于在参与主体的类别、活动的积极性程度、行为方式及参与途径等方面存在着种种差异,各国的政治参与大致可划分为以下几种类型。

第一,个别参与和组织参与。

个别参与是指公民以个体的身份进行政治参与的活动。公民参与各类政治选举是个别参与中的常见形式,由于选举权和被选举权通常由一国宪法、法律规定并受到保护,政治投票是公民中参与人数最多的政治活动。然而,在通常情况下,选举并不是经常举行的。因此,投票不是公民表达政治意愿的唯一途径,一般还可以通过讨论政治、投书信访、与国家公职人员接触、捐赠政治资金等多种形式进行个别参与。

组织参与是指与他人合作以特定的团体形式参与政治的活动。它在引导其成员关心政治、动员其成员参与政治活动、培养其成员的政治参与热情、控制政治活动渠道等方面具有优势。在现代社会,各种政治团体在政治过程中的作用胜于公民个体,在当代政治生活中,影响政治过程最重要的行为者通常是政党和政治性团体。作为政治团体的成员,不管其是否参与了影响政府的活动,加入该组织本身即是一种政治参与行为。以参与政治为主要目的的政党,是一定阶级和阶层的代表。它们为取得政权和维护政权进行活动,在不控制政权的情形下,也竭力推举本阶级或阶层的成员介入政治过程。这一点对于大型政党尤为显著。在现代社会中,除了在政治过程中作为主要角色的政党以外,还有繁杂多样的社会团体。政治学意义上的"社会团体"是具有明确政治目标,试图影响公共决策系统决策的团体。它既区别于无任何政治目的的社会团体,也区别于以控制全国性政权为目的的政党,它们只是力图通过自身的活动维护和实现其共同利益。在当代社会利益分化和利益聚合过程中形成的大型利益集团,其在政治生活中的作用日益凸现,在西方国家有"隐形政府"之称。

第二,主动参与和被动参与。

主动参与和被动参与是以参与者的主观态度来划分的一种参与类别。主动参与是在自愿基础上影响政府的活动,被动参与则并非出于参与者的自愿,是通过他人引导、劝说、威胁等方式产生的影响政府的活动。两者的根本差别在于参与主体是否具有影响政府的意图。前一种类型的行为具有明确的行为意图,后一种类型的行为者可能不理解或不明确自己的行为意图。尽管行为者的动机和主观态度不同,但在实际参与的过程中,无论是主动参与或是被动参与,都对政府的决策产生作用。因而,一般把主动参与和被动参与都包括在政治参与之内。在当今社会,除了有主动参与之外,被动参与仍占有相当比重。几乎所有的政治系统内都存在着主动参与和被动参与,但其混合的程度受政治系统自身性质的影响。在民主政治系统中,由于政治开明,公民政治素养普遍较高,主动参与水平高于专制政治系统中主动参与的水平;而在专制政治系统中,被动参与水平则高于民主政治系统中的被动参与水平。显然,主动参与水平是衡量一国政治民主化程度的重要指标。

第三,直接参与和间接参与。

直接参与和间接参与是公民或公民团体参与国家管理的两种基本形式。就参与主体的行为方式而言,直接参与是参与者不通过任何中介直接介入政治过程的行为,而间接参与是参与者通过一定的中介影响政治过程的行为。投票选举是政治参与中的核心要素,以选举为例,直接选举属于直接参与,即国家公职人员或国家代表机关中的代表由选民直接投票产生;而间接选举则属于间接参与,即国家公职人员或上一级代表由选民选出的选举人或代表选举产生。当然,政治参与不等于选举。在公民和公民团体的参与活动中,属于直接参与政治过程的行为,还有公民与政府公职人员或政治家个别接触、基层自治、政党参政等;较之直接参与的行为,间接参与在现代国家中也是大量存在的。由于现代政治渗透于经济、文化等诸多社会领域，一些非政治的事物被赋予了政治含义，如一部分利益群体借助新闻舆论媒介，将其作为向政府施压的渠道。

第四，常态参与和非常态参与。

在正常情况下，一国多数公民或公民团体以常规的渠道、方式参与国家政治生活，但当国内外出现政治危机或重大变故，在政治参与条件受到限制、剥夺或按照常规途径无法实现预期政治目标时，参与主体可能转向以非常规的方式参与政治，即非常态参与。以非常态方式参与的行为者通常出于强烈的政治动因，在一般参与方式无法达到目标的情形下，会以请愿、示威游行甚至政治暴力等形式实现更换政界官员、影响政府决策、改变政治制度等政治目的。当然，非常态的参与形式不完全等同于非法的参与形式。在一时、一地可能是"非法的"，在另一时间、地点条件下可能并非如此。如罢工、示威游行等非常态参与为一些国家的法律许可，而在其他一些国家则是非法的。一般来说，统治者为了避免或清除非常态参与对政局的不利影响，除了武力镇压之外，还通过加强法律规范，增设常态参与渠道等方式来解决。

（三）政治参与的一般功能

公民或公民团体的政治参与并不是直接参与国家政权管理工作，而是以多种方式和途径来影响政府活动。在现代国家政治生活中，公民或公民团体的政治参与发挥着不同于政治家或国家公职人员的作用。

教育功能

公民通过政治参与可以掌握具有参政资格的公民所应具备的政治价值观、政治知识和政治技能，增强对政治体系的体验性理解和关注程度，提高参与者的政治觉悟，使他们成为"合格"的政治公民。公民参与社会的共同政治活动，履行公民的民主权利，对社会政治稳定起到促进作用。

表达功能

政治参与具有表达民众意愿的功能，它给公民和公民团体提供了将其利益和要求传递至政治系统的机会，并施加影响。政治参与可以反对政府决策的片面性，反对政府行为对大多数人的侵害，公民也可以通过政治参与寻求在一定程度上的社会利益补偿。政府应当向公众提供稳妥的政治参与渠道,保持政府与民众之间必要的沟通。马克思主义政治学认为,党和国家制定政策的根本原则是符合人民的利益。列宁指出:"群众的人数有千百万——政治应当从千百万人着眼,而不是从几千人着眼。"①因而,制定政策必须走群众路线,从群众中来,到群众中去,运用群众的智慧和经验。

监督功能

政府政策的制定和实施是否正确,国家公职人员尤其是政治领导者是否遵循一定的行为规则,除了国家权力机构内部运用政治、法律的手段加以约束和控制之外,公民和公民团体围绕政治权力展开的政治参与是一种必要的监督。从某种意义上讲,政府权力的运行状况也取决于公众对权力运行参与的程度与质量。政治参与的内容既包括公众对掌权者的监督,也包括对政府权力运行结果的检查和监督。一切政治权力归属人民所有是社会主义民主政治的实质性内容,社会主义政治参与的发展,应当发挥人民大众政治参与的监督功能,使公众对政府的监督得到法律的保障,并成为实际的政治发展过程。

(四)政治参与的程度及其影响因素

政治参与的程度是一个国家民主政治发展的重要反映。因而,政治参与的程度问题引起当代政治学界相当浓厚和广泛的兴趣。美国政治学家悉尼·维巴和诺曼·尼从参政形式与使用它们的人数相结合的角度对美国的政治参与进行了研究,认为,对此完全消极的人(这些人不进行任何活动),22%;投票专家(他们只参加投票),21%;狭隘的参与者(他们只就个人问题与州或地方领袖进行联系),4%;社区主义者(他们只从事有关地方问题的活动),20%;竞选人员(他们只进行竞选活动,如为一个候选人工作),15%;最后是十足的积极分子(他们进行各种形式的政治活动),11%②。尽管这一来自西方国家的研究模式并不适合于社会主义国家,但社会主义国家也面临着不断提高公民参政程度的问题。随着社会主义民主的不断发展,社

---

① 《列宁全集》第 27 卷,第 87 页。
② 〔美〕安东尼·M·奥勒姆著:《政治社会学导论——对政治实体的社会剖析》,浙江人民出版社 1989 年版,第 330 页。

会主义国家需要进一步开拓参政渠道,提高公民的参政意识,使更多的公民成为积极参与者。就总体而言,公民参政体现在政治发展的全过程和多种形式上。因为衡量公民参政程度不能根据个人或一部分人是否参与了政治发展过程的某一个环节或某一种形式,而是需要在政治发展全过程中的各个环节和多种形式上观察公民政治参与的状况。在分析政治参与程度时,通常有两个方面:① 广度,即参与政治活动人数的比率分布;② 强度,即影响政治系统整体的程度和持续性。由于政治参与过程中受到多种组合变量的综合作用,因而只能从一般意义上来判断某一社会政治参与总体水平的高低。

从国际比较的研究成果来分析,一般影响政治参与的主要因素是:① **制度因素**。一般情况下,公民是在一定的制度环境下参与政治活动的。制度本身界定了参与政治的资格、形式、范围等方面。马克思主义学者认为,尽管公民参与政治的程度与一国政治体制是否提供充分、平等的参政形式和渠道相关,如民主政体下政治参与广泛,专制政治下政治参与狭窄,但是一国社会制度的性质与公民参与程度也有着密切的联系。一些资本主义国家具有较完备的民主体制,而在实质上资本主义国家往往从统治阶级利益出发,排斥压制广大人民群众的政治参与。社会主义国家在社会主义民主政治制度不断发展和完善的过程中,为公民的政治参与提供了物质和制度上的保障。② **社会因素**。西方学者认为,随着社会经济现代化的发展,较发达社会的政治参与受到包括教育收入、职业团体、性别、年龄、宗教、人种、地区等方面的影响,并且这些因素之间具有较高的相关性。一般认为,政治参与水平较高的有:教育程度、收入、职业地位较高者;中年男性;隶属于组织或社会团体的成员;受家教、人种、地区因素影响较大的公民。③ **心理因素**。政治参与者的心理状态直接关系到政治参与的水平和程度,参与者受到自己能够影响政治过程的感觉、政府或政治领袖的行为是否符合公众利益的态度、自己关注政治程度的感受等[①]因素的影响。

---

① 〔美〕安东尼·M·奥勒姆著:《政治社会学导论——对政治实体的社会剖析》,浙江人民出版社 1989 年版,第 338—340 页。

二、资本主义国家的政治参与

（一）资本主义国家政治参与的形态

资本主义国家的政治参与是资产阶级民主政治的重要组成部分，是实现资本主义国家政治统治和社会管理的重要政治工具。由于各国在历史条件、政治体制、文化背景等方面存在着差异，政治参与的内容、形式、程度及范围都表现出各自不同的特点，但它们仍有共同之处。资本主义国家的政治参与，一方面作为一种不同于封建专制时代公民与政治关系的体现，具有巨大的历史进步意义；另一方面，也不可避免地存在着历史局限性。

资本主义国家中公民或公民团体总是希望以更大可能和程度介入国家政治生活，在长期的发展过程中政治参与活动呈现出多种形态，较常见的有以下几种。

创制与复决

公民创制与复决是指一定数量具有选举资格的公民提出法案和对法案进行表决或否决的活动。 公民创制最早于 1845 年在瑞士沃州得到采纳，全国性的公民创制以意大利和瑞士两个国家最为典型。公民创制分为**直接创制和间接创制**两种类型。公民提出的法案不先进入议会程序，而由公民直接投票决定，称为直接创制；将法案先交议会表决，若议会不通过，再提交公民投票的，称为间接创制。公民创制不同于一般的请愿活动，公民以请愿方式向议会提案，议会不具有受理的义务，而公民以间接创制方式向议会提案，议会有处理的责任和义务。**公民复决也分为公民表决和公民否决**两种。公民表决是在议会制定的法律尚未实施之前，经公民投票决定之后，法律才能生效。其中不考虑公民或政府机构是否请求表决的，称之为强制表决；在公民或国家机构请求下才能表决的，称为任意表决。除了公民之外，可以请求复决的国家机构有行政部门、议会等。人民否决是在法律已经实施之后的一定期限内，如有公民或政府机构对法律表示不满，政府则将其提交公民投票决定。至于参加创制和复决的公民人数，各国宪法虽有规定，如德国威玛宪法规定创制法案须有十分之一的选举人签署，提交公民复决时，须有这半数以上的赞成。此外，一些国家对创制和复决法案的内容也有所限制，大体而言，凡涉及财政赋税、宣战、缔约、媾和、兵役等内容的，禁止公民创制或复决。尽管公民创制和复决在资本主义国家运用较广，但大多数国家并不经常使用这一参政形式，举行全国性创制、复决的国家更少。

选举

选举是指公民按照国家法律规定的程序选举国家代表机关的代表（议员）或其他公职人员的活动。 资本主义国家选举制度是在资产阶级与封建统治阶级长期的反复斗争过程中产生和完善起来的。选举制度是资本主义国家公民参与政治生活最广泛最普遍的形式，是当代资产阶级民主政治的重要组成部分。

由于选举本身的性质和特点，资本主义国家的选举活动可以划分为多种多样的类型。如以选举对象来分，有选举国家代表机关的代表，也有选举国家元首或公职人员；以选举方式来分，有直接选举，也有间接选举；以选举范围来分，有全国性选举与地方性选举；以选举程序来分，可以有预选、补选和正式选举等。这些选举类型在资本主义国家的实际操作中，是相互交叉、彼此重叠的，共同构成资本主义国家选举活动的基本形式。

资本主义国家的宪法或选举法大都规定了普遍、平等的选举原则，并且在无产阶级和劳动群众长期斗争之下，现今不少国家也在逐步减少和放宽参与选举活动的主体——选民、候选人的资格条件。但在实际的选举活动过程中，仍然在不同范围、不同程度上受到财产、居住、教育、种族、性格、职业等条件的限制，如财产资格限制使得相当一部分破产者、失业者、无家可归者被排除在选民之外，同时对候选人施加的财产资格限制——选举保证金制度（即候选人在交纳竞选保证金后如得不到一定比例选票数，该保证金将被没收），也对公民的参政起到一定程度的限制作用。当代的选举主要是以政党竞选为主，资本主义国家政党主要是通过选举达到干预政权和执掌政权的目的，这就把政党竞选与公民选举交织在一起，政党控制了整个选举过程，从而在很大程度上制约了普通公民的参与和选择。资本主义国家的政治体制决定了单个人孤立参与没有任何政治意义，只有通过政党竞选，才能取得一定数量的议席和执政地位。在资本主义国家中，选举与资本的结合成为一种巧妙的财产资格限制。高昂的选举费用不仅成为竞选中不可或缺的重要条件，而且影响着公民的选举意向。政党可以利用自身的组织优势通过募集政治基金等手段得到大量竞选经费，而一般的社会性团体则难

211

以做到。政党在选举过程中还通过垄断候选人的提名权、采用对本党有利的选区划分办法以及选票计算办法来限制普通公民或公民团体参政、排挤与之争夺执政地位的其他政党。

选民的情绪态度关系到选举是否体现公民民主参与的真正意义,选民热情、积极地参与是选举民主的重要保证。资本主义国家的选举活动,虽然扩大了普选权,但不能掩盖其为资产阶级统治需要服务的目的。因此,越来越多的人民群众对选举态度消极。以美国总统大选为例,选民投票率 1972 年度为 63%,1976 年度为 59%,1980 年度为 59%,1984 年度为 60%,1988 年度为 57%[①]。

社团活动

这里所指的社团活动是指政治性的团体或组织为实现其特殊利益而对政府施加影响和压力的活动。在资本主义国家中,由共同利益而组成的社团的数量和种类十分庞杂,包括了政治、经济、文化、军事等各个领域,其中成为政治角色的社会团体,即参与国家政治生活的团体,称为"压力集团"。在当代主要资本主义国家中,压力集团在政治生活中占据了重要地位,在国家立法、政府决策等方面具有很大的作用。压力集团的主要活动集中在以下几个方面:

压力集团影响立法机关活动的主要形式是院外活动。**院外活动是西方国家中某些具有特定利益的组织为影响议会立法或政府决策而在议会走廊或接待处进行的活动。**由于议会通过的法律或决定直接涉及各种社会团体的利益,各种利益组织或集团力图通过院外活动左右议会立法过程和结果。代表不同利益集团进行院外活动的成员大多是由其雇佣的律师、经济学家、前政府高级官员、公共关系专家等组成,他们通过对国会议员进行个别劝说、为议员提供情报资料、参加议会召开的听证会、发动各地基层群众或地方议员以多种方式向议会施加压力等,来影响国家的重大政策。当然,也利用许多不光彩的手段,尤其是使用金钱拉拢两院的议员,如向议员候选人提供政治捐款,对议员进行酬金答谢,以合法名义邀请议员参加社交活动等。因而,长期以来,在人们心目中院外活动带有腐败性质,这不仅影响议会立法的独立性,而且激起了公众的愤慨。尽管一些资本主义国家对院外活动进行了立法管制,但在实际实施中收效甚微。这主要是因为院外活动已经

212

---

① 　梅孜编译:《美国政治统计手册》,时事出版社 1992 年版,第 116 页。

成为资本主义国家特殊利益集团参与政治生活的必要方式。

行政部门和行政管理机构也是压力集团活动的重点,压力集团总是力图对政府的政策制定和政策执行实施影响。由于各国在行政部门的组织结构和工作方式上存在差别,压力集团在影响的途径和方式上有所不同。有的国家的压力集团通过与政府机构的日常业务联系来争取这些机构的官员支持本集团的利益,有些国家的压力集团则通过在内阁或行政机构内部设立的审议会、咨询会、顾问委员会等形式,影响行政机构的决策;有的国家的行政机关在一定条件下可以成为本国实力最强的压力集团的代言人,而另一些国家的行政机关则在一定的政策原则前提下,与压力集团协商,至多在细节上作些妥协、让步。

影响公众舆论是压力集团活动的重要方面,因为压力集团在社会公众中的影响和声望决定了干预政府决策的作用大小。压力集团影响公众舆论的手段主要是以报刊、电视、广播等现代传播技术,反复宣传该集团的主张,引起广大民众的关注或认同,为该主张进入政治程序作舆论准备,进而对政府决策施加压力。有时压力集团也采取激烈的方式,如示威游行等。

尽管压力集团不推举自己的候选人参加竞选,但为了本集团今后的利益,必须帮助或阻碍政党候选人的竞选,争取代表本集团利益的候选人入选。所以,压力集团也以多种方式来参与选举过程。在美国,许多全国性的压力集团都相继在企业、行业基础上成立了专门性的"政治行动委员会",对选定的候选人给予帮助。

官民个别接触

它通常是指个别人或一部分人为谋求自身利益而与政府及其公职人员进行的接触活动。政党和利益集团不可能包容所有人的利益和要求。因而,在资本主义国家,人们也需要通过直接会面、列席发言等形式在竞选、立法、行政过程中与政治家和政府公职人员接触,表明自己的需求,争取在政策制订和处置问题的过程中兼顾这部分人的利益。作为资本主义国家公民参政的重要渠道,官民个别接触显示出不同的特征。它是一种自发、主动的参与形式,要求参与者有更强的参政意识,具有明确的目的性。由于是个别人的行为,接触的广度和影响范围有限,较之其他形式的政治参与,对政治系统的压力强度不大。然而,个别接触也有简便快捷的一面,它不需要任何中间环节就能够实现政治家或政府公职人员与当事人之间直接的信息沟通,而且参与行为与处置结果之间没有过长的时滞,政治参与的结果具有确定性。官民个别接触通常以实现个别人的具体要求为目标,一旦得到满足,参与行为便自然中止,具有一次性的特点。

(二)资本主义国家政治参与的性质与特点

资产阶级夺取政权之后,建立了资产阶级民主政治,在宪法形式上确认公民享有平等地管理国家的政治权利,即公民拥有了参政的机会。人类社会政治领域的这一重大变化,奠定了资产阶级民主体制不可缺少的重要基础,体现了一定的历史进步意义。然而,资本主义国家毕竟是建立在私有制基础上实行资产阶级专政的国家类型,即管理国家的真正权力掌握在占有生产资料的资产阶级手中。因此,资本主义国家的政治参与,实质上只是资产阶级的政治参与,是资产阶级实现政治统治的工具。资本主义国家的政治参与只是"每隔几年决定一次究竟由统治阶级的什么人在议会里镇压人民,压迫人民"[①]。资本主义国家所标榜的广泛、平等、有效的政治参与不可能得到完全、真正的实现。从资本主义国家政治参与的性质出发,可以体现出如下一些基本特点。

政治参与的不平等性

尽管资产阶级认为当代西方社会的政治体系已经充分开放,普通公民与各种社会势力都可以平等地进入政治过程,但是资本主义社会是一个财富与地位不平等的社会,经济上的地位差异决定了政治权利在不同的社会阶级、阶层、集团之间的分配。西方学者的研究表明:具有较高经济地位的人,往往较多地参与政治活动。因为在资本主义社会中拥有一定经济和社会地位的人更有条件与可能谋求政治上的利益。社会利益群体对政治体系的影响也是有差别的,越是能够主导国民经济的巨型垄断组织或财团,越是能够通过全方位参与政治过程,对政治体系施加重要的影响力。一些地位不高、势单力薄的利益集团受种种制约,只能选择一些影响力不大的参与形式,介入政治过程。作为资本主义社会经济利益根本对立的两个阶级——资产阶级和无产阶级,在政治参与上的不平等表现更为显著。

政治参与的狭隘性

资本主义国家的政治参与都与利益相关,除了为个人利益的单独参与

① 《列宁选集》第 3 卷,第 209 页。

之外,参政的集团也是为了维护个人自身利益而聚合成的。公民或公民团体的政治参与过程就是利益表达、利益实现、利益维护的过程。尽管资本主义国家利益群体繁多,但大多数为维护特殊利益的集团,少数才是公共利益集团。显然,维护社会公共利益不是资本主义国家众多参政主体的主要目标。利益集团的构成受到行业、职业、地域、种族、宗教等因素的影响,它们所追求的利益及其社会影响也就相当狭隘。各种集团所关注的是竭力争取政府制定对己有利的法令或政策措施。由于资本主义国家政治参与狭隘性的客观存在,造成特殊利益集团在参与过程中行贿受贿、营私舞弊的行为屡禁不绝,损害了政府决策的独立性。同时,因为广大普通公民的利益得不到普遍的重视,人们认为政治只是少数人的政治,对政治参与持消极态度。

政治参与的工具性

资本主义国家的政治参与形式多样,并不断得到完善和创新,但从根本上说,只是资产阶级实现政治统治的工具。作为政治参与的重要组成部分,选举被标榜为"公民意志"的表达方式,但实际上,资本主义国家扩大选举权是广大人民群众普遍要求和长期斗争的结果。资产阶级通过公民参与选举来缓和社会矛盾,同时以多数当选的表面形式,取得所谓组阁执政的合法性基础,为资本主义国家政治权力的平稳交接提供制度保障。由于利益集团在西方国家的大量存在,资本主义国家大多允许一部分利益集团参政,这样有助于立法与行政机构权衡政策方案,对政府权力进行一定限度的监督和制约;并且注意通过不同集团的相互竞争和彼此牵制,削弱其整体力量,防止利益集团势力的过分膨胀,危及政治秩序的稳定。当然,资本主义国家对政治参与的活动范围是加以限制的,公民或公民团体的活动必须以肯定现存政治制度和维护政治统治为前提,否则任何参与行为都是非法的。

三、社会主义国家的政治参与

(一)社会主义国家政治参与的性质与特点

社会主义制度的确立使占社会成员绝大多数的无产阶级和广大人民群众成为国家的主人,劳动人民真正享有了广泛的政治权利,参与政治生活和治理国家。在社会主义国家中,政府创设了多种多样的制度为人民群众参与政治、实现各项政治权利提供保障和渠道。随着社会主义民主政治的不断发展与完善,人民群众政治参与的水平将会越来越高。就社会主义国家的性质而言,政治参与是无产阶级和广大人民群众充分实现当家作主的活动。

政治参与的广泛性

社会主义国家政治参与的广泛性,首先表现在政治参与的主体极其广泛,除极少数被依法剥夺政治权利者和精神病患者之外,符合一定年龄标准的公民,不论民族、性别、职业、受教育程度、财产状况、宗教信仰、居住期限等条件,一律享有平等的政治参与权利。公民参与政治的程度与他们享有的政治权利的多寡密切相关。从各社会主义国家的宪法来看,公民的政治权利呈显著增加趋势,一般都规定了公民享有言论、出版、集会、游行示威、请愿等自由。公民拥有广泛的政治权利,为社会主义国家的公民参政提供了必要的政治条件。政治参与的实现形式越完备,现实政治生活中的民主就越充分,公民参与政治的可能性就越大。从社会主义国家政治参与的渠道来看,在政府的大力支持下,公民参政的多种形式在实践中不断地被创造出来,除了一些基本的参政形式之外,人民群众的参政形式将会越来越多。就政治参与的内容而言,也相当广泛,涉及政治、经济、社会生活等各个方面。

政治参与的发展性

随着社会主义民主政治的不断建设,社会主义国家的政治参与也在逐步发展。人民群众的政治参与不断由低层次向高层次、浅层次向深层次发展。从发展趋向上看,大致从间接参与到直接参与,从基层参与到高层参与,从事务性参与到决策性参与。一国公民参与政治的程度,受到生产力水平、教育科技发达程度、政治民主状况等诸项条件的制约,社会主义国家也不例外。但是社会主义国家的公民参政的发展状况与资本主义国家不同,社会主义国家政治参与的发展得到了国家的支持。社会主义国家的性质决定了只有广大人民群众积极参与政治生活,才能实现人民当家作主,更好地治理国家。在资本主义国家中,人民参与政治往往受到资产阶级的限制和排斥。因而,社会主义国家的政治参与必然比资本主义国家有更大的发展。社会主义国家的全体人民对生产资料的占有、使用和管理,使公民拥有平等的经济地位,这为社会主义国家的政治参与提供了充分的物质保障。

政治参与的规范性

社会主义国家政治参与的发展经历了不断走向程序化、制度化的过程。社会主义国家公民的政治参与活动在实际政治活动和社会生活中得到不断探索,公民政治参与的制度规范和操作原则不断完善。无论是投票选举、党团活动、政治监督以及其他活动,都在宪法和法律或其他规范性文件中得到确立,并根据实际的情况进行修改或补充。例如,我国公民的政治参与不仅涉及完善人民代表大会制、共产党领导的多党合作制度、社会协商对话制度和基层群众自治制度等方面,而且不断地对一些公民参政现象加以法律上的规范,如 1989 年颁布了《中华人民共和国游行示威法》和《社会团体登记管理条例》。为了保障公民参政的政治权利不受侵犯,制订了《人民检察院直接受理的侵犯公民民主权利、人身权利和渎职案件立案标准的规定》(1989 年 11 月)、《最高人民检察院关于保护公民举报权利的规定》(1991 年 5 月)等。尽管资本主义国家对于公民或公民团体参与政治也制订了有关法律和规定,但在具体实施过程中,往往名存实亡。

政治参与的基层性

在实行人民民主专政的社会主义国家中,大量的公民参政活动是在基层展开的。不少社会主义国家所创设的企事业单位职工代表大会、城乡基层群众自治、基层协商对话制度以及基层公共事务的自治等,都是政治参与基层化的形式。这构成了社会主义国家政治参与的重要组成部分,有利于推动社会主义民主政治的进程。对于幅员广大、人口众多的社会主义国家,政治参与的基层化尤为重要。公民通过在基层的政治参与活动,可以使大量的社会性具体事务在基层得到反映和解决,减少整个政治体系的压力和困难。一些社会主义国家在对以往高度集中的管理体制进行改革的过程中,通过发展公民在基层的政治参与,不仅取得了显著的成效,而且推动了整个社会政治生活的民主化。

政治参与的义务性

在社会主义国家,人民是国家的主人,国家与人民在根本利益上是一致的,国家的前途与人民的前途是紧密联系的。人民参与政治,不仅是享有一种政治权利,而且也是对国家的一种政治义务和责任。公民积极参加投票选举、加入党团组织、对政府部门及其公职人员进行监督、参加政治集会或地方自治活动等,并不完全出于个人利益,也是在履行对国家和社会应尽的义务。在资本主义社会中,国家与人民的关系是对立的,公民或公民团体更多地出于自身的利益,参与国家政治生活,谋取对己有利的权益,把政治参与看作是履行政治义务在资本主义社会是难以实现的。因此,社会主义国家公民的政治参与与资本主义国家相比具有更大的自觉性和责任感。

(二)中国政治参与的内容与形式

人民对政治的参与,是我国社会主义民主政治的本质特征。没有人民对政治自觉、普遍的参与,社会主义民主政治就很难建立。因而,我国公民的政治参与内容十分广泛,大体包括三个方面:① 人民群众通过选举、罢免等活动,对国家机关公职人员的组成、政府决策的政治过程产生直接或间接的影响,使其合乎人民群众的意愿和要求。② 人民群众通过积极参加各项政治活动和管理事务,以个人或团体的名义,向各级国家机关反映群众的意见和要求,参与国家重大政治事务的讨论和重大政治决策,对国家机关的活动及其公职人员的行为进行监督。③ 人民群众还通过基层社会生活直接参与政治,这是使人民群众实际参加一些国家事务的民主政治形式。人民群众在基层社会自治组织中,选举和评议本地区或单位的管理干部,审查有关重大社会决策的方案等活动,对基层政治事务和社会事务进行管理。

我国公民的政治参与经历了长期的发展,形成了多种样式的参政渠道,常见的有以下几种。

选举

社会主义国家的选举制度是社会主义民主政治制度的重要内容,它是保障人民当家作主、切实管理国家重大事务的主要途径和形式。公民通过选举或罢免代表达到参与国家政治生活、监督政府行为的目的。实践证明,社会主义国家公民参加选举活动,对于国家的政治生活和社会发展起到相当大的作用。

中华人民共和国成立后,我国在继承新民主主义时期选举制度基本原则的基础上,根据我国当时的政治、经济、文化等条件,使我国选举制度跨入了新的发展阶段。尽管在建国后选举制度的发展在不同的阶段上各有其特点,但从我国选举制度的改革和完善的历程观之,又有其共同点。具体体现在以下几方面:① 普遍选举。我国公民享有选举权和被选举权,被剥夺选举权和被选举权的公民是极少一部分人,除了年龄、某些疾病、依法被剥夺政治权利等方面的限制外,一切公民皆可参加选举。我国宪法不存在资本主义国家对公民行使选举权加以限制的种种条件,宪法明文规定:"年满十八周岁的中华人民共和国公民,不分民族、种族、性别、职业、社会出身、宗教信仰、教育程度、财产状况和居住期限,都有选举权和被选举权。但是依照法律被剥夺政治权利的人除外。"② 平等选举。我国采用"一人一票"的平等原则,即每一公民在一次选举中均有一票选举权,与一些西方国家曾经实行的一人多票原则不同,我国公民都平等地参与选举或被选举的活动,不允许任何人享有政治特权。我国通过规定一名代表所代表的人口数不等的办法,促进各地区、各民族之间的平等。如我国《选举法》规定,农村每一代表所代表的人口数大于城市每一代表所代表的人口数;人口特少的民族,至少应有全国人民代表大会的一个代表名额。③ 扩大直接选举。为了扩大公民直接参与国家政治生活的权利,加强国家政权的群众基础,我国在条件成熟的情形下,在直接选举与间接选举并用基础上扩大直接选举的范围。我国在 70 年代末 80 年代初,把直接选举由原来的乡一级扩大到县一级。④ 差额选举。为了提高选民的参政积极性,便于选民就政府人事作出选择,必须在选举制度中引进竞争机制,其中一项重要的措施就是将原来的等额选举改为差额选举。我国在地区性换届选举试验的基础上,逐步扩大候选人的差额比例,在全国范围内推行。⑤ 秘密选举。秘密投票即无记名投票,是指选举人以不公开的方式,真正按照自己的意愿进行投票的活动。在投票表决过程中,不受外界的影响和干扰。我国 1979 年的《选举法》规定:"全国和地方各级人民代表大会代表的选举,一律采用无记名投票的办法。"《选举法》同时还规定:"选民如果是文盲或者因残疾不能写选票,可以委托他信任的人代写。"

政治党派及人民团体的活动

若一个公民加入了一个党派或团体,他就是参与了政治。因为政治党派和人民团体是代表一定阶级、阶层和团体的公民参与政治生活的组织,是社会主义国家政治参与的重要主体,在国家和社会生活中发挥着重要作用。我国实行共产党领导的多党合作制,各民主党派在共产党的领导和帮助下,参与政治活动。我国民主党派参政的基本内容是:参政议政和民主监督。各民主党派是参政党,民主党派参与政治的合法权利得到共产党的尊重和支持。从建国初期开始,各民主党派的代表人物在历届各级国家政权机关或政府部门中都有相当比例担任领导要职,如第一届中央人民政府组成人员中,50%的副主席和政务院副总理职位由非共产党员担任,政务委员中的大部分和近一半的部长和主任委员也由非共产党员担任。各民主党派参与议政的基本形式是政治协商会议,通过全国政协和各级地方政协的活动以及委员在各级政协会议的发言、提案和审议报告等形式,共商国是,参与国家管理。中国共产党的各级委员会就国家大政方针或重要事务定期或不定期邀请民主党派代表座谈讨论,也是民主党派参政议政的重要渠道。中国共产党是国家政治生活的核心,除了接受人民、法律、舆论的监督之外,还要接受民主党派对共产党的监督。中国共产党自觉将自己置于民主党派的监督之下,鼓励民主党派以一定的形式就党和国家的方针、政策及各方面工作提出意见,并且在监督的内容、过程和手段上予以保证和维护。

在我国政治参与的整体格局中,具有民主参与功能的人民团体占有重要地位。它是各阶层的群众为一定的目的和按照一定的原则组织起来的社会政治团体。尽管人民团体代表了各阶层群众的特殊利益和具体要求,但它们与国家之间不存在根本利益上的冲突,这是有别于西方国家某些"压力集团"的重要方面。我国政府尊重人民团体参与政治生活的权利,通过加强政治领导,健全组织,完善渠道,为人民团体参政议政创造条件。人民团体在代表和维护各方面群众的利益和要求的基础上,积极成为党和政府联系各阶层群众的桥梁和纽带。在我国,最重要的人民团体是工会、共青团、妇联等组织,它们积极地开展参与政治的活动(如参与有关政策的制定,进行民主监督和舆论监督,增强组织成员的民主意识和政治责任感等),并通过其活动,使党和政府的政策主张转化为各自组织的决议和广大职工、青年、妇女等各阶层群众的自觉行动。

基层群众自治

实行人民民主专政的社会主义国家,需要广泛地组织人民群众参与国家管理。基层群众自治组织是最简便、最普遍的群众参政形式。它是指人民群众在党和国家的领导下,以直接民主的方式,把基层群众组织起来,由全体成员自我管理。基层群众自治的根本宗旨是自我管理、自我教育和自我服务。作为广大人民群众在基层社会生活中当家作主的渠道,基层群众自治既是直接民主的组织形式,也是人民群众直接参与国家政治生活的重要形式。

基层群众自治是具有中国特色的社会主义民主参政形式,它具有不同于资本主义国家和其他社会主义国家自治形式的特点。它最初萌生于新民主主义革命时期的农会、贫农团、居民小组等自治性群众组织,以后逐渐发展成为居民委员会和村民委员会的形式。作为群众性自治组织,它不同于按职业、行业、民族等界线划分的一般群众团体,而是具有广泛群众自治基础的综合性组织;它也区别于基层国家政权机关或基层国家行政机关,且不是基层政府的派出机构。基层群众自治组织的组成人员一般由居民或村民直接选举产生,无须经过政府部门委派。基层群众自治组织也与基层政府部门保持密切的联系。它不仅能够掌握基层群众对国家法律和政策实施情况的反应以及对国家机关及其工作人员的批评和建议,而且能够及时向政府有关部门反映基层群众的意见、要求和建议,主动配合政府解决一时难以解决的矛盾和问题。因而,基层群众自治有利于人民群众的意愿表达以及参与对国家机关的监督和管理。

社会协商对话与人民信访

社会协商对话是指社会主义国家的党政领导机关与广大人民群众以公平、平等的方式就当前重大问题进行的沟通和协商,这是处理人民内部矛盾,保证公民参政议政的一条重要途径。我国在进行社会主义建设的过程中,为了缓解社会矛盾,增进政府与民众之间相互了解,消除彼此隔阂。在全国、地方及基层各个层次上展开了社会协商对话。社会协商对话不仅可以起到“安全阀”的作用,而且可以密切党政领导机关与人民群众的关系,提高公民当家作主的意识。我国政府本着“重大情况让人民知道,重大问题让人民讨论”的原则,通过多层次、多渠道的对话,与人民群众平等地交换意见。不少省市设立了市长、县长接待日,邀请民主党派、社会组织及部分群众参加座谈会,借助新闻舆论媒介等形式促进政府与民众的双向沟通。

信访是人民群众以信件传递或上访的形式与政府部门的接触活动。由于信访的内容绝大多数是来自基层群众的意见和建议,对于支持和协助政府工作起了重要作用。我国中央人民政府政务院在 1951 年 6 月就作出了《关于处理人民来信和接待人民来访工作的决定》。改革开放以来,进一步完善了信访制度,充实了信访工作机构,确定了有关信访工作的具体政策。各级人民政府认真处理来信和来访,切实了解基层的实际状况,减少制订和执行法律、政策的盲目性。同时,人民信访也是对政府工作及其政府公职人员行为进行监督的重要渠道,它有助于揭露某些政府部门的不正之风,提高办事效率,克服官僚主义。人民群众的信访活动,除了就群众生活的福利、民事纠纷等问题寻求解决之外,相当部分涉及国家与社会的重大政治问题,如政治体制改革、政府廉洁、法制建设、统一战线等方面。这从一个侧面反映了人民信访在公民政治参与中的重要作用。

思考题

1. 政治参与具有哪些功能和意义?
2. 政治参与大致可以划分为哪些类型?
3. 压力集团在当代资本主义国家政治参与中的活动主要有哪些?
4. 社会主义国家政治参与的性质与特点是什么?

第八章 政治决策

本章提要

政治决策是政党和国家机关选定国家发展的方向、目标,以及按照一定方向实现目标的途径、步骤、方法和手段等的活动。政治决策是政党和国家机关活动过程中的中心环节,任何政党和国家机关都要通过其政治决策的制定和实施,来确定以至实现所代表的阶级意志和整个国家的利益。政治决策是一种政治活动,总是围绕阶级的政治统治和国家事务的管理开展的,具有阶级性和权威性。政治决策的制定是一个复杂的过程,应遵循一定的程序。政治决策、程序的科学化、民主化、法律化和制度化,是社会主义国家政治决策的基本要求。

政治决策是政党和国家机关活动过程中的中心环节,任何政党和国家机关都要通过其政治决策的制定和实施,来确定以至实现所代表的阶级意志和整个国家的利益。政治决策的正确与否,极大地影响着一个政党的命运,影响着一个国家的政局状态和发展前途。因此,政治决策已成为政治学中的一个重要内容。怎样界定政治决策,又如何制定和执行政治决策,是具有重大理论价值和实际意义的课题。

一、政治决策的基本概念

（一）政治决策的含义与特征

认识政治决策的基本含义,首先在于理解决策这一概念。所谓决策,顾名思义就是做出决定。以往,人们通常认为,决策是国家和军队等组织中的领袖凭借个人的经验与智慧所进行的运筹帷幄的活动。古代中国讲究治国之道,思想家们尤为重视国君和军队统帅的决策问题,早有"权度、乘势、决策之道"之说。鉴于决策在现代社会各个方面管理中的重要性,以及决策活动从经验型向科学型的转变,决策问题引起了人们的普遍关注。出现了从管理过程、决策程序、决策体制和决策技术等不同角度对决策概念的不同界定。其中影响较大的是把决策视作一种选择行为,即决策者对他人所提出的各种方案的选择,对一定目标及实现这一目标的途径和手段等的抉择。总之,现代决策是一种由一定的组织及其决策者,通过一定程序,运用群体智慧,进行选择性决定的活动。

政治决策也意味着是一种做出选择性决定的活动,但不能单纯理解为涉及政治领域问题的才能称作政治决策,它主要指的是国家政治体系的决策。因此,**政治决策就是政党和国家机关选定国家发展的方向、目标,以及按照一定方向实现目标的途径、步骤、方法和手段等的活动**。政治决策内涵的基本要素包括:① 政治决策的主体,是一定国家中的政党(主要是执政党)和整个国家机关体系,政治决策同一般决策的不同点,首先在于其主体是政治组织和掌握、行使国家权力的机构;② 政治决策的对象是关系到国家发展的重大问题,由政治决策主体的活动性质和范围所决定,政治决策涉及社会经济、政治、文化等各个领域,不论存在于哪个领域中的问题,凡对国家政局和发展构成重大影响的,都会成为政治决策的对象;③ 政治决策的内容,是主要由国家发展的目标和实现目标的具体设想两大方面构成的,目标在其中居于主导地位,它实际上就是政党和国家机关所确定的阶级意志和国家利益,实现目标的具体设想也相当重要,它关系到阶级意志和国家利益能否实现;④ 政治决策的属性,是一种有组织的政治活动,它是一个国家

224

政治过程的中心环节,其本身也是一个按一定程序进行的动态过程。

由于政治决策是政党和国家机关的一种政治活动,而且它总是围绕着阶级的政治统治和国家事务的管理来展开的,因此政治决策以阶级性和权威性为主要特征。

阶级性是政治决策的本质规定,这是由政治决策主体的阶级性质和政治决策制定中的根本价值取向所决定的。任何一个政党总是以它的政治决策反映它所代表的一定阶级、阶层的利益与意志。一个国家的执政党和国家机关,是统治阶级的政治组织和统治阶级掌握、行使国家权力的机构,它们的政治决策旨在协调、整合并实现统治阶级的意志和利益,尤其是通过国家的政治决策,把统治阶级的意志和利益上升为国家的意志和利益,运用国家力量加以推行。

因此阶级分析是政治决策分析的基本方法。资本主义国家资产阶级执政党和国家机关的政治决策,历来标榜自己所代表的是“社会公众的利益”,尽管在一定条件下他们的政治决策反映着统治方法的调整和改良,或者对被统治阶级作出的某些有限让步,但归根到底是为巩固资产阶级统治和维护资产阶级利益服务的。社会主义国家居于执政地位的共产党是工人阶级的先锋队,它代表了全国各族人民的根本利益,这正是共产党政治决策的根本价值取向。在共产党的领导下,国家机关在民主集中制的基础上,通过国家法律和决议等形式的政治决策,把全国各族人民的根本利益确定为国家利益,它的实施过程也就是人民利益得以实现的过程。

权威性是政治决策的显著特点,这取决于政治决策主体的组织特性和政治决策的特有效能。政党需要有一定的组织纪律来约束内部成员,以保证行动的统一,党的政治决策,通常表现为党所制定的路线、方针和政策,对党员来说是一种具有权威性的行为准则。国家机关政治决策的制定和实施,本身是行使国家权力的一种方式,它以国家的强制力为后盾,国家机关所通过的法律、决议和决定,对本国公民更具有权威性和约束力,对违反者将进行制裁。

对政治决策的权威性应当进行科学的分析。政治决策在一定意义上说就是一种政治权威,因为它以人们的接受和服从为前提。然而在不同的社会形态里,不同的社会制度下,政治决策的权威性会呈现不同现象。在奴隶制和封建制国家,政治决策的权威性表现为人治与专制。资本主义国家政治决策的权威性,往往具有资产阶级民主政治范围里的法治与民主的特点,所强调的是资产阶级法律基础上的合法性。就社会主义国家政治决策而言,它的权威性同社会主义民主与法制相联系,更重要的是它以人民群众的意志和利益为价值取向。因而,社会主义国家政治决策的权威性是与民主性相统一的,不仅在于人民群众对政治决策的合法性认同,而且基于人民群众对政治决策的价值性认同和来自对执政党和政府的拥护、支持。

(二)政治决策的结构与功能

当我们具体分析政治决策时,就会发现它是各种各样的。就一个政党和一个国家的政治决策而言,由各项具有特定内容且相互联系的政治决策构成体系,各项政治决策发挥着它特定的功能,因此政党和国家的政治决策也具有一种系统机制。我们可以从政治决策的基本内容、主体层次、适用范围、操作方法等诸多角度,来具体划分不同的政治决策。其中可以政治决策的基本内容为主要标准,据此大体可分为对内政治决策和对外政治决策,战略性政治决策和策略性政治决策。

第一,对内政治决策和对外政治决策。

政治决策就其基本内容所涉及的范围,有内政和外交两大方面。一个政党总是要在国家政治统治、国家发展目标和国家现实政局等重大问题上,作出政治决策,提出基本主张。国家机关的政治决策是同国家职能相适应的,作为国家机关的对内政治决策,一部分是关于阶级政治统治的重大问题的决策,包括统治阶级如何实现统治、实现民主的决策。在社会主义国家主要是如何保证人民当家作主,同时也包括怎样处理、打击敌对势力和敌对分子破坏活动的决策。另一部分是关于社会公共事务的重大问题的决策,这部分决策涉及社会各个领域,包括所制定的社会、经济、文化、教育、科学技术等各个方面的战略目标和战略部署,以及解决影响国家发展和政局稳定的一系列问题的方针政策。

国家机关的对外政治决策,亦即一个国家的外交政策。其中有根本性和具体性对外政治决策,它们构成了一个国家外交总政策,以及针对特定时期的国际政治格局、国家之间关系、国际重大事件、国际争端问题所制定的一系列具体政策。

对内政治决策和对外政治决策,两者是相互联系的。一般来说,对内政治决策制约着对外政治决策,对内政治决策是对外政治决策的依据,对外政治决策是对内政治决策的延续。通常情况下,政党和国家的政治决策以对内政治决策为主,但在特定时期的特殊情况下,对外政治决策也可能居主导地位。

第二,战略性政治决策和策略性政治决策。

根据政治决策的基本内容,政党和国家机关的诸多政治决策会处于不同地位,有着不同的作用和时效,因而具有战略性和策略性的不同意义。所谓战略性政治决策,主要是指政党和国家机关就国家政治全局、国家发展方向等根本性问题所作出的决策,在政党和国家机关一系列政治决策中居于主导地位,适用于一个较长的历史时期。因此战略性政治决策具有全局性、长期性和稳定性的特点。

所谓策略性政治决策,主要是指政党和国家机关在实现战略性政治决策所提出的目标的过程中,就具体行动作出的决策,以及就一系列需要解决的问题作出的决策。它适用于某一局部,适用于一个历史时期中的某一阶段,因而相对战略性决策,它具有局部性、短期性和灵活性的特点。

战略性政治决策同策略性政治决策,有区别也有联系。鉴于两者的不同特点,因而战略性政治决策是策略性政治决策的依据,在战略性政治决策的指导下制定相应的策略性政治决策;策略性政治决策是实现战略性政治决策的保证,只有运用正确的策略性政治决策,战略性政治决策的目标才能逐步得以实现。

各项政治决策,在不同的层次和领域发挥着不同的作用。政党和国家机关一系列政治决策的总和,构成了影响和支配阶级活动、社会生活和国家事务各个方面的整体功能。

政治决策是政治过程的关键所在。国家政治生活是一个动态的政治过程,它表现为各种利益和意志的表达,经过整合形成国家的利益和意志,并通过各种途径使其得以实现,这一过程的关键就在于政治决策的制定和实施。当然在不同社会制度的国家里,政治过程有着根本不同的性质。在我国,政治过程具有人民当家作主的社会主义性质,这一过程表现为人民群众通过行使各项民主权利,充分表达自己的意见和要求,在此基础上,中国共产党代表全国各族人民的利益制定有关重大问题的政治决策;国家权力机关对党的决策按照法律程序进行审议和通过,并通过自己的活动把人民群众的共同利益上升为国家的意志。因此党和国家政治决策最根本的功能,就在于准确地反映和有效地实现广大人民群众的利益和意志,使政治过程充分体现人民当家作主。

政治决策是国家发展的主要因素。政治决策规定着国家发展的方向和目标,指导着国家机关的活动,制约着人们的政治行为,影响着社会各个方面的发展。政治决策的正确与否,关系到国家政局能否稳定,国家发展是否健康。我国社会主义建设过程中,政治决策有过失误。党的十一届三中全会纠正了"以阶级斗争为纲"的错误指导思想,作出了把党和国家工作重心转移到社会主义现代化建设上来的重大决策,确立了"一个中心、两个基本点"的基本路线,推动了生产力的迅速发展和社会的全面进步。

二、资本主义国家的政治决策

(一)资本主义国家政治决策的性质

政治决策是由一定阶级的政党和国家机关,围绕着国家政权活动这一核心制定的,它具有反映一定阶级的利益和意志的性质,这是我们分析政治决策的一个基本点。在阶级社会里,各阶级都有其取决于一定经济地位的经济、政治和社会等方面的利益要求,并形成本阶级统一的意志。从一定意义上说,政治决策就是一定阶级利益和意志的表现形式,政治决策的制定过程也就是一定阶级利益和意志集中和表达的过程,政治决策的执行过程也就是一定阶级利益和意志实现和维护的过程。在近代社会,政党成为普遍的政治现象,各阶级、阶层通常通过自己政党的政治决策来集中、表达和实现、维护本阶级、阶层的利益和意志,政党的主要作用也在于以其政治决策的制定和执行,来集中反映所代表的阶级、阶层利益和意志,并以政治决策统一本阶级、阶层的行动,从而争取使一定阶级、阶层的利益和意志得以实现和维护。

统治阶级的利益和意志,在社会中占有主导的地位。它通过执政党的政治决策进行集中和表达,并通过执政党指导和影响国家机关制定的政治决策,从而上升为国家意志。因而,反映统治阶级利益和意志的政治决策,也在国家政治生活和社会生活各方面起着全面支配的作用。维护统治阶级赖以生存的经济基础,维护统治阶级的政治统治,是统治阶级政党和国家机关政治决策最根本的任务。当政治决策通过国家法律、行政命令等形式表现出来时，就有了国家意志的权威性，有了对全社会的强制力和约束力。国家政治决策的根本性质，取决于国家本身的性质。

资本主义国家的政治决策，是维护资产阶级经济、政治统治的重要手段。资本主义国家政治决策的权力，掌握在资产阶级政党和资产阶级控制的国家机关手中，没有了国家政治决策权力，也就失去了阶级统治权力。资本主义国家政治决策的根本任务和目标，是保护资本主义的所有制关系，保障资产阶级的经济利益，维护资产阶级的政治统治。资本主义国家政治决策在不同的时期不同的条件下，会有不同的显现方式。列宁曾经指出："世界各国资产阶级不免要规定两种管理方式，两种保护自己的利益和捍卫自己的统治的斗争方式，并且这两种方法时而相互交替，时而错综复杂地结合起来。第一种方法就是暴力的方法，拒绝对工人运动作任何让步的方法。保守主义的实质就是这样的……第二种方法就是'自由主义'的方法，就是趋向扩大政治权利，实行改良，让步等等方法。"[①]在资产阶级统治发生严重危机时，第一种方法往往成为资本主义国家政治决策的重要内容；当资本主义国家政局相对稳定时，其政治决策往往会更多地反映第二种方法。

战后西方资本主义国家政治决策的一个重要现象是加强对经济领域的干预，西方各国普遍实行经济干预政策，通过财政政策、货币政策等对国民经济的生产、分配、交换和消费进行广泛的调节和干预。西方有的政治学家认为，决策就是对社会价值的权威性的分配，它虽然指出了政治决策表象上的属性，但并没有揭示资本主义国家政治决策的根本性质。战后西方资本主义国家的经济干预政策，包括福利政策，从其根本上来说反映和维护的是资产阶级的利益。第一，垄断资本主义阶段，"国家同拥有莫大势力的资本家同盟日益密切地溶合在一起"[②]。战后西方资本主义国家的经济干预政策，反映了资本主义国家日益发挥"总资本家"的作用，协调资产阶级的总体利益，以国家的能力为垄断资本扩大投资、提高利润率、减少危机等提供保证。第二，实行经济干预政策，也反映了资本主义国家通过政治决策，更好地执行其管理资产阶级"共同事务委员会"的职能，处理不同资本家集团的矛盾，调节不同资本家集团之间的利益关系，维护资产阶级的整体利益。第

---

① 《列宁全集》第 16 卷，第 349 页。
② 《列宁选集》第 3 卷，第 171 页。

三,实行经济干预政策,推行福利政策,也是力图缓和阶级冲突,分化瓦解工人运动的一种手段。

资本主义国家政治决策的体制、程序和规则等是与资产阶级民主相联系的。资产阶级民主型的政治决策与封建专制型的政治决策相比,显然是一种历史的进步。资本主义国家形成的一套政治决策的制度,使政治决策在较大程度上避免了个人专断,而使政治决策服从于资产阶级的整体利益;在保证资产阶级统治秩序前提下的社会参与,使资本主义国家政治决策过程中,以一定形式在一定程度上考虑大众的要求;资本主义国家建立了较为完备的决策、咨询、执行、监督和反馈系统,也使政治决策在制定的程序和方法等方面具有了一定民主性。但我们从掌握政治决策权力的主体,政治决策的基本内容,政治决策所反映的根本利益,政治决策所规定的根本目标等角度来分析,资本主义国家的政治决策的民主性,只是保证资产阶级的统治,维护资产阶级的利益,力图使资本主义制度能长治久安的一种资产阶级民主。

(二)资本主义国家政治决策的过程

资本主义国家政治决策的过程,实质上是一个在一定方式的利益表达的基础上,集中资产阶级的利益要求和意志,并通过国家机关的运作,将其上升为国家意志并付诸实施的政治过程。当然,在资产阶级民主体制下,这一过程在表现形式上反映为社会各阶级、阶层和集团进行利益表达,互相斗争和妥协,包括大众的政治参与。智囊机构在资本主义国家政治决策的过程中也起着重要的作用。

资本主义国家政治决策的过程,是与其"四位一体"的政治决策体制相联系的。政治决策过程中的主要角色是:垄断资本家集团、智囊机构、掌权人物和国家机构,四者在政治决策过程中互相配合,构成一体。在一般的程序化的政治决策过程中,实际的运作是:由垄断资本家集团根据其利益要求提出某种政治决策的设想和目标取向;再由垄断资本家集团资助的智囊机构设计、论证和提出政治决策的方案;然后提交议会或政府通过一定的程序形成以国家法律、行政命令、司法决定等形式肯定下来的政治决策,这中间掌权人物作用很大;最后由掌权人物和国家机构以国家权威和强制力实施政治决策。

关于一般的程序化的政治决策过程,西方政治学者多有叙述。如美国政治学家戴维·伊斯顿在他的关于政治系统的理论框架中,使用"输入"、"输出"和"反馈"等概念,反映了他对政治决策过程的看法(见下图)。

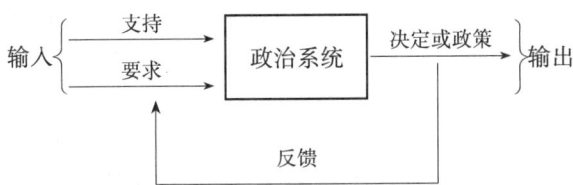

所谓"输入",就是外部环境所发生的事件对政治系统的影响和作用,其中的"支持"是对政治系统"对社会价值权威性分配"的接受和赞同性的表现;其中的"要求"是对政治系统"对社会价值权威性分配"所表示的愿望或施加的压力。所谓"输出"就是政治系统在外部环境要求和支持的影响和作用下,转换为一种权威性的决定和法令,如法律、行政命令和司法决定等,以影响和作用于外部环境。所谓"反馈"就是由输出结果产生的一种变化了的新的要求和支持。因此,在戴维·伊斯顿的理论中,政治决策过程被看作是一个由利益表达,政治系统作出决定或政策,对外部环境发生影响和作用并形成反馈的过程。西蒙、林德布洛姆等人也对决策过程的程序作了不同角度的说明。总的来说,西方政治学家和决策学家对西方国家政治决策的论述,在政治决策的程序和方法等方面对我们有借鉴之处,但根本的缺陷是以一般决策过程的程序,掩盖资本主义国家政治决策过程是资产阶级利益的表达、集中和实现的过程这一实质。

资本主义国家机关的政治决策中包括立法机关、行政机关和司法机关的政治决策,不同的国家机关政治决策过程有不同的程序。同时由于政权组织形式的差异,不同国家国家机关政治决策过程也有区别。一般来说,资本主义国家立法机关政治决策的过程也就是立法的过程,通常在一个法案或提案提出后在议会中需要经过三读的程序,在设立两院制的国家,一个法案在一院经过三读通过后,还需另一院经三读进行表决。在总统制国家,议会通过法案后要由总统签署,总统也可以进行否决。就资本主义国家行政机关的政治决策过程来看:美国是总统制国家,最高层次的行政决策权完全由总统一人掌握,内阁各部长在内阁会议上,只是向总统报告工作,提出建议,并无任何决定权,总统的办公机构大部分都是为总统最终决策提供信息、咨询、建议和决策方案的,最后决定由总统作出;英国是议会制的君主立宪制国家,在行政体制上实行内阁制,最高层次的行政决策是由内阁首相和阁员在内阁会议上制定的,由内阁大臣和有关官员在本部门或会同有关部门就某一问题进行讨论,将讨论结果在内阁有关委员会会议上再进行讨论,然后才将讨论结果和方案提交内阁会议,由内阁会议作出决定,当然首相在决定中起着关键性的作用。

三、社会主义国家的政治决策

(一)社会主义国家政治决策的主要依据

政治决策的主要依据是什么,这是政治决策中的一个首要问题,它关系到政治决策的目标抉择和实现目标的行动选择。一般来说,政治决策制定的主要依据有理论依据和事实依据。理论依据主要包括总体的指导思想和各项政治决策的相关理论,事实依据主要包括本国国情和国际状况。社会主义国家共产党和国家机关的政治决策的主要依据是:

第一,以马克思主义为指导。

社会主义建设事业的发展由两个因素构成。一个是客观的自发的因素,即社会发展的客观过程,社会主义社会的发展有不依人们的意志为转移的客观规律,马克思主义思想体系正是研究和揭示上述规律的;另一个是主观的自觉的因素,即有预期目标的有计划、有步骤的行动,社会主义国家的政治决策正是解决这方面问题的。因此,马克思主义对社会主义国家政治决策的指导意义主要在于:一方面马克思主义正确地揭示了客观世界特别是人类社会的发展规律,而制定正确的政治决策必须符合社会的发展规律,就应当由马克思主义来指导;另一方面马克思主义提供了正确认识世界和改造世界的科学理论和方法,而制定正确的政治决策也必须运用这种科学的理论和方法。当前面对复杂的国际环境,面对社会主义建设中出现的种种新问题,我们必须依据马克思主义所揭示的客观规律,运用它的立场、观点、方法进行准确分析,作出正确的政治决策。当然,马克思主义是不断丰富和发展的,邓小平理论是当代中国的马克思主义,是马克思主义在中国发展的新阶段,它是我们党和国家在社会主义现代化建设过程中制定政治决策的重要依据。

社会主义国家政治决策以马克思主义为指导,同时也重视各自然科学学科和社会科学学科的探索对国家和社会发展的作用。

第二,从本国的具体国情出发。

制定正确的政治决策,关键是要把马克思主义同本国的具体国情结合起来。所谓国情,是一个国家政治、经济、思想文化、民族心理、地理环境、自然资源、人口状况等种种情况的总和。从制定政治决策的角度考察国情,首先是要认识本国现阶段的社会性质及发展程度,从根本上把握本国经济政治的发展状况,从而分析当前的主要矛盾,确定战略目标,确立具有长远意义的指导方针。同时要正确估量本国的各种资源条件,掌握各民族的传统和风俗,才能制定出切实可行的,能为广大群众和各民族所接受的政治决策。

中国共产党在十一届三中全会以后,正是坚持马克思主义为指导,并从中国实际出发,正确地分析国情,作出我国还处于社会主义初级阶段的科学论断。当前,我们面对改革攻坚和开创新局面的艰巨任务,解决种种矛盾,制定正确的政治方案,关键在于准确把握所处的社会主义初级阶段的基本国情。总的说来,我国人口多,底子薄,地区发展不平衡,生产力不发达的状况还没有根本改变;社会主义制度还不完善,社会主义市场经济还不完善,社会主义民主还不够健全,封建主义、资本主义腐朽思想和小生产习惯势力在社会上还有广泛影响。社会主义的根本任务是发展社会生产力。在社会主义初级阶段,尤其要把集中力量发展社会生产力摆在首要地位。我国现阶段社会的主要矛盾是人民日益增长的物质文化的需要同落后的社会生产之间的矛盾,这就决定了我们必须把经济建设作为全党全国工作的中心。党的十五大正是根据对我国国情的准确把握,确定了建设有中国特色的经济、政治、文化的基本目标和基本政策,由此构成了党在社会主义初级阶段的基本纲领。

第三,与现实的国际环境相适应。

社会主义建设不是封闭在本国进行的,而是置于现实的国际环境之中,因此社会主义国家的政治决策制定不仅要依据本国的实际情况,还必须依据现实的国际形势,把握国际形势的总趋势和总格局。

我国制定和实行的独立自主的和平外交政策和对外开放的政策,是与70年代以来的紧张转向缓和、由对抗转向对话的国际形势和国际政治格局相适应的。正是根据我国经济建设发展的需要,并根据世界大战可以避免的可能性,我国正确地制定了沿海城市对外开放的政策。党的十五大指出,当前国际形势总体上继续趋向缓和,和平与发展是当今时代的主题,多极化新趋势有新的发展,这是对内以经济建设为中心,对外制定一系列外交政策的重要依据。

(二)社会主义国家政治决策的制定与执行

政治决策的制定是一个复杂的过程,应遵循一定的程序。政治决策制定程序的科学化、民主化、法律化和制度化,是社会主义国家在政治决策中需要高度重视的。从理论上说,政治决策制定的一般程序由以下几个前后递进的环节。

第一,发现问题是政治决策的前提环节。

政治决策遵循着针对性的原则,首先是要发现迫切需要解决的问题,作为政治决策的对象,从而做到有的放矢。在决策中,问题就是应有状况同实际状况的"差距"。决策就是要选择正确、有效的方案去消除这一差距。

政治过程中面临的问题错综复杂,一方面对各种问题要迅速觉察,并及时找到应当解决的主要矛盾,在诸多问题中敏锐而又准确地抓住牵一发动全身的问题;另一方面要准确把握问题的性质和问题产生的原因及各种相关的因素。这就需要到群众中去听取意见,抓住关键问题,了解群众迫切需要解决什么问题,并通过深入细致的调查研究,发现和分析问题。

找到了主要矛盾,也就确定了决策对象,这也是对各种问题进行的筛选。在政治决策中还应注意,中央机关决策所针对的问题应主要是涉及国家发展和社会稳定的重大问题。该由地方上解决的问题就由地方来决定如何解决。要从业已成熟的问题入手,当发现一个问题需要解决但又尚未具备解决这一问题的条件时,可暂不作为决策对象。

第二,确定目标是政治决策的重要环节。

政治决策针对已确定的对象,界定应达到的目标,即设立目标性的标准和指标。它既反映着一个决策的准确程度,也反映着一个决策的可行程度。目标常以多级目标的形式出现。

政治决策在确立目标时,应从实际出发,避免可能出现的两种偏差。一种是确定的目标超越了对象自身发展和现实各种相关因素所允许的实际可能,目标过高不能实现;另一种是确定的目标落后于对象自身发展和现实各种相关因素所允许的实际可能,目标太低失去意义。这两种偏差会在实际执行中造成失误。因此把理想目标同客观条件结合起来,进行科学预测,给予目标一个适宜的高度,明确规定这一高度的定性和定量指标,是非常重要的。

第三,拟制方案是政治决策的基础环节。

一项政治决策往往以简明扼要的表达形式出现,它的基础则是详尽具体、经过充分论证的决策方案,每一个决策方案都规定着决策目标及其实现的途径和方法。

拟定政治决策方案是一项相当复杂的工作,它以对决策对象的调查研究为前提,把通过调查研究所获得的信息汇集整理,去伪存真,综合分析,以获得解决问题的基本看法。在拟制方案中,首先确定该方案的基本思路和论证框架。然后对该方案的目标取向和实现途径加以具体的定性和定量论证。

第四,评估选优是政治决策的决定环节。

政治决策在各个备选方案拟制以后,便进入选择阶段。在各个备选方案中根据优化原则,选择其中一个,即形成一项政治决策。这首先要求对各个备选方案进行评估分析,加以比较,权衡利弊。评估分析的主要变量有:① 价值性评估分析,即目标取向分析,战略性的政治决策主要以能否有利于坚持正确的政治方向和有利于国家政治大局和社会的稳定为标准;策略性的政治决策主要以能否有利于战略性政治决策的实现为标准;② 可行性评估分析,即根据现实条件是否切实可行,估计能否贯彻执行;③ 效应性评估分析,一般来说各个备选方案既有正效应,又有负效应,要估量其得失大小;④ 协调性评估分析,即同其他有关的政治决策是否配套,是否有矛盾;⑤ 风险性评估分析,一些政治决策有着不同程度的风险性,必须对各个备选方案中风险强弱程度、防险措施的准备程度进行分析评估。经过反复比较、鉴别和论证,在多个备选方案中,择其优者,同时也可在选定的一个方案中补充其他未选方案中的有利因素。

在评估择优中应尽可能广泛地听取群众、专家和各方面的意见,集思广益,博取众长,增强选择中的科学性。党的十一届三中全会以后,党和国家机关已经形成了一种制度,即在每个大决策制定以前,都要认真听取和考虑民主党派和无党派民主人士的意见,取得了很好的效果。

第五,试点检验是政治决策的跟踪环节。

有的重大决策在制定后并不马上付诸普遍实施,在普遍实施前还需要经过试点,在试点实验中跟踪观察,检验该决策在现实条件下,在预定时间内的有效性和可行性,及时发现试点中出现的问题,及时作出决策的修正、补充和完善。试点一般是选择几个较典型的单位、部门或地区,试点单位、部门或地区的条件应有差异,可以在实践中比较观察,验证决策的普遍运用程度和可能幅度内的应变措施。

根据试点的实际效果和出现的问题,对试点实际效果总体上同决策预定目标相一致,只是在具体的方面有所不足的,进行细节调整;对同预期目标有所不符,存在较大问题的,进行重大修正;对同预期目标基本不符,存在严重问题的,则根本改正。经过试点,若证明是正确和切实可行的,或虽有问题但已作调整、修正的决策,就可以在大范围内实施执行。

上述发现问题、确定目标、拟制方案、评估择优和试点检验,构成了政治决策制定的一般程序。但在特定情况下还要按特定的程序进行,如法律形式的政治决策必须按一定的立法程序进行。在特殊情况下,往往不可能和不允许完全按一般程序来完成,如对付危急局面要采取快速反应的政治决策,有的政治决策是原有政治决策的渐进变迁,须不断以跟踪决策形式相连续。还应该说明的是,政治决策制定程序的完成,并不是政治决策过程的终结。一项政治决策经制定并付诸实施,达到决策目标,才构成一个完整的政治决策周期。

(三)社会主义国家政治决策实施的条件

政治决策的实施是一个艰巨的过程,受到种种因素的影响,除政治决策本身的准确性、可行性因素以外,还受到组织机构设置和运转状况,党和国家干部的思想素质和实际能力状况,广大人民群众的觉悟、精神面貌和实际行动状况等情况的影响。因此,政治决策的实施需要具备一系列条件,从我国政治决策实施的实践来说,基本条件有如下几点:

第一,全党在政治思想上保持高度的一致,这是党的政治决策得以贯彻执行的重要前提。中国共产党是全中国人民的领导核心,是政治决策的主要制定者,也是政治决策的主要执行者。党制定的政治决策,党的各级组织和全体党员是否贯彻执行,能否在贯彻中发挥先锋模范作用,对广大群众有极大的影响。全党在政治上、思想上保持高度的一致,才能使每个党员的政治行为统一于党的政治决策的基础之上,这是党的政治决策得以顺利实行的关键所在。当然,这种高度一致是以党内高度民主为基础的。在党的政治决策实施过程中,必须善于结合本地区、本部门、本单位的实际情况,使党的政治决策落在实处,得以实现。

第二,坚持民主集中制原则,是党和国家政治决策得以贯彻执行的重要保证。民主集中制不仅是党的重要原则,也是国家机关的活动准则,在党内生活和国家机关活动中,在高度民主的基础上实行高度的集中,对党和国家政治决策的实施至关重要。决策作出以后,党和国家各级组织、各个部门和领导干部绝不能政出多门,各行其是。要经常检查各级组织、各个部门和干部、党员对党和国家政治决策的执行情况,进行有效的监督。对官僚主义、无政府主义等干扰、阻碍决策实施的行为,给予必要的惩戒和制裁。

第三,改革和完善国家政治体制,这是党和国家政治决策得以贯彻执行的重要途径。要坚持党的领导,同时要完善党的领导方式,发挥和加强国家机关的作用,有关国家事务的重大决策,要经过国家权力机关通过法律程序变成国家意志,从而规范广大群众贯彻执行决策的活动。要改革政府机构,使之精简、统一、高效率。机构臃肿,人浮于事,互相牵扯,运转不灵,是政治决策实施过程中很大的干扰因素。通过干部人事制度的改革和干部队伍的建设,形成一支革命化、年轻化、知识化和专业化的干部队伍,使党和国家路线、方针、政策通过各级干部的工作得到顺利的贯彻和执行。

第四,坚持群众路线,是党和国家政治决策得以贯彻执行的重要法宝。党和国家的政治决策是为人民群众谋利益的,在实行中也必须依靠人民群众,马克思主义的领导艺术就是要把党和国家的路线、方针、政策转化为群众的行动。要加强思想教育工作,不断提高广大群众的觉悟,使群众能够把眼前利益与长远利益、局部利益与整体利益、个人利益与集体利益结合起来。并要充分利用群众所意识到的东西,了解群众的需要,调动和激励群众的自觉性、积极性和创造性。使广大人民群众行动起来,形成贯彻执行党和国家政治决策的巨大力量。

上述条件的形成,使党和国家各项政治决策有一个良好的实施环境。就每一项政治决策实施过程而言,还需要经过部署、动员和控制、监督等主要环节。

政治决策实施的动员,是决策实施中人力资源的调集。任何政治决策都要靠人来贯彻执行,靠人们的行动来实现,贯彻一项政治决策固然需要财力资源和物力资源,但人是最重要的资源。因此使一项政治决策获得广大干部群众的高度认同和高度支持,并自觉地去贯彻执行,是政治决策实施的关键,动员便是重要途径之一。政治动员有各种形式、各种手段,根据不同的政治决策的需要,可以是社会性动员或局部性动员,也可以是社会性动员和局部性动员结合起来;可以是通过社会舆论工具,也可以通过专题动员大会等。

电视、广播、报刊等公众传播媒介,是政治决策实施动员的重要渠道。应以党和国家政治决策指导新闻和传播导向,向社会宣传党和国家的路线、方针和政策,作出正确的解释。学校、群众团体和群众娱乐活动场所等,在动员宣传中也有重要作用。各级组织、各个部门和单位更要根据自己的特点和具体情况,动员自己的成员为贯彻执行党和国家的政治决策而努力。

政治决策实施是一个动态的过程,对这一过程的控制是必不可少的。所谓实施过程的控制,就是按照决策的要求来保证决策实施的质量和进度,以保证决策实施过程的顺利进行,如期达到预期目标。从这一意义上讲,政治决策的实施过程也就是控制过程。如果失去控制,决策实施过程就会出现无序混乱状态,政治决策会面临夭折的危险。

对政治决策实施过程进行有效控制,至少需要的基本因素是:有力的控制机构,明确的控制标准,准确的控制评估,有效的控制后果。控制机构实际上就是决策实施中的各级组织,它们的实际状况决定着整个控制能否有效地进行。在控制中需要把决策目标加以分解,以确定每一段时间里的具体控制目标,一般情况下要求有一种量化的控制标准。进行控制,就要根据控制标准,按一定的局部和一定的时间进行评估,评估的结果必须是真实情况的反映。根据评估的情况,对存在的问题加以分析,找出原因,确定解决的办法。

有效的监督是政治决策能够贯彻执行、顺利实施的重要环节。在我国政治决策实施过程中,主要有政党监督、群众监督、法律监督和行政监督等。

政党监督。一方面是中国共产党发挥执政党的领导职能,对国家机关是否贯彻执行业已成为国家意志的政治决策进行政治监督;对党内的干部和党员是否贯彻执行党和国家的政治决策实行纪律监督。另一方面是民主党派作为参政党,通过民主协商会议等途径和形式,对共产党和国家机关政治决策的制定和实行进行监督。

群众监督。党和国家机关干部在政治决策实施过程中,必须保持同人民群众的联系,听取人民群众的意见和建议,接受人民群众的监督。群众通过舆论、信访等形式的监督,对于揭露和惩治政治决策实施中的官僚主义、不正之风等有重要的作用。

法律监督。全国人民代表大会对各国家机关是否贯彻执行国家的政治决策通过质询等形式加以监督,对地方各级国家机关在国家政治决策实施中所制定的不一致的决议等,通过一定程序予以撤销,对不称职的国家机关主要领导人通过法定程序予以罢免。

行政监督。政府是执行国家政治决策的机关,它一方面要受到人大、政党、群众的监督,另一方面在政府内部建立起自下而上和自上而下的监督系统,对各级、各部门的干部及工作人员进行内部监督。

(四)中国政治决策的科学化与民主化

科学化与民主化是现代政治决策的基本要求。政治决策的科学化,首先在于符合社会发展规律,符合本国实际情况,符合人民群众利益;在于有利于提高社会生产力,有利于提高国家的综合国力,有利于提高人民的生活水平。社会主义制度为政治决策的科学化提供了基本前提。政治决策的科学化,还要求政治决策操作的科学性,包括在政治决策操作过程中遵循科学的程序,运用先进的科学技术手段,采取科学的决策分析方法等。

在政治决策中,科学化和民主化是紧密联系、不可分离的。民主化是科学化的内在要求。符合人民群众的利益是科学化命题中应有之义;科学化又以民主化为基本前提,民主的决策路线和程序是科学化的重要保证。

政治决策的民主化本身有它的阶级性规定。社会主义国家政治决策民主化的根本意义在于人民当家作主,当然其内涵是相当丰富的,主要有以下几个方面:

第一,政治决策根本利益取向的民主化。以人民群众的利益为出发点,以反映和实现人民群众的利益为决策的根本宗旨。这就要求在政治决策过程中,深入到人民群众中去,广泛听取人民群众的意见和要求,深入了解人民群众在重大问题上的意向和愿望,作出符合人民利益的抉择。

第二,政治决策社会参与机制的民主化。人民是国家和社会的主人,享有管理国家事务,管理经济和文化事业,管理社会事务的民主权利,人民群众对党和国家政治决策的广泛参与,是社会主义民主政治的基本要求,也是使政治决策能符合人民利益的重要保证。因此要完善人民群众参与政治决策的制度,健全切实有效地进行参与的渠道和方式。

第三,政治决策制定和执行程序的民主化。在整个政治决策过程中发扬民主,广开言路,集思广益。并把政治决策变为人民群众的行动。在政治决策制定中,每一步程序,每一个环节,都应有符合民主化要求的规定。在政治决策的执行中,立足于人民群众的实践,掌握实践中的反馈信息,检验并补充、修正、完善政治决策。

总之,坚持从群众中来,到群众中去,建立健全民主的、科学的决策和决策执行程序,保证决策和决策的执行符合人民的利益,形成深入了解民情、充分反映民意、广泛集中民智的决策机制,这是我们政治决策科学化与民主化的重要原则。

思考题

1. 政治决策如何体现阶级性特征?
2. 政治决策有哪些类型?
3. 资本主义国家的政治决策过程如何体现其国家性质?
4. 我国政治决策的实施需要有哪些基本保障?

第九章 政治发展

本章提要

　　政治发展是任何一个政治社会的基本活动和基本现象之一,是社会发展在政治生活领域中的表现及其结果,因为任何政治体系都不是停滞的,而是处于不断的发展和演变之中,尤其是近代社会在向现代化的演进中,更是伴随着政治变迁的过程。无论是对于发达资本主义国家而言,还是对于发展中国家来说,政治发展都是社会发展的组成部分。研究政治发展的普遍性与特殊性、政治发展的道路与策略,是政治学的一个重要领域。

　　任何政治体系都不是停滞的,都在演变和发展中,特别是近代社会在向现代化的演进中,更是伴随着政治变迁的过程。因而,无论是资本主义社会,还是社会主义社会,无论是发展中国家,还是发达国家,都存在着政治发展问题。研究政治发展的普遍性与特殊性、政治发展的道路与策略,是政治学的一个重要领域。

一、政治发展的基本概念

（一）政治发展的含义

政治学所说的政治发展，一般是与现代化这一特定的历史进程联系在一起的，它所指的是传统社会向现代社会发展过程中在政治上所发生的变化。所以对于政治发展的界定，首先要作广义和狭义的区分。**就广义而言，政治发展指政治体系向着更高级形态的变迁**，如从奴隶制国家到封建国家，再到资本主义国家，最后到社会主义国家和向共产主义社会的演进，必然伴随着政治发展。就**狭义而言，政治发展特指现代化过程中的政治变迁**。虽然广义的概念与狭义的概念并非完全无关，但两者的分析角度和重点是不同的。政治学研究更多侧重于狭义的政治发展。J·S·科尔曼从三个角度分析了政治发展：第一，历史的分析告诉人们，政治发展是 16 世纪起西欧发生的社会、经济、政治文化和结构的变化；第二，类型学的分析告诉人们，政治发展指传统的政治体系向现代政治体系过渡的过程；第三，进化的分析告诉人们，政治发展是指人们能够在政治生活中发挥创造力，是新的政治生活模式制度化的过程。

政治发展作为政治学的一个重要的范畴和研究领域，是 20 世纪 50 年代以后在西方学术界首先提出的。因此，他们使用这个概念就必然包含着他们的价值判断。第二次世界大战以后，许多第三世界国家开始或加紧了现代化进程，此时西方学者普遍认为，美国和西方强国的资本、技术、文化价值及政治、经济制度的扩散将启动落后国家的经济发展，而经济的现代化又会促进社会转型并带来政治现代化，从而发展中国家可以走一条与西方国家相同的或相似的现代化道路。然而，尽管西方的发展援助持续不断，跨国公司的直接对外投资水平节节升高，西方对第三世界国家的"民主试验"也费尽心机，但第三世界国家的工业化和经济增长并没有促进社会政治的全面发展，收入分配日益不均，民主体制风雨飘摇，政治动荡此起彼伏。在这种情况之下，对现代化和发展问题的研究引起了学术界的关注，其研究范围涉及经济、社会、政治诸方面，并形成了发展经济学、发展社会学和发展政治学即政治发展理论。

政治发展研究的兴起,意味着对世界各国政治发展的普遍性与特殊性进行更为具体和深入的研究,避免以西方国家的政治现代化作为第三世界国家的唯一归宿,也不再把西方历史上的政治发展进程视为第三世界国家必然的历程,从而探索第三世界国家政治发展的独特道路和内涵。由此,政治发展的概念便超出了单纯西方式民主或政治现代化的范畴,产生了更为丰富和广博的内容。政治学家白鲁恂把政治发展的含义概括为 10 种:① 政治发展是经济发展的前提,是适应并促进经济发展的政治条件或政治形式的生成过程;② 政治发展是工业社会典型政治形态的生成过程,工业化使政治形态出现许多共性,因而所有工业化社会无论实行民主政治与否,都有一套相同的政治行为模式和标准,此即政治发展;③ 政治发展是政治现代化的过程,是非现代化社会建设由现代化已经确立的合理的政治模式的过程;④ 政治发展是民族国家建设和运转的过程,政治发展首先是一个国家政治制度中民族主义的政治形式;⑤ 政治发展主要是国家行政与法制的发展,建设有效率的政府是政治发展的中心;⑥ 政治发展是政治动员和政治参与的过程,一定程度的自下而上的政治参与和自上而下的政治动员均达成政治发展;⑦ 政治发展是政治民主化的过程,即建设民主政治和制度;⑧ 政治发展是一种稳定而有序的政治变化过程,即一个社会能够理性且有目的地控制政治过程,引导社会变革的方向;⑨ 政治发展是政治体系能力增强的过程,其中主要是获得和运用权力的能力及政治动员能力的提高;⑩ 政治发展是多维社会变迁中的一个向度。上述 10 种定义,基本涵盖了政治学者对于政治发展的各种理解,尽管一些观点仍没有摆脱西方价值观的影响,但已经超越了纯西方的经验。这些观点虽角度不同,但都与现代化问题有所关联,一般都表现为政治体系处于现代化进程中所发生的变化。

政治发展作为现代化过程中的政治变迁,概言之,既构成现代化的原因,也成为现代化的结果。就现代化的原因而言,政治发展意味着建立一个适应或促进现代化进程的政治体系,即以政治发展推动和支持经济与社会的发展。就现代化的结果而言,政治发展是随着社会和经济的现代化而变化的,工业化、城市化、经济增长、识字率提高等都会带来一定的政治后果,因此美国学者考茨基等人把政治发展定义为"现代化的政治后果"。这种后果可能是积极的,如政府能力的提高、民主法制建设的健全等;也可能是消极的,如政治衰败(包括政治不稳定、政治腐败等)。可见,政治发展就其内涵而言,不仅包括了现代化所带来的正效应,也涉及现代化所产生的负效应,它客观反映了现代化过程中的实际政治变化。但如果不是从经验层面而是从规范意义上讲,政治发展无疑面向的是现代化过程中积极的政治变迁。

(二)政治发展的普遍性和特殊性

研究政治发展所面临的一个基本理论问题,就是用什么标准来衡量政治发展,以及能否找出一组共同的变项来分析不同政治体系的发展。这就进一步涉及政治发展的普遍性和特殊性的问题。

人类的政治发展有没有共同的模式和特征?各种政治体系的发展是否朝着一个共同的趋向?这是政治发展理论中颇有争议的问题。有些西方学者坚持把西方政治现代化的模式作为政治发展的一般标准,因而遭到不少第三世界国家学者的反对;而另一些学者特别是非西方学者则强调不同民族和国家政治发展的独特道路,以致排除人类政治发展之共同价值和结构的可能性。这两种观点都是失之偏颇的。首先应该肯定的是,政治发展具有一定的共性即普遍性。马克思主义认为,人类社会的发展不是任意的、偶然的和盲目的,而是有普遍的规律可循的,"历史的发展像自然的发展一样,有它自己的内在规律"①。政治发展作为历史发展的一个方面,必然有着其内在运动规律,无论哪一个国家和社会,其政治发展都受这一运动规律的制约,因而人类的政治发展必然存在某些共同性和普遍性,亦即不同国家及历史时期的政治发展,尽管发生的时空条件不同,表现的具体形式也千差万别,但它们都不可避免地受政治发展的一般规律所支配。因此,政治发展可能存在某些共同的性质,也可以用一些共同的标准来衡量。特别是就现代化这一历史阶段而言,由于现代化首先是一场工业革命和经济变迁,而且其在各国均表现出相似的变化,这种变化也必然反映到政治上层建筑领域,使政治发展呈现出某种普遍性和一致性。

马克思和恩格斯在《共产党宣言》中,对西方历史上现代化进程的描述就涉及政治发展的这种普遍性和一致性,指出由于资本主义的发展,"过去那种地方的和民族的自给自足和闭关自守状态,被各民族的各方面的互相

---

① 《马克思恩格斯选集》第4卷,人民出版社1972年版,第261页。

往来和各方面的相互依赖所代替了……各民族的精神产品成了公共的财产。民族的片面性和局限性日益成为不可能"，并断言这一发展"使未开化的和半开化的国家从属于文明的国家,使农民的民族从属于资产阶级的民族,使东方从属于西方"①。当代政治发展理论对此也作了具体的阐述。C·E·布莱克认为,现代化包含着双重运动,一方面是各种有组织的政治社会朝向相互依赖的运动,另一方面是所有的社会朝向一个终极融合的运动。这一趋向被称为是"匀质"的过程。S·P·亨廷顿则把匀质性视为现代化的基本特征之一。值得注意的是,这种理论带有某些西方中心论的色彩,这可以从F·福山的"历史终结"论中反映出来。福山基于匀质化的观点,相信所有追求经济现代化的国家均越来越相似,西方式的自由民主体制可能成为"人类意识形态进步的终点"和"人类统治的最后形态",此即"历史的终结",因为历史不再会发展出更新的形态。福山的论点自1992年提出以后遭到包括中国学者在内的许多学者的批评,其西方中心的价值观自然不足为训,但自由民主体制在世界得到普遍发展却也是明显的事实。这里遇到的问题是,这种发展的普遍性与西方国家的政治现代化存在什么样的关系? 我们认为,既然政治发展存在着一般性规律,西方国家作为现代化较早启动的人类社会,其政治发展的成就也必然含有人类历史发展普遍性的某种因素,因为普遍性是寓于特殊性之中的。当然,这并不意味着把西方政治发展的属性等同于人类政治发展的共性。

有鉴于此,在确立政治发展的一般指标体系时,既不能照搬照抄西方的政治现代化模式,也不能完全排斥西方国家政治发展的经验。对此不少学者已作出了探索性的尝试。艾森斯塔特在《现代化:抗拒与变迁》一书中指出,现代化表现在政治变化方面有四个特征:① 国家最高权威的合法性不是来自于超自然力量,而是来自于生来即存在于人民之中的世俗力量的认可,因而这一合法性应基于对公民担负的责任;② 政治权力不断向社会更广大的集团扩散,一直扩散到所有的公民,并在他们中具体化为一种共同的道德秩序;③ 政治领域范围的不断扩大,这一扩大主要通过中央权力、立法权、行政权和社会政治权力结构的不断扩大来实现;④ 无论现代的统治者属于何种性质,如独裁专制、官僚制、寡头制或民主制,都以国民作为政策的对象、受益者和法人。白鲁恂在《政治发展诸方面》一书中则更为明确地将

---

① 《马克思恩格斯选集》第1卷,人民出版社1972年版,第255页。

政治发展的指标归纳为三点,① 普遍平等的政治精神和态度,包括:大众参与政治活动,包含民主参与和积极动员的参与;法律的普遍性;平等竞争公职。② 政治体系的能力,包括:政府施政的数量、范围和幅度;公共政策的效率和效能;施政的合理性与计划性。③ 政治结构的分化与专化,包括:政治组织各部门各有所司,各有特定的功能;政治结构过程高度复杂化与分化上的统一性。阿尔蒙德等在《比较政治学》中,十分简明扼要地把政治发展的变项主要归于两个,即文化世俗化和结构分化,而这两方面的发展又带来政策能力的提高。

纵观政治学者对于政治发展指标的阐述,一般包含三方面主要内容:首先,就政治文化方面而言,政治发展以世俗化和合理化为标准;其次,就政治结构而言,政治发展以分化和专化为标准;最后,就政府作为而言,政治发展以政府能力提高和权力扩展为标准。这些标准,固然包含了西方国家的政治发展的某些特征,但总的来说并不完全以西方的价值观作为衡量的尺度。这种对西方价值观的扬弃,也体现在"政治发展"与"政治现代化"的区别上。在早期的政治发展研究中,政治发展就等同于政治现代化,即以西方的政治现代化模式作为世界各国政治发展的目标。随着政治发展研究的深入,政治发展逐渐与政治现代化相区分。正如亨廷顿指出的那样,政治发展作为现代化的政治后果,其不同于政治现代化的地方在于这种后果既可能是积极的也可能是消极的,而政治现代化则是一种积极的变化;即使两者都属于积极的变化,政治现代化着重于政治参与的扩大即民主化,而政治发展则偏向于政治体系制度化程度的提高。一个制度化水平较高的政治体系具有较高的"政治发展"水平,但不是"现代化"的体系。所以亨廷顿把政治发展界定为"政治组织和程序的制度化"。当然,这也不意味着政治发展就排斥政治现代化,毋宁说政治发展最终仍要实现民主化。但无论如何,当代政治发展的标准与西方的政治模式是有所区别的,它是作为人类社会政治发展的普遍性指标体系提出的,因而也构成了政治发展的普遍性与共性内容。

政治发展具有一定的共性或普遍性,但这并不意味着不同民族和国家的政治发展都是千篇一律、一模一样的。每一国家的政治发展毕竟是在其特定的经济、社会和文化条件中进行的,不可能不带有其自身的特点和个性,这就是说,不同国家和民族的政治发展又具有一定的特殊性。列宁在总结俄国革命时指出:"世界历史发展的一般规律,不仅丝毫不排斥个别发展阶段在发展形式或顺序上表现出特殊性,反而是以此为前提的。"①列宁在论及西方国家的发展时也曾说:"美、英、法、德等先进的帝国主义国家的政治形式,虽然基本上相同,但它的形式是更加不一样的。"②因此,在研究政治发展的时候,既要参照人类政治发展的普遍经验,也要注意不同国家和民族的具体情况和特点,还要研究社会主义与资本主义的差别,东方社会与西方社会的差别等问题。我国学者王沪宁在探讨政治发展问题时,从生态—生长的动态平衡的观点出发,认为从总体上说"政治发展意味着建立适应一个特殊社会的历史—社会—文化要求变化的稳定的政治体系"③,这对于破除政治发展理论上长期存在的西方中心主义是富有建设意义的。近年来,在政治发展的问题上,愈来愈多的国家和民族认识到必须走一条与自己国情相适应的道路。

　　每一国家在注重本国国情的基础上,认真研究这些政治发展的普遍属性和指标,吸取合理的因素,对于其现实政治发展将是有所裨益的。

(三)政治发展与政治稳定

　　政治稳定与政治发展的关系,是当代政治学研究的一个重要课题。从广义政治发展概念来说,政治发展不以追求政治稳定为目标,毋宁说政治发展过程是以一系列的政治无序为代价的。特别是在马克思主义的理论中,政治作为上层建筑,是随着经济生活的发展变化而发展变化的,一旦经济基础发生质的变化,旧的政治体系必然为新的政治体系所取代,而其中阶级斗争又成为推动政治变革的伟大力量。马克思的重要理论贡献就在于揭示出"过去的全部历史是阶级斗争的历史,在全部纷繁和复杂的政治斗争中,问题的中心始终是社会阶级的社会和政治的统治,即旧的阶级要保持统治,新兴的阶级要争得统治"④。列宁也指出:"阶级斗争,人民中的被剥削部分反对剥削部分的斗争,是政治变革的基础,并且最终决定一切政治变革的命运。"⑤因此,马克思主义把阶级斗争和政治革命作为政治发展的前提和动

---

①　《列宁选集》第4卷,人民出版社1972年版,第690页。
②　《列宁全集》第23卷,人民出版社1958年版,第64页。
③　王沪宁:《比较政治分析》,上海人民出版社1987年版,第237页。
④　《马克思恩格斯选集》第3卷,人民出版社1972年版,第40页。
⑤　《列宁全集》第8卷,人民出版社1958年版,第176页。

力,政治稳定完全服从于阶级斗争和政治进步。但是在狭义的政治发展概念中,政治秩序和稳定则具有比较重要的价值和意义。亨廷顿在其研究政治发展问题的代表作《变动社会中的政治秩序》中,就是把"政治秩序"作为研究的主题和目标,正如他在书中前言里所写的:"我在这里所作的努力,是探索在什么样的条件下,那些在经济和社会方面经历着急剧的、分崩离析的变化的社会,也有可能在一定程度上实现政治稳定的目标。"①可见,狭义的政治发展概念较广义的政治发展概念具有不同的特点,但对于现存的政治体系往往也更具实际意义,因此,当代政治学对于政治发展的研究,往往表现出对政治稳定和政治秩序的关切。

当代政治发展理论的这种价值取向,与政治发展研究所针对的特定对象——处于现代化进程中的政治体系有着密切的关联。现代化是一场全方位的、深刻的社会变革,即从传统社会向现代社会的变革。在人类历史上,当一个社会遇到新旧两种社会结构转型时,都会发生政治不稳定和无序状态,这是由其"过渡政治"的性质所决定的。现代化的一些主要成果,如工业化、城市化、识字率提高、经济增长、社会动员等等,往往加重了政治体系的负荷,政治体系也难以满足不断扩大的参政要求,这就增加了政治动荡的可能性,而只有在现代化达到较高程度,政治体系的制度化水平大大提高的情况下,政治体系才可能从不稳态走向稳态。对此亨廷顿提出的一个著名的论断就是:现代性产生稳定性,而现代化却产生不稳定性;如果说穷国显得不稳定的话,并非由于它们穷,而是它们想致富。正是因为现代化容易导致政治不稳定,对于政治学研究来说,如何在现代化进程中寻求政治稳定就显得颇为重要了。政治稳定不仅是政治体系自身存在和运作的需要,而且在多数情况下也是经济发展和社会进步的前提条件。如果一个国家长期处于严重的政治动乱和无序之中,经济发展、社会安全和人民生活必然会受到不良影响。在中国改革开放和社会主义现代化建设的进程中,邓小平也曾指出:"中国的问题,压倒一切的是需要稳定。没有稳定的环境,什么都搞不成,已经取得的成果也会失掉。"②正是因为如此,政治发展从某种意义上说意味着从政治不稳定结构走向政治稳定结构。

正因为政治发展关注的是现代化进程中的政治体系,因而政治发展所

---

① S·P·亨廷顿:《变动社会的政治秩序》,上海译文出版社 1989 年版,第 1 页。
② 《邓小平文选》第 3 卷,人民出版社 1993 年版,第 284 页。

关注的政治稳定也只有与现代化进程结合在一起才有意义。邓小平虽然把稳定置于重要的战略地位,但他同时认为发展才是硬道理。所谓发展,不仅包括经济与社会的发展,也离不开政治发展。从这个意义上说,政治发展所要求的稳定,是动态有序的稳定,是稳定与发展的统一。

总之,政治稳定与政治发展是辩证统一的关系。政治发展必须关注政治稳定,但这只能是一种动态有序的政治稳定。

(四)政治发展的基本模式

对政治发展现象的研究,最重要的是揭示出政治发展的规律性内容,以便对各种政治体系的进步起到某种指导作用,减少政治发展的盲目性和无序性。前面对于政治发展的内涵、政治发展的普遍性与特殊性,以及政治发展与政治稳定关系的分析,归根到底都是在探讨政治发展的规律问题。上述探讨着眼于从政治发展的性质角度发掘其基本运动规律,这是问题的一方面。另一方面,政治发展规律还寓于各个国家实际政治演进的过程之中,这就是政治发展的道路。对政治发展道路的研究,如果提升到规律性的高度,即政治发展的模式。

所谓政治发展的模式,指政治发展具有一定典型性和普遍性的道路,它是对具体发展道路的一种理论抽象。当代政治发展学者对于政治发展的道路和模式从不同角度作了研究。例如,巴林顿·摩尔通过比较—历史的分析,提出了政治发展道路的三种历史类型,其一是发展成为西方式民主的资产阶级革命,以英国、美国和法国为代表;其二是以法西斯主义为归宿的自上而下的保守革命,以德国、意大利和日本为代表;其三是通向共产主义的以工人、农民为主体的革命,以俄国和中国为代表。亨廷顿对西方现代化国家的政治发展道路也进行了概括,提出了欧洲大陆式道路、英国式道路和美国式道路三种模式。后来,亨廷顿和纳尔逊一起对发展中国家的政治发展道路进行了研究,提出了五种模式:① 自由模式,即以美国为样板,通过改善社会物质条件,消除落后社会中所存在的暴力、专制和不平等;② 资产阶级模式,反映了上升中的资产阶级对政治权力的要求,并实现国家建设和制度创新;③ 独裁模式,政府利用国家政权抑制中产阶级的政治参与并获得下层阶级的支持;④ 专家模式,以限制政治参与和收入不平等为代价实现经济发展;⑤ 民粹模式,宁可以低度的经济增长来换取高度的政治参与和经济平等。所有这些理论探讨虽然都在一定程度上看到了政治发展的某些一般特征，对于政治发展模式的研究也具有一定的价值，但往往还较为具体，在理论上也存在某些片面性，作为政治发展的基本模式还显得不够成熟和全面。

那么，如何建构政治发展的基本模式呢？根本地说，还是要从社会的物质运动中去总结。恩格斯指出："一切社会变迁和政治变革的终极原因，不应当在人们的头脑中，在人们对永恒的真理和正义的日益增进的认识中去寻找，而应当在生产方式和交换方式的变更中去寻找。"[①]政治发展作为现代化过程中的政治变迁，其基本模式也根植于现代化这一客观的物质进程之中。纵观人类社会的现代化，尽管形式繁多，千变万化，但总的来说存在两种基本类型，即早发内生型和后发外生型。于是，政治发展也因现代化的类型不同而形成两种基本的模式，一种是以西方国家为代表的早发国家模式，另一种是以发展中国家为代表的后发国家模式。虽然在每一基本模式内部政治发展的具体道路也不尽相同，但首先应看到，在这两种基本模式之间的差别一般远远大于其每一模式内部的差别。

政治发展的早发模式与后发模式的主要差别在于：第一，早发国家政治发展起步较早，伴随着现代化的起始，最早发轫于1500年前后的英国和法国，而后发国家政治发展起步较晚，大多是从第二次世界大战后才开始；第二，早发国家政治发展的最初动力来源于社会内部，而后发国家政治发展的动力与外部文化的传播和外来挑战密切相关；第三，早发国家政治发展的主导力量是新兴市民阶层或资产阶级，政治变迁一般自下而上，而后发国家政治发展的主导力量来自国家和政府，政治变迁一般自上而下；第四，早发国家的政治发展随贸易扩展和工业革命而运动，经济发展与政治发展基本同步进行，而后发国家的政治发展一般发生于工业化之前，在经济开始起飞后，政治发展往往又滞后于经济发展，政治发展与经济发展经常不能同时推进。以上几点，分别构成了早发模式与后发模式的主要特征。但需要指出的是，上述早发与后发的特征都是就纯粹状态而言的，而实际上早发与后发只能相对而言，不少国家都处于早发与后发两种纯粹模式之间，因而兼有两种模式的某些特征。例如，相对第三世界国家而言，德国是早发国家，但与英国和法国相比德国又属后者，所以德国政治发展既具有某些早发国家的

---

① 《马克思恩格斯选集》第 3 卷，人民出版社 1972 年版，第 307 页。

特征,也具有明显的后发国家特征。

以上是原则性地对政治发展的模式进行的粗浅的概括。这种概括是非常抽象和简单化的,只能提供一个分析和比较的框架,远不能代替具体的分析。要搞清每一发展模式的具体而丰富的内容,了解每一类型的发展模式中政治变迁形形色色的景观,必须对各个国家的政治发展进行深入细致的具体研究。下面将对西方早发国家即发达资本主义国家和第三世界后发国家即发展中国家的政治发展分别进行探讨。

二、发达资本主义国家的政治发展

(一)发达资本主义国家政治发展的一般历史进程

当今世界的发达资本主义国家,主要是一些西方早发国家。从历史上看,西方国家是最早启动现代化进程的国家,尤以英国和法国为代表。然而这些国家能达到目前的状况,是经历了一个相当漫长的发展过程才实现的,其间存在不同的历史阶段。从政治发展的角度看,大体经历了三个时代,一是国家建设,即通过王权专制完成现代民族国家的建设过程;二是民主化,即通过资产阶级革命和渐进式改革建立民主政治的体制,扩大政治参与;三是福利化,即国家职能或政府干预扩大,建立了现代意义的福利国家。虽然不同的国家在这三个时代的具体情况有所不同,所经历的时间长短不同,每一时代特征的表现程度也不同,但总的来说,都或多或少地面临了这三个时代任务。因此,这三个阶段可视为西方早发国家政治发展的一般历史进程。

一般认为,现代化发轫于 1500 年前后[1]。从政治方面看,这一时期是西欧封建国家的国王开始扩张权力并拉开国家建设帷幕的过程。西欧封建政体是以赏赐和持有采邑为基础的一种领主和封臣的制度。采邑是世袭的封地,可它并不单指土地,也包括职务和地位。在把领地授予贵族时,同时也给予贵族在自己领地上的统治权力,并且可以不受国王及其官员的干预。封建主义的准则是:"我的封臣的封臣,不是我的封臣",国王只有通过第二

---

[1]　C·E·布莱克:《现代化的动力》,四川人民出版社 1988 年版,第 9 页。

条途径或第三条途径来同自己的臣民打交道,王权十分有限。封建贵族成为国家不能统一、经济不能发展的割据势力,于是西欧国家政治发展的第一步就是要消灭封建贵族势力,完成民族国家建设的任务。这个任务是由国王来完成的。

在英国和法国,国王从 12 世纪起就开始扩充自己的权力,经过几个世纪的努力,贵族逐渐被削弱和征服,王权得到巩固,由贵族君主制走向等级君主制,最后形成专制君主制。在英国,专制君主制诞生于都铎王朝时期。由于"玫瑰战争"(1455—1485)中英国的封建贵族在自相残杀中分崩瓦解,在战争废墟上建立的都铎王朝趁势巩固王室的权力。都铎王朝的创始者亨利七世通过联姻使分裂的国家重归统一,紧接着由亨利八世和伊丽莎白一世父女共同完成了建立强大民族国家的任务。亨利八世因离婚案发动宗教改革,建立了国教,割断了英国教会对罗马教廷的依附关系,国王成为宗教领袖,民族国家在王权专制和宗教运动中诞生。伊丽莎白一世不仅巩固了宗教改革的成果,达成空前的民族团结,而且在 1588 年消灭了西班牙的"无敌舰队",解除了外患,英国也成为强大的民族国家,完成了国家建设的任务。在法国,专制君主制滥觞于波旁王朝。经过亨利四世、路易十三及其宰相黎塞留的努力,到"太阳王"路易十四时,王权达到顶峰,建立起强大的统一的民族国家。

在欧洲其他地方,也都发生了类似英国和法国的王权的集中和国家建设的进程。到 17 世纪,一个个中央集权的民族国家在西方成长起来。亨廷顿曾评论说,这是一个产生伟大的单一化者、集权论者和现代化者的时代。法国有黎塞留、路易十四,普鲁士有一批大选侯,瑞典有古斯塔夫·阿多夫和查理十一,西班牙有腓力四世和奥利瓦列斯,在欧洲大陆其他一些小国中,仿效者也不计其数①。乔治·克拉克在《十七世纪》一书中写道:"只用一句简单的话来概括任何一段长期的历史发展,都会失之偏颇。但在 17 世纪,君主制的作用也许可以描述为以更简单、更统一的政府取代了封建制度的复杂性。"总之,到 17 世纪,西方国家大多完成了国家建设的任务,这一政治发展既以经济条件为基础,又为经济发展开辟了道路,正如马克思和恩格斯所说:"各自独立的、几乎只有同盟关系的,各有不同利益、不同法律、不同政府、不同关税的各个地区,现在已经结合为一个拥有统一的政府、统一的

① S·P·亨廷顿:《变动社会的政治秩序》,第 103 页。

法律、统一的民族阶级利益和统一的关税的国家了。"[1]

王权在完成了民族国家建设的任务之后,就变成了一种消极的力量。君主专制从 17 世纪开始日益走过了头,在"君权神授"和"朕即国家"的口号下,国王拥有无限的权力,而无限的权力必然导致权力的滥用。英国斯图亚特王朝的詹姆士一世和查理一世的专横很快就破坏了都铎王朝时的民族团结,使国家陷入了深刻的矛盾之中,而法国的路易十五把大权交给两个情妇,并说"我死后哪怕洪水滔天"。物极必反,王权作为一种进步力量已完成了历史使命。而且,资产阶级随着经济实力的上升也必然开始要求相应的政治权力,王权专制与资本主义的发展日益不相容,对此马克思曾概括说:"如果说君主专制从前保护过工商业,同时以此鼓励过资产阶级上升,并且还曾经把工商业看作使国家富强、使自己显赫的必要条件,那么现在君主专制到处都成了工商业(它们正在成为已经很强大的资产阶级手中的日益可怕的武器)发展道路上的障碍"[2]。因此,在完成了民族国家统一的任务后,铲除君主专制,实行民主化就成为政治发展的必然。这一进程首先是从资产阶级革命开始的。

最先爆发资产阶级民主革命的是英国。1640 年开始的英国资产阶级革命,不仅是世界历史的一个划时代标志,而且开创了人类政治发展的新纪元。通过资产阶级革命,英国推翻了斯图亚特王朝的专制统治,"议会主权"的观念开始形成。尽管后来经历了克伦威尔军事独裁和查理二世复辟的曲折,但议会主权非但未被扼杀,而且日益深入人心,最后经过 1688 年的"光荣革命",初创了立宪君主体制,国家权力转移到了资产阶级手中,为现代民主政治奠定了基础。1789 年爆发的法国资产阶级革命是一场更为激进的革命,推翻了波旁王朝的专制统治,建立了法兰西第一共和国,通过了《人权宣言》和宪法,为民主政治的发展开辟了道路。

资产阶级革命虽然吹响了民主化的号角,但民主政治的建立却不能靠一场革命来完成,而是要经历一个漫长的艰难的过程。法国大革命以后,民主革命的成果未能得到巩固,历经了两个帝国和波旁王朝复辟的腥风血雨以及五个共和国的嬗变,最终才建立了稳定的民主政体。英国在光荣革命以后,虽然政治发展比较平稳,没有经历法国那样的刀光剑影,但民主化的

---

[1]　《马克思恩格斯选集》第 1 卷,第 255—256 页。
[2]　《马克思恩格斯选集》第 1 卷,第 181 页。

任务仍十分艰巨。光荣革命后的近 1 个半世纪中,英国实际实行寡头统治,因为选举权只限于很少的资产者手中。1831 年,英国 1 300 万人口中选民只有 35 万,占人口总数的 2.6%,甚至比 1751 年时的比例还低。经过 1832 年的议会改革,中产阶级才获得了选举权,但无产阶级仍被排挤在政治体系之外。经过 1867 年的议会改革,大部分工人才获得了选举权。以后又经过多次改革,才形成普选制度,至于代议民主制的完全确立,则是 20 世纪的事情。在英法之外,其他西方国家虽然所走的道路与英法不完全相同,但都面临创建民主政治的任务。美国由于是移民国家,没有经历漫长的封建社会,其国家建设与民主化的任务都是由美国资产阶级革命——独立战争开创的。德国的现代化起步较晚,但在 1848 年也爆发了资产阶级革命,其目的正在于实现国家统一和民主政治,只是德国民主化的道路更为艰险,最后是在二战失败后在盟军占领下才完成的。尽管西方各国的具体情况不同,但都先后面临并最终完成了国家建设和民主化的任务。

在经历了国家建设和民主化的进程之后,西方国家的政治发展就面临其最后的一个历史任务,即实现福利化。民主政治扩大了政治参与,无产阶级也争取到了选举权和被选举权,但这并未解决广大人民群众的生活问题,相反,贫富分化日益加剧,阶级斗争日趋尖锐。以往,在"自由放任"的信条下,西方国家并不把改善社会福利作为自身的一个职责,但随着经济社会条件的变化,政治发展日益需要国家干预社会经济生活,使社会更广泛的阶层能分享经济发展的成果。19 世纪 80 年代德国首相俾斯麦最早开始了福利化试验。

在这一发展趋势下,到 20 世纪,福利国家逐渐被提上了议事日程。首先,从理论上,福利国家和干预主义的思潮开始兴起并形成理论体系,庇古的"福利经济学"尤其是"凯恩斯主义"就是较早的典型。凯恩斯主张通过国家干预创造就业机会,恢复经济,即使增加财政赤字,也要保障充分就业。而美国总统富兰克林·罗斯福的"新政",则标志着国家干预开始成为西方国家普遍接受的政治实践。罗斯福担任美国总统达 12 年之久,他执政期间推行"新政",加强对经济的控制,增加工人工资,兴建大规模公共工程,提高农产品价格,重视社会问题,扩大工会的活动。二次世界大战以后,英国政治家和经济学家威廉·贝弗里奇进一步创建了英国的社会福利制度,使"福利国家"更为完善,福利国家制度在欧洲特别是北欧深入人心。德国政治家和经济学家艾哈德所推行的"社会市场经济"虽然不同于北欧的"福利国家",但实际上也包含了"福利国家"的一些内容。可以说福利国家在二战后成为西方国家普遍的制度形式。西方国家的福利化进程使工人阶级及一般劳动群众的生活水平显著提高,促进了社会和经济的繁荣,缓解了社会矛盾和阶级冲突,维持了政治社会的稳定,成为西方国家继民主化之后政治发展的重大成就。虽然西方也有一些理论思潮反对福利国家,政府的政策也时有调整,但无论如何变化,当代西方国家已不可能回到"自由放任"时代,福利化的总趋势不可逆转。

经过数个世纪的演变,西方国家一步步地完成了集权化即民族国家建设、民主化即扩大政治参与和福利化即一定程度上保障社会公平的过程。在现有的基本社会制度框架内逐渐实现了政治发展的主要目标。西方国家的经济发展和社会发展,都是与其政治发展的成果分不开的,没有上述政治发展,西方国家绝不可能保持现有的繁荣。早发国家政治发展的一般经验,值得认真总结和研究。

(二)发达资本主义国家政治发展的不同道路

虽然西方主要国家都先后经历了**国家建设、民主化和福利化**的一般历史进程,但这些国家完成上述三个历史进程的具体道路却存在着明显的差别。大而化之,可以抽象出三种具体的发展模式或道路。

第一种以**英国**为原型,是一种**渐进—妥协**的发展道路。英国虽然是最早进行资产阶级革命的国家,但在其后 300 多年的发展历程中,总的来说发展是比较平稳的,尽管其间不乏统治者与被统治者之间的政治斗争,甚至爆发了诸如宪章运动的重大政治斗争,但自 1688 年"光荣革命"初创立宪君主政体以后,这一政体形式一直得以延续下来。当然这并不是说英国自此就没有政治上的发展和变化,实际上,300 年来英国政治结构已发生了很大的变化,只是它不是通过暴力和革命实现,而是主要通过和平的手段一点一滴、循序渐进地完成的,例如 19 世纪后不断进行的议会改革使英国政治一步步地走向现代化。当今英国议会制的权力结构与 17、18 世纪相比可谓大相径庭,尽管国王、上院、下院始终存在。这种和平改革是英国统治者和被统治者以及各阶级和政治力量间进行妥协的产物。完成了政治现代化的英国仍保留君主这一事实本身,就是资产阶级与贵族相妥协的最好证明。因此英国式道路的最大特点就是政治相对稳定,政体长期延续,宪政制度尊重传统,宪法也是不成文的,由许多先例和习惯构成。这种渐进—妥协的政治发展道路,除英国外,瑞典、丹麦、挪威、芬兰、荷兰、比利时、卢森堡等国走的也属此种道路。甚至美国等原英国殖民地的政治发展大体也走的是这种道路,只是美国与英国不同的是,其没有封建主义的历史,政治发展较少受封建传统的影响而更具创造性,其基本政治制度是通过宪法确立的。

第二种发展道路以**法国**为原型,是一种**激进—革命**的模式。法国自1789年大革命后,又经历了多次起义、内乱和革命,政局极不稳定,政治体制也缺少连续性。与英国宪政体制在形式上基本保持延续不同,法国自1789年以来产生了十七部宪法,政体形式变化不定。1789年法国大革命后建立了第一共和国,后由拿破仑通过政变在1804年建立了第一帝国。拿破仑失败后波旁王朝又于1814年复辟,最后导致1830年七月革命再次推翻波旁王朝,建立了"七月王朝",后又经1848年革命,建立了第二共和国。4年后路易·波拿巴发动政变又建立了第二帝国。1870年普法战争失败后,人民起义推翻了波拿巴的统治,又建立了第三共和国。二次大战后第四共和国应运而生,由于政局不稳,戴高乐于1958年重新执政,又建立了第五共和国。因此,法国的政治发展主要是靠革命和暴力在起伏中一步步向前推进的,政治发展极不平稳。而这又与其政治上的激进主义是密切相关的,与英国各政治力量善于妥协相反,法国各种力量的政治态度较为激进,这从1789年法国革命力量的不断分化瓦解过程就得到了明显的体现:从斐扬派的失势,到吉伦特派被清洗,再到忿激派被铲除,最后到雅各宾派内部的分裂和清洗,政治上越来越激进,革命力量也越来越受到削弱。这种激进—革命的模式使法国的政治发展道路充满了波折和戏剧性变化,政治形式也在左右间摇摆嬗变,每一步前进往往要经过几个反复,在革命与反动的一再较量中才能最后完成。与法国式激进—革命的政治发展道路相似的还有西班牙、葡萄牙、希腊等国。俄国历史上的政治发展也属于这一类型,只是到20世纪其革命的性质发生了变化,建立了新型的社会主义国家。

第三种政治发展模式以**德国**为原型,可称为**保守—改良**的道路。与英国和法国相比,德国的政治发展步履维艰,姗姗来迟。当15至19世纪英法两国已形成强大的中央集权的民族国家并开始了民主化的时候,德国还陷入严重的诸侯割据的封建泥沼之中,全德国约有300个诸侯国,包括7个大选侯、十几个大诸侯和200多个小诸侯,另外还有上千个独立的帝国骑士,他们各自为政,壁垒森严,不仅在政治上对内不能统一,对外不能独立,而且也严重阻碍经济发展,市场被分割,仅币制就上千种,这使德国在现代化的道路上与英法相比远远落后了。19世纪的德国,在英、法等国示范效应的强大压力下,不仅面临着民族国家建设的任务,还受到民主化浪潮的冲击,因此德国的政治发展与英法历史上相比更为艰难。德国的资产阶级在1848年欧洲革命的形势下想通过革命的手段实现国家的统一和民主化的双重任务,但没有成功,德国人的民族性格和资产阶级的软弱性也使其很难走法国式的道路。同时,由于德国发展滞后,又面临着激烈的国际竞争,在19世纪它也很难像英国那样通过缓慢的渐进方式来完成其政治发展的任务,而且德国的社会历史状况也不具备走英国式道路的条件。于是,德国走上了一条由其大邦之一普鲁士通过王朝战争和强硬统治自上而下实现国家统一的保守主义道路。普鲁士国王威廉一世执政后,于1862年启用了容克政治家俾斯麦。俾斯麦以其"铁血政策",在连续的丹麦战争、普奥战争和普法战争的军事胜利中实现了德国的统一,于1871年建立了德意志帝国,并在其后短短的几年中,实现了司法统一、货币统一、行政统一和市场统一。俾斯麦还通过内部改良,满足资产阶级的政治经济要求,并在1883—1889年最先实行福利化,德国成为世界上第一个向工人提供病、老、伤、残社会保险的国家。只是,由于德国的政治发展依靠的是保守的国家主义力量,民主化的问题没有从根本上解决,使其走上了专制主义和军国主义的道路,经过第一次世界大战的失败、魏玛共和国的夭折、希特勒的上台和二次大战的劫难,最后在占领军刺刀下才完成了民主化的任务。除德国外,日本、意大利的政治发展也属于保守—改良的道路。

　　总之,由于历史、社会和文化条件的不同,发达资本主义国家的政治发展大致形成了渐进—妥协、激进—革命和保守—改良的三种道路。如果说保守—改良的道路主要是通过自上而下的力量实现政治发展的模式,而激进—革命的道路基本是通过自下而上的力量推进政治发展的模式,那么渐进—妥协就是一种上下力量互动的发展模式。

(三) 发达资本主义国家政治发展的历史局限性

　　西方发达资本主义国家经过数百年的发展,取得了前所未有的政治文明的成就。它克服了封建主义的政治分散,形成了统一的民族国家,为经济发展开辟了道路;它建立了资产阶级的民主政治,排除了君主专制和个人独裁,不仅维护了资产阶级的统治,而且使一般公民也获得一定的政治权利;它使国家职能不断合理化,政府能够有效地调控社会和经济,不仅促进了经济社会的稳定,而且也使更多的社会阶层分享到经济和社会发展的成果。西方资本主义政治发展的这些成就是毋庸否定的。

但是,在充分肯定资本主义政治发展的历史贡献的时候,也应当看到其历史局限性。资产阶级政治发展的一个重要结果是"民主"的确立,故其政治发展的过程从一个方面来看也表现为民主化的过程。西方资本主义的政治发展经历了三四百年的历程,形成了一套不断改良、不断修补的民主制度。然而,这种民主制度无论在形式上多么完善,作为一种国家形态,西方国家的民主在本质上只是资产阶级的民主,是少数人的民主。这是因为,民主是由一定的经济基础决定的,必然要为一定的社会经济基础服务。在资本主义社会中,生产资料的所有制性质决定了资产阶级少数人不仅在经济关系中处于统治地位,同样在政治关系中处于统治地位。资产阶级通过民主制这一"最好的政治外壳"来保障资产阶级的财产所有权,保障私人资本始终能剥削到剩余价值而不断增殖。资本主义的政策及其法律规范,不过是为了维护资本剥削的手段而已。现代国家,"只是资本主义社会为了维护资本主义生产方式的共同的外部条件,使之不受工人和个别资本家的侵犯而建立的组织。现代国家,不管它的形式如何,本质上都是资本主义的机器,资本家的国家,理想的总资本家。"①

另一方面,作为政治组织形式的民主,资本主义民主是通过议会、政党、普选制度三大支柱支撑起来的,同时,也通过立法、行政、司法机构之间的分权制衡得以维持。资本主义政治发展过程中能找到的最好的形式就是议会制。通过议会制,资产阶级内部不断地对政治权力进行再分配,选择自己的代理人,实现资产阶级内部不同阶层、集团的利益,并通过政党制和普选制使这一过程和平有序合法地进行。因而,资产阶级议会,不过是每隔几年决定一次究竟由统治阶级中的什么人在议会里镇压人民、压迫人民。为了有效地维护、保障其总的利益,资产阶级在政治发展的历史进程中设计了一套分权制衡的机制,防止在其掌权的政治结构中,某些资产阶级内部集团及其代理人侵犯总体的根本利益,避免资产阶级内部力量的不均衡,从而削弱资产阶级对广大人民群众的统治。总之,"资本主义社会里的民主是一种残缺

① 《马克思恩格斯选集》第 3 卷,第 436 页。

不全的、贫乏的和虚伪的民主,是只供富人、只供少数人享受的民主。"①

　　资本主义的政治发展,曾经在人类历史上跨了一大步,提出了"自由、平等"的口号,使得政治权利、公民权利一定程度上为人民广泛享有。但正如马克思主义所指出,在实际政治生活中,这些东西都是一种形式,都是为资本主义经济制度、为资产阶级经济利益的最大化而服务的。实质上,由于在经济上存在资产阶级的剥削和压迫,工人阶级和广大劳动人民群众是享受不到真正的自由和平等权利的。这反映了资本主义社会的形式合理性和实质非合理性的矛盾和困境,这是资本主义政治发展的根本问题所在。关于这一点,马克斯·韦伯曾作过比较详细的研究,指出西方资本主义世界是"理性化导致了非理性的生活方式"。因为西方资本主义的合理性只是形式合理性。形式合理性被归结为手段和程序的可计算性,是一种客观的合理性。实质合理性则基本属于目的和后果的价值,是一种主观合理性。形式合理性追求价值中立,强调制度、功能、效益在形式上的合理性,但往往忽视了价值的合理性。以此观之,现代资本主义社会的科学、技术、社会以及政治发展的结果,如官僚制、议会体系、法律体系都是形式上高度合理的,但与其倡导的自由、平等、民主的价值互相对立,实质上都是非合理性的。具体看一下西方资本主义的法律,尽管规定了法律面前人人平等,规定了所有公民享有广泛的政治权利,但对于无产阶级,对贫困的未受过良好教育的民众来说,它不是实行正义的工具而是控制社会的工具。资本主义社会的法律,代表的是资产阶级的意志,反映的是资产阶级的价值观。资产阶级手中拥有的政治权力,使议会通过的法律只能是实质上不平等的、不合理的法律。例如,与抢劫、盗窃罪相比,贪污罪所受的处罚要轻得多,而只有富人、有特权的人才易犯这样的罪行。这正像一些西方学者所批评的:法律庄严而平等,它既禁止富人也禁止穷人在桥下过夜,在街上行乞,在商店里偷面包。

　　总之,西方资本主义政治发展到目前的高度形式合理化的民主阶段,其总的特征是民主只能是资产阶级的、少数人的民主,自由平等只是形式上的而非实质上的,这表明资本主义的政治发展具有极大的历史局限性。

　　针对西方资本主义政治发展的历史局限性,马克思主义从辩证唯物主义和历史唯物主义出发,提出了自己的政治发展观,其主要内容包括:第一,政治发展是人类社会发展的一个有机组成部分,是人类政治生活中的一

---

① 《列宁选集》第3卷,第248页。

种客观的运动规律。政治发展的根源在于经济,随经济生活和生产方式的变化而变化。第二,政治发展的实质,是围绕国家政权、政治制度的发展。发展的最终目标是实现国家和社会的统一,国家权力逐步还给社会,国家自行消亡,进入共产主义社会。第三,政治发展的动力来自政治生活的内部,阶级斗争是推动政治发展的直接动力,人民群众是推动政治发展的决定性力量;第四,政治发展的结果应是积极的,朝着有利于社会进步的方向前进,积极推动社会生产力的发展。政治发展的根本标志,在于政治权力是否为人民所掌握,是否体现了人民群众的根本利益。

三、发展中国家的政治发展

(一)发展中国家政治发展的总体特征

发展中国家,主要指亚洲、非洲、拉丁美洲等一批欠发达的第三世界国家。大体上有两种历史成因:一种是 20 世纪二三十年代经过独立运动后开始本民族或民族联合体的国家建设;另一种是二战后随国际局势变化通过革命的方式取得民族解放。政治发展的问题主要集中在二战以后发展中国家进入现代化潮流的过程。

发展中国家在政治发展过程中的总体特征是"后发性"。这一后发性特征有有利的一面,也有不利的一面。

从不利的一面来看,首先,发展中国家面临时间和问题的巨大压力。西方发达国家现代化发轫于 16 世纪,到目前已经有四五百年,经历了王权专制、民主化和福利时代的嬗变。这一过程主要由社会自发力量驱动而自然生长,在这一过程中问题和挑战个别地出现,并一个一个分别得到解决,且每解决一个问题均有充裕的时间,很少受其他国家的"示范效应"的压力。而后发国家处于一个完全不同的情况,面对西方国家强大的"示范效应"和激烈的国际竞争的压力,它们必须把西方历史上依次出现的若干时代缩为一个,需要同时解决上述所有的问题。正如 G·阿尔蒙德提到,当今世界的国家建设处在同时产生又相互冲突的要求所造成的压力之下,"集权的需要与分权的要求相冲突;提取资源与经济增长及进行投资的需要又与增加福利的要求相冲突。在当代世界中,一个有效的国家建设战略,必须设法调解政治集权与分权、经济增长与分配之间的这些冲突。"①

其次,发展中国家共同面临被动型政治发展,即由于在现代化历史上属于晚发的后来者而不得不具有某些特殊的发展逻辑。被动发展意味着缺乏自主的发展。早发的西方发达资本主义国家的政治发展在历史上先行一步,故其在发展目标、方向、途径等诸方面均存在一种示范效应,这种示范效应因为早发国家的成功先例而使发展中国家多少自觉或不自觉地仿照西方资本主义国家走过的道路进行自己的发展历程,如许多发展中国家仿效西方民主制建立议会制、多党制,扩大政治参与,实行普选等。这也是早期现代化理论主张"西方中心论"的一个重要原因。被动发展的另一层含义体现在现代化理论的后来者们提出的依附论和世界体系理论中。与早期西方国家的政治发展的背景迥然不同,西方国家是自主地发展,而发展中国家处在一个国际社会的背景之下,处于整个国际依附或依存体系中。这种依附、依存关系的存在使发展中国家政治体系的结构和功能脆弱、不稳定,往往易随国际、地区性政治局势、经济因素的变动而变动,缺乏自主性。

此外,发展中国家在政治发展过程中,它们的历史、文化传统因素等也不可忽视。发展中国家的政治发展的历史条件,一般都经历了西方资本主义国家殖民统治的历史,在国家地位、主权独立等方面曾受到巨大的冲击,这对独立后的政治发展也有一定的影响。同时,对于发展中国家的传统文化因素如缺乏民主、国家的非整合性、法治匮乏等也应引起注意。

当然,发展中国家在政治发展中,也存在一些有利于自身发展的条件。相对于西方资本主义发达国家,尤其是英、美、法等国家,发展中国家在政治发展过程中,国家的主导作用很明显。在西方代议制民主出现以前,社会的发育如工业化、都市化早已出现,国家对经济生活的影响,对民主政治的建构,并不具有决定性作用。发展中国家的政治发展,面临政治体系与社会整个体系的同时发展,必然是一种自上而下的、以国家为主导的干预性过程。由于发展中国家的整合度低、利益分化与利益整合不高、社会组织化程度弱,国家可以大规模地进行民众动员,调动经济建设和政治体系所需的资源,从而较快地推动经济增长和政治发展。发展中国家最明显的所谓后发优势,体现在其借鉴性的特点上。早发的西方发达资本主义国家的自由发

---

① G·阿尔蒙德:《比较政治学》,上海译文出版社1987年版,第423—424页。

展不可避免地带来了许多盲目性,在探寻适合自己的政治发展道路中付出了巨大的成本代价,这些国家的军事化、殖民化道路是这种成本代价的一种曲折反映。这在后发国家中得以避免。在政治发展的目标、方向上,后发国家可以参考早发国家,建立符合自己国情的政治体系。尤其能体现后发优势的是,早发国家政治发展过程中形成的一套先进的政治制度和机制、治理技术,成为后发国家迅速建立稳定有效的政治体系,发挥应有的功能的有利条件,例如西方政治结构中的文官科层制、各类权力机构之间的有效制约与监督、法律对公民政治权利的赋予等。这些政治制度、技术的可借鉴性,使后发国家大大减少了政治发展的创新成本和统治成本,从而使有限的政治资源得到更为合理的分布与使用。

发展中国家的政治发展,既有现实的因素,又有历史传统的因素;既有不利的发展条件,也存在一定有利的条件,这使得发展中国家在政治发展过程中具有众多的相似性,同时又呈现丰富多彩的景象。

(二)发展中国家面临的政治问题

二次世界大战后,发展中国家的政治发展一方面呈现较快的速度,另一方面却暴露出一系列尖锐的矛盾和问题:种族和阶级冲突不断加剧,社会动乱和暴力事件层出不穷,军事政变接连不断,领导人物推行强权专断政策,政府官员肆无忌惮地贪污腐化,公民权利和自由毫无保障,政治团体和政党互相对立,立法、司法机关缺乏权威等等。相对于西方发达国家,发展中国家所面临的这些政治问题是比较严重的,因而也引起了政治学者的广泛关注。与经济上的不发达相对应,发展中国家的这些政治问题通常被称为"政治欠发展"现象。

为什么发展中国家会面临政治欠发展的问题?对此,不少以研究政治发展见长的学者纷纷提出自己的观点。L·派伊认为过渡时期发展中国家的政治问题是由一系列危机引发的。他归纳了六大危机:① 认同危机。新兴国家建立之初社会整合度低,民众对部落、村落、宗教、语言团体等保持着认同与忠诚。这种观念往往与现代国家观念发生冲突。② 合法性危机。政治体系的权威与职能是否具有正当性、合理性,常常受到民众尤其是传统集团的挑战。③ 贯彻危机。发展中国家体制不全,政府与民众缺乏沟通,导致政府的政策、法令难以实施贯彻。④ 参与危机。政治体系缺乏正式制度化的途径容纳民众、新兴政治集团的参与要求,从而易导致非正常或暴力方式的表达参与。⑤ 一体化危机。一体化是指把民众纳入政治体系中统一起来,使民众参与政治过程,这既能反映民众的利益,又能顺利贯彻政府的政策法令。但发展中国家的政治体系往往缺乏能力,无力实现一体化。⑥ 分配危机。政府面临社会贫富分化,难以协调来自平民大众的平等分配要求和特殊利益团体对分配的倾斜性要求,这往往加剧了分配不平等而引发政治危机。G·阿尔蒙德认为发展中国家的政治问题产生于政治体系的能力与社会要求之间的脱节。由于西方国家的示范效应,发展中国家在建立有效的中央决策、执行机构之前,就受到民众要求参与政治的压力;同时,发展中国家在未具备强大的经济实力时,就面临物质分配和高消费的压力。这双重压力使发展中国家陷入危机,引发种种政治、社会问题。S·亨廷顿把政治问题的原因很大程度上归为发展中国家现代化进程过快,表现为:① 现代化进程中中央集权、民族融合、社会动员、经济发展、政治参与、社会福利等同时向政治体系提出要求,政府机构无力解决;② 公民文化水平提高,大众传媒和通讯的发达使民众有了政治参与的可能和愿望,但现有的政治制度缺乏民众参与途径;③ 政治制度落后,存在严重的"政治衰败",如官员腐化、行政软弱、专制独裁等。

纵观政治学者的各种观点,结合发展中国家政治发展过程中的实际情况,可以发现,发展中国家的"政治欠发展"主要表现在以下几个方面:

第一,政局不稳。发展中国家政治发展中的一个显著的特点是:政治生活极不稳定。政权频繁更迭,政府如走马灯似的换届。按S·亨廷顿的说法,1955 年至 1962 年间发生政治不安定事件的频率是 1948 年到 1954 年间的 5 倍,当时世界 84 个国家中有 64 个存在不稳定的倾向。而据政治学家 S·E·芬纳的统计,从 1962 年到 1975 年,共发生 104 起政变,除个别外,几乎全在第三世界国家。政治不稳定的表现各式各样,较通常的为:非法的游行、示威和静坐、抗议、骚乱、暴乱、军事政变、革命等。从政治不稳定的原因来看,政治体系的低效无能似乎是根本因素。发展中国家的政局不稳常常导致政治秩序混乱,政治体系功能失效,进而阻碍社会经济的发展,引起社会倒退。历史实践表明,发展中国家没有基本的政治稳定条件,不管是经济社会发展还是政治体系本身的发展,都是不可能的事。这也是 20 世纪五六十年代许多发展论者所强调的。

第二,行政不力。行政不力是指发展中国家政府中行政体制不健全,行政结构松散,行政效能低下,致使中央政府的政策、法令无法有效地得到贯彻执行,从而影响国家的现代化发展。瑞典经济学家 G·缪尔达尔把这种国家在现代化过程中行政命令贯彻能力的退化、行政实施效率低下和法令规则被任意破坏而引起的现象称为"软政权化"。发展中国家出现行政不力现象,主要与传统旧的政治体制有关。不少发展中国家在进入政治发展过程时还不是一个集权统一的国家,存在着民族、部落、宗族、宗教或语言团体等多种传统的权力中心,社会整合度低,缺乏对国家的认同,国家内部没有一个从上到下的统一有效的行政机构,从而在政治发展过程中中央政府的行政效能低弱,阻碍政治发展。对于后发的发展中国家来说,要维持政治体系、社会生活的稳定,追赶西方发达资本主义国家,没有国家的主导作用是不可能的,而国家的主导作用,关键就体现在全国的政令统一,中央政府有效地调动全国的资源。因此,建立有效的行政机构成为发展中国家的一项重要任务。

第三,政治独裁。与前一种正好相反,一些发展中国家民主体制薄弱,政治权力高度集中于一人或少数人手中(主要为某一政党或军队)。政治独裁下的政治权力运作没有或缺少宪法的约束,权威的合法性不是来自被统治者的认可,而是来自某种特性如个人的超凡品格、国家的神圣使命等。政治独裁的主要特征是取消民主,利用国家机器和意识形态全面控制社会的经济、政治生活。一般地,独裁者反对现代政治制度的发展,或使其徒有虚名;取消公民参与,限制公民团体的生长,建立一种使特权阶层和广大民众相隔离的二元社会,使用强制手段压制要求平等和参与的呼声;取消一切政党或限制反对党,实行个人独裁、一党专政或军人专政。发展中国家的政治独裁,有的是传统专制体制的遗留,但更多的是发展中国家在政治发展过程中由于政治、经济危机,原政治体系无力解决问题而形成的"体制真空"由独裁政府来填补,尤其是军人独裁。政治独裁是对发展中国家政治发展的阻碍,尽管在一段时间内有可能促进经济发展,但毕竟与民主政治的要求不符。

第四,两极分化。政治发展中的两极分化,是指政治生活中人们参与政治的两极分化。发展中国家在政治发展中,往往出现这样的情况,一方面,经济、政治的发展使一部分社会阶层、集团掌握更多的政治权力和政治资源,成为政治生活中的权力阶层或特权阶层;另一方面,一部分社会中低阶层越来越远离政治权力中心,除了基本的公民权利外,基本上不涉足政治生活。R·达尔把这种情况称之为"有权力阶层"和"无权力阶层"。这种政治发展过程中的两极分化,实质上还表明,政治权力作为利益分配的工具,是由经济上占统治地位的阶级、阶层所掌握的。政治权力分配的两极分化,反映了经济生活中财富分配的两极分化。同经济生活中的两极分化一样,政治权力分配的两极分化,导致政治生活中不同阶层之间的敌对和社会分裂,往往会引发社会不稳定,破坏现代化进程和政治现代化的发展。

第五,政治腐败。发展中国家在致力于经济、政治发展过程中,普遍伴随着严重的政治腐败现象。贪污、受贿行贿、以权谋私、钱权交易、寻租活动在发展中国家比比皆是。据英国作家保罗·哈里森统计,加纳的恩克鲁玛有四百万英镑的积蓄,多米尼加当了二十年总统的特鲁希略积聚了四亿美元,尼加拉瓜独裁者索摩查更是惊人,其财富足以买下全国一半的土地和工业。许多发展中国家政府官员涉嫌贪污腐败而身败名裂者不计其数。腐败现象不仅危害社会稳定,损耗政府效能,干扰政府管理,而且破坏了社会资源分配,阻碍经济增长,使法制观念和社会道德水准下降。如果不能有效遏制腐败现象的蔓延,则经济发展带来的繁荣、政治发展产生的民主稳定常常是短暂的,严重腐败造成的社会混乱很可能中断这个国家或地区的现代化进程。

上述五个方面的问题,往往是相互关联、盘根错节的。如何解决发展中国家的这些政治欠发展问题,是关于发展中国家政治发展研究的主要课题。发展中国家的政治发展过程,也可以说就是上述问题的解决过程。而要解决这些问题,就需要有适当的政治发展策略。

(三)发展中国家政治发展的策略

发展中国家在积极推动本国的政治发展中,既要面对政治发展本身许多目标的选择,又要关注政治发展作为社会整体发展的一部分而必须处理好同经济、文化发展的关系。这样,如何选择可行、有效的政治发展策略,往往决定了发展中国家政治发展的最终结果。

大体上,发展中国家的政治发展策略有以下几种:

第一,革命途径和渐进途径。革命途径是指政治主体对现存政治体系的制度、结构、政策、活动以及价值观念的迅速、全面、彻底的变革。渐进途径是政治主体稳定有序、逐步地对现存政治体系进行调整变革,表现为量变的过程。革命往往在短时间内伴随剧烈、大规模的政治冲突和急剧的政治动荡,渐进途径则较为和缓,长期而持续地进行。改革就是渐进途径的一种。革命策略认为社会是一个整体的结构,对社会的改造可以通过理性的设计,按照一个确定的计划来改造整个社会,而原来社会的制度与结构必须予以彻底根除,这种根除越彻底则革命的成功性越大。革命的首要任务就是夺取国家政权,因为只有国家权力才可以实现对社会的整体改造。渐进策略认为人的认识及其能力有限,不能把一个社会作为整体来控制和改造,越是采取整体主义方法,越是强调计划,则越会导向理想主义和乌托邦。发展中国家在实践道路上,有不少通过革命取得了政权,但在国家建设、政治现代化过程中却遇到了种种困难。

第二,权威主义和民主主义。权威主义,又称集权主义,是发展中国家政治发展过程中较为普遍采用的一种策略。这种策略以增强政府维持秩序能力和推动经济迅速增长为主要目的,故一般排除民主参与,实行较封闭的政治过程。阿根廷学者吉列尔莫·奥唐纳概括了权威主义的几个特征,包括国家权威机构由履行暴力的专家和致力于经济稳定的专家组成,政治上排斥、打击平民主义势力,关闭民主渠道,经济上主张经济结构的跨国化,大力推行有利于跨国垄断集团的资本积累模式,认可、鼓励社会分配资源的不平等趋势等。实行这一策略的典型为巴西、阿根廷、印度尼西亚及韩国。民主主义策略为二战后多数发展中国家所采用,它们仿效西方民主模式,建立议会民主,产生国会、政党,推行普选制,扩大民众的参与,实行竞争性的政治过程。但60年代以来,许多民主主义政府由于社会发育不足、经济增长缓慢而纷纷垮台,继之而起的是军人政权或独裁政府。除了少数外,民主化实验在发展中国家遭到了失败。70年代以后,一些权威主义政府或军人政权开始或回到了民主化道路,出现了民主浪潮的回溯。可见,发展中国家在选择政治体制的过程中,经历了艰难的探索与曲折。

第三,经济发展和政治发展。在发展理论中,有一种"相容性假说",认为现代化是一个整体发展的过程,现代化过程中各项发展目标具有连贯性和相容性,一个目标的发展必然会促进其他目标的前进,因而,现代化过程是向富裕、公平、稳定、民主和自由的和谐、直线式的发展。然而,这种假说基本上被发展中国家的发展现实所否定了。研究者们发现,在发展中国家,贫穷不一定是不稳定的根源,相反,政治不稳定和内乱是经济、社会现代化发展的结果,经济增长与不稳定有着普遍的相关性。同样,研究揭示,实行

266

民主制的发展中国家,几乎从未取得很高的经济增长率,而权威主义国家则可能取得高度、适中的增长率。显然,发展的各目标间是相冲突的。发展中国家在经济发展和政治发展之间面临着一种顺序选择。这些选择主要包括经济增长、社会平等、政治稳定、政治民主、国家自主等。关于发展顺序,多数意见认为(其中包括 D·罗斯托、S·亨廷顿、R·达尔等)适当的顺序是最大限度地实现各项政治目标而不是实现各项经济目标,要求稳定、秩序优先于民主。但问题是,经济发展和政治发展密切相关,无法割裂。没有政治的高度发展,经济发展就没有保障,没有经济的发展,政治发展则缺少条件,这是辩证统一的。从二战后发展中国家的政治发展的实践看,其不成功原因主要是缺乏一定的经济基础。因此,在政治发展过程中,必须以经济发展为前提基础,根据经济发展、生产力发展的状况来调整政治发展的目标、方向和进程。

第四,集权主义和分权主义。发展中国家在政治发展中必然面临的一个难题是中央与地方的关系。在政治体系中中央与地方孰重孰轻、中央与地方权力界限为何、地方是否享有自治等一系列问题困扰着发展中国家的政府。集权主义论主张,发展中国家在政治发展过程中,作为整体的国家具有特殊的重要作用,中央政府应为政治权力的中心,享有对社会和地方干预的权力,中央应具备强大的调控能力,以处理政治发展过程中产生的各类社会、政治、经济问题,因而,中央有必要集中较大的权力、功能和财政资源。分权主义则认为,经济发展主要是企业和地方自身的事情,政府不应当干预过多,同时,政治发展的民主化目标显然要求中央政府分权、放权,地方要有充分的自主性,实行地方自治。许多发展中国家未能正确处理中央和地方的关系,造成地方割据,各自为政,中央政府形同虚设;或者走向另一个极端,中央过于集权,地方缺乏活力,仅仅是中央的执行机构。在印度,甚至直到今天还有人对"把印度共和国看成联邦还是邦联"争论不休。

对于发展中国家来说,一个良好的政治发展策略,就是要善于处理各类政治发展过程中遇到的主要矛盾,提出纲领性发展战略。

（四）社会主义中国的政治发展道路

中国的现代化从 19 世纪中期就开始了。但真正的发展却在 1949 年新中国成立,摆脱了半殖民地半封建社会,实现了国家统一、独立自主和走上了社会主义道路以后。改革开放以来,中国的政治发展取得了巨大的进步。政治发展建立了社会主义民主制度,确立了无产阶级和广大劳动人民群众的政治统治地位,通过以人民主权为原则、议行合一为形式、中国共产党为领导的政权建设,保障了无产阶级和广大劳动人民群众享有广泛、平等和真实的政治权利。但由于中国是一个发展中国家,经济、文化建设远远落后于发达国家,政治生活中存在过分集权、腐败现象,人民权利难以充分行使,公民参与不够等。因此,社会主义民主需要健全和完善,政治发展的过程还需要继续。

社会主义中国的政治发展道路中,首先要处理好两大关系,这是中国政治发展的前提。第一,社会主义中国政治发展的普遍性和特殊性关系。人类政治发展的一般规律,如民主化、政治结构分化、政治文化的理性化和世俗化、政府能力的提高与扩展等,同样适用于社会主义中国的政治发展道路。西方资本主义国家政治发展的某些特征是我国可以借鉴的。但中国的政治发展也表现出明显的特殊性。这主要因为中国是一个发展中国家,社会经济落后;中国又是社会主义国家,绝对不能离开这一点讲什么政治发展;再者,中国作为有着十几亿人口的超大社会,政治管理的要求之高远非世界上任何一个国家能比拟。因此,在对待政治发展的普遍性和特殊性的关系上,既不能走西方化道路,把西方的政治现代化当作唯一的模式,也要反对以强调自身特色为借口,忽视政治发展的一般规律。普遍性和特殊性应该是辩证统一的。第二,正确处理社会主义中国政治发展中的改革、发展、稳定三者之间的关系。改革是全方位的改革,包括政治、经济、文化的体制改革。发展也是全面的发展,包括物质文明建设和精神文明建设。稳定是指要有一个安定团结的国内政治、经济环境。从政治发展的角度来看,改革是对政治体系中不适合发展生产力的部分的变革,对旧有的利益结构的调整,打破原来的政治秩序,这就意味着环境的稳定是一种动态的稳定,不是死水一潭。改革、发展、稳定三者之间的辩证关系中,改革是政治发展、经济发展的强大动力,是解放、发展生产力的关键。发展是为了发展生产力,是改革的目标所在。稳定则是改革和发展的前提基础,也是改革和发展的一种结果。总的来看,发展是硬道理,稳定是改革、发展中的稳定,稳定、改革的根本目标是为了发展生产力。

当前,社会主义中国在政治发展道路上,必须注意以下几个方面:

第一,保持政治稳定。政治稳定是政治发展的前提条件,也是政治发展的一种结果。政治稳定要求政府面对来自社会环境的压力,运用自身的调节手段,在解决社会矛盾和危机过程中有效地化解社会张力,消除不安定因素,防止动乱,保持原来的基本政治结构和基本性质,维持政治生活的秩序和连续性。一般地,政治稳定表现为国家的根本政治制度、基本政策的稳定,政治权力配置有效,政治体制运作正常,社会有序,政局稳定,人民对国家的认同感较强,政府能妥善协调利益关系,解决利益冲突等。社会主义中国政治稳定的关键在于政府是否能解决经济、政治发展过程中人们对政治生活的参与要求。当前中国面临的情况是:社会期望的不断增长与社会满足能力之间的距离不断拉大,社会分配不公严重,政治制度化不足,政治权力结构不尽合理,社会民众对政治参与的要求迅速增长。针对政治发展过程中民主意识的增强、人民参与愿望的扩大,政府必须提高自身的能力,这就要求改革不适应现代民主政治发展要求的政治体制,调整权力结构,建立健全民主参与机制,扩大参与渠道,促使决策机制的民主化、科学化;加强政府宏观调控能力,在保持经济持续发展同时实行公平分配政策,实施社会保障制度;坚持党的领导,加强政治思想工作,培养新的政治文化等。要从大局的角度去认识政治稳定在政治发展中的地位、作用。

第二,维护中央权威。维护中央权威,是指维护中国共产党中央、国务院在整个国家政治体系中的权威地位,全国各族人民、各地方自觉地服从中央,体现中央权力和威信的统一。中央作为国家整体利益的代表,行使着国家职能,能否有效地运用自己的合法性权威组织经济发展,推动经济改革和社会整合,是一国现代化成败的关键。中央享有权威,也是政治高度发展的一个标志。因此,维护中央权威,是改革、发展、稳定的需要,是全党全国人民的最高利益的需要。只有维护中央权威,才能增强社会凝聚力、整合力,推动改革开放和现代化事业的顺利进行。只有维护中央权威,才能保证国家统一、民族团结和社会稳定,延续中华民族和中华文明。只有维护中央权威,才能推动生产力发展,实现各族人民的共同富裕,最终达到社会主义目标。维护中央权威,绝不是把应赋予地方的权力收上来,而是在合理划分中央与地方的职责和权限的基础上,充分发挥中央、地方的积极性。要善于从大局出发,处理好集中与分散、纪律与自由、原则性和创造性、局部与整体等关系。具体来讲,中央要保持适当的权力集中,在明确中央与地方职责权限的基础上,地方要从全局出发,坚决服从中央的统一;中央政府应保证有行使中央权力的政治资源、财政资源,以一定的物质基础作为行使权力的后盾;中央的路线、方针、政策应保证合理有效,加快法制化建设;加强中央领导集体的建设,树立中央领导集体的权威,等等。

第三,反对政治腐败。社会主义中国在经济发展、政治发展过程中,出现了某些很严重的政治腐败现象。中国目前处于社会主义初级阶段,政治、经济、文化水平落后,社会主义民主以间接的形式为主,人民无法直接管理国家,只能将管理权力赋予国家机关及其工作人员行使,这样就存在着权力所有者和权力行使者之间的相对分离。由于经济文化落后和少数国家机关人员存在利己主义观念,当国家机关缺乏权力所有者人民的监督和制约时,国家权力就会被滥用,服务于私人目的从而产生腐败。腐败现象严重地损害了党和政府的形象和权威,降低了人民对党和政府的信任,破坏了党群关系、政民关系,使改革增加了困难和成本,阻碍了市场经济体系的顺利建立,扭曲了合理的利益分配关系,导致社会不公,影响了社会稳定,增加了政治发展过程中的阻力。如果不能有效地遏制政治腐败现象,则政治、经济发展所带来的繁荣、稳定往往是短暂的,严重的政治腐败造成的政治不稳定很可能使中国的改革受阻,甚至中断现代化进程。中国的反腐败是一场全面的、持久的斗争,一方面要健全市场体系,完善市场机制,明确公共权力与社会的关系,减少公共权力对社会的干预,大力建设精神文明,提高国家工作人员自身的道德文化素质。另一方面,要完善现代公务员制度,建立科学高效的现代行政体制,加强廉政制度建设,发挥人民群众、社会团体、舆论媒介以及国家机关内部对国家机关及其工作人员的监督、制约作用,建立常设的反腐败机构,坚持长期的反腐败斗争和反腐败教育。只有在不断提高生产力水平和不断加强社会主义民主法制的基础上才能真正消除腐败。

第四,改革政治体制。政治体制改革是社会主义中国政治发展的必然途径,它通过对旧的政治体制中不适于实现人民民主权利和推动社会生产力发展的部分的改革,完善社会主义政治制度和政治体制,符合政治发展的客观要求。由于在过去的政治生活中,存在着一些具体制度上的严重缺陷,如权力过于集中、官僚腐败现象、封建主义的影响等,社会主义民主未能充分发挥出来。进行政治体制改革的目标,就是要建立高度民主、法制完备、富有效率、充满活力的社会主义政治体制。从内容上看,政治体制改革主要包括:理顺党政、政企关系,既要坚持党的领导,又要发挥政府、企业的积极性;理顺中央和地方关系,保持中央权威的同时发挥地方的自主性、积极性;改革政府机构,明确政府职能,调整政府管理体制;完善公务员制度,保证干部队伍的优化、廉洁;进一步加强公民的政治参与,疏通参与渠道,正确处理社会利益关系与矛盾;加强社会主义法制建设等。政治体制改革的意义,在于合理地配置权力关系,使国家政治体制有效运行,保证党和国家的政策、法令贯彻通畅,集中有限的资源进行各项建设事业,推动生产力发展,最终维护国家的安定团结,实现人民整体的根本的利益。

思考题

1. 什么是政治发展?
2. 如何理解政治发展的普遍性与特殊性?
3. 政治发展与政治稳定之间有什么关系?
4. 发展中国家在政治发展过程中会面临哪些问题?

第十章 政 治 文 化

本 章 提 要

政治文化是一个政治系统中的观念和心理层面,是人们对政治现象的取向模式,它是一种社会政治现象,反映一个民族、一个国家客观的政治历史与政治现实,伴随着社会历史和人类政治文明的发展而演进,同时对政治体系的有效性和稳定性、人们政治行为的表现模式以及政治发展都产生重要影响。政治文化具有阶级性、民族性和相对稳定性等特征。对政治文化的考察、比较、分析和研究,构成政治学的一个重要方面。

政治文化作为一种社会政治现象,反映着一个民族、一个国家客观的政治历史与政治现实,它伴随着社会历史和人类政治文明的发展而演进,同时也影响、制约着政治体系、政治关系和政治活动,在社会历史和人类政治文明的进程中起着重要的作用。因此,对政治文化的考察、比较、分析和研究,构成了政治学的一个重要方面。我们要坚持以马克思主义为指导,运用马克思主义的立场、观点和方法来准确把握政治文化的基本问题,探索社会主义政治文化的发展规律,以加强社会主义政治文化建设,推进社会主义民主政治和社会主义现代化建设事业的发展。

一、政治文化的基本概念

（一）政治文化的含义与特征

政治文化是当代政治学的一个重要概念，由于人们对它的定义作出了各种颇有歧义的界定，也使它成为政治学中最有争议的概念之一。对政治文化作定义，实际上涉及基本的政治观和政治分析的方法论问题，这正是正确界定政治文化的关键所在。人们往往以为对政治文化的分析和研究，只是在近几十年前才开始的，其实并非如此。倘若反观人类分析政治的历史，我们会发现尽管"政治文化"这一术语出现得很晚，但对它的探索则早已有之。

早在古希腊时期，柏拉图曾以"心灵论"来勾画社会的政治结构，他认为人们的心灵来之于一个"可知"的理念世界，各种人心灵中的理性、意念和情欲三因素的比例不同，决定了他们在社会中不同的地位和作用，由此形成了社会的等级结构与秩序。亚里士多德以"本性论"来探讨国家问题，提出了人在本性上是一个政治动物的命题，认为人具有一种合群的天性，决定着人们想和自己的同类过共同生活，因此建立起了国家。到近代，以民族精神来考察各国政治的文化性的政治分析思路在孟德斯鸠的学说中已清晰可见，他的民族精神论可概括为：由于各国的气候、土壤、面积和居民的职业、性格、风俗习惯等等的不同，决定了各国的民族精神的不同，从而导致了各国的政治制度和法律制度的差别。在古代和近代中国，从政治观念形态的角度来论述立国治国之道的不乏其例，从文化性的政治分析视点来评述中国传统文化，分析外国和中国政治制度的也不乏其人。但是历史上人们对政治文化的探析是零散而不成系统、模糊而不甚明确的，而且大都封闭在一个唯心主义的思维框架之中。

马克思主义在辩证唯物主义和历史唯物主义的基础上，把政治分析提高到一个科学的境界，从而也为分析和研究政治文化提供了极有价值的思路。马克思主义认为，物质生活的生产方式制约着整个社会生活、政治生活和精神生活的过程，是人们的社会存在决定人们的意识，在不同的所有制基

273

础上,在生存的社会条件上,耸立着由各种不同情感、幻想、思想方式和世界观构成的整个上层建筑,因此作为社会意识形态重要内容的政治文化,是由一定的社会物质条件决定的;经济条件是基础,但是对历史斗争的过程发生影响并且在许多情况下主要决定着这一斗争的形式的,还有上层建筑的各种因素,以及所有这些实际斗争在参加者头脑中的反映,因此政治文化对于社会政治生活和政治发展具有深刻、重要的影响;"人们自觉或不自觉地,归根到底总是从他们阶级地位所依据的实际关系中——从他们进行生产和交换的经济关系中,吸取自己的道德观念"①,统治阶级的思想在每一时代都是占统治地位的思想,因此,在阶级社会中政治文化具有阶级性,每一个阶级的政治文化的内容和取向正是由一定的阶级利益所决定的;无产阶级和资产阶级具有根本不同的思想和观念,不同的习俗和道德原则,不同的意向和文化,对于社会主义思想体系的任何轻视和脱离,都意味着资产阶级思想体系的加强,必须克服工人运动的自发性,将社会主义意识从外面灌输给工人,必须重视培养全面发展的共产主义新人,创造实现共产主义所必需的精神条件,列宁在十月革命胜利后就指出:"政治文化、政治教育的目的是培养真正的共产主义者,使他们有本领战胜谎言和偏见,能够帮助劳动群众战胜旧秩序,建设一个没有资本家,没有剥削者,没有地主的国家。"②这些马克思主义的基本理论和观点,无疑为正确认识政治文化奠定和确立了科学的世界观基础与方法论原则。

政治文化明确地作为政治学中的一个专门概念和专门的研究课题,是在 20 世纪 50 年代才开始的。1956 年,美国著名的政治学家加布里埃尔·阿尔蒙德在其所著的《比较政治系统》中,提出了政治文化这一概念,并形成了一定的分析框架。他认为,政治文化是政治体系的心理方面,每个政治体系都表现为一个特定的政治行为模式,这种特定的模式便是政治体系的政治文化,从个人看政治文化是个人对政治行为和政治评估的主观倾向。此后,政治文化引起了国外政治学家们的普遍关注,但对政治文化的界定各持己说,莫衷一是,对政治文化的研究各具一端,纷繁复杂。应该说这有助于政治学研究的扩展与深化。但是政治文化研究在西方国家中乃是行为主义政治学思潮的产物,显然存在着一种片面的思维定势,在西方诸多政治文化

---

① 《马克思恩格斯选集》第 3 卷,第 133 页。
② 《列宁选集》第 4 卷,第 368 页。

的定义和解释中,不同程度地排斥或忽略了政治文化中蕴含的社会经济关系和社会阶级关系等极为重要的因素,并且往往以西方政治文化的内容和价值取向来衡量发展中国家的政治文化以及发展中国家政治发展的目标,这就不可避免地使西方政治学对政治文化的分析出现偏差和偏见。

我国政治学在发展过程中,对政治文化作出了有益的探讨,力求以马克思主义为指导来解释政治文化,在具体界定中也形成了自己的看法。我们认为:所谓**政治文化,就是一个国家中的阶级、民族和其他社会团体,以及这个国家中的成员,在一定的生产方式基础上,于一定的经济、政治和文化的历史和现实的环境中形成的关于国家政治生活的政治心理倾向和政治价值取向的总和**。这个定义包含了如下几层意思:其一,政治文化的主体,是同政治活动的主体相一致的,既有团体性的主体也有个体性的主体,阶级是政治活动中最主要的角色,也是政治文化最主要的承载者,不同的阶级会形成不同的政治文化。其二,政治文化的基础,是整个社会历史与现实的存在,它以政治观念形态反映并反作用于社会生产方式和一系列经济、政治和文化状况。应该注意的是政治文化在政治分析中并不是最深层的东西,最深层的是社会生产方式,社会生产发展的水平在决定社会生产关系和阶级关系的同时,也决定了该社会政治文化的内容与水平,这是透视政治文化的关键。其三,政治文化的对象,是国家政治生活,包括国家政治体系、政治过程、政治活动等,政治文化是政治的观念形态,因此它反映和反作用的对象是以国家政权为核心的。其四,政治文化的内容,是政治观念形态的一系列表现形式,包括政治认识、政治情感、政治态度、政治动机、政治意向、政治信念、政治思想、政治理想等等,基本上可划分为政治心理倾向和政治价值取向两大部分,一种政治文化具有一定的结构,是一个复杂的整体。

政治文化是一种特殊的观念形态和政治现象,它有别于一般意义上的文化,也不只是理论化、系统化的政治思想,与政治制度等现象相比较亦有不同。政治文化的特点主要有以下几个方面。

第一,政治文化具有深刻的阶级性,这是政治文化相对一般文化更显著的特质。政治文化表现为对国家政治生活的一定的心理倾向和价值取向,必然体现一定阶级的利益和要求。不同的阶级有不同的政治文化,阶级社会中政治文化的撞击往往是阶级之间的抗争,一个新兴阶级的崛起常与一种崭新的政治文化的长成影形不离。一个国家中政治文化是复杂多样的,其中占主导地位的正是统治阶级的政治文化。马克思指出:"一个阶级是社会上占统治地位的物质力量,同时也是社会上占统治地位的精神力量。"①
因此分析和研究政治文化,必须坚持和运用马克思主义的阶级观点和分析
方法。有些西方学者以抽象的"现代化"政治文化来传播西方资产阶级民主
的政治文化,有些人以政治文化现代化为借口搞全盘西化,这些我们都是要
加以警惕和批判的。

第二,政治文化具有一定的民族性,这是政治文化不同于集中地直接反
映阶级利益和要求的政治思想的一个特点。当然政治思想是政治文化中极
为重要的一部分,但政治文化还包括了其他许多因素,其中民族政治心理就
是一个重要的方面。一个民族在共同的地域、长期共同的经济生活和社会
生活中,形成了共同的语言,形成了表现于共同文化上的共同心理素质,作
为维系一个民族的牢固纽带,因此一个民族的政治文化就有着其民族性的
特点。如要求和向往国家的统一,是中华民族长期形成的共同的心理倾向,
这是实行一国两制,实现祖国统一的民族政治心理基础。因此我们在分析
和研究政治文化时,还要运用马克思主义具体问题具体分析的方法。

第三,政治文化具有相对的稳定性,这是政治文化作为一种不同于政治
制度的政治现象的特性所在。政治文化是一种观念形态,它具有一种相对
稳定性,其变动速率往往与政治制度的变动不同步,与政治文化的民族性相
联系的政治文化具有历史继承性。一个社会生产方式的变更会引起政治制
度的变革,旧的政治制度会因其赖以存在的经济基础的瓦解而崩溃,但原来
的政治文化不会一下子就消失,它还会在一个相当长的时期里滞留在人们
的头脑中,沉淀在人们的心理中。由于政治文化的内涵因素是相当复杂的,
因此原来的政治文化既有同新的政治制度格格不入的东西,又有对新的政
治制度有利的方面,这样我们对传统的政治文化就必须进行科学的分析。

(二)政治文化的结构与功能

任何一种政治文化和任何一个社会的政治文化都是由各种因素构成
的,各个部分构成的复杂体系有其一定的结构,这是政治文化发挥自身功能
的基本前提。政治文化的结构可以从两个意义上来说明,一方面是政治文
化的内涵要素结构,即一种政治文化的构成要素按其内在逻辑分层次地整

---

① 《马克思恩格斯选集》第 1 卷,第 52 页。

合,由此构成了一种政治文化的内在结构机制;另一方面是政治文化的亚文化结构,即一个社会的政治文化按社会结构多样化的分解与组合,构成了一个社会政治文化的社会结构机制。

政治文化的内涵要素是复杂多样的,它包括了一系列政治观念形态的表现形式,这些表现形式既有感性的又有理性的,既有显性的又有隐性的。从最抽象的意义上说,一种政治文化可概括为**政治心理倾向**和**政治价值取向**两大层面,因此也可以称之为政治文化的**心理—价值结构**。

政治文化的政治心理倾向这一层面所包含的主要因素有:① **政治认识倾向**,即对国家政治生活各个方面的认知和辨识。人们在现实的社会政治环境中,通过不同程度的政治实践和体验,以及由于历史上形成的知识和经验的沉淀作用,对政治体系、政治过程、政治目的和政治手段等,以推理、判断、记忆和想象等心理活动来加以认识,这种心理活动往往是直观的和不自觉的。人们对政治问题的敏感程度和分析、反应能力,同对国家政治生活的关注程度和认识水平有着密切的关系。② **政治感情倾向**,即主要是对国家政治生活中的政治制度、政治团体、政治决策和政治领袖等的感情。人们在认识政治的心理活动中,同时也对国家政治生活进行着一种内心体验,并由一定的阶级利益、自身利益和经历所左右,形成一种爱或憎,信或疑,亲或疏,敬或恶,认同或逆反,热切或冷漠的感情。这些政治感情倾向虽然往往是感性的,但对人们的政治行为的选择和国家政治体系的稳定有着很大的影响。③ **政治态度倾向**,即人们在国家政治生活中所表现出来的精神状态和反应倾向。从政治心理角度而言,政治态度是人们对待国家政治生活的心理活动过程中所形成的认识、感情等因素,作用于政治行为的一种显现。如参与国家政治活动中所表现的积极或消极的态度,对国家政治决策的服从或反抗的态度。在政治心理倾向层面上,政治态度倾向对人们政治行为的影响和支配作用是最为显著的。

从上述基本要素看,政治心理倾向层面有较多的直观、感情的成分和潜在的隐性的特点,且比较复杂。它的形成是人们在国家政治生活中一系列心理活动的结果,通过政治实践对现实的国家政治生活产生的一种心理反应,也是在一个国家内部传播政治文化的过程的产物,有着一种历史的继承性。它的内容具有阶级属性,社会成员的心理活动必然要受制于一定的阶级意志与利益,同时他们又是在民族文化的氛围中成长,受到传统的民族文化的久远影响,所以政治心理倾向中带有民族性的特色。

277

政治文化的政治价值取向层面所包含的基本要素主要有：① **政治思想观点**，也就是对国家政治生活的基本看法和意向。它直接反映了社会经济运动和生产方式的状况，直接体现了社会阶级关系和不同阶级的地位与利益。社会各阶级都有着自己的一系列基本看法和意向，并通过本阶级的政治思想家们形成的理论化、系统化的政治思想体系，来指导本阶级的政治实践活动。② **政治理想信念**，也就是对国家政治生活未来发展前景的认定和追求。人们在对现实国家政治生活的基本看法和意向的基础上，形成一种对国家政治生活应该是什么样的设计和憧憬。不同的社会，不同的阶级有着不同的政治理想信念，成为社会各阶级政治活动中极为重要的导向性精神因素。③ **政治评价标准**，也就是对国家政治生活尤其是政治制度、政治决策、政治团体和政治领袖等的价值衡量尺度。这一尺度与政治思想观点、政治理想信念有密切联系，人们往往以一定的政治思想观点和政治理想信念来评判政治。同时人们也以一定的政治评价标准来决定自己政治行为的选择。

同政治心理倾向层面相比，政治价值取向层面基本上是理性的、深刻的，具有较明确的表现方式和显性的特点。这一层面反映着政治文化的本质，换言之，我们把握一种政治文化的性质，必须抓住这一层面。因为，它的形成是社会各阶级根据本阶级的意志与利益对社会生产方式和国家政治生活作出的反映，是实现本阶级利益需要的产物，是各阶级成员在共同的政治斗争实践中所达到的一种政治共识；它的内容具有鲜明的阶级性，从政治思想观点、政治理想信念和政治评价标准这些基本要素来说，政治价值正是贯穿在这些基本要素中的主线，意味着现实的和未来的国家政治生活应该怎样这一主题，故而我们把它们归于一个层面。而且政治价值取向正是在这个意义上最深刻地反映了阶级的利益，决定着各阶级的政治活动，不同阶级的政治价值取向构成了性质不同的政治文化，它的变动呈活跃状态，直接取决于社会经济活动的状况，社会经济基础根本性的变更，社会上占主导地位的政治文化首先在这一层面发生更替，表明以一种新质的政治文化代替了一种旧质的政治文化。

就上所述，应该说明的是我们对政治文化内在要素结构作层面性的划分，仅仅是在理论抽象的意义上进行的，实际上一种政治文化内在要素结构是一种整合的机制，不同层面的要素之间是相互联系和渗透的，是以一种整体的面貌来显示它的存在和发挥它的功能的。

政治文化在任何社会中都不是单一的,在一定的社会中,多样的政治文化形成了该社会的亚文化结构。政治文化的亚文化结构取决于一定社会的社会结构,并与该社会结构相对应。社会结构是错综复杂的,可以从许多角度来加以分析,因此政治文化的亚文化结构也呈现出纷繁斑斓的景观,大体上可分为基本的亚文化结构和具体的亚文化结构两大部分。

从社会基本结构来看,一定社会的政治文化首先可以区分为不同阶级的政治文化。因为阶级社会的基本结构主要就是阶级结构,这是我们观察一个社会政治文化的基本出发点。在一定社会中占统治地位的阶级的政治文化,便是这一社会的主政治文化。在阶级对抗的社会里,对抗的阶级之间就有着对立的政治文化,在完整的阶级对抗已经消失的社会里,不同阶级的政治文化在根本上具有一致性。在一个多民族的国家里,民族结构也是社会的基本结构,因此社会政治文化还可以分为不同民族的政治文化,不同的民族有着不同的语言,有着不同的民族心理和民族性格,形成了具有不同的民族特点的政治文化。

从社会具体结构来看,一定社会的政治文化的亚文化结构,还至少包括:① **不同的职业群体的政治文化**,不同职业的人们会由于不同的职业特点,形成不同的政治思维模式。② **不同的年龄群体的政治文化**,人们的心理活动会出现年龄区段性的特征,这也影响着不同年龄群体的政治心理形成不同的特点,而且不同的年龄群体有着不同的政治生活经历和政治实践经验,因此政治价值观也会有所不同。③ **不同区域群体的政治文化**,如生活在城市和乡村的人们,会因为不同的地区发展水平和不同的地理环境等影响而产生对国家政治生活不同的感受。

政治文化以它特定的结构形成一个有机的系统,这一系统也正是在其结构的基础上,对国家政治生活发挥作用。恩格斯曾经指出:"根据唯物史观,历史过程的决定因素归根到底是现实生活的生产和再生产","经济状态是基础,但是对历史斗争的进程发生影响并且在许多情况下主要是决定着这一斗争的形式的,还有上层建筑的各种因素。"①恩格斯在这里主要是为了澄清历史唯物主义的基本原理,这段话对于我们认识政治文化的功能具有重要意义。一方面不能忽视政治文化的功能,政治文化作为上层建筑的各种因素之一,是影响和在一定意义上决定"历史斗争进程"的重要

---

① 《马克思恩格斯选集》第4卷,第477页。

力量。另一方面也不能夸大政治文化的功能，社会历史进程、政治制度、政治机构、政治活动的性质和政治发展的方向，归根结底不是由政治文化而是由社会生产方式决定的。政治文化在国家政治生活中的功能主要有以下几点：

第一，**指导政治行为**。在国家政治舞台上，阶级、政党和政治家、公民等等政治行为主体的政治行为，都取决于与其相联系的社会生产方式和特定的利益，但又无一不受一定的政治文化的影响和制约，因为一个团体或个体的一切行动都是受意识支配的。政治文化规定了人们的政治倾向，成为一种内化了的政治行为规范，影响着人们对政治的关心程度和争取或行使民主权利的行为力度，支配着人们对政治行为方式的选择，更以一种执著的政治目标深刻、稳定、长久地指导人们的政治行为。指导政治行为是政治文化最基本的功能，它的其他功能是通过政治行为来实现的。当然，由于政治文化性质和内容的不同，它既可以指导革命的、进取的、正义的、推进社会进步的政治行为，也可以指导反动的、保守的、非正义的、阻碍社会进步的政治行为。

第二，**影响政治体系**。这一功能是从政治文化对一个国家的根本政治制度和具体的政治体制两个层次的作用来说的，政治文化指导着人们去保护或推翻一种政治制度，去维持或改革一种政治体制。一个国家的主政治文化是与统治阶级的利益相一致的，统治阶级总是力图传播、灌输这种政治文化，并将其中的核心内容由阶级意志上升为国家意志，成为社会成员政治活动的强制性规范，以保证现存政治制度的安全和稳定。历史也表明，在一场政治革命风暴到来之前，往往在政治文化领域首先出现革故鼎新的征兆，形成一种新的政治制度的设计，以此来引导和指导人们的政治行为。政治文化对于国家政治制度及其内含的政治结构、政治秩序、政治生活的稳定与否，关系相当密切。一个国家在政治体制方面的改革，也需要一个政治文化环境，从而才能使这种改革顺利进行。

第三，**制约政治发展**。政治发展需要各种社会因素以及各种政治因素的合力作用，政治文化便是其中的一种无形的重要的力量。政治文化内含着对政治发展前景的向往，倘若这种向往是符合政治发展规律的，人们将从中汲取巨大的精神能量，通过政治实践去推动政治发展。反之，如果是违背政治发展规律的，则会阻碍政治发展。而且，政治发展的一个相当重要的因素，同时也是一个相当重要的标志就是人的发展，政治文化通过其旷日持久、潜移默化、传播灌输的作用塑造着政治社会的成员,他们的政治文化素养对政治发展的进程起着相当大的影响。

(三)政治文化的类型

为了考察研究、比较分析各种政治文化,对政治文化在宏观上进行分类是必要的。人们往往从不同角度,依据不同的标准,把世界各国的政治文化划分为不同的类型。

在西方政治学者中,加布里埃尔·阿尔蒙德率先提出了一个比较分析各种政治文化的框架。他以属民同参与者的区别,将政治文化分为三类:① 地区政治文化,存在于传统社会,如在一个部落中,部落成员只是酋长的属民,在酋长的统治下生活,对共同体感情强烈,但对政治体系没有明确的意识,不参与政治;② 臣属政治文化,属民对政治体系是完全被动的,只与政治体系的输出相关,却并不积极参与政治体系;③ 参与政治文化,存在于发达的国家,公民积极地参与政治生活,参与政治体系的输入结构和过程,对自己的权利和义务有明确的意识,在任何层次上都存在对政治体系的评价和批评。此外,其他西方学者还把政治文化分为自由参与型、保守型、混合型和传统的、现代的等等。

西方政治学者对政治文化的分类,由于他们世界观的局限和方法论的偏差,以及本身的政治倾向所致而存在着许多问题。他们往往以唯心史观来解释政治文化的类型,基本上排斥了政治文化的物质经济基础,割裂了政治文化同经济运动的关系;用超阶级理论来划分政治文化,舍弃了政治文化中的阶级关系和阶级因素,掩盖了政治文化在阶级性质上的根本区别;以西方中心主义倾向来评价各种政治文化,歪曲了政治文化同社会发展规律的关系,以西方发达国家的资产阶级政治文化作为"现代化"政治文化的坐标,并在比较、分析、评价政治文化中力图传播西方政治文化。

马克思主义认为区分不同的政治意识和政治思想的标准最为主要的有两点:一是它的经济基础,二是它的阶级性质,划分政治文化类型的依据亦在于此。一种政治文化的形成,是多种因素综合的结果,其根源"深藏在物质的经济事实之中"①。马克思指出:"在不同的所有制基础上,在生存的社

---

① 《马克思恩格斯选集》第 3 卷,第 404 页。

会条件上,耸立着由各种不同情感、幻想、思想方式和世界观构成的整个上层建筑。"①当然政治文化的生成与发展还受到社会政治、文化因素、历史背景、民族心理和地理环境等种种因素的影响和制约,但最根本的基础只能是社会物质经济关系。我们只有把握住政治文化同社会生产方式的联系,才能透视大相径庭的政治文化的区别。从社会经济基础着手,我们可把政治文化划分为以不同的社会生产方式为基础的社会形态的政治文化,人类历史上有奴隶制社会、封建制社会、资本主义社会和社会主义社会的政治文化,因此也可称为政治文化的历史类型。

政治文化都不是超阶级的,它的阶级属性正是它的本质规定。恩格斯说过,在资本主义社会中,"工人阶级比起资产阶级来,说的是另一种习惯语,有另一套思想和观念,另一套习俗和道德原则,另一种宗教和政治。这是两种完全不同的人,他们彼此是这样地不相同,就好像他们是属于不同的种族一样。"②政治文化的不同阶级属性,构成了不同政治文化的本质区别。西方各资本主义国家的政治文化确有差异,但占主导地位的政治文化的性质却别无二致,共同的基本精神是维护资本主义所有制关系和资产阶级的政治统治,脱离阶级属性来划分政治文化的类型显然是不科学的。根据政治文化的阶级属性,我们将把政治文化划分为不同阶级的政治文化,也可以称为政治文化的阶级类型。

上述两条标准是相互联系的,因为在一定的经济基础之上才能确立起一定的阶级统治,而统治阶级的政治文化正是该社会中占统治地位的主政治文化。例如在资本主义社会占统治地位的是资产阶级政治文化,在社会主义社会占统治地位的是无产阶级的政治文化。

当然政治文化类型的划分还可以从其他多种视角上来展开,但无论采取什么样的划分方法,都只有在按经济基础和阶级性质进行基本分类的基础上才有科学的意义。如从一个社会政治文化中各种亚政治文化关系的角度,也至少可以分为两类,一是冲突性的政治文化,二是协调性的政治文化。前者根本上取决于一定生产方式基础上阶级之间的对抗,后者根本上取决于新型的生产方式基础上阶级之间根本利益的一致。

① 《马克思恩格斯选集》第 1 卷,第 629 页。
② 《马克思恩格斯全集》第 2 卷,第 410 页。

二、剥削阶级社会的政治文化

（一）奴隶主阶级、封建地主阶级的政治文化

在剥削阶级占统治地位的社会里，剥削阶级的政治文化处于主政治文化的地位。剥削阶级以他们的政治文化维护该社会一定形式的私有制，维持该社会一定阶级的政治统治，压制和麻痹被剥削被压迫阶级的反抗。同时被剥削和被压迫阶级也以自己的政治文化，来指导自己反剥削反压迫的斗争。由于经济、政治、文化条件的差异，奴隶社会、封建社会和资本主义社会的政治文化具有不同的特点。

在奴隶社会，占统治地位的是奴隶主阶级的政治文化。奴隶主阶级以他们伦理和政治相融合的，维护他们政治统治和社会等级的国家观和等级观，来架构他们的政治文化。在古希腊，国家被称为以一种"最高的善"为目的，把国家的阶级性质包裹在"善"的大袍之中，社会以人的"天性"分为不同等级，要各居其位、各司其职。在奴隶制社会的中国，则以维护旧制度旧秩序的"礼"来规范人们的行为。奴隶在当时被当作会说话的工具，不作为人对待，更没有文化知识，他们在反抗和斗争中反映着他们反对奴隶制国家、追求人身自由的政治愿望。

封建社会是专制统治的时代，封建领主、地主阶级的封建专制主义政治文化居高临下。在西方中世纪神权政治下，政治文化被"神意"所笼罩，利用基督教教义证明封建制度是"上帝"创造的，君主的权力是"神授"的，以基督教信条来强制规范人们的行为。封建社会的中国，由"天人合一"演化为"天""皇"合一，要人们崇拜和服从皇帝，以皇权主义、宗法观念及等级秩序等构成的封建政治文化来维护中国封建社会的稳定。被统治阶级则以自己的政治意识和政治观念与封建主义进行抗争。西方国家中的市民阶层，以神学异端的形式表现他们的政治思想，以反对教会的斗争反映他们反神权和反封建的政治心态。在中国漫长的封建专制岁月里，农民阶级在起义和斗争中，体现了他们反暴政、反专制的政治态度和追求改变生存地位、要求革命的政治情感。

283

（二）资产阶级的政治文化

资产阶级的政治文化在资本主义社会中占主导地位。它是在反封建的斗争中逐步形成的欧洲文艺复兴时期，资产阶级在政治意识形态领域里，进行了一场反对封建制度、反对神权统治的革命。在资产阶级革命过程中，资产阶级思想家们提出了他们的民主观、平等观、自由观、主权学说、分权学说等政治观念和政治思想。在当时，资产阶级政治文化具有革命性，推动了人类政治文化的发展，具有历史的进步意义。资产阶级夺取了政权，确立了资本主义制度以后，资产阶级的政治文化开始转向保守、反动，成为资本主义私有制和资产阶级政治统治的政治文化保护层。

14世纪末至16世纪，是西欧资本主义生产关系在封建社会末期逐步形成的时期，也是资产阶级政治文化兴起的时期。社会经济关系的演变，引起了阶级关系的新变动。当时阶级斗争的两大历史事件，对西方资产阶级政治文化的形成产生了巨大的影响，其一是文艺复兴运动，这是资产阶级在思想文化领域里进行的一场反对封建专制、反对神权政治的革命，他们高举人文主义的旗帜，打破了套在政治观念上的神学枷锁。其二是宗教改革运动，它实质上是资产阶级反封建、反教会的政治斗争，提出了符合资产阶级利益的新教教义。资产阶级政治文化的兴起，积极地推进了资产阶级革命的发展。

在英法资产阶级革命时期，在各国的具体历史条件下，资产阶级革命以各国特有的形式展开，同时资产阶级民主的政治文化也得到了很大的发展。英国的霍布斯提出的社会契约论，主张统治权来源于人们的"自然权利"，虽然在国家观上带有明显的历史唯心主义色彩，但无疑具有反封建的进步意义；洛克主张"天赋人权"，"天赋人权"不仅成为资产阶级革命中的重要口号，而且成为后来一些资本主义国家的一大法律原则，他还提出了分权思想，认为不分权就没有自由，在理论上反映了英国当时阶级分权的君主立宪制，又对以后资产阶级的政治实践和政权组织形式产生了重大影响；法国的伏尔泰、孟德斯鸠和卢梭等启蒙思想家，举起天赋人权、自由平等、人民主权的旗帜，对封建专制国家制度进行了无情的批判，孟德斯鸠的三权分立学说，成为西方资产阶级政治文化乃至西方国家政体的一大原则；卢梭的平等学说和人民主权思想，反映了资产阶级政治文化达到了一个新的高峰。

19世纪是西方资产阶级政治文化发生重大转折的时期,这一转折取决于英、法等国社会制度的演变和阶级关系的变动,资产阶级取得了政权,资产阶级与无产阶级的矛盾已上升为社会的主要矛盾。自由主义在资产阶级政治文化中处于主要的地位,而且时过境迁,自由主义也从革命转向保守,从批判转向辩护,资产阶级政治文化已成为资本主义制度和资产阶级政治统治的保护层。

19世纪70年代以后,资本主义开始从自由竞争阶段向垄断阶段过渡,垄断逐渐成为整个资本主义的基础。在这一转变过程中,资本主义固有矛盾更为深化,并出现了一些新的矛盾。资产阶级为维持其政治统治,强化国家机器,加紧对内镇压、收买和对外压迫、掠夺。因此在资产阶级政治文化中,亦出现了反民主的强权政治和种族主义等政治观念。

当代资本主义国家中资本主义基本矛盾仍然存在,在政局相对比较稳定的情况下,资产阶级的政治文化中显现了较多的资产阶级民主的成分。然而这毕竟是资产阶级性质的政治文化,归根到底反映和保护的是资本主义的所有制关系和资产阶级的政治统治。由于资产阶级政治文化往往披着超阶级的外衣,以普遍性的形式和面貌出现,因此会有一种欺骗性,这是我们必须加以明辨的。

三、社会主义社会的政治文化

（一）社会主义政治文化的基本内涵

社会主义社会的主政治文化,是建立在社会主义所有制的基础之上,与人民群众当家作主的新型政治关系相适应的,以马克思主义为指导的,无产阶级性质的社会主义政治文化。然而,旧的政治文化不会因旧的经济基础和政治关系的消失而随即消失,由于国内条件和国际环境影响,非社会主义政治文化还会长期存在。而且新的政治文化也不会因新的经济基础和政治关系的形成而随即成熟,在社会主义社会不同的发展阶段中,社会主义政治文化有一个逐步发展和成熟的过程。因此我们在这里所指的社会主义政治文化,是从社会主义经济基础和政治关系所要求的,并随着社会主义发展必将完善的意义上来论述的,当然,其中许多重要的因素和内容在我们的现实生活中是已经存在着的。

社会主义经济制度和政治制度的建立,使广大劳动人民在经济上和政治上得到解放,成为社会的主人,共同管理国家事务。以此为基础并与此相适应的社会主义的民主意识、参政意识,将扎根于广大人民群众的心中,并转化为一种自觉的行动。

在社会主义条件下,人民群众通过直接或间接的形式行使国家权力,成为国家政治生活的决定者,政治已不再由少数统治者所垄断,而成为人民群众自己的事情,人民群众更自觉更深刻地认识、热爱和实践属于自己的国家政治生活。这必然在人们头脑中形成社会主义民主的意识,即人民自己是国家的主人。一方面树立起主人翁精神,在社会基层生活中,在自己的工作岗位上,乃至在整个国家的政治生活中,以主人翁的姿态进行活动,发挥作用;另一方面树立起政治责任感,当家作主的权利是同当家作主的责任相联系的,社会主义政治责任感就是对集体对国家命运的自觉关注和高度负责。

社会主义是人民群众自己创造的伟大事业,人民群众必然在树立起主人翁精神和政治责任感的同时,形成强烈的参政意识。人民群众真实地享有和行使民主权利,自觉地关注国家政治生活和国家的前途,积极地参与国家管理,随着社会主义的发展,参与的广度和深度将不断发展。同民主意识和参政意识相联系,人民群众对自己国家的政治制度、政治决策、政治过程和政治领袖必然会形成高度的信任感、认同感和支持感。

在社会主义社会,马克思主义是整个社会的指导思想。随着社会主义建设事业的不断发展,马克思主义将成为广大人民群众自觉的一致的政治价值取向。社会主义民主观是社会主义政治思想体系中的基本点,它要求社会主义国家的全部政治生活纳入社会主义民主政治的轨道,即由人民当家作主,国家的一切权力属于人民。社会主义民主观在国家政治制度上要求建立和坚持无产阶级专政,保证国家的无产阶级性质。因为社会主义民主是无产阶级专政的题中应有之义,而人民民主专政则更加显然,人民将通过这种国家政权来实现和保障自己的民主权利;社会主义民主观在国家政治过程中要求在共产党的领导下管理国家事务,共产党集中代表了全国各民族的根本利益,它的领导就是支持和组织人民当家作主,使人民群众更切实有效地行使自己的民主权利,并保证国家机关为人民服务;社会主义民主观在国家政治发展上要求坚持社会主义的方向。

社会主义必然向共产主义迈进,这是人类社会发展的客观趋势。社会主义政治文化以共产主义作为最高的政治理想和信念。共产主义社会是这样一个联合体,在那里,每个人的自由发展是一切人自由发展的条件。它要求社会主义社会的人们为实现这一目标而努力创造条件。随着社会主义建设事业的不断发展,社会主义政治文化不断传播,共产主义将成为广大人民群众共同的理想和信念。

社会主义政治文化中的政治思想观点和政治理想信念,也为政治评价提供了科学的标准。社会主义民主即人民当家作主,国家一切权力属于人民。这里的人民是一个集合体,是人民群众共同地、集体地当家作主和掌握国家权力。共产主义作为一个自由人的联合体,"只有在集体中,个人才能获得全面发展其才能的手段,也就是说,只有在集体中才可能有个人自由。"①因此集体主义成为社会主义社会政治评价的基本标准。集体主义原则作为政治评价标准,根本的内容就是人民群众的共同利益至上,个人的利益、不同群体的利益必须服从全社会的整体利益,一切政治行为孰优孰劣依据皆在于此。

综上所述,社会主义政治文化是一种新型的政治文化,在本质上具有剥削阶级社会政治文化不可比拟的优越性。

（二）正确对待中国的传统政治文化

任何政治文化的发展都有其历史继承性,每一个国家的政治文化都不同程度地带有本国传统文化的痕迹。任何一种新的学说,必须首先从已有的思想材料出发。列宁指出:马克思主义"并没有抛弃资产阶级时代最宝贵的成就,相反的却吸收和改造了两千多年来人类思想和文化发展中一切有价值的东西"②。具有丰富内容的中国传统文化,是当代中国政治文化的源泉之一,因此在观察分析当代中国政治文化时,不能不正确对待中国的传统政治文化。

中华民族历史悠久,我们的祖先在这块土地上创造了灿烂的物质文明

---

① 《马克思恩格斯全集》第 3 卷,第 84 页。
② 《列宁选集》第 4 卷,第 362 页。

和精神文明,形成了具有民族特色的文化传统,为人类文明做出了卓越的贡献,中国传统的政治文化有其精华的部分。但是中国长期的小生产的生产方式,长期的封建主义统治,使中国的传统政治文化不可避免地存在着糟粕。因此积极吸收中国传统政治文化的精华,坚决摒弃中国传统政治文化中的糟粕,是建设有中国特色社会主义政治文化过程中的一个重要任务。既要反对全盘否定中国传统政治文化的虚无主义,也要反对全盘肯定中国传统文化的态度。这就要求我们"划清文化遗产中民主性精华同封建性糟粕"①。

(三) 当代中国的政治文化

我国正处在社会主义的初级阶段,一方面我国社会已经是社会主义社会,另一方面我国的社会主义还处在初级阶段。当代中国的政治文化的基本格局和主要特征正是同我国现在所处的历史阶段相联系的,社会主义政治文化已经在我国形成并占主导地位,但社会主义政治文化尚不完善,还处在一个发展过程之中。

中国的社会主义政治文化,是中国共产党领导中国各族人民在长期的革命实践中逐步形成的。五四运动以它坚决反帝反封建的斗争姿态,成为中国新民主主义革命的开端,也为中国政治文化的深刻变化提供了契机。五四运动也是一次政治文化的选择,先进的中国人接受了马克思主义,使马克思主义在中国土地上广泛传播,并与中国工人运动相结合。在此基础上建立了以马克思主义为指导,以实现共产主义为政治理想的中国共产党。中国共产党不断深化马克思主义同中国实际相结合的过程,也是塑造新型的中国政治文化的过程。革命根据地的长期存在,使中国社会主义政治文化在革命时期开始具备了客观基础。在抗日革命根据地延安诞生的延安精神,成为中国社会主义政治文化的雏形。延安精神概括起来就是:具有坚定的政治方向和共产主义理想,有全心全意为人民服务的精神,有强烈的民主参政意识,有实事求是艰苦奋斗的作风,反对主观主义,反对官僚主义,反对特权和反对腐败。

新中国建立以后,确立了以生产资料公有制占主导的经济基础,确立了

① 《列宁选集》第 4 卷,第 362 页。

人民民主专政的国家政权,人民群众成为社会和国家的主人,在中国共产党的领导下,社会主义建设事业取得了巨大的成就。这就为中国社会主义政治文化的形成且在社会政治文化中占据主导地位,奠定了坚实的基础,创造了必要的条件。党的十一届三中全会以后,社会主义政治文化有了很大的发展。人民群众的民主意识和参政意识普遍高涨,积极投入国家的政治生活,为建设社会主义民主政治献计献策,参与国家事务和社会基层生活的管理,监督国家机关和国家干部,人民群众的主人翁精神和政治责任感得到发扬和提高。坚持四项基本原则日益成为人民群众的政治共识,并以此来指导自己的政治行为,为社会主义经济、政治体制改革和社会主义现代化建设努力奋斗。与社会主义本质上相统一的爱国主义,日益成为广大中国人民一致的民族精神。集体主义日益成为人们的政治评价标准,形成了广大群众积极要求维护安定团结的政治局面。

由于社会主义政治文化占主导地位,因此当代中国政治文化的结构总体上呈协调型,这是由我国剥削阶级作为阶级已经消灭以后的社会结构所决定的。工人阶级和农民阶级两大阶级,工人、农民和知识分子三大基本力量,各种社会主义的利益群体,它们的根本利益都是一致的,建设社会主义现代化的目标是一致的,以社会、政治结构为基础的政治文化亚文化结构,出现了以往社会不曾有过的、也不可能有的协调性特点。尽管不同的阶级、基本力量和利益群体存在着具体利益的差异,反映在政治文化上也有所不同,但并不构成相互根本冲突的格局。

在当代中国政治文化中,占非主导地位的是历史遗存的封建政治文化和资本主义的政治文化。封建政治文化还在一定程度上以历史积淀的形式残留在人们的头脑中,宗法观念和等级观念等封建因素,还不同程度地影响着人们的政治心理倾向。资本主义政治文化,在中国的历史进程状况下,既有历史的遗存、又有在新的形势下外来的影响,资产阶级民主观、自由观和个人主义、享乐主义等等也在不同程度上影响着人们的政治观念和政治行为方式。

当代中国政治文化的发展水平,取决于我国现在所处历史阶段的客观状况。我国尚处在社会主义初级阶段,生产力较落后,文化教育水平不高,经济、社会发展很不平衡,许多地区还没有脱贫;资本主义、封建主义的腐朽思想和小生产习惯势力在社会上还有相当影响;建设高度社会主义民主所必需的一系列经济文化条件还不充分,人民群众管理国家事务还受到条件的限制。因此中国社会主义政治文化虽然已经形成,但还是一种发展中的社会主义政治文化。在我国建设高度发达的社会主义政治文化,是一个长期、艰巨而又重要的任务。

(四)加强中国的社会主义政治文化建设

政治文化的发展有赖于社会各方面的进步,建设社会主义政治文化,是一个宏大而又深刻的社会系统工程。加强社会主义政治文化的建设,需要我们去探索、认识和把握它的基本发展规律。要加强我国的社会主义政治文化建设,我们必须做到以下几点:

第一,加强社会主义经济建设,为社会主义政治文化的发展奠定坚实的物质经济基础。

大力发展生产力,创造高度的社会主义物质文明,一方面为我国的社会主义政治文化提供必要的物质生活前提,另一方面也为社会主义政治文化的传播提供有效的物质工具和手段。政治文化的传播迫切需要在运用先进科学技术的生产力基础上,建立起来的学校、社会文化场所和公众传播媒介等方面的物质设施。

发展社会主义市场经济,对社会主义政治文化建设具有重要的意义。它将有利于消除封建主义的影响,同时在公有制为主导的基础上建立起生产者同生产资料的最佳结合方式,将使人们牢固地树立主人翁精神和社会主义的平等观念。

第二,搞好社会主义精神文明建设,为社会主义政治文化建设创造良好的思想文化环境。

高度的科学文化,是社会主义政治文化发展的重要条件。人们只有具备了丰富的科学文化知识,才能深刻地认识和把握国家政治生活,自觉地有效地参加国家事务管理,文盲是不可能进行政治参与的。因此社会主义政治文化建设,需要进行全民族的智力开发,提高全民族的科学文化水平和科学文化素质。

社会主义精神文明中的思想道德建设,实际上包含着社会主义政治文化建设中的许多重要内容。我们要坚持以马列主义、毛泽东思想、邓小平理论为指导来建设中国的社会主义政治文化,提高马克思主义的理论水平,树立马克思主义的政治观,提高明辨政治是非的能力。用为建设富强、民主和文明的社会主义现代化强国而奋斗的现阶段的共同理想,来动员和团结全国各族人民。要求共产党员坚定共产主义理想和信念,并以发挥先锋模范作用来影响广大群众。用集体主义原则教育人们,维护国家和集体的利益,形成社会主义的国家利益意识,以对国家和集体负责的精神指导自己的政治行为。

第三,推进社会主义民主政治建设,为社会主义政治文化发展提供现实的政治生活基础。

社会主义政治文化,从最直接的意义上来说是对现实的国家政治生活的反映,它的发展水平与社会主义民主政治的建设进程有着直接的联系。在社会主义民主政治的发展过程中,国家政治过程、政治决策等方面的民主化,民主参政、民主监督等机制的高度完善,使人民群众真正享有各项民主权利,享有管理国家和企事业的权利,必然将使社会主义政治文化进入一个新的境界。

坚持政治体制改革,对加强社会主义政治文化建设是相当重要的。在坚持四项基本原则的前提下,推进政治体制改革,进一步扩大社会主义民主,健全社会主义法制,依法治国,建设社会主义法治国家,这必将大大推进社会主义政治文化健康发展。

第四,加强思想政治工作,促进社会主义政治文化的传播,以深化和推广社会主义政治文化。

思想政治工作是我们党几十年形成的特有优势,也是我国社会主义政治文化发展的重要手段。我们要发扬思想政治工作的优良传统,不断改进工作方法,坚持共产主义理想和实现社会主义现代化现实任务的统一,使之成为广大人民群众的共同理想和行为准则。大力提倡和发扬爱国主义、社会主义、集体主义和全心全意为人民服务的精神,形成维护稳定的政治局面、推进社会主义民主政治建设的共同政治意识。

社会主义政治文化建设,有赖于它在整个社会的广泛传播。要使家庭、学校、社会团体、报纸杂志、广播电视、文化艺术团体等,都成为传播社会主义政治文化的重要阵地,在整个社会形成一个社会主义政治文化的传播网络。要将社会主义政治文化渗透到家庭教育、儿童启蒙、就学培养、文化娱乐、社会交往、新闻传播之中,通过社会主义的政治社会化过程,培育具有社会主义政治文化的新一代公民。

思考题

1. 政治文化具有哪些特征?

2. 政治文化的构成及其功能主要表现在哪些方面?

3. 政治文化包括哪些基本类型?

4. 如何理解与建设中国的社会主义政治文化?

第十一章 民族与宗教

本章提要

民族是人类社会发展到一定历史阶段的产物，是组成国家的基础，只要有国家的存在就有民族。民族与国家是两个不同的社会历史范畴，但两者之间却又息息相关、不可分割。一个国家的统治阶级如何处理国内以及国家间的民族关系，直接影响到国内政治局势稳定和政治生活的发展，以及国家间关系的稳定和整个国际形势的变化。民族问题又同宗教问题紧密相连，宗教作为一种意识形态，对民族心理素质的形成和发展有着深刻的影响，同时还对政治生活和政治关系等产生影响和作用。

民族是组成国家的基础，不管是单一民族的国家，还是多民族的国家，只要有国家的存在就有民族这一普遍的表现形式。尽管民族与国家是两个不同的社会历史范畴，但它们在现实生活中却又总是息息相关，不可分割。一个国家的统治阶级如何处理国内的民族关系，直接影响到国内政治局势稳定和政治生活的发展。一个国家的统治阶级如何处理国家间的民族关系，同样会直接影响到国家间关系的稳定和整个国际形势的变化。民族问题又同宗教问题紧密联系在一起，每一个民族都有自己的宗教信仰。宗教作为一种意识形态，对每一个民族心理素质的形成和发展都有着深刻影响。同时宗教也对政治生活和政治关系等产生影响和作用。因此，研究政治学不能忽视研究民族问题和宗教问题。

一、民族和宗教的基本概念

（一）民族的定义

民族是一个复杂的概念，既有广义上的民族含义，又有狭义上的民族含义。广义上的民族，其含义是指同国家概念紧密联系在一起的民族，例如，美利坚民族是美国国内的各个民族的总称；又如中华民族是指在中国境内的各个民族的通称，此外，还有法兰西民族、意大利民族和德意志民族等等。这些广义上的民族实际上是指国家的民族。而狭义的民族定义，到目前为止，人们一般比较能接受的还是斯大林为民族所下的定义。斯大林认为：**"民族是人们在历史上形成的一个有共同语言、共同地域、共同经济生活以及表现在共同文化上的共同心理素质的稳定的共同体。"**[①]民族必须具备四个特征：

第一，**共同语言**是民族存在的必要条件。它是民族文化形成的重要因素，是民族统一性和继承性的重要表现之一。一般地说，民族的自然分界线就是语言的分界线，每一个民族都有自己的共同语言。这种共同语言是进行社会交往，从事生产，实现经济、政治和文化联系的工具，是保存和传播民族文化、民族传统和民族历史的基本手段。因此同一民族必须具有同一种语言，但并非操同一种语言的人们都属于一个民族。不列颠人和美利坚人都使用英语，但他们不是一个民族。随着各民族人民关系的日益密切和共同事业的迅速发展，不同民族使用相同语言或彼此吸收、借用词汇的现象必然会逐渐增多。

第二，**共同地域**是民族形成的外部条件。它是指全民族生存的自然环境。所谓共同地域是在人们的长期生产劳动和互相交往中形成的，是民族物质生活的条件之一，也是一个民族生息繁衍的最重要的条件之一。民族区别于氏族、部落组织的重要特征就在于它是以地域关系为基础的人们的

① 《斯大林选集》上卷，第 64 页。

共同体,因为"只有经过长期不断的交往,经过人们世世代代的共同生活,民族才能形成起来,而长期的共同生活又非有共同的地域不可"①。但这并不是说,凡居住在一个共同地域之内的人都必定属于一个民族。从历史和现实看,即使组成一个民族的人们也并不永远聚居在同一个固定的地域。为了谋生或其他原因,人们也会迁徙游动,不少人甚至会掺杂到其他民族的地域中去。民族成员的流动是普遍的现象。

第三,**共同经济生活**是民族形成和发展的物质基础。它主要是指民族内部人们的经济联系,既表现为一个民族的各地区、各部门、各行业之间在经济上的社会分工和相互依赖,又表现为人们在生产中、经济上彼此间的关系。每个民族在经济生活方面是一个特别的整体。他们有自己的民族经济、生产技能、内部交换和同外族联系进行交换的特点。这种内在的经济关系要比其他任何关系更深刻。因而它是民族的决定性特征,并且深深地影响着民族的其他特征。

第四,**共同心理素质**是民族存在的不可缺少的特征。它是指一个民族生活在共同的环境里,在一定时期所形成的一种共同的心理状态。民族的心理素质,主要是人们对物质生活条件的反映,一般指一个民族的共同爱好、民族传统、气质、情操以及民族意识和民族尊严。这种心理上的特征主要表现在共同的民族文化和民族习俗上。民族共同心理素质的形成是缓慢的,但一旦形成后又有其相对的稳定性。民族心理素质是一个民族的社会经济、历史传统、生活方式以及地理环境的特点在该民族精神面貌上的反映,因而它不是一成不变的,而是随着民族的生活及其他条件的改变而变化的。

这四个特征是互相联系、互相影响、互相制约的整体,不能孤立地以任何一个特征作为民族的定义。

(二)民族的形成和融合

民族作为一种社会历史现象,是人类社会发展到一定历史阶段的产物。"民族也和任何历史现象一样,是受变化法则支配的,它有自己的历史,有自

---

① 斯大林:《马克思主义和民族问题》,第62页。

己的始末。"①民族最早形成于原始社会末期,它是从氏族、部落经过部落联盟发展而来。恩格斯以丰富的材料证明了人类是"从部落发展成了民族和国家"②。推动这一历史演变过程的决定性因素是原始社会末期的社会生产力和当时人们之间的物质关系和物质利益。原始社会末期,由于青铜器和铁器的使用,促进了社会生产力的迅速发展,从而引起了两次社会大分工。随着劳动生产率的提高和私有财富的增加,逐步产生了贫富分化以及由此引起的阶级对立。经济的发展给社会结构带来了变化。部落是原始社会的基本社会组织,有其自己的活动场所、语言、习惯和宗教。由于生产力的发展,使人口增加,特别是军事活动的频繁,出现了永久性的部落联盟的联合组织。部落联盟的产生又加速了部落壁垒的倒塌,加强了各部落之间的经济和文化的联系,日益造成了不同部落人们的互相杂居,逐步融合,为以地域为基础的新的人的共同体的形成创造了条件。商品交换的发展密切了人与人之间的联系。在交流和吸收各部落方言的过程中,逐渐形成一种新的共同语言,并随之形成了共同地域、共同经济生活和共同的心理状态。这样,民族的共同体便出现了。由于各个民族经济发展不平衡,所处的历史条件和自然环境不同,世界各民族的形成和发展过程也不尽相同。

从人类社会发展史的角度看,民族的历史类型大致有原始民族、奴隶制民族、封建主义民族、资产阶级民族和社会主义民族。一般把资本主义社会以前的民族称为古代民族,把资本主义以后的民族称为现代民族。这表明社会的不同发展阶段决定了民族的不同类型,也表明了民族的发展要受到社会发展规律的制约。但在某种特殊的条件下,民族会出现"跳跃式"的发展。例如,美利坚民族是以英国移民为主体、吸收和同化了欧洲其他国家的大量移民而形成的一个新民族,它一形成就已经是资产阶级民族了。又如,我国是从半殖民地半封建社会,经过新民主主义革命而进入社会主义社会的。这样,我国原来还处在封建主义民族甚至原始民族状态的许多少数民族,由于历史条件的变革,直接进入了社会主义社会,成为社会主义民族大家庭的成员。

在历史上也曾经出现过一个民族与另一个民族同化或者由几个民族重新结成一个新的民族的现象。英吉利民族就是由盎格鲁人、撒克逊人和先

① 《斯大林全集》第 2 卷,第 294 页。
② 恩格斯:《自然辩证法》,人民出版社 1971 年版,第 156 页。

前移来的古罗马人以及土著克尔特人长期融合而成的。拉丁美洲民族是西班牙等国的大量移民同当地土著印第安人结合起来,吸收和同化欧洲一些国家甚至非洲的移民而形成的新民族。我国的哈萨克族是由古代的乌孙人、突厥人、契丹人和蒙古人经过长期融合而形成的。但是不管怎样,民族的发展总是受社会一定的经济、政治发展制约。

民族作为一个历史范畴随着社会的发展而发展,也将随着社会的发展而消亡。这是社会发展和民族发展的必然趋势。但是,在社会主义社会,民族的最终融合还不能实现,因为社会主义社会的经济、政治、文化的发展还没有达到足以使民族差别消失的程度。社会主义社会虽然使各民族获得彻底解放,使它们在平等团结的基础上共同繁荣发展,但是民族的最终融合只有到共产主义社会才能实现。

民族融合指全世界实现共产主义以后,世界各民族的经济、文化高度发展并趋于一致,世界各民族之间的差别以及原有的特征已经消失而融为一体。这种民族融合是世界各民族高度发展和全面接近的结果。因而,它不是一个局部过程,也不可能在一个国家或几个国家范围内完成。民族融合是一个极其漫长的历史过程。人们既不可能过早地要求民族融合,也不可能抗拒民族的最终融合。它是建立在民族平等原则基础上的一种历史发展的必然趋势。

我们在探讨民族融合的同时,要严格分清民族融合和民族同化的根本区别。所谓"民族同化"是指一个民族丧失本民族的特性,而过渡到另一民族。历史上曾经出现过的民族同化有自然同化和强迫同化之分。自然同化一般说来是具有先进生产方式的民族同化落后生产方式的民族。他们在共同的生产和生活中,落后的民族受周围先进民族的影响,自然而然地改变自己的民族特点。或者是处在相同的经济水平,民族间通过长期密切的经济联系和文化交流,逐步互相同化融合成一个新的民族。对于这种推动历史发展的进步现象,马克思主义是采取欢迎态度的。而与此相反的是强迫同化,它是指压迫民族中的剥削阶级凭借暴力或利用民族特权等强制性手段,强迫被统治民族改变自己的语言文字、风俗习惯和宗教信仰,屈从于统治民族。尽管从形式上看它也能达到民族同化,但实质是民族压迫的一种表现形式。

由此可见,**民族同化和民族融合是两个不同的概念,前者是指某个民族丧失本民族特性,而变成另一个民族**,它的结果只是民族数量的相对减少。

297

后者是指世界各民族消除民族差别，打破民族壁垒，逐渐融合成为一个整体，实现民族消亡。民族融合是一个相当长的历史过程，根据经典作家的预计，它要在阶级消灭，国家消亡以后才能实现。在现阶段，我们提倡的是各民族的共同繁荣和发展，当然，这种繁荣和发展将会为实现民族的最终融合创造必要的条件。

（三）宗教的起源和种类

宗教是人类社会发展到一定阶段的历史现象，它有发生、发展和消亡的过程。宗教信仰、宗教感情以及同这种信仰和感情相适应的宗教仪式和宗教组织，都是社会的历史产物。恩格斯认为："一切宗教都不过是支配着人们日常生活的外部力量在人们头脑中的幻想的反映，在这种反映中，人间的力量采取了超人间的力量的形式。"①

宗教的产生有其深厚的社会经济根源，这就是社会物质资料的生产方式和物质生活条件以及与此相适应的人们对自然和社会的认识水平。原始宗教反映了在生产力水平极低的情况下人们对自然现象的神秘感。原始社会末期，随着社会生产的发展，人们逐渐意识到许多自然现象是和经济生活相联系的。有些自然现象会给他们带来幸福，而有些自然现象却给他们带来灾难。在当时的历史条件下，人们不可能认识这个变幻莫测的自然界，因而他们对自然界现象抱的希望或想控制它的要求愈高，他们对自然现象的歪曲或错误的反映就愈厉害。原始人类通过幻想在意识中形成一种强大的超自然力，认为存在着主宰自然现象的"神灵"，它能够给人类带来生死祸福，能够支配自然力量和世界上的一切。于是，对自然力盲目崇拜的宗教观念产生了，以至日月星辰、风雨雷电、草木鸟兽之类都成了信仰的对象。随之而来的是人们对神灵的祈求方式，这就是礼拜、祷告、献祭、巫术等等，从而形成了各种原始的宗教仪式。

进入阶级社会以后，原始宗教发展成现代宗教。这一转变的主要标志是宗教存在的根源发生了变化。原始社会的自然宗教是古代社会狭隘的生产关系和低下的生产力的反映。而阶级社会的宗教得以存在和发展的最深刻的社会根源在于人们受这种社会的异己力量的支配而无法摆脱，在于劳

① 《马克思恩格斯选集》第 3 卷，第 354 页。

动者对于剥削制度所造成的巨大苦难的恐惧和绝望。这时,如同人们无法理解自然现象一样,人们也产生了无法抗拒这种奴役和压迫的支配力量的宗教观念。对社会压迫的恐惧是现代宗教的根源。

宗教既然是一种历史现象,就有一个发生、发展及其消亡的历史过程。剥削制度消灭以后,宗教也将日益失去其存在的社会根源,但是作为意识形态的宗教观念并不会随着剥削制度的消灭而即刻消亡,它还将作为一种观念形态在社会主义社会长期存在。当然,随着社会主义的经济、政治、科学文化的不断发展,宗教必将随着它赖以存在的某些历史条件的消失而自然消亡。一切认为宗教是永恒存在的观点是错误的,以为宗教可以不顾历史条件而人为地予以消灭的观点也是错误的。

由于社会历史条件、经济、地理、政治条件和民族的性格特点的不同,各国的宗教及其宗教的形式和特点也不尽相同。例如:中国的道教、东巴教;日本的神道教、天理教;印度的印度教;流行于南亚次大陆旁遮普等地区的锡克教;流行于亚洲、欧洲的极北部的萨满教等等。目前在世界上流行最广、影响最深的主要是基督教、佛教和伊斯兰教。这三大宗教都是在阶级社会出现以后形成的。它们已流传到世界各国,并已渗透到历史、文化、政治制度、经济生活和风俗习惯等各个方面,成为世界性的宗教。

基督教于公元1世纪中期产生在亚洲西部的巴勒斯坦。它是罗马奴隶制帝国社会矛盾日益激化和巴勒斯坦犹太人反抗罗马奴隶主残酷统治的民族斗争和阶级斗争的产物。

基督教主要分为三大派系:罗马公教(亦称天主教)主要流行于西方各国和拉美各国;东正教主要流行于巴尔干半岛和前苏联;新教主要流行于美国、英国、德国北部以及斯堪的纳维亚各国。基督教以《旧约全书》和《新约全书》为基本经典,称为《圣经》。

伊斯兰教是7世纪初由阿拉伯半岛麦加人穆罕默德创立的一种宗教。它是中世纪初阿拉伯半岛社会大变革时代的产物,也是在东罗马帝国和波斯帝国为争夺和改变贸易商道而使阿拉伯半岛经济日益衰弱的情况下,人民要求生活安定、实现政治统一的愿望在意识形态上的反映。

伊斯兰教是在吸收外来犹太教、基督教的各种因素并结合本地区产生的"哈尼夫"教的基础上产生的。它的出现对阿拉伯统一国家的形成,民族的团结,促进经济、文化的发展,起过一定的推动作用。穆罕默德在创教过程中所作的说教,后被他的信徒们整理汇编成书,称为《古兰经》(亦译《可兰经》)。这本书既是伊斯兰教的基本经典,又是伊斯兰国家立法的依据,作为发展经济、政治、文化和法的准则。现在全世界的伊斯兰教教徒主要分布在亚洲和非洲,特别是西亚、北非、南亚次大陆和东南亚各国。

佛教是世界上最古老的宗教之一。相传于公元前 6 世纪至前 5 世纪,由迦毗罗卫国(今尼泊尔境内)净饭王的儿子悉达多·乔达摩(释迦牟尼)创立。它是在印度奴隶制经济较为发达,阶级矛盾十分尖锐的时期兴起的。

佛教的经典统称为"佛经",分为"经"、"律"、"论"三大类(又称"三藏"),"经"收录释迦牟尼及其弟子的言教,"律"记载佛教的戒律制度,"论"是对"经"的阐发和扩展。佛教的基本教义有"四谛"、"八正道"、"十二因缘"、"五蕴"、"卜道"等。宣扬世界充满着苦,人生有八苦。只有消除一切欲望,行善积德,才能断绝苦根,进入美好的"涅槃"境界。反之,就会"因果报应",来世变成饿鬼、牲畜或堕入地狱。佛教主要流传于亚洲。

从世界三大宗教的产生、发展来看,它们的产生都是同一定社会的经济状况和与此相适应的阶级状况相联系的。

(四)民族、宗教和国家

民族、宗教和国家是三个不同的概念和不同的历史范畴。但是,这三者之间却存在着密切的联系,他们的发生和发展都受到一定社会经济和政治的制约,在实际生活中,它们之间又是互相影响、互相作用的。

第一,民族与宗教是密切相关的。民族和宗教是两个不同的范畴。民族是在特定的历史和地理条件下所形成的具有共同语言、共同地域、共同经济生活和共同的心理素质的人们的共同体。而宗教则是一种社会意识形态,两者有着各自不同的发生、发展和消亡的历史轨迹。但两者却有着互为依存、相互影响的关系。恩格斯认为:"古代一切宗教都是自发的部落宗教和后来的民族宗教,它们从各民族和政治条件中产生,并和它们一起生长。"[1]因为宗教的产生本身就是民族文化的重要表现。同时宗教作为一种意识形态对一个民族的心理素质的形成和发展产生着深刻的影响,因为宗教本身既是民族文化的重要组成部分,也是继承和传播民族文化的重要渠道。宗教在其自身发展的过程中不仅要受到一定社会政治、经济和文化条

---

① 《马克思恩格斯全集》第 19 卷,第 333 页。

件的制约,而且也会受到一个民族发展过程中一些条件的影响和制约。一个民族的社会组织化程度、经济发展水平以及文化素质的高低对宗教的传播与抑制、宗教功能的强化与弱化以及对宗教的保护与冲击,都会带来一定的影响。同样,宗教对民族共同体发展的影响也是显而易见的。一般来说,宗教是整个民族政治生活中不可或缺的重要内容,宗教力量会不同程度地介入民族内部的政治生活,而且对沟通民族关系,促进民族间经济、文化的交流,或者离间民族关系,挑起民族矛盾和战争,同样有极为重要和不可忽视的影响。随着宗教的发展和传播,宗教又打破了民族界限,有些宗教已成为世界性的宗教,由此而出现了几个民族信仰同一种宗教,或者一个民族分别信仰几种宗教的现象,也会出现某个民族以前信仰某种宗教,后又改信另一种宗教的现象。

　　第二,民族是组成国家的一个基本要素,是国家存在和发展的基础。民族和国家是不同的历史范畴,但它们都是以一定的地域为基础的,它们在形成和发展的过程中有着密切的关系。国家建立以后对民族的巩固和发展又产生了巨大影响。首先,国家总是由一定的民族构成的。一个国家的民族构成形式往往影响着国家的结构形式和政体形式。许多实行联邦制的国家,大都是由于多民族因素造成的,如前苏联和前南斯拉夫。当然也有些多民族国家实行单一制的国家结构形式,如我国是一个多民族的国家,实行的是适合我国国情的单一制和民族区域自治。由此可见,民族构成形式对选择一个国家的结构形式有着十分重要的影响。其次,民族运动为近代国家的建立开辟了道路,近代资产阶级民族运动在适应资本主义生产力的迅速发展,要求形成统一民族,形成统一的国内市场,为完成近代资本主义国家的统一和独立中作出了积极的贡献,如法国、意大利资产阶级民族国家的形成等等。而近代民族国家的建立又促进了近代民族的形成。例如,自1776年美利坚合众国建立后,终于形成一个新的美利坚民族。再次,国家的合并与发展,为民族的组合和分化创造了外部条件。本来统一的民族,由于国家的重新划分,常常被分解为不同的国家,从而形成了不同的民族。而原来属于不同民族的人们,又往往由于国家的变动而被一个新的共同的利害关系联系在一起,结合为一个新的民族。最后,多民族国家内部的民族关系对国家的统一、政局的稳定和社会的发展起着举足轻重的作用。世界进入20世纪90年代,无论在东欧、中东地区,还是在非洲或者美洲,民族冲突已经成为令世人瞩目的社会政治现象。民族冲突给有关国家和地区造成的损失和灾难至为巨大。据美国学者库马尔·路佩辛格的统计,在冷战结束后的最初两年里,死者达千人以上的民族冲突曾在世界的 32 个地区发生过,其中波黑、纳卡、阿布哈兹、库尔德斯坦、安哥拉、索马里、巴勒斯坦、阿富汗等地的暴力冲突,各自都造成了数十万乃至数百万的难民……另据报告,1992 年全世界总共发生 29 起大规模的战争,其中属于国内民族冲突的有 25 起,在战争中死伤的人数多达 600 万,是自 1975 年以来全世界战争死伤人数最多的一年。至于财产损失,更是无法准确计算①。民族冲突的激化,给已经建立的民族国家带来了极大的冲击,民族冲突可能导致国家的分裂。当然,造成民族冲突的因素是非常复杂的。

第三,宗教是国家的一种调适机制。宗教先于国家而产生,原始宗教的最初产生,反映了在生产力水平十分低下的情况下,原始人对自然界现象的神秘感。而国家则是阶级矛盾不可调和的产物。因此,宗教与国家并不存在必然的内在联系。但人类进入阶级社会,特别是出现国家以后,宗教的性质也随之发生变化,宗教被社会统治阶级利用、改造和发展,从而成为统治阶级的政治工具。

宗教与国家的关系可以从两个方面来看:一方面表现为宗教与国家政治制度互相渗透。在剥削阶级社会里,宗教是同国家的提倡和支持联系在一起的。马克思曾经指出:"在拜占庭帝国,国家和教会是非常紧密地交织在一起的,以致不叙述教会的历史,就不能叙述国家的历史。"②欧洲中世纪盛行的是政权与教权合二为一的政治制度,其主要表现为国教制度,即以国家作为政治主体,规定某种宗教作为国教,而把非国教的宗教视为"邪教"。这样既有利于统治阶级利用国教来统制民众思想意识,又可为既定的社会制度服务。资产阶级革命以后,资本主义各国相继确立了"政教分离"的原则。所谓"政教分离"只能是形式上的分离,而事实上,在剥削阶级国家里,宗教和政治,宗教和政权从来就没有分离过。因为国家需要宗教这根精神支柱来统治人民,而教会则更需要受到国家的承认和保护。这种双向的潜在的联系使国家和教会的关系更加密切。即使在当今,还有许多国家有国教,如以天主教作为国教的有玻利维亚、哥斯达黎加、巴拉圭、西班牙、多米尼加等国③。当然它们同中世纪国家所实行的"政教合一"还是有区别的,

① 宁骚:《民族与国家——民族关系与民族政策的国际比较》,北京大学出版社 1995 年版,第 199 页。
② 《马克思恩格斯全集》第 10 卷,第 141—142 页。
③ 罗竹风:《人·社会·宗教》,上海社会科学院出版社 1995 年版,第 261—262 页。

至少它们还允许异教在本国的存在。另一方面表现为宗教对国家政治生活的影响作用。宗教作为一种意识形态,有它意识方面的社会功能。就当代社会而言,政治、法律都早已从宗教中分离出来,但是宗教在其长期的发展过程中形成了一套完整的宗教伦理道德体系,并已成为宗教教义的一个重要组成部分。宗教为教徒们提供了道德规范,以一整套清规戒律来规范宗教徒的宗教行为和社会行为。这些宗教伦理道德的内容不仅同一般的社会道德互相渗透,互相制约,而且还随着社会的发展而发展。由于宗教教义本身就是一定文化背景的产物,因而它必定是一定政治、经济利益在现实社会的间接反映。因此历代国家政权通常对宗教都采取了利用的态度,并将其作为维护统治、宣扬统治阶级思想的思想工具。宗教不仅显示了其内在的调适功能,而且对维护社会秩序起了重要的作用。由于宗教与国家政治生活之间存在着一种潜在的相互制约、相互作用的依存关系,因而两者在协调发展过程中基本上是以协调为主。政府要利用教会和宗教思想来控制民众,稳定社会秩序,以维护统治阶级利益;教会为了得到国家更好的支持和保护,就不得不服从国家对它的要求,并不断地自我调整,不断地修正和改革宗教教义和宗教制度,以适应国家利益的需要。例如,当代的一些伊斯兰国家尽管在教派和政权形式上有不同的特征,但有一点却是相同的,这就是在伊斯兰教旗帜下,伊斯兰信仰与国家利益必须保持一致。

宗教作为一种社会的调适机制对于每一个国家来说都是不可或缺的。但就宗教本身而言,作为一种意识形态,可以对社会起破坏作用,也可以起促进作用。问题是调适到什么"度",国家允许它调适到什么"度",这不仅要视宗教自身功能发挥得如何,还要视各国的具体情况而定。

二、资本主义国家的民族与宗教

(一) 民族问题与阶级问题

民族问题指由民族差别、民族矛盾而引起的一系列问题。这些问题是在民族之间的相互交往中产生的,主要表现在经济、政治、文化、生活方式和风俗习惯等各方面,并贯穿于民族存在和发展的全过程。阶级问题主要是指各阶级之间因经济利益冲突而产生的政治要求对立及由此产生的种种问题。民族问题绝不是一个孤立的社会问题,它总是同一定社会的经济结构和阶级状况相联系,这就使民族问题同阶级问题发生了一定的联系。这种联系在于:

第一,在阶级社会里,民族通常划分为不同的阶级。马克思说:"法兰西民族分裂为两个民族即有产民族和工人民族。"①这说明民族由不同阶级的人们所组成,每个民族成员都分别属于一定的阶级。他们既是民族的成员,又是阶级的一员。由此可见,在阶级社会中,民族绝不是利益完全一致的整体。在社会政治生活中,划分敌友的基本标准是阶级关系而不是民族关系。民族问题的存在和发展常常受着阶级问题的影响和制约。在剥削阶级社会里,民族问题的性质是由阶级问题的性质所决定的。

第二,阶级压迫是造成民族压迫的根源。在马克思主义产生以前,人们对民族压迫现象不可能作出正确的说明,因为他们脱离了经济关系和由此产生的阶级关系来看待这个问题。只有当马克思主义用阶级斗争的观点来分析民族压迫时,才作出了科学的回答。马克思和恩格斯指出:"现存的所有制关系是造成一些民族剥削另一些民族的原因。"②这就深刻地阐明了民族压迫是由阶级压迫造成的。阶级剥削制度是阶级社会产生民族对抗的主要原因,是民族压迫和不平等的主要社会根源。剥削阶级的本性决定了他们除了剥削本民族劳动人民以外,还要把这种剥削扩大到其他民族。尤其到了帝国主义时代,垄断资产阶级把侵略的魔爪伸向了全世界各个弱小民族,这就必然要建立民族压迫制度和殖民制度。从这个意义上说,民族压迫实质上就是阶级压迫。

第三,消灭民族压迫是以消灭阶级压迫为前提的。既然阶级压迫是民族压迫的基础,那么,要消灭民族间的压迫和剥削,实现民族平等,首先要消灭阶级剥削制度。因为"人对人的剥削一消灭,民族对民族的剥削就会随之消灭。民族内部的阶级对立一消失,民族之间的敌对关系就会随之消失"③。正是从这个意义出发,马克思认为:"无产阶级对资产阶级的胜利同时就是一切被压迫民族获得解放的信号。"④

---

① 《马克思恩格斯选集》第1卷,第299页。
② 同上书,第287页。
③ 同上书,第270页。
④ 同上书,第287—288页。

民族问题是和阶级问题相联系的,但民族问题并不等于阶级问题,它们之间的区别在于:

第一,民族和阶级是两个不同的概念,是人类社会两个不同的共同体。民族的出现是由于人们在历史上长期交往形成了有共同语言、共同地域、共同经济生活和共同心理素质的结果。而阶级是指人们在历史上一定社会生产体系中所处的地位不同,对生产资料占有关系不同,在社会劳动组织中的作用不同和取得报酬方式不同而形成的不同的社会集团。民族与阶级的内涵和外延都不相同,阶级比民族存在的时间要短得多。民族形成于阶级产生之前,消亡在阶级消灭之后,因而两者各有其产生、发展和消亡的过程。一般说来,阶级矛盾属于各民族内部的问题,是建立在经济利益对立基础上的各阶级之间各种形式的矛盾和斗争。而民族矛盾则主要是指民族关系中出现的矛盾和问题。它表现在政治、经济、文化、语言、生活方式和风俗习惯等各个方面。民族之间的矛盾,原来并不具有阶级性质,只有在一定的历史条件下,即在剥削阶级社会里,民族问题的实质才是阶级问题。

第二,阶级的区分比民族的区分更为深刻。民族问题一般表现于民族和民族之间,而不是表现在同一民族内部,在同一民族中无论矛盾如何尖锐,也不属于民族问题。而阶级问题则不仅表现在民族与民族之间,而且更主要地表现在某个民族的内部。当民族内部面临着重大问题时,人们总是按阶级的利害关系来决定其立场的。可见,民族问题与阶级问题相比较而言,阶级问题处于主导地位,民族问题具有从属意义。但在一定时期内,民族矛盾又高于阶级矛盾,阶级矛盾必须从属于民族矛盾,当民族矛盾激化到处于社会的主导地位时,阶级矛盾则居于次要地位。

第三,民族压迫比阶级压迫的内容更广泛、更复杂。阶级压迫主要表现为统治阶级对被统治阶级的经济剥削和政治压迫。而民族压迫不仅使被压迫民族受到经济上、政治上的剥削和压迫,而且还要受到压迫民族在语言文字、生活方式、风俗习惯等方面的侮辱和歧视。事实表明,可以引起民族问题的因素很多,民族差别、民族特点的不同都可能成为造成民族问题的因素。民族之间由于语言文字、生活条件、风俗习惯、宗教信仰的不同而引起的摩擦或矛盾皆属于民族问题。这类民族问题主要不是由阶级问题引起,而是由民族差别造成的,因此,在推翻了剥削制度以后,这类民族问题仍将继续存在。

（二）宗教与政治

在原始社会，自然宗教仅仅同当时无阶级存在的原始社会的生产方式和人与人之间的平等关系相适应，而不和阶级关系相联系，因而不具有政治意义。只是到了阶级社会，宗教才同政治相联系。

现代宗教除了有某些自然宗教的历史渊源以外，主要产生于阶级剥削和阶级压迫，它最初是作为被压迫群众的运动而出现的，是现实社会阶级斗争或民族斗争的产物。在阶级社会中，宗教同政治有着密切的联系，因为宗教作为一种意识形态和政治同属于社会的上层建筑部分，它们都受到经济基础的制约（当然由于宗教自身的特征，它同经济基础的联系显得混乱和模糊）。宗教与政治的关系一般表现为政治制约着宗教，宗教也影响着政治。两者互相制约，互相影响，互相渗透。下面从三个方面来说明。

第一，宗教充当政治统治的重要工具。

在阶级社会里，剥削阶级要维护和巩固他们的统治地位，除了依靠国家机器这一暴力手段以外，还必须借助于宗教这一精神武器。宗教宣扬被压迫劳动群众之所以受苦，是前世造孽的结果，因此要甘心忍受人间的痛苦，以洗涤前世的罪恶。宗教鼓吹"来世天堂"的幸福，规劝人们把希望寄托在天国，因而不要把矛头指向现实苦难的根源——剥削制度。宗教对劳动人民起了精神鸦片的作用。统治阶级利用宗教，鼓吹"君权神授"，把自己打扮成上帝派到世俗社会的统治者，把压迫者对待被压迫者的各种卑鄙龌龊的行为说成是对罪恶和其他罪恶的公开惩罚，以此把人们禁锢在他们的秩序内。因而统治阶级对宗教往往由最初的敌视转变为扶植和支持，并进行控制和利用。基督教由最初的奴隶和释放的奴隶、穷人和无权者、被罗马征服或驱散的人们的宗教，变成罗马帝国统治工具的事实，便是很好的说明。国家政权对宗教的控制和利用，有助于统治阶级维护和巩固其统治秩序。

在政治统治利用宗教的过程中，在一定历史条件下，宗教成了影响国家政治制度以及整个社会政治特征的重要因素之一。长期以来，宗教与政治结合在一起，甚至合二为一。一些国家把特定的宗教定为国教，教义教规具有国家法律的效力，君主既是国家元首，又是教会的首脑，这就是政教合一的国家。欧洲在宗教改革运动以后，有些国家的君主改奉新教，改组教会，自任教主，这也是政教合一的一种形式。欧洲资产阶级革命后，一般实行政教分离政策。多数国家在宪法上也规定了政教分离的原则,宗教从国家政权中分离出来,各宗教教派自由竞争。在形式上,政教分离了,表面上没有官方教会,在实际上,宗教在社会统治体系中仍然起着重大的作用。

第二,宗教斗争反映和影响着政治斗争。

宗教现象与政治现象的互相关联和影响,使得贯穿于阶级社会的阶级斗争往往与宗教相联系,并在--定的条件下以宗教斗争作为它的表现形式。

欧洲资产阶级革命时期,新兴资产阶级为了反对封建专制制度,建立新型的资本主义生产关系,曾经把反对封建神权统治的斗争当作资产阶级政治革命的一个重要内容。此外,资产阶级在进行政治革命时,也把宗教作为意识形态的外衣。加尔文的宗教改革思想,代表了资产阶级的经济利益和政治要求。他提出建立"民主教会"的主张,企图使教会共和化、民主化。恩格斯曾经把加尔文和路德的宗教改革看作是欧洲"第一号资产阶级革命"。因为它们对帮助欧洲资产阶级从封建主手里夺取政权和发展资本主义起了一定的促进作用,并对以后资产阶级利用宗教进行政治统治,产生了深远的影响。

在中国历史上,某些农民起义也曾利用宗教作掩护,例如,黄巾起义利用太平道,方腊起义利用明教,太平天国起义利用拜上帝会等。宗教口号和宗教情绪对这些起义起过某种鼓舞作用。当然,我们也必须认识到,农民的反封建斗争,虽然常常借助于宗教,然而任何宗教本身都不能成为劳动人民摆脱压迫和剥削的思想武器。相反,随着斗争的深入,宗教外衣的消极作用越来越明显,表现了农民革命的历史和阶级的局限性。

在历史上,剥削阶级还利用宗教作为发动侵略战争的工具,以神灵的名义煽动宗教教徒去侵略别国。例如,从 1096 年至 1291 年,在长达近 200 年中,在教皇的发动下,欧洲基督教会和封建主打着要从伊斯兰教手中"夺回圣地"的旗号,向东方发动了八次侵略战争。参加者衣服上缝有"十"字作为徽号,故称十字军东征。这些战争使中东和欧洲的社会生产力遭到严重破坏,使人民生活处在深重灾难中。近代以来,西方国家利用传教士、教会势力对中国及亚非国家进行殖民主义渗透和侵略扩张的现象是屡见不鲜的。

第三,宗教思想文化对政治思想文化的影响和渗透。

宗教作为一种意识形态,不可避免地要反映社会的经济利益和政治利益,在其神学形式的下面或多或少地隐藏着一种政治思想。例如,早先的基督教比较明显地反映出"反对罗马帝国统治,建立人人平等、财产公有的理

307

想国家"的政治思想。现代宗教从其产生的一天起就包含着一定的社会内容和政治内容。因为宗教具有神秘性、空想性和虚幻性的特点,所以在一定的历史条件下往往容易被群众所接受,同时也容易被剥削阶级所利用。中世纪的欧洲,宗教(基督教)曾经成为支配社会意识一切领域的意识形态,政治思想罩上了宗教的外壳。正如恩格斯所说:"中世纪把意识形态的其他一切形式——哲学、政治、法学,都合并到神学中,使它们成为神学中的科目。"[①]在中国,虽然宗教始终没有占统治地位,但自从佛教在东汉初年逐渐由印度传入中国后,与中国占统治地位的儒家思想有一个互相影响的复杂过程。唐代以后,统治阶级宣扬"佛儒一致"、"三教归一",出现了历史上的儒、释(即佛教)、道等三教互相融合的趋势。这说明了宗教思想与政治思想的互相影响和渗透。

文化概念比思想概念更为宽泛和久远,从宗教文化的角度透视其与政治文化的关系,其影响可能更为深广。西方政治文化上的许多特征都可以从西方宗教文化上得到不同程度的说明。同样,中国政治文化上的一些特点也与儒、佛、道三教相结合的情况有一定的联系。

三、社会主义国家的民族与宗教

(一)社会主义国家民族问题的内容

在社会主义国家里,仍然存在着民族问题。而且,民族问题还将长期存在下去。这是由下列因素决定的:

第一,民族具有很大的稳定性,民族差别和民族特征的消失需要相当长的历史时期。民族的长期存在决定了民族问题的长期存在,因为只要民族存在,就必然存在着语言文字、生活方式、风俗习惯、心理状态和宗教信仰等方面的差别和由此而引起的民族矛盾。这种矛盾的存在和发展,决定了民族问题的存在和发展。

第二,历史上遗留下来的各民族间事实上的不平等还继续存在着。社

---

① 《马克思恩格斯选集》第 4 卷,第 251 页。

会主义国家的民族政策使各民族获得平等的政治、法律等各方面的权利。但是,由于历史上少数民族长期遭受压迫民族中的统治阶级的歧视和压迫,少数民族地区的经济、政治、文化一般都处于比较落后的状态。这就在客观上使各少数民族不可能充分地享受到和先进民族同样的平等权利。这种事实上的不平等仍然是产生社会主义国家民族问题的重要原因。这种状况不改变,民族问题就难以消失。

第三,历史上遗留下来的反动统治阶级造成的民族隔阂、民族猜疑、民族歧视不可能在短时期内全部消失。例如,大民族主义和地方民族主义思想及其影响,作为一种习惯势力,将在人民内部长期存在。同时,国际阶级斗争和国内一定范围内的阶级斗争在民族关系上的反映,也是造成民族问题长期存在的因素。

我国随着工人阶级领导的工农联盟为基础的人民民主专政的建立,就根本废除了民族压迫制度,实现了各民族一律平等。正如毛泽东指出的,从中华人民共和国成立的那一天起,中国各民族就开始团结成为友爱合作的大家庭。人民政权的建立,从根本上改变了各族劳动人民无权的地位,各民族间的关系,基本上成为劳动人民间的关系。他们之间尽管存在这样那样的矛盾,但根本利益是一致的。在这个基础上,形成了团结友爱、平等互助的新型的社会主义民族关系。因此在社会主义时期民族问题有了新的内容。

社会主义时期是民族发展繁荣的历史时期。我国五十多个兄弟民族,都有很长的历史,但过去外受民族压迫,内受落后社会制度的束缚,仍然处于不发达状态。解放后,在社会主义制度下,各民族作为平等的成员,将在实现社会主义现代化的历程中,逐步改变不发达状态,跻身于先进民族的行列。随着民族的发展繁荣,民族自信心将会增强,民族文化将大为提高,民族间的交往将更加密切,民族间的团结将更加亲密。这表明,在我国社会主义时期,民族问题不但将长期存在,而且内容将更加丰富。

在今后很长的历史时期,我国的民族问题的内容基本上表现在如下三个方面。

第一,实行**民族区域自治**,巩固各民族民主平等的团结统一。所有民族自治地方都是祖国统一的社会主义民族大家庭的一部分,都是人民民主专政的地方政权。在少数民族地区实行民族区域自治,就是在中央统一领导下,充分行使自治权利。而要充分行使自治权利,就要实行民族化。在我们这个多民族的国家,没有民族区域自治,没有充分的民族自治权利,就没有民族平等,就没有各民族的大团结和祖国的统一。

第二,**逐步消除各民族间政治、经济、文化方面事实上的不平等**。马克思列宁主义历来把消除这种历史上遗留下来的事实上的不平等,作为社会主义时期民族问题的一个根本任务。1953 年中共中央讨论通过的过渡时期党在民族问题方面的任务中,也明确提出:"逐步地发展各民族的政治、经济、文化(其中包含稳步的和必要的社会改革在内),消灭历史上遗留下来的各民族间事实上的不平等,使落后的民族得以跻于先进民族的行列,过渡到社会主义社会。"

在当前新的历史时期,消除各民族间事实上的不平等,是社会主义现代化建设的一部分。社会主义新时期民族工作的中心任务,就是要团结各族人民为实现四个现代化而奋斗,并在这个过程中,大力扶持各少数民族发展经济文化建设,在生产发展的基础上,不断提高物质、文化生活水平,经过长时间的努力,逐步消除各民族间政治、经济、文化事实上的不平等。

第三,**承认民族差别,照顾民族特点,正确对待和处理民族矛盾**。列宁十分强调"考察、研究、探索、揣测和把握民族的特点和特征",并且要求在运用共产主义的基本原则时,"把这些原则在细节上正确地加以改变,使之正确地适应和运用于民族的和民族国家的差别"。我国建国以后的历史经验证明,在少数民族地区,是一切从实际出发,按照民族特点和地区特点办事,还是生搬硬套汉族地区的具体方针、任务、办法,这是两种不同的思想路线和工作方针的表现,也是决定我们工作成败的关键。至今在民族地区存在的许多问题,究其原因,大多同这个思想路线和工作方针问题有关。我们要坚持中央的正确路线,解放思想,放宽政策,防止"左"的思想影响,克服一个样、一刀切的做法,真正做到因地制宜,切合民族地区的具体情况。

社会主义时期民族问题的根源是民族差别和民族间事实上的不平等。应当承认,有民族差别就有民族矛盾。在社会主义制度下,民族关系基本上成为各族劳动人民间的关系,民族矛盾基本上属于各族劳动人民内部的矛盾。各民族劳动人民之间根本利益是一致的,同时仍然存在着一定的矛盾。例如:民族之间因为语言文字不同、生活条件不同、风俗习惯不同、心理状态不同、宗教信仰不同而产生的矛盾;民族之间因为经济发展程度不同而产生的矛盾,以及反映在国家利益、集体利益和个人利益三者关系上的民族矛盾,反映在农牧关系、农林关系、农商关系上的民族矛盾;民族自治地方同上级人民政府以及其他地区之间的矛盾,等等。所有这些都是民族矛盾,都是由民族差别、民族特点、民族间事实上不平等产生的矛盾。只要民族差别和民族特点还存在,民族间事实上不平等还存在,这类矛盾也将继续存在。只有承认这些矛盾的客观存在,并且正确认识矛盾的性质,才能在党的路线、方针、政策指引下,采取切实可行的措施,经过长期的努力,克服和解决这些矛盾,达到汉族和各少数民族的共同繁荣,共同进步。

党的民族工作的总方针是,坚定不移地关心、帮助各少数民族的政治、经济和文化的全面发展,沿着社会主义道路不断前进,逐步实现各民族事实上的平等。中华人民共和国的创建,社会主义制度的确立,铲除了各民族互相猜疑、互相歧视的根源,开辟了各民族共同发展、共同繁荣的道路。但是,要彻底消除历史上遗留下来的各民族之间的隔阂和差别,还需要作长期的艰苦的努力。

(二)处理民族关系的根本原则

民族平等和民族团结是马克思主义处理民族问题的根本原则。这一原则是从民族问题发展的客观规律出发的。列宁曾经提出了在资本主义的发展过程中民族问题的两个历史趋向。第一个趋向是民族生活和民族运动的觉醒,反对一切民族压迫的斗争,民族国家的建立。第二个趋向是民族之间各种联系的发展和日益频繁,民族壁垒的破坏,资本、一般经济生活、政治、科学等等的国际统一的形成。这两个趋势都是资本主义的世界规律。第一个趋向在资本主义发展初期占优势,第二个趋向标志着资本主义已经成熟,正在向社会主义社会转变[1]。如果说第一个趋势是要求实现民族自主和独立,那么第二个趋势则是走向民族间的融合。这两个客观历史趋向要求无产阶级政党在处理民族问题时,一方面要坚持民族平等,反对一切民族压迫;另一方面要坚持无产阶级的国际联合,坚持民族团结,战胜资本主义。这一原则也是从无产阶级的阶级地位和阶级利益出发的。马克思主义认为,压迫其他民族的民族是不能获得解放的。在一个民族对另一个民族进行歧视或者还保持着民族特权的情况下,是谈不上民族平等的。这就要求各族人民特别是统治民族的无产阶级要坚决反对统治阶级的民族压迫政

---

[1] 《列宁全集》第20卷,第10页。

策,积极支持被压迫民族的独立运动。只有坚持了民族平等,才能实现全世界无产阶级不分民族的团结。推翻资本主义,实现无产阶级的彻底解放是世界无产阶级的共同事业。因此,无产阶级只有解放全人类,才能最后解放自己。

"民族平等"作为资产阶级民主主义的口号,是在资产阶级革命时期,为反对封建主义和异族压迫而提出来的。这一口号在冲破封建堡垒,反对异族压迫,建立资产阶级民族国家过程中曾经起过进步的历史作用。但是,资产阶级一旦完成了民族独立的任务,便把"民族平等"的口号抛到九霄云外。夺取了政权的资产阶级又开始压迫本民族人民和其他民族。进入帝国主义时代,为了适应对外侵略扩张的需要,资产阶级又鼓吹起民族有"优""劣"之分,进而把民族问题扩大为世界民族殖民地问题。从形式上看,这个时期世界各民族的联系空前紧密,达到了空前的"联合"。实质上,这种形式上的"联合"只加剧了民族间的对立和分离倾向,因为它不是建立在民族平等的基础上,而是建立在武力兼并和征服的基础上。

因此,只有马克思主义才能赋予民族平等以真正的彻底的革命内容:

第一,世界上各个民族有大小、强弱、先进与落后之分,但并无优劣和贵贱之别。所有民族都是平等的。古往今来每个民族都有自己的长处,可能在某些方面优越于其他民族。每个民族都对世界文化共同宝库作出过贡献。

第二,坚持民族平等,就必须反对任何民族特权。尤其要无条件地保护弱小民族的权利。大民族要以对待自己的不平等来抵偿历史上实际形成的不平等,这样才能消除民族间最微小的不信任、疏远、猜疑和仇视。

第三,民族平等的原则要求逐步消灭事实上存在的不平等。由于"各民族之间的相互关系取决于每一个民族的生产力、分工和内部交往的发展程度"[①],所以社会主义国家要处理好民族关系,首先要帮助后进民族变革旧的生产关系,发展经济和文化,否则民族平等将会成为空话。

第四,要求平等的真正意义只能是要求消灭阶级。任何超出这个范围的平等要求,都必然流于荒谬。因为只要有剥削阶级存在,就会产生阶级斗争;只要有阶级剥削和阶级压迫存在,就必然会有民族剥削和民族压迫。因此,只有消灭了阶级的剥削和压迫,实现了人与人之间的平等,才有可能实

---

① 《马克思恩格斯选集》第1卷,第25页。

现民族之间的平等。

马克思主义在强调"民族平等"的同时非常注重民族间的团结。民族平等是民族团结的基础和前提。但在资本已经国际化的条件下,各国无产阶级只有联合斗争才能战胜强大的敌人。民族团结又是争取民族平等的条件和保证。

在社会主义时期,尤其是在多民族的社会主义国家里,要坚持各民族的平等团结,因为它是达到社会主义国家统一,各民族共同繁荣发展的重要保证。马克思主义关于民族团结的含义是指各民族和睦相处,友好交往,互相合作,联合奋斗。只有达到各民族的真诚团结,才能消除民族间的一切不信任、疏远和仇视;才能共同进行社会主义建设,以求各民族的共同繁荣昌盛;才能有效地防止和抵御外来的侵略,以维护社会主义国家利益和统一。

为了保障民族平等民族团结这一根本原则的实现,经典作家曾经提出过两项有效的民族政策。这就是民族自决权和区域自治政策。早在资本主义上升时期,民族自决权的口号便伴随着资产阶级民主革命应运而生,它的主要内容是反封建、反异族压迫,要求建立资产阶级独立国家。正是这一口号曾经对被压迫民族中的资产阶级所发起的民族运动起过重要的推动作用。为此,马克思充分肯定了这一原则,并把它同无产阶级斗争的利益联系起来。

到帝国主义阶段,由于帝国主义的民族侵略和大规模的兼并政策使世界分为压迫民族和被压迫民族。这种区分不仅使民族自决权由少数几个国家的问题变成了世界范围的问题,使民族自决权由资产阶级的民主主义口号变为反对资本帝国主义的斗争口号,而且要求压迫民族中的无产阶级坚决支持一切被压迫民族的解放运动,直到完全承认他们的民族自决权。在新的历史条件下,列宁详细阐述了民族自决权的含义:

第一,民族自决权从政治意义上来讲,只是一种独立权,即在政治上同压迫民族自由分离的权利。这种权利是针对帝国主义的侵略和民族压迫政策而提出的,要求无产阶级支持受"它"的民族压迫的殖民地和民族有政治分离的自由,而不是只用笼统的、千篇一律的空谈去反对兼并或者赞成一般的民族平等,也不能对以民族压迫为基础的国家疆界问题默不作声。

第二,民族自决权并不等于鼓励任何分离、分散、成立小国家的要求。因为就社会的发展和无产阶级愿望来说,并不愿意各民族分离,因为无论从经济发展或群众利益来看,大国家的好处是不容置疑的。社会主义的目的不只是要消灭人类分为许多国家的现象和各民族间的任何隔离状态,不只是要使各民族接近,而且要使各民族融合。因此,把民族自决权理解为鼓励分离、分散或成立小国家是不科学的。

第三,不能把民族自决问题和某个民族实行分离是否适当的问题混为一谈。无产阶级坚持民族自决权,但并不提倡任何一个民族,在任何条件下都可以实行民族自决,而要从无产阶级革命和社会主义的根本利益出发考虑是否需要分离和什么时候分离。

十月革命胜利后,列宁领导的布尔什维克党根据沙皇俄国在历史上造成的民族矛盾极其尖锐复杂的实际情况,仍然坚持实行民族自决权。为了摧毁旧的殖民关系,真正确立起平等的民族关系,布尔什维克党认为应该以行动而不是以言论来消除历史上遗留下来的民族不信任和民族仇恨。尽管民族自决权在苏联实践的时间并不长,但它却为以后各民族无产阶级和劳动人民的自愿联合创造了条件。可见,民族自决权是一项各民族在平等自愿的基础上达到更紧密地联合的民族政策。

区域自治是列宁提出的又一项社会主义国家处理民族问题的重要政策。列宁多次强调区域自治是建立在民主集中制的基础之上的。马克思主义始终坚持民主集中制的原则,坚持统一而不可分的共和国。同时,又肯定了在集中制基础上的自治制的适宜性和必要性。对此,列宁认为坚持"民主集中制,不仅不排斥地方自治和具有特殊的经济和生活条件、特殊的民族成分等等的区域自治",相反,"一个民族成分复杂的大国只有通过省的自治才能够实现真正的民主集中制"①。这种区域自治要求根据当地居民自己对于经济条件、生活条件、民族成分等等的估计,确定自治区的界线。列宁关于区域自治的思想虽然在俄国并没有实现,但它却为多民族的社会主义国家解决民族问题提供了理论依据。

(三)中国的民族区域自治

民族区域自治是中国共产党运用马克思列宁主义解决中国民族问题的基本政策,也是国家的一项重要政治制度。所谓民族区域自治制度,是指在国家统一领导下,各少数民族聚居的地方实行区域自治,设立自治机关,行

① 《列宁全集》第20卷,第218页。

使自治权的一种制度。这实际上是一种民族自治和区域自治的结合。实行这种制度,能够充分尊重和保障各少数民族管理本民族事务的权利,它体现了中国坚持实行各民族平等、团结和共同繁荣的原则。

中国有 56 个民族。据统计,全国目前人口约为 13 亿,其中汉族人口约占 92%,其他 55 个民族的人口约占 8%。少数民族中,人口超过 1 000 万人的有壮族;人口在 100 万人以上的有回族、维吾尔族、彝族、苗族、满族、藏族、蒙古族、土家族、布依族、朝鲜族、侗族、瑶族、白族、哈尼族、哈萨克族、黎族、傣族等 17 个民族;人口在 10 万人以上,100 万人以下的有傈僳族、佤族、畲族、拉祜族、水族、东乡族、纳西族、柯尔克孜族、土族、羌族、仡佬族、锡伯族、达斡尔族、景颇族等 14 个民族;人口在 1 万人以上,10 万人以下的有布朗族、撒拉族、毛南族、阿昌族、普米族、塔吉克族、怒族、乌孜别克族、鄂温克族、崩龙族、裕固族、京族、基诺族、俄罗斯族、保安族等 15 个民族;人口在 1 万人以下的有高山族、塔塔尔族、独龙族、鄂伦春族、赫哲族、门巴族、珞巴族等 7 个民族。此外,在云南、西藏还有岔满和僜人等尚待识别民族成分。由于汉族在全国人口中占绝大多数,而其他民族所占的比例很小,因此,在中国,习惯上把汉族以外的各民族统称为“少数民族”。

中国之所以实行单一制下的民族区域自治制度,这是根据马克思列宁主义关于民族问题和无产阶级专政国家结构形式的理论,并结合中国的实际情况决定的。马列主义认为,在一般条件下,无产阶级应当坚持建立集中统一的国家,原则上反对联邦制和分离制,只是在特定条件下,才把联邦制作为一种例外,作为向完全统一的国家过渡的一种形式。从中国实际情况看,无论是历史状况还是现实状况,都要求实行单一制。

第一,中国自古以来就是一个统一的多民族国家。早在商朝和周朝时代,就有许多不同的民族共同生活在祖国辽阔的大地上,并存在着政治、经济、文化上的密切联系。从秦朝开始,中国各民族在政治上初步达到了统一。到汉唐两代,建立起一个疆土空前广大并更加集中统一的多民族国家。在汉代,除西藏外,中国现在的疆土即已初步奠定。到唐代,发展了同西藏地区密切的政治关系。后经过元明到清代,中国现有疆土的规模和多民族关系就最终形成了。

自秦汉以来,中国形成了中央集权制的封建制度。尽管长期存在着压迫制度,各民族之间存在着隔阂、纷争,甚至暂时的割据和分裂现象,但从整个历史看,各民族友好相处和统一的时间长于割据的时间。尤其到了近代,中国各族人民都遭受帝国主义的侵略和掠夺,有着共同的遭遇和命运。在长期的反帝反封建斗争中,特别是在中共领导下为抗击外来侵略的艰苦斗争中,各民族之间结下了深厚的兄弟情谊。因此,中国各民族,无论是居住在边境的,还是居住在内地的,都要求建立统一的国家。

第二,中国各民族的发展在地区上是互相交错的,早已形成了以汉族为主体的各民族大杂居、小聚居的局面。因而,经济生活往来密切,适宜实行统一国家内的民族区域自治。特别是经济的发展要求各民族接近和统一。例如汉族地区的造纸、酿酒、制陶、纺织等生产技术传入少数民族地区,促进了少数民族地区经济、文化的发展。少数民族地区的农作物,如高粱、玉米、花生、芝麻、葱、蒜、西红柿、胡萝卜、西瓜、葡萄、核桃、胡椒等先后传入中原地区,促进了中原地区农业经济的发展。北部、西北部少数民族地区以畜牧业为主,除了为国家提供大批优良马匹、耕畜、役畜外,还向内地运送大量的肉食、毛皮等畜产品。而且,各民族科学、文化的交流也很广泛,并融为一体。历史上曾出现许多少数民族出身的政治家、军事家、科学家和文学家。中国光辉灿烂的历史文化是各族人民共同创造的。

第三,进行现代化建设需要一个统一的多民族的国家,实行互相帮助,共同繁荣。中国汉族人口虽多,而居住面积只占全国的45%—50%,少数民族人口虽少,但分布十分广阔,居住面积占全国总面积的50%强。由于历史等各种原因,汉族和少数民族在经济、文化发展水平和所在地区拥有的资源等方面存在着差异。汉族人口众多,文化技术先进,而少数民族地区地大物博,资源丰富。因此,各民族只有互相支持,互相帮助,才能共同繁荣,携手前进。

中国实行单一制,同时又实行民族区域自治制。中国的民族区域自治地区既是国家的一级行政单位,又是少数民族的自治地方。中国的民族区域自治机关既享有一级行政单位所享有的权力,又享有法律规定的若干自治权。这使中国的单一制结构形式带有自己的特色。

中国的民族区域自治制度经历了一个形成和发展的历史过程。早在1931年,《中华苏维埃共和国宪法大纲》中就指出,各民族可以在中华苏维埃共和国之中成立自治区域。这是中共最早作出的民族区域自治的主张。这一主张在后来的二万五千里长征中付诸了实践。那时,中共帮助不少少数民族实行了自治。例如,在宁夏成立了预海县回民自治政府,在原西康省甘孜地区成立了中华苏维埃博巴自治政府。1938年,毛泽东在中共六届六中全会上指出,允许蒙、回、藏、苗、瑶、彝、畲各民族与汉族有平等权利,在共同抗日原则之下,有自己管理自己事务之权,同时与汉族联合建立统一的国家……各少数民族与汉族杂居的地方,当地政府须设置由当地少数民族的人员组成的委员会……管理和他们有关的事务,调节各民族间的关系。1941 年 5 月,中共中央政治局批准的《陕甘宁边区施政纲领》中规定:"依据民族平等原则,实行蒙、回民族与汉族在政治、经济、文化上的平等权利,建立蒙、回民族的自治区,尊重蒙、回民族的宗教信仰与风俗习惯。"1945 年,毛泽东又指出:改善国内少数民族的待遇,允许各少数民族有民族自治的权利。根据这个原则,中共于 1946 年在陕甘宁边区根据地地区,建立了蒙、回民族自治区。1947 年 5 月,建立了省一级的内蒙自治区。建国后,国家通过一系列立法把民族区域自治制度以法律形式固定了下来。1949 年 9 月制定的起临时性宪法作用的《共同纲领》,首先确定新中国在"各少数民族聚居的地区,应实行民族的区域自治,按照民族聚居的人口多少和区域大小,分别建立各种民族自治机关"。建国初,除建立民族自治区外,还在某些地区建立民族民主联合政府(少数民族人口占境内人口总数 10%)。1952 年,中央人民政府委员会批准颁布了由政务院通过的《中华人民共和国民族区域自治实施纲要》。《纲要》共有 7 章 14 条,根据《共同纲领》的精神,对民族区域自治制度作了较为具体的规定。1954 年通过的新中国第一部宪法第一次以根本大法的形式肯定了民族区域自治制度,同时将原来规定的各民族自治地方均称"自治区"改为:民族自治地方分自治区、自治州、自治县三级。县以下的区、乡级少数民族聚居区不再称为自治区,而改为民族乡。50 年代民族区域自治制度发展很快。但是,后来由于"左"的影响和十年内乱,民族区域自治的政策和制度一度受到影响和干扰。

中共十一届三中全会以后,民族区域自治制度得到全面恢复和发展。1982 年制定的宪法重申了民族区域自治制度,不仅恢复了 1954 年宪法规定的自治权利,而且根据开创社会主义建设新局面的要求,增加了重要的新规定,进一步扩大了民族自治机关的自治权利。

1984 年 5 月 31 日,第六届全国人大根据新宪法的规定,在总结 30 多年实践经验的基础上,制定了《中华人民共和国民族区域自治法》(下称《民族区域自治法》)。该法除序言部分外,共有 7 章 67 条,涉及政治、经济、文化各个方面,对民族自治地方的建立、自治机关的组成、自治机关的自治权、民族自治地方内的民族关系、上级机关的领导和帮助等民族区域自治中带根本性的问题作了较具体的规定。这是中国第一部比较完整的民族区域自治法,它把30多年的实践经验用法律形式固定下来,使之制度化、法律化、具体化,它标志着中国民族区域自治制度进入了一个新的发展阶段。10多年来,在实施这一法律的过程中,取得了显著的成就。

为了使民族区域自治制度得到进一步的发展,最重要的是进一步完善这一制度,制定各种实施细则。国务院及有关地方人民政府的职能部门要切实将《民族区域自治法》的有关条文落到实处,尽快依法给自治区域放权,促使民族自治区域的各项事业繁荣和发展。当前,少数民族地区迫切要求加快经济建设和科学文化事业的发展,因此,尽一切努力把解放和发展生产力作为首要任务,是现阶段完善民族区域自治制度的根本任务。

实践证明,民族区域自治制度既能保证少数民族在自己的聚居区内实现当家作主的权利,又能维护祖国的统一和增强各民族的团结。具体说来,这个制度具有三方面的优点:

第一,保障了少数民族自主地管理本民族事务的权利。民族区域自治是以一定地区为单位的,并把民族自治和区域自治结合起来,具有很大的灵活性。它能够适应中国各民族的具体情况,照顾到中国少数民族的特点,使一个民族不仅可以在本民族聚居的地区单独建立自治地方,还可以根据它的分布情况,在全国建立不同行政地位的多个自治地方。例如回族,除了在宁夏建立一个自治区外,还在新疆、青海、甘肃、河北、云南等地分别建立了2个自治州、7个自治县(其中3个自治县是与其他少数民族联合建立的)。蒙古族也是如此,除了在内蒙古建立一个自治区外,在青海、辽宁、吉林、新疆等地还分别建立了3个自治州(其中一个是与藏族、哈萨克族联合建立的)、7个自治县。这样就能从制度上切实保障少数民族充分地享有民族自治的权利。实行这种制度,从根本上改变了少数民族过去受压迫、受歧视的状况,满足了少数民族平等地参与国家政治生活的历史愿望,保证了少数民族有管理国家大事、管理本民族本地区的各项事业的民主权利。

第二,有利于国家统一和发展社会主义民族关系。民族区域自治制度的实施,对巩固祖国的统一和保卫祖国边疆的安全起了重要的作用。中国的民族区域自治是在国家统一领导下实行的,各民族自治地方都是中华人民共和国不可分离的组成部分。各民族自治地方的自治机关,既保证国家的法律、方针、政策在本地方贯彻实行,又享有宪法和法律赋予的各种自治权利。这一制度把国家的集中统一和民族的平等、自主结合起来,从而保证了国家的统一。同时,由于民族区域自治制度的实行,亦增强了少数民族爱民族、爱祖国的深厚感情,自觉地同全国人民和人民解放军一起,担负起保卫边疆、捍卫国家统一的光荣职责。事实证明,建国以来,在保卫祖国安全,粉碎国外敌对势力对中国的侵犯、颠覆和破坏活动等方面,各少数民族人民都立下了汗马功劳。

在祖国统一的民族大家庭中实行民族区域自治制度,也利于发展各民族间平等、团结、互助的民族关系,有利于保障少数民族的平等权利。这可以从各级人民代表大会代表的产生和组成体现出来。例如,《选举法》规定:"有少数民族聚居的地方,每一聚居的少数民族都应有代表参加当地的人民代表大会。聚居境内同一少数民族的总人口数占境内总人口数 30% 以上的,每一代表所代表的人口数应相当于当地人民代表大会每一代表所代表的人口数。聚居境内同一少数民族的总人口数不及境内总人口数 15% 的,每一代表所代表的人口数可以适当少于当地人民代表大会每一代表所代表的人口数,但不得少于二分之一;实行区域自治的民族人口特少的自治县,经省、自治区的人民代表大会常务委员会决定,可以少于二分之一。人口特少的其他民族,至少应有代表一人。"这些规定保障了各少数民族参加国家大事和地方事务管理的平等权利。八届全国人大代表共 2 970 多人,其中少数民族代表 439 人,占代表总数的 14.75%。

实行民族区域自治制度,使少数民族人民在自治区域内享有充分的自治权利,由于得到国家多方面的支持和帮助,使他们当家作主的地位得到保障,历史上遗留下来的民族隔阂和不信任的心理状态能逐步消除,各民族间平等、团结、互助的关系进一步发展。

第三,有利于加快发展民族经济和文化,促进各民族共同繁荣。少数民族地区的建设事业是中国社会主义现代化建设事业的重要组成部分。加快发展少数民族地区的经济和文化,就为各民族之间的相互支援,相互帮助,开展经济、技术等方面的协作,创造了一个良好的条件。同时,各民族地区都有自己的特点,实行民族区域自治,能把党和国家的方针、政策同本民族、本地区的实际情况结合起来,因地制宜地采取适合本民族、地区的特点的方式和步骤,发展经济文化事业,达到各民族共同繁荣的目的。由于实行民族区域自治制度,各民族在祖国的大家庭中平等相处,友好合作,可以充分发挥自己的长处和聪明才智,发挥自己建设国家的主动性和创造性,从而促进民族自治地方和全国的发展。

（四）中国的宗教政策

中国是一个有多种宗教的国家。宗教在中国，无论从历史和现状看，还是从民族关系、群众关系或国际关系等方面来看，都是一个十分重要的问题。因而，正确对待和处理宗教问题，认真贯彻党的宗教政策，是我国社会主义建设事业中的一个重要课题，是建设有中国特色的社会主义的一个重要内容。做好宗教工作，对于维护社会稳定，增进民族团结，促进祖国统一和四化建设都有着不容忽视的重要意义。

社会主义中国仍然存在着宗教，但社会主义社会的宗教和剥削阶级社会的宗教有很大的不同，它主要表现为以下几个特点：

第一，宗教存在的长期性。在社会主义社会中，随着社会主义经济制度的确立和巩固，剥削阶级和剥削制度的消灭，宗教赖以存在的阶级根源已经基本消失，宗教的性质已发生了重大的变化。各宗教组织经过民主改革，摆脱了帝国主义或封建势力的控制利用，各宗教和教派的教徒在爱国主义旗帜下团结一致，拥护社会主义制度，拥护共产党的领导，参加社会主义建设事业，他们已成为共产党领导下的爱国统一战线的一个组成部分。

但是，在社会主义时期，宗教这一现象还将长期存在，原因主要是：① 人们的社会意识的发展总是落后于不断变化的社会存在。宗教作为一种特殊的社会意识形态，一旦形成后，具有相对独立性，它不会随着赖以生存的旧的社会经济基础的消灭而立即完全消失。在长期发展过程中，宗教形成了系统的理论、一整套宗教仪式和宗教组织，以及强烈的宗教感情、宗教信仰，这些因素都不可能在短时期内彻底消除。② 社会主义制度的建立，解放了社会生产力，使人民的物质生活和精神文化生活水平有了很大提高。但是，社会生产力的极大提高，物质财富的极大丰富，高度的社会主义民主的建立以及教育、文化、科学、技术的高度发达，还需要长久的发展过程；人们还不能完全掌握自己的命运；人民的物质生活水平还存在着差别；由于法制尚不健全，人们的某些民主权利还会受到一定程度的侵犯。这些情况，使宗教还有它存在的客观基础。③ 某些严重的天灾人祸给人们所带来的种种困苦，不可能在短期内彻底摆脱，由于种种原因，人们还无法准确及时地预测和控制各种自然环境变化和社会生活中突发性事件所引起的困苦，对许多自然现象的奥秘，还没能找到正确的答案，因此，人们还会对这些异己力量产生虚幻的反映。

宗教的消亡,将是一个漫长的过程。只有到"当谋事在人,成事也在人的时候",在宗教中反映出来的最后的异己力量才会消失,宗教才会随着消失。社会主义社会还有宗教存在的根据,因此,对待宗教的一个重要问题是深入研究宗教这种现象在中国发生、存在的根据,研究宗教怎样同中国社会主义社会相协调。那种认为依靠行政命令或其他强制手段,可以一举消灭宗教的想法和做法是完全错误的。

第二,宗教的群众性和民族性。中国存在着多种宗教,佛教、道教、伊斯兰教都有悠久的历史,天主教和基督教则在近代获得了较大的发展。宗教在群众中的影响很大,就全世界来说,大约有 60％的人信仰各种不同的宗教,在我国,信仰各种宗教的人数虽然在全国总人口中所占的比例不大,但绝对数字并不小。佛教和道教在汉族中有一定的影响,有的教在一些少数民族中几乎是全民信仰,信仰伊斯兰教、天主教和基督教的人数,现在比解放前有很大增长。

宗教问题有一定的群众性,在许多地方还同民族问题交织在一起。伊斯兰教在有些少数民族中基本上是全民信仰的宗教,而佛教(包括喇嘛教)在藏、蒙、傣等少数民族中也几乎是全民信仰的宗教。这些民族有强烈的宗教感情和宗教心理。因此,正确对待宗教问题也是民族工作的一个重要内容。

第三,宗教问题的复杂性和国际性。解放以前,中国各种宗教都曾经被统治阶级控制和利用,起过重大的消极作用。解放后,经过社会经济制度的深刻改造和宗教制度的重大改革,中国的宗教状况已经起了重大的变化。基督教、天主教人士进行"三自"(自治、自养、自传)反帝爱国运动,摆脱了帝国主义势力的控制,成为中国教徒自主自办的宗教事业。伊斯兰教、佛教、道教经过民主改革,也摆脱了封建阶级的控制利用。但由于社会主义社会在一定范围内存在阶级斗争和国际环境的影响,一些敌对势力和敌对分子仍有可能利用宗教进行破坏活动或犯罪活动,国际宗教势力也会利用各种机会向我国渗透,企图操纵和影响我们的宗教,这就使中国的宗教问题产生复杂性。

宗教是一种世界性的社会现象。欧美等国家主要信奉基督教或者天主教,西亚、北非国家几乎都信仰伊斯兰教,而日本、东南亚各国则主要信仰佛教。因此,重视宗教问题,对于中国坚持对外开放,进一步加强国际交往和合作,具有不可忽视的意义。

尊重和保护宗教信仰自由,是党和国家对待宗教问题的一项长期的基本政策。宗教信仰自由是宪法赋予公民的一项权利。所谓宗教信仰自由,其含义是:公民在宗教信仰上可以自由做主,自由选择。就是说,每个公民既有信仰宗教的自由,也有不信仰宗教的自由;有信仰这种宗教的自由,也有信仰那种宗教的自由;在同一宗教里,既有信仰这个教派的自由,也有信仰那个教派的自由;有过去不信教而现在信教的自由,也有过去信教而现在不信教的自由。任何国家机关、社会团体和个人不得强制公民信仰宗教或不信仰宗教,不得歧视信仰宗教的公民和不信仰宗教的公民。特别应当强调,在多数群众不信教的地方,要注意尊重和保护少数信教群众的权利;在多数群众信教的地方要注意尊重保护少数不信教群众的权利;从而使信教群众和不信教群众之间以及信仰不同宗教和不同教派的群众之间彼此尊重,互相团结,和睦相处,共同致力于社会主义现代化建设事业。这是我们贯彻执行宗教信仰自由政策,处理一切宗教问题的根本出发点和落脚点。

有宗教信仰自由,也就有宣传无神论或宣传有神论的自由。但这两种自由都是有一定限度的。任何人都不应到教堂寺庙里去宣传无神论,或者在信教群众中发动有神还是无神的辩论;也不应到教堂寺庙外去宣传有神论,强迫人们信教或者不信教。

宗教信仰自由的实质,就是要**使宗教信仰问题成为公民个人自由选择的问题,成为公民个人的私事**。社会主义国家政权当然绝不能被用来推行某种宗教,也绝不能被用来禁止某种宗教,**绝不干预正常的宗教信仰和宗教活动**。同时,**绝不允许宗教干预国家行政、司法、学校教育和社会公共教育**,绝不允许利用宗教反对党的领导和社会主义制度,破坏国家统一和国内各民族之间的团结。

贯彻执行宗教信仰自由政策,要坚决纠正侵犯公民宗教信仰自由的权利和宗教界合法权的现象。在宗教活动场所过少的地方,要解决好正常宗教活动所必需的场所问题,以及妥善处理历史遗留的宗教房产问题,以有利于团结广大信教群众,有利于国家和社会的稳定。

共产党宣布和实行宗教信仰自由政策,并不意味着共产党员可以自由信奉宗教。共产党员不得信仰宗教,不得参加宗教活动。但在那些基本上是全民信仰宗教的少数民族当中,对待党员的宗教信仰问题,要按照具体情况,采取适当步骤,区别对待。一般来说,对还不能完全摆脱宗教影响,但能忠实执行党的路线,积极为党工作,服从党的纪律的一部分党员,应当在充分发挥他们的政治积极性的同时,进行耐心、细致的思想工作,帮助他们树立辩证唯物主义和历史唯物主义的世界观,划清无神论和有神论的界限,逐步摆脱宗教思想的束缚;对于已经摆脱宗教信仰,生活在基层的少数民族党员,既要在思想上同宗教信仰划清界限,又要其适当尊重和随顺民族的健康的风俗习惯,对于民族中许多虽然带有宗教色彩和传统,但实质上已成为民族风俗习惯组成部分的许多婚丧仪式和群众性节日活动,不能不顾具体情况一概拒绝参加,以免脱离群众,把自己孤立起来。

中国宗教界与境外宗教界人士之间有着一定的联系,在平等友好的基础上开展宗教方面的对外交往,有利于增进我国人民同世界各国人民之间的了解和友谊,有利于我国的对外开放。因此,我们既要支持宗教界坚持独立自主、自办教会的方针,发展同境外友好人士的往来,为改革开放服务,又要对境外敌对势力利用宗教干涉中国内政保持必要的警惕。

党的宗教政策不是临时性的权宜之计,而是建立在马列主义、毛泽东思想的科学理论基础之上,以团结全国各族人民共同建设社会主义现代化强国为目标的战略规定。深入理解党对宗教问题的基本观点和基本政策,坚决贯彻执行宗教信仰自由政策,才能巩固和扩大各民族宗教界的爱国政治联盟,调动一切积极因素,为建设社会主义强国,为完成祖国统一大业,维护世界和平而共同奋斗。

思考题

1. 民族具有哪些基本特征?
2. 民族、宗教、国家之间是什么关系?
3. 中国处理民族关系的基本原则是什么?
4. 如何认识社会主义社会宗教的特点和中国共产党的宗教政策?

第十二章　时代与国际关系

本章提要

　　时代与国际关系密不可分,任何国际关系都是在一定的时代背景之下形成的,如果没有把握住时代的基本特征,就难以正确分析错综复杂的国际关系。另一方面,国际关系的变化也会造成国际形势的转变,乃至整个时代的变迁。对时代与国际关系的研究,不仅是当代国际关系的重要研究内容,也是政治学的重要任务。探讨影响当代国际关系的因素,分析当代国际关系格局的演变及特点,阐明中国处理对外关系的基本原则和政策,是政治学研究的重要组成部分。

　　时代与国际关系是密切相关的,任何国际关系都是在一定的时代背景下形成的,不把握时代的基本特征,就不能正确分析错综复杂的国际关系;国际关系的变化也会造成国际形势的转变,乃至整个时代的变更。对时代与国际关系的研究,尤其是对当代国际关系的研究,是政治学的重要任务。探讨影响当代国际关系的重要因素,分析当代国际关系格局的演变及其特点,阐明中国处理对外关系的基本原则和主要政策,是政治学研究的重要组成部分。

一、把握时代的基本特征

（一）时代的含义及其划分的科学原则

从宽泛的意义上说,时代是根据某种特征划分的社会系统诸要素发展的历史阶段,其中可以根据同一特征划分某一要素不同的发展阶段,如从人类发展的角度,可有蒙昧时代、野蛮时代、文明时代之分;也可以从不同特征对同一要素的不同发展阶段进行划分,如从生产工具演进的角度,文明社会可划分为蒸汽时代、电子时代等,从社会稳定状况的角度,文明社会又可划分为战争时代与和平时代。因而,区分时代的标准总是与时代的内涵相联系,不同的划分标准,会得出迥异的结论。只有运用科学的方法才能得出正确的结论。马克思主义时代观是关于人类社会历史发展阶段的理论。1848年,马克思、恩格斯在《共产党宣言》中指出当时处于"资本主义时代",以后马克思又在《政治经济学批判》中指出,社会经济形态大体可以划分为亚细亚的、古代的、封建的和现代资产阶级的生产方式几个时代。可见,马克思主义的时代学说主要是以唯物史观为基础,根据生产关系的性质及阶级在特定历史发展阶段中的地位和作用来划分历史时代。20世纪初,列宁在同第二国际机会主义代表人物的论战中,对划分时代的科学原则作出丰富而权威的论述。概言之,主要有以下三方面的内容:

第一,阶级是分析时代基本特征的核心。列宁认为,马克思的划分时代的方法,主要是看"哪一个阶级是可能推动社会进步的主要动力"[①],"哪一个阶级是这个或那个时代的中心,决定着时代的主要内容、时代发展的主要方向、时代的历史背景的主要特点等等"[②],换言之,时代的基本特征取决于代表历史发展趋势的那个阶级。居于时代中心的阶级,一旦自身在历史发展阶段中的地位和作用发生变化,并最终被另一个阶级所取代,那么,时代的特征也会随之发生变化。时代的转换源于一定的客观条件的改变,只有

[①]　《列宁全集》第21卷,第120,123—124页。
[②]　同上。

对时代转换的客观条件进行阶级分析，才能正确把握时代的基本特征。20世纪初，以资本主义生产方式为依托的资产阶级处于当时社会中心的地位已经产生动摇，一方面，资本主义生产方式的固有矛盾使资产阶级自身腐朽、没落的趋势不可避免；另一方面，作为新的物质生产力的代表者——无产阶级在接受了马克思主义学说的基础上，正在不断地成熟、壮大，在社会政治舞台上日益活跃。以第一个社会主义国家诞生为开端，人类社会进入了又一次时代转换的过程。

第二，重大历史事件是时代更替的标志。新时代的出现，不是看时间跨度的大小，而是要能够找到新时代的起点，即重大历史事件的发生。这类历史事件的性质应当足以影响世界经济、政治格局，改变和规定历史发展的走向，成为人类历史的重要转折点。列宁在分析了资本主义发展新阶段的基础上，指出以1898年美西战争、1899年至1902年莫布战争、1904年至1905年日俄战争以及1909年欧洲经济危机为标志，资本主义已经进入帝国主义的发展阶段。"十月革命"是具有划时代意义的历史事件，它为全世界工人阶级和被压迫民族的解放事业开辟了现实的道路。列宁进一步以"十月革命"为标志，认为人类社会已经进入了无产阶级社会主义革命的时代。

第三，兼顾"大时代"与各国特点是把握不同国家所处时代的两个方面。在认清"大时代"基本特征的基础上，根据这国或那国的具体情况，才能对不同国家所处的时代及其特点作出一个科学的判断。这包含两层含义：一方面，只有"首先估计到区别不同'时代'的基本特征（而不是个别国家历史上的个别情节），我们才能够正确地制定自己的策略"①。由于各国客观条件的差异，不可能所有国家都同时具备进入某一新的历史发展阶段的条件，但不能由于个别国家滞后而否认整个人类历史已经跨入了新的时代。列宁具体分析了不同国家进入某一时代的时间差异，他指出，资产阶级民主革命时代在西欧1871年就已经结束了，而"在东欧和亚洲，资产阶级民主革命时代是在1905年才开始的"②。另一方面，"只有认清了这个时代的基本特征，我们才能以此为根据来估计这国或那国的更详细的特点"③。具有某一时代特征的国家，由于具体历史进程中的错综复杂性，在不同的发展阶段上也有各自的特点。因而，需要对"大时代"与"小时期"作出科学区分。列宁正

---

① 《列宁全集》第21卷，第123—124页。
② 《列宁选集》第2卷，第517页。
③ 《列宁全集》第21卷，第123—124页。

是在首先肯定整个资产阶级时代的前提下,将资本主义的历史发展划分为三个"时代",第一个时代(1789—1871年)是从法国大革命到普法战争,这是资产阶级的上升时代,也是它的全盛时代;第二个时代(1871—1914年)是资产阶级绝对统治和衰落的时代;第三个时代(1914——　)才刚刚开始,在这个时代里,资产阶级处于第一个时代的封建主所处的"地位"①。显然,这里的"时代"实际上是阶段、时期的含义。因为列宁也把1789—1871年称为"风暴与革命的时期",把1871—1914年称为"带有'和平'性质而没有发生革命的时期"。

1924年,斯大林根据列宁对时代问题的分析,在《论列宁主义基础》一文中,阐述当时为"帝国主义和无产阶级革命的时代"。这一提法涵盖性强,适用性大,只要帝国主义依然存在,无产阶级的历史使命就不可能终结。因而,这一概念在国际共产主义运动中,沿用了很长时间。第二次世界大战后,社会主义国家通过对国际、国内经济与政治形势演变的深刻分析,在1957年《莫斯科宣言》中,进一步将时代的内容概括为"由俄国伟大十月社会主义革命所开始的由资本主义向社会主义的过渡"②。50年代后期,亚非拉地区的殖民地、半殖民地国家相继独立,沉重地冲击了殖民主义体系。60年代对时代问题的分析增加了民族解放的内容。1960年《莫斯科声明》中指出,当今的时代"是两个对立的社会体系斗争的时代,是社会主义革命和民族解放革命的时代,是帝国主义崩溃、殖民主义体系消灭的时代……"③在以后数十年中,国际风云几经变幻,出现了许多新的特点,如国际政治多极化、经济发展区域化与全球化、新的科学技术革命、两种社会制度的竞争共处等。总而言之,和平与发展成为当前阶段世界的两个主流,然而,从本质上说,这些新变化仍是"大时代"特征的反映,决定时代特征的阶级内容并没有根本改变,当今的时代仍然是资本主义向社会主义、共产主义过渡的时代。

(二)马克思主义分析时代与国际关系的主要观点

在马克思主义的经典著作中蕴藏着丰富的国际政治方面的理论原则和

---

① 《列宁全集》第21卷,第124—125页。
② 《中国大百科全书·政治学》,中国大百科全书出版社1992年版,第329页。
③ 《列宁全集》第21卷,第124—125页。

重要观点,其中对于时代与国际关系的分析构成了马克思主义国际政治理论的重要组成部分。马克思主义者运用辩证唯物主义和历史唯物主义的观点,对不同历史阶段的时代特征作了具体概括,并在一定时代的背景下对国际政治力量的结构变化而导致的国际关系格局进行了科学分析,这有助于无产阶级认识时代,把握世界局势,制定符合实际的政策。

马克思主义国际政治理论认为,资本主义产生之前的世界是由一批松散的国家组成的,"好像一袋马铃薯是由袋中的一个个马铃薯所集成的那样"①。资本主义的出现使国际社会的成员空前地融合起来。资本主义商品经济的发展促进了民族国家的诞生,在民族国家基础上形成的国际分工和世界市场使整个世界形成了全球性的国际关系体系。作为现代国际关系的行为主体,民族国家的形成标志着以往简单、静止的国际关系转变为现代国际社会的发达的国际关系,国际政治的发展进入了新的历史阶段。1848年,马克思恩格斯在《共产党宣言》中明确指出,当时的时代是"资产阶级时代"。19世纪中后期,国际形势十分错综复杂。在国际社会中,既存在着以英法为代表的资产阶级专政国家与以沙俄、奥地利、普鲁士为代表的封建专制国家的矛盾,也存在着封建专制国家之间的矛盾和被压迫民族与一些国家的尖锐矛盾。为了推进国际工人运动,必须采取联合的方式,消除阻碍资本主义发展的封建势力。马克思和恩格斯在对当时国际关系和各国阶级关系的分析基础上,指出欧洲革命的敌人是欧洲的沙俄、奥地利、普鲁士等主要封建国家,其中沙俄帝国是欧洲反动势力的主要堡垒。因为沙俄不仅力图把军事专制制度强加于欧洲其他国家,而且暴力镇压一切民族解放斗争和革命运动。马克思和恩格斯从反对沙俄的整体利益出发,以各国、各阶级对待沙俄的政治态度来划分欧洲政治力量,分析国际关系格局。他们把斗争矛头指向沙俄的民族运动称为进步的民族运动,对一切削弱和反对沙俄势力的正义力量的斗争给予高度的评价和全力的支持。

在第一次世界大战期间,列宁第一次分析了资本主义发展的新特点,提出资本主义已进入了帝国主义阶段。1916年,他在《帝国主义是资本主义的最高阶段》一文中指出,19世纪末20世纪初,帝国主义列强在世界范围内实现经济、政治上的分割政策,把世界政治力量划分为殖民地占有国和殖民地。殖民地占有国主要是以发达资本主义国家为主体,其中包括英法老

① 《马克思恩格斯选集》第1卷,第693页。

牌资本主义国家,美德日新兴资本主义国家以及经济上相对落后的俄国;殖民地国家则由广大落后国家和地区构成。以后,列宁又将世界进一步划分为人数众多的被压迫民族和人数甚少却拥有强大经济和军事实力的压迫民族两部分。这是帝国主义时代国际政治格局的主要特点。俄国十月革命后,列宁根据世界政治面貌的变化,进一步认为:"无产阶级社会主义革命的时代已经开始。"列宁、斯大林都反复强调了资本主义与社会主义的对立,指出从这一基本矛盾出发,出现了"两个世界"的国际格局,即一个是资本主义旧世界,另一个是正在成长的新世界。1920 年,列宁通过战后对世界上各种矛盾发展变化的考察,将资产阶级革命同当时世界政治格局的特点联系起来。他在《关于国际形势和共产国际基本任务的报告》中,将处于一定国际关系格局中的世界各国划分为三类,把社会主义苏维埃俄国与殖民地、半殖民地以及战败国一起列为第一类,把保持原有地位的国家列为第二类,把美、日、英等少数战胜国列为第三类。列宁认为,这种对世界政治力量的划分同导致革命的资本主义基本矛盾、帝国主义基本矛盾以及其他矛盾有着密切的联系①。无产阶级必须以这种划分作为制定战略、策略的立足点。

　　毛泽东从中国革命和建设的具体实践出发,以马克思主义的观点和方法分析时代和国际关系。在不同的历史发展阶段上,根据国际形势的变化,对时代与国际关系作出具体的概括。1940 年,毛泽东在列宁和斯大林有关时代问题的观点基础上,根据当时的政治环境,指出:"现在的世界,是处在革命和战争的新时代,是资本主义决然死灭和社会主义决然兴盛的时代。"②随着一批人民民主国家的诞生和各国人民民主的蓬勃发展,毛泽东赋予时代以新的内涵,认为,"现在是全世界资本主义和帝国主义走向灭亡,全世界社会主义和人民民主主义走向胜利的历史时代"③。战后一系列亚非拉国家纷纷取得独立,毛泽东将这一伟大的世界政治景观纳入时代的范畴,指出:"我们现在正处于世界革命的一个新的伟大时代。亚洲、非洲、拉丁美洲的革命风暴,定将给整个的旧世界以决定性的摧毁性的打击。"④毛泽东在分析时代的具体内容的同时,也十分注重观察国际关系格局的发展变化。在第一次国内革命战争时期,毛泽东把世界划分为由第三国际领导

① 《列宁全集》第 4 卷,第 318 页。
② 《毛泽东选集》合订本,第 641,1156 页。
③ 同上。
④ 引自 1966 年 11 月 4 日《人民日报》。

的革命势力与国际联盟统领的反革命势力对立的局面。此后,毛泽东又根据"十月革命"后国际形势的变化,将世界划分为"两种思想体系和社会制度"。70年代,当时世界处于大分化、大改组、大动荡的时期,毛泽东对国际关系进行了科学划分,即美国、苏联两个超级大国是第一世界,亚非拉发展中国家和其他地区发展中国家是第三世界,居于上述两类国家之间的发达国家是第二世界。

战后几十年间,从国际形势总的趋向来看,国际社会越来越趋于稳定与和平。特别是80年代以来,国际局势的发展更有利于争取世界和平,相对和平的国际环境又推动了世界经济的增长和发展。邓小平基于对国际政治中各种基本矛盾的深刻分析,认为矛盾的焦点主要集中于两大关系上,即"东西关系"和"南北关系"上。邓小平把当今世界这两大关系用"和平"与"发展"的主题分别作了概括,得出了和平与发展是当今世界两大主题的科学论断,为我们认识当今时代、制定正确的政治、外交战略提供了崭新的思路。维护世界和平、推动社会发展是各国人民所面临的共同课题。邓小平指出,在处理国际关系问题上,要从国家的战略利益出发,可以发展超越意识形态、社会制度的国家关系,解决不同类型国家共同面对的矛盾和问题。在处理地区性或国际性争端问题上,邓小平以维护世界和平与稳定为出发点,提出不用战争手段而用和平方式来解决这类问题。霸权主义和强权政治是当前世界和平与发展的主要障碍,"少数国家垄断一切"的旧的国际秩序不可能解决任何问题。邓小平认为,在建立国际关系新秩序时,"应当用和平共处五项原则来作为指导国际关系的准则"[①]。

二、当代国际关系

(一)影响当代国际关系的主要因素

影响当代国际关系的因素多种多样,既有从宏观上影响世界形势及其国际政治关系基本模式的因素,也有在微观上影响若干国际政治力量的双

---

① 《邓小平文选》第3卷,人民出版社1992年版,第282页。

边或多边关系的因素。这些因素的基本状况及其变化主导着国际关系的总体发展，也是把握国际社会的真实状况及其发展趋向的基本线索。

第一，时代性质。任何时期的国际关系都是一定时代中的国际关系，不存在脱离时代特征的国际关系。时代的性质及其特征，决定了国际关系的基本走向，并且随着时代性质的转变，国际关系也会相应地发生变动。第二次世界大战后，时代出现了新的特点，即出现了 10 多个社会主义国家，100多个殖民地和半殖民地国家在反帝、反封建的斗争中获得了独立。因而，当时世界出现了社会主义国家、资本主义国家和新兴民族国家三种类型的国家。以社会主义国家为代表的进步力量的发展，改变了世界的力量对比，社会主义国家和资本主义国家的矛盾开始突出为国际社会的主要矛盾。以前苏联为首的社会主义国家阵营和以美国为首的资本主义国家阵营的形成，是这一矛盾的外化形式。进入 60 年代以后，尽管国际局势出现剧烈变动，各种政治力量分化改组，两大阵营逐步松散，但并没有改变资产阶级、无产阶级及其广大第三世界人民共处、竞争、协作的时代性质。不同制度、不同类型的国家通过加强相互对话、交往，不断增强了解，寻求共同点。西方发达资本主义国家内部危机仍旧存在，但它们通过调整生产关系、改善劳资关系、利用新技术等途径使战后资本主义经济有所增长，同时注意协调与各国的关系，参与南北对话，以求缓和南北国家之间的矛盾和对立。社会主义国家实行了经济改革，对与生产力发展不相适应的经济基础和上层建筑的某些环节和部分进行了调整，并且吸引资本主义国家的资金、技术进入社会主义国家，使不同社会政治制度的国家加强了联系。第三世界国家通过改善南北关系，加强经济和政治上的南南合作，共同发展民族经济。正是由于两种社会制度、三种类型国家的和平共处，彼此才会渴望和平，谋求发展。因此，和平与发展成为当今国际政治的主题是与时代的性质相符的。作为时代性质的反映，世界范围内两种制度、三种类型国家长期共处、竞争、协作的国际格局将会长期持续下去。

第二，国家利益。战后国际关系的演变，从根本上说，是国际社会矛盾运动的产物。作为国际社会中带有普遍性和特殊性的要素，国家利益既是国际社会矛盾的焦点，也是推动战后国际关系格局变化的动因。就某一国家而言，都有自身特殊的政治、经济利益，任何国家都要维护和实现统治阶级的利益和本民族的利益。同时，在国际范围内，国家利益的矛盾冲突是国际社会诸多矛盾运动的基本形式，普遍存在于不同的时空条件下。依据现代国家的属性,可以将国家利益划分为阶级利益和民族利益,围绕着这两大利益的矛盾运动影响着当代国际关系的基本态势。国际社会的阶级利益矛盾,一般集中体现在社会制度和意识形态差异较大的国家之间。国际社会中的民族利益矛盾,主要是指一些国家凭借大国地位、经济优势进行的强权政治和经济侵略,以及另一些国家为了自身的生存与发展摆脱大国控制的斗争。这类矛盾既存在于不同社会制度的国家之间,也存在于制度相同的国家之间。

第三,综合实力。当代国际关系的变化与发展是以一定的国家力量对比关系为基础的,任何国际关系格局总是由综合实力相对强大的国家所主导构成的。根据国际社会中综合实力强大国家的数量,国际关系可以构成一极或多极的结局。综合实力的构成,既包括人口、自然资源、经济规模、科学技术等硬件要素,也包括社会制度、民族传统,战略决策等软件要素。自两极格局瓦解以来,国际关系中军事对抗的比重日趋下降,世界各国开始转向综合实力的竞争。由于综合实力以经济实力作为根本,而经济实力的提高必须依靠科学技术的发展和运用。因此,科学技术领域成为各国竞争的主战场。作为综合实力构成中较为活跃的因素,科学技术的进步引发了世界性国家实力对比关系的变动。由于科技革命引起的世界经济格局的多极化,必然会影响到国际政治格局向多极化的方向演化。

第四,文化意识。文化意识是国际政治中的重要因素,对当代国际关系也有一定的制约和影响作用。它是在一定的传统与现实政治、经济基础上形成的思想、心理、感情、性格、道德价值等。文化意识具有在国际关系主体间传播与渗透的功能。文化意识的传播不仅通常在相似文化背景、共同价值观念和宗教信仰的国家或地区间发生,而且超越地域界限,在世界范围内广泛展开。就现代文化意识的流向而言,现代发达国家的文化总是不断地向传统落后的国家流动。这已经成为普遍的国际潮流。当然,文化意识的流动对当代国际关系的影响有其复杂性的一面。西方发达国家的文化意识涵盖了先进工业文明为载体的现代文化,它在向第三世界及经济尚不发达的社会主义国家扩散的过程中,可以增强彼此的联系和交流,推动这些国家的社会发展。但是西方国家普遍存在的心理上的优越感,也决定了这种文化意识的交流裹挟着资本主义本质属性所规定的不合理成分,甚至被一些国家当作干涉、控制其他国家的工具。

（二）当代国际关系格局的演变

国际关系格局,指世界各主要政治行为主体在一定历史时期相互联系、相互作用过程中形成的相对稳定的结构,国际政治行为主体由于在力量对比关系上的差异而在一定的结构中居于不同的地位,发挥不同的作用。

当代国际关系格局的形成和演变,是建立在第二次世界大战后各种政治力量对比关系基础上的。"二战"结束后的 50 年内,国际政治的风云变幻,使国际社会中各种政治力量及其相互关系发生了深刻的变化,推动了国际关系格局的演变。当代国际关系格局的变化基本上经历了四个阶段。

第一阶段:美苏为首的两大阵营对立的国际关系格局。第二次世界大战后世界反法西斯力量的胜利,使国际政治力量对比产生变化,当代国际关系出现了历史性的重大变革。德意日三个法西斯国家成为战败国,英法老牌资本主义国家在战争中消耗甚大,欧洲诸强不可能再持续以往对国际政局的支配和控制。然而,苏美的反法西斯战时同盟也没有在战后保留。美国以"共产主义威胁"为由,竭力推行侵略政策和扩张政策,对社会主义国家进行经济封锁。同时,它凭借其迅速增长的军事和经济实力,通过"杜鲁门主义"、"马歇尔计划"以及组建北大西洋公约组织等措施,形成以美国为中心的资本主义国家阵营。欧洲和亚洲一些国家的人民,经过长期艰苦的斗争,在第二次世界大战胜利所创造的良好形势下,开展了无产阶级革命运动和民族解放运动,建立了一系列人民民主专政的国家。面对美国对社会主义体系的全面挑战,以苏联为首的社会主义国家基于意识形态、经济结构等方面的相似性以及共同的政治利益,采取了针锋相对的政策,通过组建华沙条约和经互会组织,形成了与资本主义国家阵营相对抗的社会主义阵营。美苏为首的两大阵营的产生与对抗,标志着战后国际关系跨入了两极格局。

第二阶段,三个世界并存的国际关系格局。战后,在世界反法西斯斗争胜利的推动下,亚非拉广大地区的一系列国家争取和维护民族独立的运动发展迅速。从 50 年代中期到 70 年代末,新独立的国家达到一百多个,亚非拉民族独立国家的数量占全球国家总数的大部分。它们为了改变少数大国支配世界的局面,争取参与国际事务中的平等地位,开展了维护政治独立、发展民族经济、建立国际经济新秩序的斗争。它们还通过召开亚非会议和开展不结盟运动,与一些社会主义国家联合,共同构成了第三世界的主体,

333

成为反对霸权主义、维护世界和平的主力军。第三世界国家的兴起,尽管没有从根本上改变两极格局,但在一定程度上对两极格局形成了冲击。西欧和日本在战后一直受到美国在政治、经济、军事上的控制,在国际事务中难以具有独立自主的地位。但从 60 年代开始,日本、西欧的经济实力迅速增长,美国作为世界霸主的实力地位开始削弱,西欧、日本与美国在资本主义世界中的实力对比关系发生重大转变。在美国对西欧、日本政治与经济控制力减弱的同时,西欧与日本不断谋求独立自主的发展,力图摆脱被强加的控制。欧共体的成立和《日美共同合作与安全条约》的签署,标志着资本主义国家阵营内部发生严重分化,西欧与日本构成了国际关系结构中的第二世界国家。苏联在赫鲁晓夫上台之后,一改"二战"后和平外交路线,提出美苏称霸世界的战略构想。在勃列日涅夫掌权时期,苏联大力发展重工业,扩充军备,缩小了与美国的实力差距,在对美战略政策上逐步改守势为攻势,与美国在全球范围内进行争夺。随着苏联由社会主义大国转变为实行霸权主义的超级大国,社会主义阵营的内部团结受到严重破坏,最终导致了社会主义阵营的解体。尽管在 60 年代至 70 年代末资本主义国家阵营发生了分化,社会主义国家阵营最终解体,但美苏两强仍凭借其优势的经济地位和军事实力,对当代国际关系产生重要影响,这样美苏两国构成了第一世界国家。三个世界并存的格局是基于上述国际的变化而形成的。由于第三世界与第二世界国家的出现,制约了美苏两国对世界的影响,使战后两极格局趋向松散。

第三阶段,东西南北的国际关系格局。从 80 年代以来,国际关系出现了新的特点。随着美苏对外政策的调整,世界范围内的缓和进一步发展,整个世界从对抗逐步转向对话与合作。在三个世界并存的局面下,世界面临着多种多样的问题与矛盾,最终导致了东西南北关系格局的形成。东西南北关系是一个带有地理特征的政治、经济概念。在东西南北关系中,存在各种错综复杂的矛盾关系,其中以东西关系和南北关系为主要方面。东西关系是指社会主义国家与发达资本主义国家之间的关系。它既表现为两种社会制度国家间的军备竞赛和军事对抗,也表现为它们在其他领域的交流、合作与竞争。在缓和的国际形势下,东西矛盾的突出表现是两种社会制度的国家在政治、经济、文化等各个领域渗透与反渗透的斗争。南北关系是指大多数位于南半球的第三世界国家与大都位于北半球的发达资本主义国家的关系。南北关系的主要问题包括南、北方贫富差距扩大,经济发展不平衡以及国际新秩序等方面。南北关系不仅影响到第三世界国家的主权完整和社会经济发展,也会制约发达资本主义国家经济的持续发展。因此,需要南北方国家更多地以对话、合作的方式解决彼此间的问题。东西关系和南北关系同和平与发展的世界潮流是相互交织的,东西关系的实质是和平问题,南北关系的实质是发展问题。

第四阶段,多极化的世界新格局。近几年来,国际局势发生了剧烈变化。1989 年东欧社会主义国家发生剧变,1990 年两德统一,1991 年苏联解体,标志着维系战后 40 多年的美苏对抗的两极格局已经崩溃。国际关系正在重新分化组合,虽然新格局的多极化特征已经初露端倪,但新的世界格局的确定尚需一定的时间,正处于逐步形成的过程之中。从当前国际局势来判断,新的国际关系格局将取决于以下几种政治力量的发展状况。美国在两极格局瓦解后成为独存的拥有全球性政治、经济、军事力量的超级大国,尽管不可能出现美国独霸世界的一极格局,但它仍是国际政治舞台上举足轻重的政治力量。俄罗斯在世界近代史上一直是欧洲大国之一,凭借超级大国的历史积累,如今的俄罗斯依然是世界上面积最大的国家,自然资源丰富,经济基础雄厚,还拥有可与美国匹敌的军事实力,因而可以预见俄罗斯的复兴。欧洲曾长期是世界政治与经济中心,经过煤钢联营、欧共体直至现在的欧盟,欧洲走上了一条集体发展之路。目前的欧盟人口超过美国的一半,国民生产总值相当于美国,在世界贸易中所占的份额已经超过美国,欧洲将不可置疑地成为未来的"一强"。20 世纪 60 年代以后,日本的经济获得了高速发展,成为世界上的第二大经济强国,在此基础之上,日本开始向政治大国迈进。凭借其雄厚的经济实力、与美国的结盟关系、亚洲第一经济大国等资本,日本在未来世界格局中将成为重要一极。第三世界所组织的"不结盟运动"和"七十七国集团",在捍卫自身的政治、经济利益方面发挥了关键作用,它们是当今世界的一支重要政治力量。现存的社会主义国家中,中国处于重要的地位,作为世界大国以及联合国安理会常任理事国,中国在国际多边外交活动和参与各种国际性问题和事务的解决之中发挥了重要的作用。中国在维护世界和平与稳定中所表现出的卓越能力和作出的巨大贡献,受到世界上许多国家的尊重和赞赏。

(三)当代国际关系的主要特点

335

第二次世界大战以来一系列国际态势的发展,使当代国际关系已经发生了根本的变化,其基本特征反映了当代国际关系的趋势和历史现实。

第一,不同类型国家并存是当代国际关系的基础。

第二次世界大战后的历史表明,当今世界的国家根据社会制度的差异主要划分为两种类型的国家,即社会主义国家和资本主义国家。社会主义作为一种新生的社会力量,尽管在其发展中不断遭受挫折和困难,但仍具有强大的发展潜力,必然从根本上取代资本主义。而资本主义国家通过对生产关系的某些调整,利用新技术革命的机遇,使处于困境中的资本主义经济也有所发展。在一定的历史条件下,社会主义国家与资本主义国家长期共处的历史现象不会改变。战后两种社会制度的国家既合作又斗争的状况是当代国际关系的基本内容。第二次世界大战后,一度出现了以美国为首的资本主义国家阵营和以苏联为首的社会主义国家阵营的严重对抗,形成了国际政治格局的两极化。随着当代国际政治出现了新的情况,国际局势由对抗转到对话,由紧张转向缓和。面对改变了的世界形势,两种不同类型的国家都开始承认彼此存在的现实,建立了共处的国际关系。如中国在两极格局彻底崩溃之前,就分别与法、英、美、日等主要资本主义国家建立了外交关系。苏联解体和东欧剧变后,东西矛盾已经不再具有以往对于世界格局和国际形势那么重要的影响,而中国等其他社会主义国家通过与西方资本主义国家在政治、经济、文化等领域的交流与合作,为消除彼此分歧,增加相互间的共识创造了条件。当然,两种类型国家间的斗争并没有在缓和的国际形势下消失,甚至还会在局部地区出现激化。根据联合国的有关规定,承认不同社会制度国家的存在是国际关系的普遍准则,这已经被许多国家所接受。

第二,多极化是当代国际关系发展的主要趋势。

由世界政治力量之间对比关系形成的国际关系格局具有相对稳定性,当这些政治力量的实力地位出现消长的变化,甚至由量变发展到质变,就意味着国际关系格局要向新的形态结构演变。根据左右国际关系格局变化的政治力量的数量和相互关系,可以分别称之为,一极格局、两极格局和多极格局。第二次世界大战后,由于美苏在"二战"中的特殊地位与作用,形成了美苏操纵国际事务的两极格局,但随着世界经济、政治的发展,当代国际关系在不断变化中也出现了多极化的趋势。这主要表现为以下几个方面:① 前苏联争夺世界霸权、干涉别国内政的行径激起了社会主义国家的抵制和反对,破坏了社会主义国家间的团结,导致社会主义阵营的解体。同时,也促使中国等社会主义国家摆脱了前苏联的种种控制,作为独立自主的政治力量出现在世界舞台上,从而改变了国际政治力量的组合。② 在科技革命和世界经济发展的进程中,资本主义世界中的欧盟与日本在经济实力上与美国已经不相上下,形成了多极化的经济格局。欧盟在不断扩大经济一体化的基础上,还向政治一体化和军事一体化发展。处于亚洲的日本通过增加军费,开展自主的多面外交,不断谋求在国际社会中政治大国和军事大国的地位。③ 新兴的民族独立国家的出现,使世界发生了新的变化。它们不仅有力地遏止霸权主义的活动,成为维护世界和平的重要力量,而且为改变旧的国际政治、经济秩序进行了不懈的斗争,推动了世界格局的演变。在两极格局解体后,世界并没有因为美国是唯一的超级大国而形成一极格局,相反大国之间的协调关系明显加强。如在有关联合国的安全事务中,美、英、法、俄、中必须共同磋商。在有关国际问题的解决中,日本、欧共体在财力方面的支持与协助也是至关重要的。随着中国、欧盟、日本及第三世界国家在国际社会中地位的上升,影响力的增强,国际格局越不易被少数国家所左右,越朝着多极化方向发展。正如江泽民同志在中共十四大报告中所说:"当今世界正处在大变动的历史时期。两极格局已经终结,各种力量重新分化组合,世界正朝着多极化方向发展。"

第三,和平与发展是当今国际关系的核心问题。

各国之间存在着复杂多样的问题与矛盾,而真正带有全局意义的战略问题只有两个:一个是和平问题,另一个是发展问题。战后 50 年中,尽管局部战争和冲突频仍,但世界大战一直未爆发。这主要是因为世界各国都在不断调整对内对外政策,将和平置于处理国家间关系的重要地位,尽力促成有利于和平的国际关系,从而使抑止大战的因素不断增长。美苏两个超级大国在达到势均力敌的情形下,通过相互妥协,处于抗衡状态。战后帝国主义、霸权主义在第三世界国家发动和挑起许多战争,第三世界国家通过组织不结盟国家的首脑会议,将反帝反殖反对霸权主义作为斗争的基本目标,并且利用在联合国成员国中占有 3/4 以上席位的优势,通过联合行动,在维护本地区及世界和平方面发挥积极作用。尽管资本主义国家之间经济矛盾和斗争不断加剧,但各国在政府组织及国际经济组织的不断协调下,使矛盾趋于缓和。欧盟的建立,制约了超级大国对西欧的影响,也为各国通过和平协商途径解决国际问题提供了组织形式,不再单纯依靠武力来解决争端。尽管世界各国的发展水平不一,但谋求在 20 世纪及 21 世纪的发展进步,却是每一个国家共同追求的目标。由于世界的发展是相互依存的,因此,一国的发展离不开其他国家。发展将不同类型的国家联结了起来,不断赋予国际关系以新的内容。各国之间的相互投资使资本主义国家之间和资本主义国家与社会主义国家之间的经济联系和交流加强了。20世纪50年代末出现的区域化经济组织突破了经济发展水平与意识形态的界线,不同经济发展程度和社会制度的国家以主权平等的地位在区域化经济组织中寻求发展。除了欧盟之外,还出现了北美自由贸易区、石油输出国组织、东盟自由贸易区、亚太经济合作组织等。这些国家在经济上、政治上的联系与合作,推动了各国、地区及世界的发展。

三、中国的对外政策

(一)中国对外政策的发展

对外政策是一国对外职能的体现,是国家对外政治活动的基本规范。建国40多年来,我国政府从维护本国利益和世界和平出发,一贯奉行独立自主的和平外交政策,反对帝国主义的侵略与干涉,有力地推动了本国发展和人类进步事业。

建国初期,新中国外交的主要内容是摆脱"三座大山"的压迫,维护主权独立和国际上的平等地位,建立中国新型的外交关系。我国在外交政策上提出了"另起炉灶"、"打扫干净屋子再请客"和"一边倒"三大方针。所谓"另起炉灶",就是中华人民共和国中央人民政府不承认国民党政府与任何外国建立的旧的外交关系,在结束旧中国丧权辱国外交的基础上,愿意以平等、互利以及相互尊重领土主权原则与世界各国建立新型外交关系。所谓"打扫干净屋子再请客",是指为了保障新中国外交关系的正常发展,必须首先清除在中国的外部敌对势力,再请外国客人进来。我国政府肃清了帝国主义国家过去的在华特权。对国民党政府与外国政府缔结的条约和协定在审查基础上,区别不同情况,或承认,或废除,或修订,或重订。所谓"一边倒",主要是由于美国出兵朝鲜、进驻中国台湾省、支持法国侵略印度支那以及对华经济封锁等一系列行径,对我国构成了严重的安全威胁。为了反对帝国主义的霸权政策,我国政府同前苏联和其他社会主义国家建立了外交关系,尤其是中苏两国在 50 年代初期,建立亲密的友好关系,签订了《中苏友好同盟互助条约》。"一边倒"的意思主要是指中国站在前苏联为首的社会主义阵营一边。加强同第三世界国家的团结与合作,支持亚非拉各国争取民族解放、主权独立的正义斗争,也是新中国外交政策的基本出发点。1955 年周恩来总理率中国代表团参加万隆会议,推动了中国与亚非民族国家关系的发展,提高了中国的国际地位。对于那些拒绝承认旧中国政府、不参与对华采取政治孤立、经济封锁、军事进犯的西方国家,中国与它们也建立了正常的外交关系。

20 世纪 60 年代是中国外交经受严峻挑战的时期。赫鲁晓夫上台后在苏联推行"苏美合作、主宰世界"的战略构想,企图从战略目标出发控制中国,多次向中国政府提出无理要求,在遭到严正拒绝后,中苏两党、两国关系出现恶化。苏联不仅从中国撤走在华专家,取消合同,而且在中苏、中蒙边境大量陈兵,屡次制造事端,甚至挑起武装冲突。在这一时期,美国对华敌视政策表现得更为猖狂。除了向中国境内派遣特务,继续占领台湾之外,在国际社会中,阻挠其他国家与中国发展正常关系,在恢复中国在联合国地位问题上横加干涉。中国政府对苏联和美国的霸权主义的多次挑衅进行了多次反击和斗争,在外交政策上表现为反对两霸,侧重抗美。在团结第三世界国家、支持各国争取和维护民族独立的斗争中,我国全力支援印支三国的抗美救国斗争,支持黎巴嫩人民和古巴人民反对美国干涉的斗争以及其他亚非拉国家的一切正义斗争,得到了世界绝大多数国家的普遍赞赏。

70 年代初至 80 年代初,美苏争霸的战略态势出现变化。在双方的力量对比中,美国的实力地位相对衰落,苏联的大国主义和霸权主义更加嚣张地在世界范围内推行。中国在这一时期也受到苏联的严重威胁,苏联向中苏边境大量增兵,1969 年制造了珍宝岛事件,并且在印度支那、阿富汗等地区对中国实施间接的军事包围。美国从战略利益角度考虑,调整了对华政策,希望在联合中国的基础上,共同牵制苏联在世界的扩张。中国政府面对国际局势的重大变化,在反对两霸的同时,侧重抗苏。美国总统尼克松访华和中美"联合公报"的发表,表明中美关系由敌对转向对话;日本首相田中角荣访华和中日两国发表联合声明,也标志着中日两国邦交正常化。此外,中国还同欧美许多国家建立了外交关系。在 1971 年 10 月的第 26 届联合国大会上,中华人民共和国在联合国的合法席位得到恢复,这是 70 年代中国外交取得的重大成就。它昭示着中国将在未来的国际舞台上发挥更大的影响和作用。

党的十一届三中全会召开后,我国的对外政策有了新的调整与发展。针对苏美继续争霸、西欧日本及第三世界国家纷纷崛起的国际形势,中国与世界上一切和平的力量紧密合作,制止战争因素的增长,维护地区及世界的和平。在对外开放的国策指导下,中国外交不以地域、贫富、意识形态、社会制度为界限,在世界范围内展开政治、经济、文化等多种内容与形式的全面外交。在处理国际问题中,以中国人民和世界人民的根本利益为宗旨。在广泛的国际交往中,中国坚持独立自主的和平外交政策,反对霸权主义,提出不与任何大国和大国集团结盟或建立战略关系。

1989 年苏东剧变后,我国的对外政策在 90 年代又作了重大调整。随着国际格局出现多极化的趋势,中国善于利用各主要国家之间力量的相对均衡,防止和制约了某一大国独霸世界的企图,推动了大国或强国之间形成以合作为主的新型关系。同时,加强与第三世界国家的团结,在国际事务中相互协作,相互支持,不断提高中国的政治影响力。和平、稳定的周边国际环境离不开中国的自身努力和不懈争取。在前苏联解体后,中国与独联体各国慎重、稳妥地发展双边友好关系,同时也推动了中越、中印关系的逐步缓和;在中日两国邦交 20 周年之际,江泽民总书记访日和日本天皇访华,标志着中日关系进入新的发展阶段;中韩建交使中韩两国 40 年的敌对状态宣告结束。这一重大举动不仅实现了两国关系的正常化,而且为缓和朝鲜半岛局势创造了有利条件。此外,中国还同印尼恢复了外交关系,并同新加坡、文莱等东南亚国家建立了外交关系。我国与周边国家发展的亲密关系,促成了和平、稳定的周边国际环境。

(二)中国对外政策的基本原则

在中国社会主义革命和建设过程中,国际形势经历了重大的转折和变幻,中国对外战略的走向也不断进行调整。但是,中国对外政策的基本原则却一贯地得到坚持。作为中国对外政策的核心,这些基本原则得到了越来越多国家的理解和赞赏。中国对外政策的基本原则主要包括以下几方面:

第一,和平共处原则是中国处理国际关系的基本准则。

和平共处五项原则——**"互相尊重主权和领土完整、互不侵犯、互不干**

涉内政、平等互利、和平共处"的思想,是周恩来总理于 1953 年底就中印两国解决历史遗留问题、发展两国睦邻关系而提出来的。1954 年 6 月,周恩来总理访问了印度和缅甸,中印、中缅两国总理和共同发表的《联合声明》中都将和平共处五项原则确定为指导中印、中缅关系的基本原则。在同年 8 月召开的中央人民政府委员会会议上,和平共处五项原则正式被确定为我国处理国际关系的基本准则。

和平共处五项原则作为一个整体,是相互联系、不可分割的。其中"互相尊重主权和领土完整"是核心的原则,因为只有确保主权和领土不受侵害,一国才能生存与发展,各国人民才能平等交往,国家间才能和平共处,和平共处五项原则的根本宗旨是反对帝国主义、霸权主义,维护民族独立和国家主权,促进世界和平与发展,并在此基础上建立和发展国家间的正常关系。

和平共处五项原则提出后,1955 年在印尼万隆召开的亚非会议上,得到与会发展中国家的普遍支持和赞同。会议通过的《关于促进世界和平与合作的宣言》,吸收了五项基本原则的内容。由于和平共处五项原则在世界范围内所具有的普遍意义,它不仅适用于处理不同社会制度国家间的关系,而且适用于包括社会主义国家在内的一切国家间的关系。和平共处五项原则正确地概括了国际社会正常运行和发展的本质特征和规律,它已经被越来越多的国家公认为国际关系的普遍原则。在不少国际联合声明和文件中,都体现了和平共处五项原则的基本精神和内容。正如邓小平指出:"处理国与国之间的关系,和平共处五项原则是最好的方式,其他方式如'大家庭'方式,'集团政治'方式,'势力范围'方式,都会带有矛盾,激化国际局势。总结国际关系的实践,最具有强大生命力的就是和平共处五项原则。"①

建国 40 多年来,中国政府在外交实践中始终贯彻和平共处五项基本原则。正是坚持这些原则,我们打破了帝国主义对中国的封锁和制裁,和平解决了与邻国的边界问题,加强了与第三世界国家及其他友好国家间的团结与协作。特别是改革开放以来,我国的对外交往区域不断延展,外交舞台日益宽广。目前,同我国正式建立外交关系的国家已经增加到 167 个,从 1979 年至今,对外关系发展迅猛,共有 50 多个国家与我国建交。在和平共处五项原则基础上形成的国家间的友好关系,为中国创造了有利的国际环境。

---

① 　邓小平:《建设有中国特色的社会主义》增订本,第 84 页。

第二,独立自主是中国外交政策的根本原则。

中国人民从维护本国人民和世界人民的根本利益出发,根据国际形势的变化,独立自主地决定对内对外的一切事务,不受任何国家或国家集团的干涉。这是我国革命和社会主义建设的根本方针,也是中国对外关系中一贯奉行的基本原则。在建国前夕,周恩来总理就提出,独立自主是中华民族在外交问题上的基本立场。建国初,中国政府不承认旧中国与外国建立的屈辱外交关系,而以平等为原则,用谈判方式与世界各国建立新的外交关系。即使是出于共同利益基础形成的国家间的合作,如战后中国外交实行的"一边倒"政策、70年代的中美建交,也绝不在国家主权问题上让步,不依附于任何其他国家。十一届三中全会以来,中国政府反复重申了我国对外政策的独立自主原则。邓小平在党的十二大开幕词中指出:"独立自主,自力更生,无论过去、现在和将来,都是我们的立足点。中国人民珍惜同其他国家和人民的友谊和合作,更加珍惜自己经过长期奋斗而得来的独立自主的权利。任何外国不要指望中国做他们的附庸,不要指望中国会吞下损害我国利益的苦果。"①中国在与国际社会广泛的交流与合作过程中,在实行对外开放的同时,坚持独立自主、自力更生。在国际事务中,根据事物本身的是非曲直,遵照是否有利于维护世界和平、促进经济繁荣、发展世界各国之间友好合作关系的标准,正确地判断是非,独立自主地决定我们的立场和政策,不屈从于外来压力,不同任何大国或大国集团结盟。

中国奉行独立自主原则,但不从狭隘的民族利己主义出发,中国强调独立自主的同时,也积极承担应尽的国际义务。中国一方面珍惜来之不易的独立主权,另一方面也尊重别国的独立自主;中国反对任何别国干涉中国的内部事务,中国也决不会干涉别国的内部事务。

第三,和平与发展是中国外交政策的根本目标。

争取和维护世界和平,谋求人类的共同发展与进步,是当代世界最引人注目的中心问题。在和平的前提下发展自己的国家也是中国对外政策的根本目标。

霸权主义与强权政治仍然存在于当今世界,是对世界和平与安全的严重威胁。在当前国际缓和的局势下,一些西方国家利用对外经济、外交、文化方面的交流与活动,以维护"人权"、"自由"、"民主"的名义,采取了强硬的

---

① 《邓小平文选》第3卷,人民出版社1993年版,第3页。

非暴力性质的意识形态外交战略,力图多渠道、多方式地向别国推行其政治模式、价值观念,干涉别国内政,威胁别国独立与安全。中国坚决反对任何形式的霸权主义和强权政治的行径,积极维护地区稳定和世界和平。对于国际间的冲突与矛盾,中国主张在承认各国平等的基础上,无论其大小、强弱、贫富以及社会制度、意识形态的差异,以和平谈判、协商的方式来处理国际问题。军备问题是影响国际局势和世界持久和平的敏感问题。中国在各种国际裁军会议上,反复阐明了中国反对一切军备竞赛、裁减常规军备、全面禁止和销毁多种非常规性武器、反对核扩散等主张。建国四十多年来,中国没有在海外驻军或侵占别国领土,并且大幅度裁减军队。中国有力地向世界表明了奉行和平外交政策的立场。

旧中国长期受到西方列强的蹂躏和战乱的影响,严重阻碍了中国社会经济的正常发展。新中国成立后,实行了和平外交政策,这有利于促成国内安定团结的政治局面和国际范围内的持久和平,创造中国社会主义建设所需要的和平环境。中国在致力于自身的现代化建设的同时,还曾大力援助和支持广大第三世界国家的经济文化建设,推动这些国家和地区的繁荣与发展。中国还支持南北对话、南南合作以及建立国际政治、经济新秩序的努力,为世界经济协调、稳定的发展作出卓越的贡献。

第四,爱国主义与国际主义相结合是中国对外政策的基本出发点。

中国的对外政策需要维护本国的主权和领土完整,不允许侵犯中国民族尊严和民族利益的行为,而本民族尊严和利益的充分实现离不开世界人民的总体利益。因此,坚持爱国主义和国际主义,是我国在对外事务中的双重义务,也是我国处理国际关系的基本出发点。爱国主义和国际主义是相互结合、不可分割的。中国在国际交往中所体现的爱国主义,不是妄自尊大,闭关自守,置世界范围内的正义事业,尤其是被压迫民族和被压迫人民的正义斗争于不顾,追求狭隘的民族利己主义;也不是将本民族意志强加于其他民族之上的大国沙文主义,而是体现为各民族在独立自主和平等互利基础上建立团结与合作的友好关系,并在其中承担和履行应尽的国际义务。因此,中国对外政策中的爱国主义符合国际主义的要求。中国对外交往中的国际主义,是主张在处理国际事务和民族关系时,既从本国人民群众的根本利益出发,同时,也从全世界各民族群众的根本利益出发。中国对外政策中的国际主义也体现了爱国主义的内涵,中国在国际舞台上的地位和声望的提高,同中国人民长期以来为了祖国的独立自主、繁荣昌盛而不屈不挠、顽强奋斗的爱国主义精神是密切相关的。中华民族只有在努力获得稳定与发展的基础上,才能把自己的事情办好,从而更好地成为维护世界和平、促进人类进步的重要力量。中国在对外政策中贯彻爱国主义和国际主义相结合的原则,就是要把中国人民的利益与世界人民的共同利益相结合,把发展中国社会主义事业与维护国际和平和支持世界各国的正义事业相结合。

(三)中国对外政策的主要内容

建国40多年来,中国的外交政策经历了历史的反复考验,并在国际、国内形势的变化中不断地进行调整。建立在独立自主等基本原则基础上的中国对外政策的主要内容是:

第一,反对霸权主义,维护世界和平。

反对霸权主义和强权政治,维护和促进世界和平与人类进步,一直是中国对外政策的主要内容。中国当前的对外政策继承了毛泽东主席和周恩来总理制定的独立自主的外交政策,其实质就是反对霸权主义,维护世界和平。

当前国际形势总体上继续趋向缓和,但是冷战思维依然存在,霸权主义和强权政治仍然是威胁世界和平和稳定的主要根源。针对国际形势的变化,各种国际政治力量围绕如何构筑世界新秩序展开了斗争,包括中国在内的广大第三世界国家,在关于国际新秩序的构想中提出了新时期反对霸权主义的内容:各国根据本国的国情,独立自主地选择自己国家的社会制度和发展模式,任何其他国家尤其是大国或强国,不应把自己的制度模式、价值观念等强加于别国,干涉别国内政;互相尊重主权和领土完整,不侵犯或吞并别国领土,反对用武力或武力威胁的手段解决国际争端,应当通过和平谈判、友好协商的方式合理解决;国际事务不能由一个或几个大国垄断,应由世界各国平等参与、协商解决,在国际关系中不得以大欺小,以强欺弱,以富欺贫,反对任何国家谋求霸权或推行强权政治。只有消除霸权主义、强权政治对国际秩序的影响,才能建立起真正公正、合理的国际新秩序。

反对霸权主义和强权政治同维护世界和平是互相联系、密不可分的。不清除霸权主义对和平的威胁,世界的和平与地区的稳定就难以保障。中国作为国际舞台上一支热爱和平、反对战争的重要力量,不仅致力于国内的社会主义现代化建设,而且为创建长期稳定的国际和平环境作出了积极努力。反对霸权主义、维护世界和平是中国人民和世界人民的共同愿望,中国将始终不渝地坚持这一对外政策。中国认为,维护世界和平的因素已在不断增长,在一个相当长的时期内,避免新的世界大战是可能的,争取一个良好的国际和平环境是可以实现的。

第二,加强与第三世界国家的团结与合作。

发展中国家维护国家独立、实现经济发展的根本目标是一致的。作为第三世界的一员,中国坚决站在第三世界国家一边,加强相互间的团结与合作,共同维护正当权益,共同反对霸权主义,维护世界和平。这是我国对外政策的一个重要方面。

建国以来,中国政府一直积极支持亚洲、非洲和拉丁美洲各国的争取和维护独立与主权的正义斗争,并将其视为我国应当承担的伟大的国际义务。只要是第三世界国家出于正义目标的斗争,中国政府总是竭尽全力地支持,甚至不惜承受巨大的民族牺牲和风险。在国际事务中,中国始终同第三世界国家站在一起。中国是第三世界国家在联合国安理会中唯一的常任理事国,要为第三世界国家伸张正义,主持公道,反对任何有损于第三世界国家共同利益的行为,为建立公正、合理的世界新秩序而努力。

中国为改善第三世界国家的经济地位,努力促成南北对话。但同时认为,不能单纯依靠南北对话,第三世界国家之间相互交流、相互学习、相互合作的南南合作同样具有重要意义。中国把发展同第三世界国家的经济合作,作为对外政策的重要组成部分。中国不仅不附带任何条件地向第三世界国家提供力所能及的经济技术援助,帮助这些国家走上自力更生、独立发展的建设道路,而且以“平等互利、讲求实际、形式多样、共同发展”为原则,开展广泛的经济交流。对于第三世界国家的内部事务,中国坚持不干涉别国内政的立场。中国主张以互谅互让、求同存异的态度来解决第三世界国家之间的分歧和矛盾,为促进第三世界国家内部的团结与合作作了大量的工作。邓小平曾经指出:“中国现在属于第三世界,将来发展富强起来,仍然属于第三世界。中国和所有第三世界国家的命运是共同的。中国永远不会称霸,永远不会欺负别人,永远站在第三世界一边。”①

第三,在和平共处五项原则基础上,发展同世界各国的关系。

建国以来,中国社会主义新型外交从开创到完善,一贯坚持在和平共处

---

① 《邓小平文选》第3卷,人民出版社1993年版,第56页。

五项原则基础上,全面发展正常的对外关系和国际友好合作。这使中国在国际事务中的作用越来越显著,其地位和影响力大为提高。到目前为止,中国在明确双方恪守和平共处五项原则基础上,同世界上 167 个国家建立了外交关系,与 200 多个国家和地区建立和发展了对外关系与国际友好合作,无论国际形势如何变化,中国四十多年来始终按照和平共处五项原则处理与世界各国的外交关系。中国为了获得和平安宁的国际环境,以和平共处五项原则为基础,通过协商与周围绝大多数邻国解决了历史遗留下来的边界问题,发展了睦邻友好关系。中国为了发展与第三世界国家的关系,提出了与阿拉伯和非洲国家相互关系的五项原则和对外援助的八项原则。中国以和平共处五项原则为基础,实现了与东欧国家关系的正常化,取得了与西方发达国家关系,特别是经贸合作关系上的重大发展。在改善和发展与美国的关系,以及处理前苏联解体后独联体各国的关系问题上,中国仍然坚持和平共处五项基本原则。在建国后的中国外交史上,既出现过同第三世界国家建交的高潮,也出现过中国与西方发达国家建交的高潮;在与中国建交的国家中,既包括在正常国际交往中建立友谊与合作的国家,也包括那些曾经与中国敌对、而现在又化干戈为玉帛,重新缔结友好关系的国家;既有社会制度相同的国家,也有社会制度完全不同的国家。中国在和平共处五项基本原则基础上主张坚持对话,不搞对抗,同世界上各种不同类型国家建立和发展正常的友好合作关系,这充分显示中国对外政策的巨大威力和作用。

思考题

1. 如何科学地划分时代?
2. 马克思主义关于国际关系的基本观点是什么?
3. 第二次世界大战后国际关系格局发生了哪些变化?
4. 当代国际关系的主要特点和发展趋势是什么?
5. 中国对外政策的基本原则和主要内容是什么?

后　记

　　本书在《政治学概要》一书(复旦大学出版社 1986 年 5 月第一版)的基础上重写而成。该书原作者是王邦佐、孙关宏、王沪宁、竺乾威、胡雨春、浦兴祖、胡金星、陈晓原、徐志平。在这次编写中,由于出国和工作繁忙等原因,有六位原作者未能参加。参加这次重写工作的除原作者王邦佐、孙关宏、胡雨春外,还有李惠康、朱勤军、袁峰、孙君明、胡伟、谢志岿、陈尧、王庆洲。原书主编是王邦佐、孙关宏、王沪宁,这次重写,李惠康同我们一起共同承担了主编工作,并在审稿中出力甚多。

　　在本书写作和出版过程中,上海师范大学教务处和法商学院,复旦大学国际政治系和复旦大学出版社曾给予大力支持和帮助,我们深深地表示感谢。

王邦佐

1998 年 3 月 11 日

图书在版编目（CIP）数据

新政治学概要/王邦佐等主编. —2 版. —上海：复旦大学出版社，1998.9（2024.4 重印）
（复旦博学·政治学系列）
ISBN 978-7-309-02073-1

Ⅰ. 新…　Ⅱ. 王…　Ⅲ. 政治学-教材　Ⅳ. D0

中国版本图书馆 CIP 数据核字（2000）第 03452 号

新政治学概要（第二版）
王邦佐　孙关宏　王沪宁　李惠康　主编
责任编辑/邬红伟

复旦大学出版社有限公司出版发行
上海市国权路 579 号　邮编：200433
网址：fupnet@fudanpress.com　http://www.fudanpress.com
门市零售：86-21-65102580　团体订购：86-21-65104505
出版部电话：86-21-65642845
盐城市大丰区科星印刷有限责任公司

开本 787 毫米×960 毫米　1/16　印张 22.5　字数 373 千字
2024 年 4 月第 2 版第 29 次印刷
印数 154 301—155 400

ISBN 978-7-309-02073-1/D·122
定价：42.00 元

复旦大学出版社出版

复旦博学·MPA 系列

复旦博学·政治学系列

1. 当代中国政治制度　　　　　　　　　　　浦兴祖主编
　　　　　　　　　　　　　　　　　　　　定价：19.00元

2. 新政治学概要(第二版)　　　　　　　　　王邦佐等主编
　　　　　　　　　　　　　　　　　　　　定价：30.00元

3. 政治学概论(第二版)　　　　孙关宏、胡雨春、任军锋主编
　　　　　　　　　　　　　　　　　　　　定价：32.00元

4. 西方政治学说史　　　　　　　　　　浦兴祖、洪涛主编
　　　　　　　　　　　　　　　　　　　　定价：20.00元

5. 政治营销学导论　　　　　　　　　　赵可金、孙鸿著
　　　　　　　　　　　　　　　　　　　　定价：32.00元

复旦博学·国际政治与国际关系系列

1. 当代西方国际关系理论　　　　　　　　　倪世雄等著
　　　　　　　　　　　　　　　　　　　　定价：48.00元

2. 近现代国际关系史　　　　　　　　　　　唐贤兴主编
　　　　　　　　　　　　　　　　　　　　定价：40.00元

3. 当代中国外交(第二版)　　　　　　　　　颜声毅著
　　　　　　　　　　　　　　　　　　　　定价：38.00元

4. 国际政治学新论　　　　　　　　　　　　周敏凯著
　　　　　　　　　　　　　　　　　　　　定价：25.00元

5. 中国先秦国家间政治思想选读　　　　　阎学通、徐进编
　　　　　　　　　　　　　　　　　　　　定价：30.00元

6. 中国国际关系理论研究　　　　　　　　赵可金、倪世雄著
　　　　　　　　　　　　　　　　　　　　定价：39.00元

7. 国际关系与全球政治——21世纪国际关系学导论　　俞正樑著
　　　　　　　　　　　　　　　　　　　　定价：30.00元

8. 全球化时代的国际关系(第二版)　　　　　俞正樑等著
　　　　　　　　　　　　　　　　　　　　定价：30.00元

9. 国际关系：理论、历史与现实　　　　　　邢悦、詹奕嘉著
　　　　　　　　　　　　　　　　　　　　定价：47.00元

其 他 教 材

1. 行政学原理　　　　　　　　　　　　　孙荣、徐红编著
　　　　　　　　　　　　　　　　　　　　定价：28.00元

2. 政府经济学　　　　　　　　　　　　　孙荣、许洁编著
　　　　　　　　　　　　　　　　　　　　定价：24.00元

3. 办公室管理　　　　　　　　　　　　　　孙荣主编
　　　　　　　　　　　　　　　　　　　　定价：20.00元

4. 秘书写作　　　　　　　　　　　　杨元华、孟金蓉等编著
　　　　　　　　　　　　　　　　　　　　定价：36.00元

5. 社会心理学　　　　　　　　　　　　　　孙时进编著
　　　　　　　　　　　　　　　　　　　　定价：29.00元

6. 当代中国农村公共政策研究　　　　　　刘伯龙、竺乾威等著
　　　　　　　　　　　　　　　　　　　　定价：50.00元

7. 秘书工作案例　　　　　　　　　　　孙荣、杨蓓蕾等编著
　　　　　　　　　　　　　　　　　　　　定价：23.00元